中华人民共和国
刑法修正案(九)

条文说明、立法理由及相关规定

全国人大常委会法制工作委员会刑法室 编

中华人民共和国刑法修正案（九）

条文说明、立法理由及相关规定

臧铁伟 李寿伟 主编

北京大学出版社
PEKING UNIVERSITY PRESS

图书在版编目(CIP)数据

《中华人民共和国刑法修正案(九)》条文说明、立法理由及相关规定/臧铁伟,李寿伟主编. —北京:北京大学出版社,2016.5
 ISBN 978-7-301-26531-4

Ⅰ.①中… Ⅱ.①臧… ②李… Ⅲ.①刑法—法律解释—中国 Ⅳ.①D924.05

中国版本图书馆 CIP 数据核字(2015)第 272796 号

书　　　名	《中华人民共和国刑法修正案(九)》条文说明、立法理由及相关规定
	《Zhonghua Renmin Gongheguo Xingfa Xiuzheng'an(Jiu)》Tiaowen Shuoming、Lifa Liyou ji Xiangguan Guiding
著作责任者	臧铁伟　李寿伟　主编
责 任 编 辑	王建君
标 准 书 号	ISBN 978-7-301-26531-4
出 版 发 行	北京大学出版社
地　　　址	北京市海淀区成府路 205 号　100871
网　　　址	http://www.pup.cn　http://www.yandayuanzhao.com
电 子 信 箱	yandayuanzhao@163.com
新 浪 微 博	@北京大学出版社　@北大出版社燕大元照法律图书
电　　　话	邮购部 62752015　发行部 62750672　编辑部 62117788
印 刷 者	北京大学印刷厂
经 销 者	新华书店
	965 毫米×1300 毫米　16 开本　27 印张　363 千字
	2016 年 5 月第 1 版　2016 年 5 月第 1 次印刷
定　　　价	68.00 元

未经许可,不得以任何方式复制或抄袭本书之部分或全部内容。
版权所有,侵权必究
举报电话:010-62752024　电子信箱:fd@pup.pku.edu.cn
图书如有印装质量问题,请与出版部联系,电话:010-62756370

编写说明

2015年8月29日,第十二届全国人民代表大会常务委员会第十六次会议通过了《中华人民共和国刑法修正案(九)》[以下简称《刑法修正案(九)》],对《刑法》作了重要修改、补充。至此,全国人大常委会为适应惩罚犯罪、保护人民和维护正常社会秩序的需要,根据实际情况的变化,先后通过了《全国人民代表大会常务委员会关于惩治骗购外汇、逃汇和非法买卖外汇犯罪的决定》和九个刑法修正案。

《刑法修正案(九)》适应当前预防和惩治犯罪的需要,落实中央任务要求,坚持宽严相济的刑事政策,回应社会关切,对维护国家安全和社会稳定具有现实、长远意义。《刑法修正案(九)》的内容比较充实,主要有以下七个方面:一是调整刑罚结构,减少死刑罪名;二是维护公共安全,加大对恐怖主义、极端主义犯罪的惩治力度;三是维护信息网络安全,完善惩处网络犯罪的法律规定;四是进一步强化人权保障,加强对公民人身权利的保护;五是进一步完善反腐败的法律规定,加大对腐败犯罪的惩处力度;六是维护社会诚信,惩治失信、背信行为;七是加强社会治理,维护社会秩序。

为了更好地宣传《刑法修正案(九)》,便于广大司法工作人员和公民全面、准确、深入地了解《刑法修正案(九)》的内容和精神,全国人大常委会法制工作委员会刑法室的同志编写了这本《〈中华人民共和国刑法修正案(九)〉条文说明、立法理由及相关规定》,逐条对修正案的内容、条文含义、所要解决的实际问题以及具体适用中所要注意的问题作了详细说明[内容含关于贪污贿赂犯罪、毒品犯罪以及关于《刑法修正案(九)》时间效力问题的解释等最新司法解释],并附上有关法律、行政法规和司法解释等相关规定。该书由全国人大常委会法制工作委员会刑法室副主任臧铁伟、李寿伟同志担任主编。

编 者
2016 年 4 月

目录 | Contents

中华人民共和国刑法修正案（九）

第一条 …………………………………………………… （1）
第二条 …………………………………………………… （13）
第三条 …………………………………………………… （19）
第四条 …………………………………………………… （22）
第五条 …………………………………………………… （29）
第六条 …………………………………………………… （33）
第七条 …………………………………………………… （38）
第八条 …………………………………………………… （60）
第九条 …………………………………………………… （71）
第十条 …………………………………………………… （84）
第十一条 ………………………………………………… （89）
第十二条 ………………………………………………… （92）
第十三条 ………………………………………………… （95）
第十四条 ………………………………………………… （100）
第十五条 ………………………………………………… （105）
第十六条 ………………………………………………… （110）
第十七条 ………………………………………………… （121）

第十八条 … (131)
第十九条 … (148)
第二十条 … (154)
第二十一条 … (160)
第二十二条 … (168)
第二十三条 … (176)
第二十四条 … (184)
第二十五条 … (187)
第二十六条 … (198)
第二十七条 … (207)
第二十八条 … (214)
第二十九条 … (223)
第三十条 … (235)
第三十一条 … (239)
第三十二条 … (245)
第三十三条 … (250)
第三十四条 … (259)
第三十五条 … (263)
第三十六条 … (271)
第三十七条 … (280)
第三十八条 … (286)
第三十九条 … (294)
第四十条 … (301)
第四十一条 … (308)
第四十二条 … (316)
第四十三条 … (323)
第四十四条 … (331)
第四十五条 … (340)
第四十六条 … (347)

第四十七条 …………………………………………… (351)
第四十八条 …………………………………………… (353)
第四十九条 …………………………………………… (356)
第五十条 ……………………………………………… (359)
第五十一条 …………………………………………… (361)
第五十二条 …………………………………………… (363)

附 录

《中华人民共和国刑法修正案（九）》…………………… (367)

最高人民法院《关于〈中华人民共和国刑法修正案（九）〉
　时间效力问题的解释》 ………………………………… (381)

最高人民法院、最高人民检察院《关于执行〈中华人民
　共和国刑法〉确定罪名的补充规定（六）》…………… (383)

最高人民法院《关于审理毒品犯罪案件适用法律若干
　问题的解释》 …………………………………………… (387)

最高人民法院、最高人民检察院《关于办理贪污贿赂
　刑事案件适用法律若干问题的解释》………………… (395)

关于《中华人民共和国刑法修正案（九）（草案）》的
　说明 ……………………………………………………… (403)

全国人民代表大会法律委员会关于《中华人民共和国
　刑法修正案（九）（草案）》修改情况的汇报 ………… (411)

全国人民代表大会法律委员会关于《中华人民共和国
　刑法修正案（九）（草案）》审议结果的报告 ………… (415)

全国人民代表大会法律委员会关于《中华人民共和国
　刑法修正案（九）（草案三次审议稿）》修改意见的
　报告 ……………………………………………………… (421)

中华人民共和国主席令

（第三十号）

《中华人民共和国刑法修正案（九）》已由中华人民共和国第十二届全国人民代表大会常务委员会第十六次会议于 2015 年 8 月 29 日通过，现予公布，自 2015 年 11 月 1 日起施行。

中华人民共和国主席　习近平
2015 年 8 月 29 日

中华人民共和国刑法修正案（九）

（2015 年 8 月 29 日第十二届全国人民代表大会
常务委员会第十六次会议通过）

一、在刑法第三十七条后增加一条，作为第三十七条之一："因利用职业便利实施犯罪，或者实施违背职业要求的特定义务的犯罪被判处刑罚的，人民法院可以根据犯罪情况和预防再犯罪的需要，禁止其自刑罚执行完毕之日或者假释之日起从事相关职业，期限为三年至五年。

"被禁止从事相关职业的人违反人民法院依照前款规定作出的决定的，由公安机关依法给予处罚；情节严重的，依照本法第三百一十三条的规定定罪处罚。

"其他法律、行政法规对其从事相关职业另有禁止或者限制性规定的，从其规定。"

【说明】

本条共分3款。

第1款是关于禁止从事相关职业的预防性措施的适用对象、程序和期限的规定。禁止从事相关职业的预防性措施或者称为从业禁止,是指人民法院对于实施特定犯罪被判处刑罚的人,依法禁止其在一定期限内从事相关职业以预防其再犯罪的法律措施。这种措施,是刑法从预防再犯罪的角度针对已被定罪判刑的人规定的一种预防性措施,不是新增加的刑罚种类。本款共作了三个方面的规定:

一是关于禁止从事相关职业的预防性措施的适用对象。根据本款规定,禁止从事相关职业的预防性措施适用于利用职业便利实施犯罪或者实施违背职业要求的特定义务的犯罪被判处刑罚的罪犯。本款规定的利用职业便利实施犯罪,是指利用自己从事该职业所形成的管理、经手、权力、地位等便利条件实施犯罪。如犯罪分子利用职业便利实施的职务侵占犯罪等;从事证券业、银行业、保险业等人员利用职业便利实施妨害对公司、企业管理秩序罪,破坏金融管理秩序罪等。本款规定的实施违背职业要求的特定义务的犯罪,是指违背一些特定行业、领域有关特定义务的要求,违背职业道德、职业信誉所实施的犯罪。如从事食品行业的人实施生产、销售不符合食品安全标准的食品罪,生产、销售有毒、有害食品罪;从事工程建设施工、特种安全设备生产的人违背特定的义务要求实施重大安全事故罪、责任事故罪;从事化学品生产、销售、运输或者储存的人违反有关要求,实施有关环境污染事故罪、安全生产事故罪等。利用职业便利实施犯罪和实施违背职业要求的特定义务的犯罪,两者在范围上可能有相互覆盖和交叉的地方。本款规定的"被判处刑罚",包括被判处主刑和附加刑,单处罚金或者独立适用剥夺政治权利的,属于本款规定的"被判处刑罚"。但对于依照《刑法》第37条规定予以定罪,但免予刑事处罚的犯罪分子,不适用从业禁止的规定。

二是关于禁止从事相关职业的预防性措施的适用程序。根据本款规定,人民法院可以根据犯罪情况和预防再犯罪的需要,对犯罪分子决定适用从业禁止。这里规定的"可以",是指对于因利用职业便利实施犯罪或者实施违背职业要求的特定义务的犯罪被判处刑罚的人,不是一律都要予以从业禁止,而是要根据犯罪情况和预防再犯罪的需要,具体决定是否适用从业禁止。"根据犯罪情况和预防再犯罪的需要",主要是指根据犯罪的性质、情节、社会危害程度和造成的社会影响,以及犯罪分子的主观恶性、再次犯罪的可能性等确定,对于故意实施犯罪恶性较大,犯罪情节恶劣,不适用从业禁止可能严重影响人民群众安全感,难以预防其再次犯罪的,适用从业禁止的预防性措施。对于主观恶性小、犯罪情节较轻、再犯罪可能性较小的,也可以不适用从业禁止的预防性措施。从业禁止应当在判决中同时确定,从业禁止的具体内容和时间应当体现在判决中,具有强制性的法律效力,被禁止从事相关职业的人必须遵守。

三是关于禁止从事相关职业的期限。根据本款规定,从业禁止的预防性措施,其起始时间是自刑罚执行完毕或者假释之日起。从业禁止的效力当然适用于刑罚执行期间。对于被判处有期徒刑、无期徒刑被假释的犯罪分子,从业禁止从假释之日起计算。从业禁止的期限是3—5年。人民法院可以根据犯罪情况和预防再犯罪的需要,在3—5年之间,酌情确定从业禁止的具体期限。

第2款是关于违反禁止从事相关职业的预防性措施的法律后果的规定。为保证禁止从事相关职业的预防性措施的规定在实际执行中能够落实到位,本款从两个方面规定了违反从业禁止决定的法律后果:第一,被禁止从事相关职业的人违反人民法院依法作出的从业禁止的决定的,由公安机关依法给予处罚。这种情形主要是针对违反人民法院作出的从业禁止决定,但情节比较轻微,尚不构成犯罪的。第二,情节严重的,依照《刑法》第313条的规定定罪处罚。这里规定的"情节严重",主要是指违反人民法院从业禁止的决定,经有关方面劝告、纠正仍不改正的,因违反从业禁止决定受到行政处罚又违反的,或者违反从业禁止决定且在从业过程中又有违法行为的等情形。

第 3 款是关于其他法律、行政法规对从事相关职业另有禁止或者限制性规定时如何处理的规定。我国有 20 多部现行法律和有关法律问题的决定对受过刑事处罚人员有从事相关职业的禁止或者限制性规定,包括规定禁止或者限制担任一定公职,禁止或者限制从事特定职业,以及禁止或者限制从事特定活动等。这些其他法律、行政法规规定的禁止或者限制从事相关职业、活动,都属于行政性的预防性措施,与本条规定的从业禁止在适用条件、禁止期限等方面存在一定差异。如有的规定从业禁止只适用于特定犯罪,有的规定适用于被判处特定刑罚的人,有的规定禁止或者限制的期限是终身,有的规定了一定的期限。根据本条规定,对于其他法律、行政法规对从事相关职业另有禁止或者限制性规定的,从其规定,即依照这些法律、行政法规的规定处理。

关于本条的时间效力问题,最高人民法院 2015 年 10 月 29 日发布的《关于〈中华人民共和国刑法修正案(九)〉时间效力问题的解释》第 1 条规定:"对于 2015 年 10 月 31 日以前因利用职业便利实施犯罪,或者实施违背职业要求的特定义务的犯罪的,不适用修正后刑法第三十七条之一第一款的规定。其他法律、行政法规另有规定的,从其规定。"

【立法理由】

增加规定禁止从事相关职业的预防性措施,主要考虑是:实践中,有一些犯罪分子利用职业便利实施犯罪,或者实施违背职业要求的特定义务的犯罪,在刑罚执行完毕或者假释之后,又继续从事原来的职业或者相关的职业,对公共利益或者社会秩序构成了一定的危险。如从事食品生产、加工、销售的人,实施了生产、销售有毒、有害食品犯罪被追究刑事责任的,在刑罚执行完毕或者假释后重操旧业,继续从事食品行业工作,给人民群众的生命、身体健康造成危险,影响人民群众的安全感。为有效预防这些人再次犯罪,保护公共利益和社会秩序,针对一些特定职业,对这些人规定一定的"安全期",禁止其在一定期限内从事相关职业,是必要的。

【相关规定】

《中华人民共和国公务员法》

第二十四条　下列人员不得录用为公务员:

(一)曾因犯罪受过刑事处罚的;

(二)曾被开除公职的;

(三)有法律规定不得录用为公务员的其他情形的。

《中华人民共和国人民警察法》

第二十六条　担任人民警察应当具备下列条件:

(一)年满十八岁的公民;

(二)拥护中华人民共和国宪法;

(三)有良好的政治、业务素质和良好的品行;

(四)身体健康;

(五)具有高中毕业以上文化程度;

(六)自愿从事人民警察工作。

有下列情形之一的,不得担任人民警察:

(一)曾因犯罪受过刑事处罚的;

(二)曾被开除公职的。

《中华人民共和国检察官法》

第十一条　下列人员不得担任检察官:

(一)曾因犯罪受过刑事处罚的;

(二)曾被开除公职的。

《中华人民共和国法官法》

第十条　下列人员不得担任法官:

(一)曾因犯罪受过刑事处罚的;

(二)曾被开除公职的。

《中华人民共和国人民法院组织法》

第三十三条　有选举权和被选举权的年满二十三岁的公民,可以被选举为人民法院院长,或者被任命为副院长、庭长、副庭长、审判员和助理审判员,但是被剥夺过政治权利的人除外。

人民法院的审判人员必须具有法律专业知识。

《全国人民代表大会常务委员会关于完善人民陪审员制度的决定》

第六条　下列人员不得担任人民陪审员:

(一)因犯罪受过刑事处罚的;

(二)被开除公职的。

《中华人民共和国驻外外交人员法》

第七条　有下列情形之一的,不得任用为驻外外交人员:

(一)曾因犯罪受过刑事处罚的;

(二)曾被开除公职的;

(三)曾被国家机关辞退的;

(四)持有外国长期或者永久居留许可的;

(五)配偶具有外国国籍、持有外国长期或者永久居留许可的;

(六)不得任用为驻外外交人员的其他情形。

《中华人民共和国教师法》

第十四条　受到剥夺政治权利或者故意犯罪受到有期徒刑以上刑事处罚的,不能取得教师资格;已经取得教师资格的,丧失教师资格。

《中华人民共和国律师法》

第七条　申请人有下列情形之一的,不予颁发律师执业证书:

(一)无民事行为能力或者限制民事行为能力的;

(二)受过刑事处罚的,但过失犯罪的除外;

(三)被开除公职或者被吊销律师执业证书的。

《中华人民共和国拍卖法》

第十五条　拍卖师应当具备下列条件:

(一)具有高等院校专科以上学历和拍卖专业知识;

(二)在拍卖企业工作两年以上;

（三）品行良好。

被开除公职或者吊销拍卖师资格证书未满五年的，或者因故意犯罪受过刑事处罚的，不得担任拍卖师。

《中华人民共和国公证法》

第二十条　有下列情形之一的，不得担任公证员：

（一）无民事行为能力或者限制民事行为能力的；

（二）因故意犯罪或者职务过失犯罪受过刑事处罚的；

（三）被开除公职的；

（四）被吊销执业证书的。

《中华人民共和国注册会计师法》

第十条　有下列情形之一的，受理申请的注册会计师协会不予注册：

（一）不具有完全民事行为能力的；

（二）因受刑事处罚，自刑罚执行完毕之日起至申请注册之日止不满五年的；

（三）因在财务、会计、审计、企业管理或者其他经济管理工作中犯有严重错误受行政处罚、撤职以上处分，自处罚、处分决定之日起至申请注册之日止不满二年的；

（四）受吊销注册会计师证书的处罚，自处罚决定之日起至申请注册之日止不满五年的；

（五）国务院财政部门规定的其他不予注册的情形的。

《中华人民共和国执业医师法》

第十五条　有下列情形之一的，不予注册：

（一）不具有完全民事行为能力的；

（二）因受刑事处罚，自刑罚执行完毕之日起至申请注册之日止不满二年的；

（三）受吊销医师执业证书行政处罚，自处罚决定之日起至申请注册之日止不满二年的；

（四）有国务院卫生行政部门规定不宜从事医疗、预防、保健业务的其他情形的。

受理申请的卫生行政部门对不符合条件不予注册的,应当自收到申请之日起三十日内书面通知申请人,并说明理由。申请人有异议的,可以自收到通知之日起十五日内,依法申请复议或者向人民法院提起诉讼。

《中华人民共和国会计法》

第四十条 因有提供虚假财务会计报告,做假账,隐匿或者故意销毁会计凭证、会计账簿、财务会计报告,贪污,挪用公款,职务侵占等与会计职务有关的违法行为被依法追究刑事责任的人员,不得取得或者重新取得会计从业资格证书。

除前款规定的人员外,因违法违纪行为被吊销会计从业资格证书的人员,自被吊销会计从业资格证书之日起五年内,不得重新取得会计从业资格证书。

《中华人民共和国公司法》

第一百四十六条 有下列情形之一的,不得担任公司的董事、监事、高级管理人员:

(一)无民事行为能力或者限制民事行为能力;

(二)因贪污、贿赂、侵占财产、挪用财产或者破坏社会主义市场经济秩序,被判处刑罚,执行期满未逾五年,或者因犯罪被剥夺政治权利,执行期满未逾五年;

(三)担任破产清算的公司、企业的董事或者厂长、经理,对该公司、企业的破产负有个人责任的,自该公司、企业破产清算完结之日起未逾三年;

(四)担任因违法被吊销营业执照、责令关闭的公司、企业的法定代表人,并负有个人责任的,自该公司、企业被吊销营业执照之日起未逾三年;

(五)个人所负数额较大的债务到期未清偿。

公司违反前款规定选举、委派董事、监事或者聘任高级管理人员的,该选举、委派或者聘任无效。

董事、监事、高级管理人员在任职期间出现本条第一款所列情形的,公司应当解除其职务。

《中华人民共和国证券法》

第一百三十一条　证券公司的董事、监事、高级管理人员,应当正直诚实,品行良好,熟悉证券法律、行政法规,具有履行职责所需的经营管理能力,并在任职前取得国务院证券监督管理机构核准的任职资格。

有《中华人民共和国公司法》第一百四十六条规定的情形或者下列情形之一的,不得担任证券公司的董事、监事、高级管理人员:

(一)因违法行为或者违纪行为被解除职务的证券交易所、证券登记结算机构的负责人或者证券公司的董事、监事、高级管理人员,自被解除职务之日起未逾五年;

(二)因违法行为或者违纪行为被撤销资格的律师、注册会计师或者投资咨询机构、财务顾问机构、资信评级机构、资产评估机构、验证机构的专业人员,自被撤销资格之日起未逾五年。

《中华人民共和国商业银行法》

第二十七条　有下列情形之一的,不得担任商业银行的董事、高级管理人员:

(一)因犯有贪污、贿赂、侵占财产、挪用财产罪或者破坏社会经济秩序罪,被判处刑罚,或者因犯罪被剥夺政治权利的;

(二)担任因经营不善破产清算的公司、企业的董事或者厂长、经理,并对该公司、企业的破产负有个人责任的;

(三)担任因违法被吊销营业执照的公司、企业的法定代表人,并负有个人责任的;

(四)个人所负数额较大的债务到期未清偿的。

《全国人民代表大会常务委员会关于司法鉴定管理问题的决定》

第四条　具备下列条件之一的人员,可以申请登记从事司法鉴定业务:

(一)具有与所申请从事的司法鉴定业务相关的高级专业技术

职称;

(二)具有与所申请从事的司法鉴定业务相关的专业执业资格或者高等院校相关专业本科以上学历,从事相关工作五年以上;

(三)具有与所申请从事的司法鉴定业务相关工作十年以上经历,具有较强的专业技能。

因故意犯罪或者职务过失犯罪受过刑事处罚的,受过开除公职处分的,以及被撤销鉴定人登记的人员,不得从事司法鉴定业务。

《中华人民共和国企业破产法》

第二十四条 管理人可以由有关部门、机构的人员组成的清算组或者依法设立的律师事务所、会计师事务所、破产清算事务所等社会中介机构担任。

人民法院根据债务人的实际情况,可以在征询有关社会中介机构的意见后,指定该机构具备相关专业知识并取得执业资格的人员担任管理人。

有下列情形之一的,不得担任管理人:

(一)因故意犯罪受过刑事处罚;

(二)曾被吊销相关专业执业证书;

(三)与本案有利害关系;

(四)人民法院认为不宜担任管理人的其他情形。

个人担任管理人的,应当参加执业责任保险。

《中华人民共和国证券投资基金法》

第十五条 有下列情形之一的,不得担任公开募集基金的基金管理人的董事、监事、高级管理人员和其他从业人员:

(一)因犯有贪污贿赂、渎职、侵犯财产罪或者破坏社会主义市场经济秩序罪,被判处刑罚的;

(二)对所任职的公司、企业因经营不善破产清算或者因违法被吊销营业执照负有个人责任的董事、监事、厂长、高级管理人员,自该公司、企业破产清算终结或者被吊销营业执照之日起未逾五年的;

(三)个人所负债务数额较大,到期未清偿的;

（四）因违法行为被开除的基金管理人、基金托管人、证券交易所、证券公司、证券登记结算机构、期货交易所、期货公司及其他机构的从业人员和国家机关工作人员；

（五）因违法行为被吊销执业证书或者被取消资格的律师、注册会计师和资产评估机构、验证机构的从业人员、投资咨询从业人员；

（六）法律、行政法规规定不得从事基金业务的其他人员。

《中华人民共和国企业国有资产法》

第七十三条　国有独资企业、国有独资公司、国有资本控股公司的董事、监事、高级管理人员违反本法规定，造成国有资产重大损失，被免职的，自免职之日起五年内不得担任国有独资企业、国有独资公司、国有资本控股公司的董事、监事、高级管理人员；造成国有资产特别重大损失，或者因贪污、贿赂、侵占财产、挪用财产或者破坏社会主义市场经济秩序被判处刑罚的，终身不得担任国有独资企业、国有独资公司、国有资本控股公司的董事、监事、高级管理人员。

《中华人民共和国安全生产法》

第九十一条　生产经营单位的主要负责人未履行本法规定的安全生产管理职责的，责令限期改正；逾期未改正的，处二万元以上五万元以下的罚款，责令生产经营单位停产停业整顿。

生产经营单位的主要负责人有前款违法行为，导致发生生产安全事故的，给予撤职处分；构成犯罪的，依照刑法有关规定追究刑事责任。

生产经营单位的主要负责人依照前款规定受刑事处罚或者撤职处分的，自刑罚执行完毕或者受处分之日起，五年内不得担任任何生产经营单位的主要负责人；对重大、特别重大生产安全事故负有责任的，终身不得担任本行业生产经营单位的主要负责人。

《中华人民共和国食品安全法》

第一百三十五条　被吊销许可证的食品生产经营者及其法定代表人、直接负责的主管人员和其他直接责任人员自处罚决定作出之日起五年内不得申请食品生产经营许可，或者从事食品生产经营管理工作、担任食品生产经营企业食品安全管理人员。

因食品安全犯罪被判处有期徒刑以上刑罚的,终身不得从事食品生产经营管理工作,也不得担任食品生产经营企业食品安全管理人员。

食品生产经营者聘用人员违反前两款规定的,由县级以上人民政府食品药品监督管理部门吊销许可证。

《中华人民共和国道路交通安全法》

第一百零一条 违反道路交通安全法律、法规的规定,发生重大交通事故,构成犯罪的,依法追究刑事责任,并由公安机关交通管理部门吊销机动车驾驶证。

造成交通事故后逃逸的,由公安机关交通管理部门吊销机动车驾驶证,且终生不得重新取得机动车驾驶证。

《中华人民共和国城市居民委员会组织法》

第八条 居民委员会主任、副主任和委员,由本居住地区全体有选举权的居民或者由每户派代表选举产生;根据居民意见,也可以由每个居民小组选举代表二至三人选举产生。居民委员会每届任期三年,其成员可以连选连任。

年满十八周岁的本居住地区居民,不分民族、种族、性别、职业、家庭出身、宗教信仰、教育程度、财产状况、居住期限,都有选举权和被选举权;但是,依照法律被剥夺政治权利的人除外。

《中华人民共和国村民委员会组织法》

第十三条 年满十八周岁的村民,不分民族、种族、性别、职业、家庭出身、宗教信仰、教育程度、财产状况、居住期限,都有选举权和被选举权;但是,依照法律被剥夺政治权利的人除外。

村民委员会选举前,应当对下列人员进行登记,列入参加选举的村民名单:

(一)户籍在本村并且在本村居住的村民;

(二)户籍在本村,不在本村居住,本人表示参加选举的村民;

(三)户籍不在本村,在本村居住一年以上,本人申请参加选举,并且经村民会议或者村民代表会议同意参加选举的公民。

已在户籍所在村或者居住村登记参加选举的村民,不得再参加其他地方村民委员会的选举。

《中华人民共和国兵役法》

第三条 中华人民共和国公民,不分民族、种族、职业、家庭出身、宗教信仰和教育程度,都有义务依照本法的规定服兵役。

有严重生理缺陷或者严重残疾不适合服兵役的人,免服兵役。

依照法律被剥夺政治权利的人,不得服兵役。

《中华人民共和国护照法》

第十四条 申请人有下列情形之一的,护照签发机关自其刑罚执行完毕或者被遣返回国之日起六个月至三年以内不予签发护照:

(一)因妨害国(边)境管理受到刑事处罚的;

(二)因非法出境、非法居留、非法就业被遣返回国的。

《最高人民法院关于〈中华人民共和国刑法修正案(九)〉时间效力问题的解释》

第一条 对于2015年10月31日以前因利用职业便利实施犯罪,或者实施违背职业要求的特定义务的犯罪的,不适用修正后刑法第三十七条之一第一款的规定。其他法律、行政法规另有规定的,从其规定。

二、将刑法第五十条第一款修改为:"判处死刑缓期执行的,在死刑缓期执行期间,如果没有故意犯罪,二年期满以后,减为无期徒刑;如果确有重大立功表现,二年期满以后,减为二十五年有期徒刑;如果故意犯罪,情节恶劣的,报请最高人民法院核准后执行死刑;对于故意犯罪未执行死刑的,死刑缓期执行的期间重新计算,并报最高人民法院备案。"

【说明】

修改后的《刑法》第50条规定:"判处死刑缓期执行的,在死刑缓期执行期间,如果没有故意犯罪,二年期满以后,减为无期徒刑;如果确有重大立功表现,二年期满以后,减为二十五年有期徒刑;如果故意犯罪,情节恶劣的,报请最高人民法院核准后执行死刑;对于故意犯罪未执行死刑的,死刑缓期执行的期间重新计算,并报最高人民法院备案。

对被判处死刑缓期执行的累犯以及因故意杀人、强奸、抢劫、绑架、放火、爆炸、投放危险物质或者有组织的暴力性犯罪被判处死刑缓期执行的犯罪分子,人民法院根据犯罪情节等情况可以同时决定对其限制减刑。"

修改后的《刑法》第50条共分两款。"死刑缓期执行"不是独立的刑种,而是死刑的一种执行方式。被判处死刑缓期执行的罪犯存在着执行死刑和不再执行死刑两种可能性。为了正确处理判处死刑缓期执行的案件,第1款对于被判处死刑缓期执行的罪犯减刑和执行死刑的条件以及程序作了明确的规定。

第1款规定,判处死刑缓期执行的,在死刑缓期执行期间,如果没有故意犯罪,两年期满以后,减为无期徒刑。这里所说的"故意犯罪",依照《刑法》第14条的规定,是指明知自己的行为会发生危害社会的结果,并且希望或者放任这种结果发生,因而构成犯罪的。不包括过失犯罪。是否构成"故意犯罪",具体要看行为人的行为是否符合《刑法》分则关于个罪犯罪构成的要件的规定。判处死刑缓期执行的,在死刑缓期执行期间,如果确有重大立功表现的,两年期满以后,减为25年有期徒刑。这里所说的"重大立功表现",是指《刑法》第78条第1款所列的重大立功表现之一,即阻止他人重大犯罪活动的;检举监狱内外重大犯罪活动,经查证属实的;有发明创造或者重大技术革新的;在日常生产、生活中舍己救人的;在抗御自然灾害或者排除重大事故中,有突出表现的;对国家和社会有其他重大贡献的。

判处死刑缓期执行的,在死刑缓期执行期间,如果故意犯罪,情节恶劣的,报请最高人民法院核准后执行死刑。所谓"故意犯罪",需要经人民法院审判确定。根据《中华人民共和国刑事诉讼法》(以下简称《刑事诉讼法》)的有关规定,被判处死刑缓期执行的罪犯,在死刑缓期执行期间故意犯罪的,应当由监狱进行侦查,人民检察院提起公诉,罪犯服刑地的中级人民法院依法审判,所作的判决可以上诉、抗诉。所谓"情节恶劣",需要结合犯罪的动机、手段、危害、造成的后果等犯罪情节,以及罪犯在缓期执行期间的改造、悔罪表现等综合确定。对于故意犯罪、情节恶劣的,在认定构成故意犯罪的判决、裁定发生法律效力后,应当层报最高人民法院核准执行死刑后,执行死刑。判处死刑缓期执行的,在死刑缓期执行期间,对于故意犯罪未执行死刑的,死刑缓期执行的期间重新计算。这里所规定的"故意犯罪未执行死刑的",是指故意犯罪,但不属于情节恶劣,因而不执行死刑的。在这种情况下,死刑缓期执行期间重新计算,自故意犯罪的判决确定之日起计算。之所以规定重新计算缓期执行期间,是因为罪犯在原缓期执行期间故意犯罪,虽然依法不需要执行死刑,但仍属于在两年缓期执行期间仍具有明显社会危险的情形,需要重新确定一个缓期执行期间,再根据在新的缓期执行期内的表现,决定是否执行死刑、减为无期徒刑还是25年有期徒刑。为保证严格执行法律规定,保证对这类案件的审判质量,发挥最高人民法院的监督作用,本款明确规定,对于故意犯罪未执行死刑的,应当将案件情况报最高人民法院备案。最高人民法院发现法律适用确有错误的,应当依法予以纠正。需要注意的是,本款规定的故意犯罪,必须发生在死刑缓期执行期间,如果发生在死刑缓期执行期满后,不适用本款规定,而应当依照《刑法》第69条、第71条有关数罪并罚的规定处理。故意犯罪发生在死刑缓期执行期间,司法机关在缓期执行期满以后发现犯罪事实的,适用本款的规定。

第2款是《中华人民共和国刑法修正案(八)》[以下简称《刑法修正案(八)》]新增加的内容。根据本款规定,对一些罪行严重的犯罪分子,人民法院根据犯罪情节等情况可以同时决定对其限制减刑。这些罪行严重的犯罪分子包括:被判处死刑缓期执行的累犯以及因故意杀人、强奸、抢劫、绑架、放火、爆炸、投放危险物质或者有组织的暴力性犯罪被判处死刑缓期执行的犯罪分子。其中，累犯没有犯罪性质的限制。有组织的暴力性犯罪，不限于本款所列举的几种暴力犯罪，包括有组织的实施故意伤害、破坏交通工具、以危险方法危害公共安全、黑社会性质的组织犯罪等。需要指出的是，上述规定只是划定了一个可以限制减刑的人员的范围，并不是上述被判处死刑缓期执行的九类罪犯都要限制减刑，应由人民法院根据其所实施犯罪的具体情况等综合考虑决定。这里的"同时"，是指判处死刑缓期执行的同时，不是在死刑缓期执行两年期满以后减刑的"同时"。"限制减刑"，是指对犯罪分子虽然可以适用减刑，但其实际执行刑期比其他被判处死刑缓期执行的罪犯减刑后的实际执行刑期更长。根据《刑法》第78条的规定，对于判处死刑缓期两年执行，人民法院依照本款规定限制减刑的犯罪分子，缓期执行期满后依法减为无期徒刑的，实际执行的刑期不能少于25年，缓期执行期满后依法减为25年有期徒刑的，实际执行的刑期不能少于20年。

关于本条的时效问题，最高人民法院2015年10月29日发布的《关于〈中华人民共和国刑法修正案（九）〉时间效力问题的解释》第2条规定："对于被判处死刑缓期执行的犯罪分子，在死刑缓期执行期间，且在2015年10月31日以前故意犯罪的，适用修正后刑法第五十条第一款的规定。"

【立法理由】

《刑法修正案（八）》对本条作了两处重要修改：一是将原规定中确有重大立功表现，两年期满以后，"减为十五年以上二十年以下有期徒刑"修改为"减为二十五年有期徒刑"；二是增加规定第2款内容，即对被判处死刑缓期执行的累犯以及因故意杀人、强奸、抢劫、绑架、放火、爆炸、投放危险物质或者有组织的暴力性犯罪被判处死刑缓期执行的犯罪分子，人民法院根据犯罪情节等情况可以同时决定对其限制减刑。上述修改是根据中央司法体制和工作机制改革关于落实宽严相济的刑事政策,建立严格的死刑缓期执行、无期徒刑执行制度以及明确死刑缓期执行和无期徒刑减为有期徒刑后罪犯应实际执行的刑期的精神作出的。一段时间以来,社会各方面反映,我国刑罚制度在实际执行中存在对有些被判处死刑缓期执行的犯罪分子,实际执行的期限过短的情况。这样就出现了两个问题:一是判处死刑缓期执行的犯罪分子都犯有很严重的罪行,实际执行刑期过短,难以起到惩戒和威慑作用,也不利于社会稳定;二是与死刑立即执行之间的差距过大,难以充分体现罪责刑相适应的原则,有必要严格限制对某些判处死刑缓期执行的罪行严重的罪犯的减刑,延长其实际服刑期。

《刑法修正案(九)》对本条再次作了修改,主要是对死刑缓期执行的罪犯执行死刑的条件作了修改,进一步提高了执行死刑的门槛,将死刑缓期执行期间"故意犯罪,查证属实的,由最高人民法院核准,执行死刑"修改为"故意犯罪,情节恶劣的,报请最高人民法院核准后执行死刑"。同时,增加规定对于故意犯罪未执行死刑的,死刑缓期执行的期间重新计算,并报最高人民法院备案。对于死刑缓期执行的罪犯执行死刑的条件,1979年《刑法》第46条中规定,判处死刑缓期执行的,在死刑缓期执行期间,如果抗拒改造情节恶劣、查证属实的,由最高人民法院裁定或者核准,执行死刑。1997年修订《刑法》时,考虑到抗拒改造情节恶劣,没有具体的法律标准,实践中难以掌握,不便执行,同时考虑到严格控制死刑适用的精神,根据有关部门的建议,将执行死刑的条件修改为"如果故意犯罪,查证属实的",使死刑缓期执行的罪犯执行死刑的条件更明确,便于操作。近年来,有关方面提出,1997年修订的《刑法》对死刑缓期执行的罪犯执行死刑的条件作出的修改,在方向上是正确的,执行效果也是好的,被判处死刑缓期执行的都是罪行极其严重的犯罪分子,一般来讲,在缓刑执行期间又故意犯罪的,经查证属实后执行死刑,符合罪责刑相适应的原则。但是,由于刑法关于死刑缓期执行的罪犯执行死刑的条件在规定上偏于刚性,在有的案件中适用起来可能会出现问题。实践中死刑缓期执行期间故意犯罪的情况比较复杂,有的是受牢头狱霸欺凌、虐待而反抗,殴打他人造成对方轻伤的,也有的故意犯罪情节轻微,或者未遂的,如果一律执行死刑,过于严厉,建议在法律中规定由最高人民法院根据案件情况裁量。考虑到上述情况,《刑法修正案(九)》对死刑缓期执行的罪犯执行死刑的条件作了修改,进一步提高了故意犯罪执行死刑的门槛,增加了情节恶劣的限制。这一修改也体现了我国保留死刑,严格控制和慎重适用死刑的刑事政策,符合我党少杀、慎杀的一贯政策主张。

【相关规定】

《最高人民法院关于〈中华人民共和国刑法修正案(九)〉时间效力问题的解释》

第二条 对于被判处死刑缓期执行的犯罪分子,在死刑缓期执行期间,且在2015年10月31日以前故意犯罪的,适用修正后刑法第五十条第一款的规定。

《最高人民法院关于适用〈中华人民共和国刑事诉讼法〉的解释》

第四百一十五条 被判处死刑缓期执行的罪犯,在死刑缓期执行期间故意犯罪的,应当由罪犯服刑地的中级人民法院依法审判,所作的判决可以上诉、抗诉。

认定构成故意犯罪的判决、裁定发生法律效力后,应当层报最高人民法院核准执行死刑。

第四百一十七条 最高人民法院的执行死刑命令,由高级人民法院交付第一审人民法院执行。第一审人民法院接到执行死刑命令后,应当在七日内执行。

在死刑缓期执行期间故意犯罪,最高人民法院核准执行死刑的,由罪犯服刑地的中级人民法院执行。

三、将刑法第五十三条修改为:"罚金在判决指定的期限内一次或者分期缴纳。期满不缴纳的,强制缴纳。对于不能全部缴纳罚金的,人民法院在任何时候发现被执行人有可以执行的财产,应当随时追缴。

"由于遭遇不能抗拒的灾祸等原因缴纳确实有困难的,经人民法院裁定,可以延期缴纳、酌情减少或者免除。"

【说明】

本条规定分为两款。

第1款是关于如何缴纳罚金和追缴罚金的规定。根据本款的规定,罚金应当按照判决指定的期限缴纳,可以一次缴纳,也可以分期缴纳。人民法院在判处罚金时,应当同时指定缴纳的期限,并明确是一次缴纳还是分期缴纳。一般说来,罚金数额不多,或者罚金数额虽然较多,但缴纳并不困难的,可以限期一次缴纳;罚金数额较多,根据犯罪分子的经济状况,无力一次缴纳的,可以限定时间分期缴纳。至于罚金的缴纳期限,应当根据犯罪分子的经济状况和缴纳的可能性确定。对于犯罪分子期满不缴纳的,包括未缴纳完毕的,由人民法院强制缴纳。所谓"强制缴纳",是指人民法院采取查封、拍卖犯罪分子的财产,冻结、扣划存款,扣留、收缴工资或者其他收入等办法,强制犯罪分子缴纳罚金。对于根据上述规定采取强制缴纳措施仍未能全部缴纳罚金的,人民法院在任何时候发现被执行人有可以执行的财产,包括主刑执行完毕后发现的,应当随时追缴。所谓"追缴",是指人民法院对没有缴纳或者没有全部缴纳罚金的被执行人,在发现其有可供执行的财产时,予以追回上缴国库。这种情况下追缴财产,实际上仍是执行原判决判处的罚金刑。这样规定,使得那些在人民法院执行罚金刑时采用各种手段转移、隐匿财产,逃避承担罚金刑的犯罪分子,或者在人民法院执行罚金刑时,一时不能缴纳或者全部缴纳,但事后有了执行能力的犯罪分子的刑事责任不至于落空。另外,赋予人民法院随时追缴的权力,也增强了罚金刑执行的威慑力。

第 2 款是关于延期缴纳、酌情减少或者免除罚金的规定。根据本款规定,犯罪分子由于遭遇不能抗拒的灾祸等原因缴纳罚金确实有困难的,经人民法院裁定,可以延期缴纳、酌情减少或者免除。所谓"不能抗拒的灾祸等原因",就是通常所说的"天灾人祸",如遭遇火灾、水灾、地震等自然灾害或者罪犯及其家属重病、伤残等,以及其他一些导致缴纳罚金确实有困难的情形。对存在这些情形的,根据本款规定,可以延期缴纳、酌情减少或者免除。需要注意的是,遭遇不能抗拒的灾祸等是延期缴纳或者减免罚金的条件,并不是凡有上述情况都可以延期缴纳或者减免罚金。只有由于遭遇不可抗拒的灾祸等原因造成缴纳罚金确实有困难的,才可以延期缴纳、酌情减少罚金数额或者免除全部罚金。"延期缴纳",是指期满不能缴纳或者全部缴纳的,给予一定的延长期限缴纳罚金。具体延长多长时间,由人民法院根据犯罪分子的犯罪情节、经济状况、缴纳困难原因预期消除的时间等因素确定。延期缴纳罚金、酌情减少罚金或者免除罚金,均涉及对原判决的变更,程序上应当严格。根据本款规定,罚金延期缴纳、减少或者免除,需经人民法院裁定。根据《最高人民法院关于适用〈中华人民共和国刑事诉讼法〉的解释》第 446 条的规定,当事人根据本款规定提出罚金延期缴纳、减少或者免除的申请的,应当提交相关证明材料。人民法院应当在收到申请后 1 个月内作出裁定。符合法定条件的,应当准许;不符合条件的,驳回申请。人民法院也可以依职权对符合本条规定条件的作出罚金延期缴纳、减少或者免除的裁定。此外,需要注意的是,我国刑法不允许用缴纳罚金代替徒刑、拘役,也不允许用徒刑、拘役代替罚金。

【立法理由】

对本条的修改主要是:将可以减免罚金的情形由"遭遇不能抗拒的灾祸"修改为"遭遇不能抗拒的灾祸等原因";增加了可以延期缴纳的规定;明确由人民法院裁定的程序。此外,将原条文由一款调整规定为两款。罚金是我国刑法规定的附加刑,适用广泛。目前在司法实践中,一些案件出现罚金执行难,空判率高,影响司法权威的情况。造成罚金空判的原因是多方面的。有的是判决时罚金数额定得不科学,远远超出犯罪分子的个人经济能力;有的是罚金执行机制不健全,该执行没有完全执行;也有的是犯罪分子经济状况发生变化,难以再执行原判决确定的罚金。本条针对上述情况作了修改,在减免罚金之外增加延期缴纳的处理,并适当扩大其适用范围。

【相关规定】

《中华人民共和国刑事诉讼法》

第二百六十条 被判处罚金的罪犯,期满不缴纳的,人民法院应当强制缴纳;如果由于遭遇不能抗拒的灾祸缴纳确实有困难的,可以裁定减少或者免除。

《最高人民法院关于适用〈中华人民共和国刑事诉讼法〉的解释》

第四百四十一条 被判处财产刑,同时又承担附带民事赔偿责任的被执行人,应当先履行民事赔偿责任。

判处财产刑之前被执行人所负正当债务,需要以被执行的财产偿还的,经债权人请求,应当偿还。

第四百四十六条 因遭遇不能抗拒的灾祸缴纳罚金确有困难,被执行人申请减少或者免除罚金的,应当提交相关证明材料。人民法院应当在收到申请后一个月内作出裁定。符合法定减免条件的,应当准许;不符合条件的,驳回申请。

《最高人民法院关于刑事裁判涉财产部分执行的若干规定》

第二条 刑事裁判涉财产部分,由第一审人民法院执行。第一审人民法院可以委托财产所在地的同级人民法院执行。

第九条 判处没收财产的,应当执行刑事裁判生效时被执行人合法所有的财产。

执行没收财产或罚金刑,应当参照被扶养人住所地政府公布的上年度当地居民最低生活费标准,保留被执行人及其所扶养家属的生活必需费用。

四、在刑法第六十九条中增加一款作为第二款："数罪中有判处有期徒刑和拘役的,执行有期徒刑。数罪中有判处有期徒刑和管制,或者拘役和管制的,有期徒刑、拘役执行完毕后,管制仍须执行。"

原第二款作为第三款。

【说明】

修改后的《刑法》第 69 条规定："判决宣告以前一人犯数罪的,除判处死刑和无期徒刑的以外,应当在总和刑期以下、数刑中最高刑期以上,酌情决定执行的刑期,但是管制最高不能超过三年,拘役最高不能超过一年,有期徒刑总和刑期不满三十五年的,最高不能超过二十年,总和刑期在三十五年以上的,最高不能超过二十五年。

数罪中有判处有期徒刑和拘役的,执行有期徒刑。数罪中有判处有期徒刑和管制,或者拘役和管制的,有期徒刑、拘役执行完毕后,管制仍须执行。

数罪中有判处附加刑的,附加刑仍须执行,其中附加刑种类相同的,合并执行,种类不同的,分别执行。"

修改后的《刑法》第 69 条共分 3 款。

第 1 款是关于判决宣告以前一人犯数罪的,应当如何决定执行刑罚的一般性规定。数罪并罚主要是解决判决宣告以前一人犯了两种或者两种以上不同的罪,应当如何决定执行刑罚的问题。根据本款规定,对于判决宣告之前,一人犯有两种或者两种以上不同的罪,总的处罚原则是:在总和刑期以下,数刑中最高刑期以上酌情决定执行的刑期。"总和刑期"是指将犯罪分子的各个不同的罪,分别依照刑法确定刑期后相加得出的刑期总数。"数刑中最高刑"是指对数个犯罪确定的刑期中最长的刑期。对于被告人犯有数罪的,人民法院在量刑时,应当先就数罪中的每一种犯罪分别量刑,然后再把每罪判处的刑罚相加,计算出总和刑期,最后在数罪中的最高刑期以上和数罪总和刑期以下,决定执行的刑罚。如被告人在判决宣告之前犯有强奸罪和抢劫罪,强奸罪判处有期徒刑 10 年,抢劫罪判处有期徒刑 8 年,这两种罪最高刑期为 10 年,总和刑期为 18 年,人民法院应当在 10 年以上 18 年以下决定应执行的刑期。

人民法院根据本款规定适用数罪并罚原则时,应当注意以下两点:

(1)对于犯罪分子犯有数罪的,应对各罪分别作出判决,而不能"估堆"判处刑罚。对犯罪分子的各罪判处的刑罚中,有死刑或者无期徒刑的,由于死刑是最严厉的刑罚,而无期徒刑在自由刑中是最长的刑期,在适用本款规定的并罚原则时,实际上死刑和无期徒刑就会吸收其他主刑,即在有死刑的数罪中实际执行死刑;在没有判处死刑,而有无期徒刑和其他主刑的数罪中实际执行无期徒刑。

(2)对于数个罪都被判处有期徒刑的,将每个犯罪判处的有期徒刑刑期相加计算得出总和刑期,对于总和刑期不满 35 年的,数罪并罚的期限不能超过 20 年,即在数刑中最高刑以上总和刑期(最长为 20 年)以下决定执行的刑期。对于总和刑期等于或者超过 35 年的,数罪并罚的期限最高不能超过 25 年,即在数刑中最高刑以上 25 年以下决定执行的刑期;对于数个罪都被判处管制的,不论管制的总和刑期为多少年,决定执行的管制刑期最高不能超过 3 年;对于数个罪都被判处拘役的,不论拘役的总和刑期为多少年,决定执行的拘役刑期不能超过 1 年。

第 2 款是关于被判处有期徒刑、拘役、管制不同种刑罚如何并罚的规定。根据本款规定,数罪中有判处有期徒刑和拘役的,执行有期徒刑,拘役不再执行,实际上相当于有期徒刑吸收了拘役;数罪中有判处有期徒刑和管制,或者拘役和管制的,有期徒刑、拘役执行完毕后,管制仍须执行。需要注意的是,对于一人因犯数罪被判处多个有期徒刑、多个拘役或者多个管制的,要先根据第 1 款的规定,对同种刑罚进行折算并罚,再根据本款规定对不同种刑罚进行并罚确定执行的刑期。对于数罪中同时被判处有期徒刑、拘役和管制的,根据本款规定,执行有期徒刑,拘役不再执行,但管制仍须执行,也就是说,对该罪犯在执行有期徒刑后,再执行管制。

第3款是关于数罪中有判处附加刑的,附加刑如何执行的规定。根据本款规定,在数罪中有一个罪判处附加刑,或者数罪都判处附加刑,附加刑种类相同的,合并之后一并执行,种类不同的,同时或者依次分别执行。"合并执行"是指对于种类相同的多个附加刑,期限或者数额相加之后一并执行,比如同时判处多个罚金刑的,罚金数额相加之后一并执行,同时判处多个剥夺政治权利的,将数个剥夺政治权利的期限相加执行。需要注意的是,相同种类的多个附加刑并不适用限制加重原则。

关于本条的时效问题,最高人民法院2015年10月29日发布的《关于〈中华人民共和国刑法修正案(九)〉时间效力问题的解释》第3条规定:"对于2015年10月31日以前一人犯数罪,数罪中有判处有期徒刑和拘役,有期徒刑和管制,或者拘役和管制,予以数罪并罚的,适用修正后刑法第六十九条第二款的规定。"

【立法理由】

1997年《刑法》第69条规定:"判决宣告以前一人犯数罪的,除判处死刑和无期徒刑的以外,应当在总和刑期以下、数刑中最高刑期以上,酌情决定执行的刑期,但是管制最高不能超过三年,拘役最高不能超过一年,有期徒刑最高不能超过二十年。如果数罪中有判处附加刑的,附加刑仍须执行。"2011年2月25日,第十一届全国人民代表大会常务委员会第十九次会议通过的《刑法修正案(八)》对本条规定作了两处修改:一是将第1款中"有期徒刑最高不能超过二十年"修改为"有期徒刑总和刑期不满三十五年的,最高不能超过二十年,总和刑期在三十五年以上的,最高不能超过二十五年"。二是在第2款增加了"附加刑种类相同的,合并执行,种类不同的,分别执行"的规定。

《刑法修正案（八）》对本条的修改是落实宽严相济的刑事政策，从调整刑罚结构，贯彻罪责刑相适应原则的角度作出的。无论是1979年《刑法》还是1997年《刑法》都规定，有期徒刑数罪并罚最高不能超过20年，从执行中的情况来看，这一规定总体上可以适应司法实践的需要，能够达到惩罚、教育和改造犯罪分子的目的。但是，该规定在司法实践中也出现了一些问题，集中表现为，如果一个犯罪分子的多个罪名均被判处较长期限的有期徒刑，数罪并罚之后实际执行的刑期过短，不能体现罪责刑相适应原则。比如，某犯罪分子犯故意伤害罪、盗窃罪和抢劫罪三个罪名，因故意伤害罪被判处有期徒刑10年，因盗窃罪被判处有期徒刑12年，因抢劫罪被判处有期徒刑14年，数罪并罚总和刑期达到36年，依照原来的规定，数罪并罚对该犯罪分子最长只能执行20年有期徒刑。对于这类罪行严重，且有数罪在身的犯罪分子，执行刑罚期限过短，难以起到惩戒作用和实现刑罚目的。对此，有关方面和部分全国人大代表建议延长数罪并罚有期徒刑的执行上限，加大对罪行严重犯罪分子的处罚力度。根据各方面的意见，《刑法修正案（九）》对本条的规定作出修改，将一人犯数罪，总和刑期在35年以上的，数罪并罚执行有期徒刑的上限延长至25年；对于总和刑期不满35年的，数罪并罚执行有期徒刑的上限仍然为20年。

在《刑法修正案（八）》的起草和审议过程中，有意见建议删去"有期徒刑总和刑期在三十五年以上"的限制，直接将有期徒刑数罪并罚的上限提高至25年；还有的建议进一步提高至30年、35年甚至更长。考虑到一般情况下数罪并罚有期徒刑的上限规定为20年，可以满足惩罚与改造犯罪分子的要求，从司法统计数据分析，执行10年以上有期徒刑的犯罪分子在刑罚执行完毕之后再犯罪的比率很低，可以认为已经达到了适用刑罚的目的。如果统一将有期徒刑数罪并罚的期限延长至25年，涉及面会很大，将会有很大一部分根据原规定执行20年以下有期徒刑的犯罪分子的执行期限延长至20年以上，在执行较短期限有期徒刑足以实现刑罚目的的情况下，延长刑罚期限将会产生适用刑罚过度的问题,不利于犯罪人回归社会,也会加大监管机构的执行压力和行刑成本。基于上述考虑,《刑法修正案(八)》对于为数不多的罪行严重的,有期徒刑总和刑期在35年以上(含35年)的犯罪分子,数罪并罚执行刑期的上限延长至25年;对于总和刑期不满35年,数罪并罚的上限维持不变。这样既能更好地体现罪责刑相适应的原则,也防止了大面积地延长刑期的情况发生。

《刑法修正案(八)》对本条第2款的修改,主要是为了明确实践中判处多个附加刑如何并罚的问题。原条款只规定"如果数罪中有判处附加刑的,附加刑仍须执行",但是对于判处多个相同种类的附加刑是否适用限制加重原则以及如何执行多个不同种类的附加刑未作规定,司法实践中执行情况也不统一。为了解决上述问题,《刑法修正案(八)》明确规定,判处多个附加刑的,其中附加刑种类相同的,合并执行,种类不同的,分别执行。

2015年8月29日,第十二届全国人民代表大会常务委员会第十六次会议通过的《刑法修正案(九)》再次对本条作出修改。在本条中增加一款,作为第2款,规定:"数罪中有判处有期徒刑和拘役的,执行有期徒刑。数罪中有判处有期徒刑和管制,或者拘役和管制的,有期徒刑、拘役执行完毕后,管制仍须执行。"同时,将原第2款调整为第3款。

《刑法》原第69条对一人犯数罪被判处死刑、无期徒刑和判处死刑、无期徒刑外同种主刑(有期徒刑、拘役、管制),以及同种或者不同种附加刑的数罪并罚如何处理的问题作出了明确规定。其中,死刑吸收其他主刑;无期徒刑吸收有期徒刑;被判处多个有期徒刑的,被判处多个拘役的,被判处多个管制的,实行限制加重原则;对被判处同种或者不同种附加刑的,则实行并科原则。但对于数罪中被判处有期徒刑和拘役、有期徒刑和管制、拘役和管制或者有期徒刑、拘役和管制的情况,数罪并罚如何处理,刑法没有明确。实践中,对于这些情况如何处理,各方面有不同的认识,实际做法也不统一。有期徒刑和拘役刑都属于自由刑,关于有期徒刑与拘役刑数罪并罚的问题,

在《刑法修正案(九)》的研究过程中,主要有三种观点:

第一种观点主张采取并科原则,即在执行完有期徒刑之后再执行拘役,或者在执行完拘役之后再执行有期徒刑。这种做法在实际操作中会遇到一些困难。根据《刑事诉讼法》第253条第2款的规定,对被判处有期徒刑的罪犯,由公安机关依法将该罪犯送交监狱执行刑罚。其中在被交付执行刑罚前,剩余刑期在3个月以下的,由看守所代为执行。对被判处拘役的罪犯,由公安机关执行。2005年以前,由公安机关在专门设置的拘役所执行拘役。但由于拘役所设置不规范,基础条件差、安全系数低,且一段时间以来被判处拘役的罪犯数量较少,单独设置拘役所难以形成关押规模,公安部于2005年12月发布《关于做好撤销拘役所有关工作的通知》,决定撤销拘役所,对于被判处拘役的罪犯,由看守所执行。在这种情况下,对于因犯数罪被同时判处有期徒刑和拘役的,如果实行并科原则,会产生以下问题:一是如何确定拘役和有期徒刑的执行顺序,这会涉及判决执行以前先行羁押的时间是用来折抵拘役还是用来折抵有期徒刑的问题,也会涉及如何计算有期徒刑剩余刑期等问题。二是在一些案件中,对被同时判处有期徒刑和拘役的罪犯,需要由监狱等刑罚执行机关执行剩余刑期超过3个月的有期徒刑,还要由公安机关执行拘役,实践中还可能出现服刑监狱与对其执行拘役的看守所之间路途遥远,或者拘役刑期较短,扣除交付执行和在途时间后,变更完执行场所所剩刑期已所剩无几等情况,既浪费资源,又无法达到理想效果。

第二种观点认为,可以采取限制加重原则,将拘役折抵为有期徒刑,再决定应当执行的刑罚。刑法对判决执行以前先行羁押的时间折抵拘役或者有期徒刑有明确规定。根据《刑法》第44条的规定,先行羁押1日折抵拘役刑期1日。根据《刑法》第47条的规定,先行羁押1日折抵有期徒刑刑期1日。但拘役与有期徒刑在监管强度和罪犯服刑期间的待遇上,二者也存在区别。根据《刑法》第43条第2款的规定,被判处拘役的犯罪分子每月可以回家1—2天;参加劳动的,可以酌量发放报酬。在这种情况下,对有期徒刑和拘役无论采取何种折抵方式,都难以照顾周延,折抵的比率也难以确定,各方面也有不同的看法。

第三种观点认为,鉴于拘役与有期徒刑属于不同性质的自由刑,并科在执行中存在困难,折抵又难以提出适当的方案,建议采取吸收原则,由重的有期徒刑吸收轻的拘役,这样规定更为科学,也便于执行。经研究,考虑到根据罪责刑相适应原则,依法被判处拘役的都是情节较轻、社会危害性相对较小的犯罪。在因犯数罪被同时判处有期徒刑、拘役的情况下,采取吸收原则,只执行有期徒刑,可以实现判处拘役时所期待的惩戒效果和刑罚目的,同时也可以较好地处理执行环节的衔接问题,节约司法资源。基于此,本款规定,数罪中有判处有期徒刑和拘役的,执行有期徒刑。

关于有期徒刑与管制、拘役与管制数罪并罚的问题,在《刑法修正案(九)》的研究过程中,各方面也有不同的意见。有的意见认为,应当与有期徒刑和拘役的并罚一样,采取吸收原则,由有期徒刑或者拘役吸收管制;有的意见认为,应当采取并科原则,明确在执行完有期徒刑或者拘役后,再继续执行管制。经反复研究认为,管制是限制人身自由同时又设置了有针对性的教育改造措施的刑罚,与有期徒刑、拘役在性质上有根本差异,其特殊的教育改造效果也难以通过其他途径实现。如果采取吸收原则不再执行管制,不利于对罪犯的教育改造。同时,根据《刑法》第38条、第69条的规定,管制的刑期较长,为3个月以上两年以下;判处数个管制并罚的,最高可达3年。根据《刑法》第45条、第42条和第69条的规定,有期徒刑的起刑点仅为6个月,拘役的期限仅为1个月以上6个月以下,被判处数个拘役的,拘役最高也只有1年。如果采用吸收原则,在一些案件中,就要由刑期几个月的有期徒刑或者拘役吸收最高刑期可达3年的管制,在理论和逻辑上很难说得通。基于以上考虑,《刑法修正案(九)》对有期徒刑与管制、拘役与管制的并罚采取了并科原则,明确数罪中有判处有期徒刑和管制,或者拘役和管制的,有期徒刑、拘役执行完毕后,管制仍须执行。

【相关规定】

《最高人民法院关于〈中华人民共和国刑法修正案（八）〉时间效力问题的解释》

第六条 2011年4月30日以前一人犯数罪，应当数罪并罚的，适用修正前刑法第六十九条的规定；2011年4月30日前后一人犯数罪，其中一罪发生在2011年5月1日以后的，适用修正后刑法第六十九条的规定。

《最高人民法院关于〈中华人民共和国刑法修正案（九）〉时间效力问题的解释》

第三条 对于2015年10月31日以前一人犯数罪，数罪中有判处有期徒刑和拘役，有期徒刑和管制，或者拘役和管制，予以数罪并罚的，适用修正后刑法第六十九条第二款的规定。

五、将刑法第一百二十条修改为："组织、领导恐怖活动组织的，处十年以上有期徒刑或者无期徒刑，并处没收财产；积极参加的，处三年以上十年以下有期徒刑，并处罚金；其他参加的，处三年以下有期徒刑、拘役、管制或者剥夺政治权利，可以并处罚金。

"犯前款罪并实施杀人、爆炸、绑架等犯罪的，依照数罪并罚的规定处罚。"

【说明】

本条共分两款。

第1款是关于组织、领导和参加恐怖活动组织罪及其处罚的规定。这里所说的"组织"，是指鼓动、召集若干人建立或者组织为从事某一特定活动的比较稳定的组织或者集团的人。"领导"，是指在某一组织或者集团中起指挥、决定作用的人员。"积极参加的"，是指对参与恐怖活动态度积极，并起主要作用的成员。"其他参加的"，主要是指恐怖组织中的一般成员。根据2015年12月27日第十二届全国人大常委会第十八次会议通过的《中华人民共和国反恐怖主义法》第3条第2、3款的规定,恐怖活动是指恐怖主义性质的下列行为:"(一)组织、策划、准备实施、实施造成或者意图造成人员伤亡、重大财产损失、公共设施损坏、社会秩序混乱等严重社会危害的活动的;(二)宣扬恐怖主义,煽动实施恐怖活动,或者非法持有宣扬恐怖主义的物品,强制他人在公共场所穿戴宣扬恐怖主义的服饰、标志的;(三)组织、领导、参加恐怖活动组织的;(四)为恐怖活动组织、恐怖活动人员、实施恐怖活动或者恐怖活动培训提供信息、资金、物资、劳务、技术、场所等支持、协助、便利的;(五)其他恐怖活动。"恐怖活动组织,是指3人以上为实施恐怖活动而组成的犯罪组织。恐怖活动组织一般具备以下特征:一是成员必须是3人以上,这是恐怖活动组织在人数上的最低限制。实践中,恐怖活动组织的规模大小不一,有的几人,有的几十人,有的甚至成百上千人,在具体把握上,对于其中成员数量达到3人以上的,即可认定为恐怖活动组织。二是恐怖活动组织必须具有特定的目的,一般带有政治、意识形态等性质,不具有这方面的目的,仅是为实施普通犯罪而结合起来的犯罪集团,与恐怖活动组织是有明显区别的。三是恐怖活动组织具有较严密的组织性。其成员相对固定且内部存在领导与被领导的关系,有组织、领导者,有骨干分子,也有一般成员,纪律性和组织性较强。四是恐怖活动组织有一定的稳定性。即恐怖活动组织建立以后,在较长时间内存在和维系,并随时准备实施暴力恐怖犯罪,而不是实施完一次恐怖活动后就解散。

根据本款规定,对组织、领导、积极参加和参加恐怖活动组织的,除判处主刑外,还要区别情形判处财产刑。具体而言:对组织、领导恐怖活动组织的,处10年以上有期徒刑或者无期徒刑,并处没收财产;对积极参加的,处3年以上10年以下有期徒刑,并处罚金;对其他参加的,处3年以下有期徒刑、拘役、管制或者剥夺政治权利,可以并处罚金。

第2款是关于参加恐怖活动组织又实施恐怖活动的处罚规定。

恐怖主义犯罪是极其严重的犯罪，因此，刑法将有组织、领导、积极参加或者参加恐怖活动组织行为之一的，即规定为犯罪，将刑法的防线提前，不等到有其他更严重危害行为时才作犯罪处理。但对犯罪分子而言，组织、领导、参加恐怖活动组织只是手段不是目的。他们的目的是要借助其组织实施暴力恐怖行为，因而往往同时又实施了具体的恐怖活动。对于在组织、领导或者参加恐怖活动组织后又借助其组织实施其他犯罪行为的情况如何处理，本款作了明确规定。根据本款规定，犯组织、领导、参加恐怖活动组织罪同时又实施了杀人、爆炸、绑架等犯罪的，依照数罪并罚的规定处罚。本款列举的"杀人、爆炸、绑架"三种犯罪，根据实际情况和从国际反恐怖主义工作的经验看，是恐怖活动组织经常实施的几种犯罪活动，这些犯罪活动都是严重危害人身安全、公共安全的严重刑事犯罪，必须予以严惩。对于恐怖活动组织实施的这三种犯罪以外的其他犯罪，如劫持航空器、以危险方法危害公共安全等其他犯罪的，根据本款规定，也要依照数罪并罚的规定处罚。即以本罪与所犯其他暴力性犯罪分别定罪量刑，然后依照《刑法》第69条的规定，决定应执行的刑罚。

实践中，应当注意以下几点：

（1）本罪是选择性罪名，行为人只要实施了组织、领导、积极参加或者参加恐怖组织行为之一的，便构成本罪。行为人实施本条第1款规定的两个或者两个以上的行为，比如既组织又领导恐怖组织的，也只成立一罪，不实行数罪并罚。

（2）《刑法修正案（九）》在本条增加了财产刑的规定，对犯本罪的，在判处主刑外，要区别情形依法判处不同的财产刑。对其中组织、领导恐怖活动组织的，并处没收财产；对积极参加的，并处罚金；对参加的，可以并处罚金。

（3）掌握好罪与非罪的界限。本罪的主观方面是故意，一般具有借助恐怖活动组织实施恐怖活动的目的。实践中，对于参加恐怖活动组织而言，行为人必须明知是恐怖活动组织而自愿参加的，才能构成本罪。对于因不明真相，因受蒙蔽、欺骗而参加恐怖活动组织，一经发现即脱离关系,实际上也没有参与实施恐怖活动的,不能认定为犯罪。

(4)掌握好本罪与组织、领导、参加黑社会性质组织罪的界限。《刑法》第294条规定了组织、领导、参加黑社会性质组织罪,并明确了黑社会性质的组织应当同时具备的特征。这两种犯罪在客观方面的行为方式上非常相近,在人员构成、犯罪方式、活动形式等方面也很相似。但两者的区别也是明显的:一是类罪名不同。组织、领导、参加恐怖活动组织罪是危害公共安全的犯罪,而组织、领导、参加黑社会性质组织罪是破坏社会管理秩序的犯罪。二是犯罪组织的性质不同。恐怖组织具有较浓的政治色彩,而黑社会性质组织更多地是为了追求非法经济利益,主要构成对经济、社会生活秩序的严重破坏。

【立法理由】

组织、领导恐怖活动组织进行恐怖活动的犯罪具有极大的社会危害性,对于社会稳定、公民人身财产的安全都有极大的破坏力,为此,1997年《刑法》规定了组织、领导、参加恐怖组织罪,并规定了相应的刑罚。

2001年,美国"9·11"事件爆发后,世界各国更加认识到恐怖主义犯罪的反人类性质和极端危害,并将其视为国际社会的共同敌人。同时就世界各国的情况来看,随着社会经济的发展和现代科学技术的广泛运用,在当前的国际形势下,恐怖犯罪活动无论在发案数量和规模上,还是在破坏程度和影响范围上,都有愈演愈烈之势,恐怖犯罪活动已经成为危害全人类的严重犯罪。在这种情况下,要求刑法适应形势需要,提高对上述犯罪的法定刑的呼声逐渐高涨,希望通过加大惩罚力度,增强对这类犯罪的惩治和威慑作用。因此,2001年12月29日第九届全国人民代表大会常务委员会第二十五次会议通过的《中华人民共和国刑法修正案(三)》[以下简称《刑法修正案(三)》]对本条作了修改,将"组织""领导"恐怖活动组织犯罪的法定刑由"三年以上十年以下有期徒刑"提高为"十年以上有期徒刑或者无期徒刑"。

近年来,受国外恐怖主义的不断渗透和我国"三股势力"活动日益猖獗的影响,我国恐怖主义犯罪多发频发,破坏程度和影响范围空前扩大,已经成为严重危害我国经济社会稳定和人民群众生命财产安全的最严重犯罪。基于这种严峻形势,有关部门、地方、专家学者和社会公众希望进一步完善恐怖主义犯罪的规定,在已提高刑法规定的法定刑的基础上,再增加财产刑的规定,以剥夺这类犯罪分子的可用于再犯罪的经济能力,加强对这类犯罪的惩治和预防。为此,2015年8月29日第十二届全国人民代表大会常务委员会第十六次会议通过的《刑法修正案(九)》再次对本条作出修改,对组织、领导恐怖活动组织的,增加规定"并处没收财产";对积极参加的,增加规定"并处罚金";对其他参加的,增加规定"可以并处罚金"。

【相关规定】

《中华人民共和国刑法修正案(三)》

三、将刑法第一百二十条第一款修改为:"组织、领导恐怖活动组织的,处十年以上有期徒刑或者无期徒刑;积极参加的,处三年以上十年以下有期徒刑;其他参加的,处三年以下有期徒刑、拘役、管制或者剥夺政治权利。"

六、将刑法第一百二十条之一修改为:"资助恐怖活动组织、实施恐怖活动的个人的,或者资助恐怖活动培训的,处五年以下有期徒刑、拘役、管制或者剥夺政治权利,并处罚金;情节严重的,处五年以上有期徒刑,并处罚金或者没收财产。

"为恐怖活动组织、实施恐怖活动或者恐怖活动培训招募、运送人员的,依照前款的规定处罚。

"单位犯前两款罪的,对单位判处罚金,并对其直接负责的主管人员和其他直接责任人员,依照第一款的规定处罚。"

【说明】

本条共分3款。

第1款是关于资助恐怖活动组织、实施恐怖活动的个人以及资助恐怖活动培训的犯罪及其处罚的规定。构成本条规定的犯罪应当符合以下条件:

(1) 主观上必须是故意,即犯罪分子明知对方是恐怖活动组织、是实施恐怖活动的个人或者从事、参加恐怖活动培训而予以资助。不知道对方是恐怖活动组织、实施恐怖活动的个人、恐怖活动培训,而是由于受欺骗而为其提供资助的,不构成本罪。这是区分罪与非罪的重要界限。

(2) 必须是实施了相应的资助行为,即实施了为恐怖活动组织、实施恐怖活动的个人或者为恐怖活动培训筹集、提供经费、物资或者提供场所,以及其他物质便利的行为。提供资助的犯罪动机是多种多样的,但不同动机不影响本罪的构成。

(3) 资助的对象必须是恐怖活动组织、实施恐怖活动的个人或者恐怖活动培训。其中"恐怖活动组织",是指《刑法》第120条规定的恐怖活动组织,既包括在我国境内的恐怖活动组织,也包括在境外其他国家或者地区的恐怖活动组织;既包括由官方名单确认的恐怖活动组织,也包括未经官方名单确认,但符合其实质特征的恐怖活动组织。"实施恐怖活动的个人",包括预谋实施、准备实施和实际实施恐怖活动的个人,既包括在我国境内实施恐怖活动,也包括在其他国家和地区实施恐怖活动。实施恐怖活动的个人包括我国公民、外国人和无国籍人。"恐怖活动培训",既包括为实施恐怖活动而进行的培训活动,也包括去参加或者接受恐怖活动培训的行为;既包括在我国境内开展的恐怖活动培训,也包括在我国境外开展的恐怖活动培训。

在实践中,应当注意以下两点:一是要注意本罪与参加恐怖活动组织、实施恐怖活动犯罪的区别。构成本罪的主观故意只是资助恐怖活动组织、实施恐怖活动的个人和恐怖活动培训,而不是作为恐怖活动组织的成员负责有关筹集资金、物资的活动,也不是直接资助恐怖活动组织或者个人所实施的恐怖犯罪活动,其主观故意与被资助对象的犯罪故意是不一致的。如果行为人与恐怖活动组织或者实施恐怖活动的个人通谋,为其提供物资、资金、账号、证明,或者为其提供运输、保管或者其他方便的,属于共同犯罪,根据《刑法》总则关于共同犯罪的有关规定进行惩处。二是资助只能是以有形的物质性利益进行帮助,即只能是提供经费、活动场所、训练基地、各种宣传通讯设备、设施等,如果行为人不是提供物质上的帮助,仅是在精神上、舆论宣传等方面给予支持帮助,不能认定为本款规定的资助行为。根据本款的规定,只要实施了资助恐怖活动组织、实施恐怖活动的个人,或者资助恐怖活动培训的,就构成犯罪,处 5 年以下有期徒刑、拘役、管制或者剥夺政治权利,并处罚金;情节严重的,处 5 年以上有期徒刑,并处罚金或者没收财产。实践中,对于有多次资助、持续资助、提供大量资金资助等情形的,可以认定为本款规定的"情节严重"。

第 2 款是关于为恐怖活动组织、实施恐怖活动或者恐怖活动培训招募、运送人员的犯罪及其处罚的规定。这里所规定的"招募",是指通过所谓"合法"或者非法途径,面向特定或者不特定的群体的募集人员的行为。"运送",是指用各种交通工具运输人员。这些行为在本质上也属于资助行为。根据本款规定,只要为恐怖活动组织、实施恐怖活动或者恐怖活动培训招募、运送人员的,就构成犯罪,依照本条第 1 款的规定处罚,即处以 5 年以下有期徒刑、拘役、管制或者剥夺政治权利,并处罚金;情节严重的,处 5 年以上有期徒刑,并处罚金或者没收财产。实践中,对于有多次招募、运送人员,招募、运送人员众多等情形的,可以认定为本款规定的"情节严重"。

实践中需要注意的是,本罪在主观上必须是故意,即犯罪分子知道或者应当知道对方是恐怖活动组织、实施恐怖活动或者恐怖活动培训而为其招募、运送人员。对于不明真相,或者因上当受骗而为其提供招募、运送服务的,不构成本条规定的犯罪。这是区分罪与非罪的重要界限。

第 3 款是关于单位犯资助恐怖活动组织、实施恐怖活动的个人或者恐怖活动培训,以及为恐怖活动组织、实施恐怖活动或者恐怖活动培训招募、运送人员的犯罪及其处罚的规定。根据本款规定,单位犯本条规定之罪的,对单位判处罚金,并对其直接负责的主管人员和其他直接责任人员,处 5 年以下有期徒刑、拘役、管制或者剥夺政治权利,并处罚金;情节严重的,处 5 年以上有期徒刑,并处罚金或者没收财产。

【立法理由】

《刑法》原第 120 条之一规定:"资助恐怖活动组织或者实施恐怖活动的个人的,处五年以下有期徒刑、拘役、管制或者剥夺政治权利,并处罚金;情节严重的,处五年以上有期徒刑,并处罚金或者没收财产。单位犯前款罪的,对单位判处罚金,并对其直接负责的主管人员和其他直接责任人员,依照前款的规定处罚。"这是 2001 年 12 月 29 日第九届全国人民代表大会常务委员会第二十五次会议通过的《刑法修正案(三)》新增加的规定。为了打击恐怖犯罪活动,切断恐怖活动组织生存的经济来源,将资助恐怖活动组织或者实施恐怖活动的个人的行为规定为犯罪,予以惩处,已成为同恐怖犯罪活动作斗争的一个重要环节。为此,联合国安理会于 2001 年 9 月 29 日通过了第 1373 号决议,要求各国将为恐怖活动提供或者筹集资金的行为规定为犯罪。我国立法机关及时地通过了《刑法修正案(三)》,在《刑法》中增加了对资助恐怖活动组织或者实施恐怖活动的个人的犯罪及其处罚的规定。

2015 年 8 月 29 日,第十二届全国人民代表大会常务委员会第十六次会议通过的《刑法修正案(九)》又对本条作了三处修改:一是在第 1 款的罪状中增加"资助恐怖活动培训的"的表述,将资助恐怖活动培训的行为明确纳入本罪。二是增加了一款,作为第 2 款,规定:"为恐怖活动组织、实施恐怖活动或者恐怖活动培训招募、运送人员的,依照前款的规定处罚。"三是将原第 2 款改为第 3 款,并对其作了相应的文字修改。

《刑法修正案(九)》的修改是适应当前恐怖活动犯罪出现的新情况作出的有针对性的规定。资助恐怖活动培训与资助恐怖活动组织、实施恐怖活动的个人都属于恐怖主义行为,具有同等程度的危害。从反恐怖主义斗争的形势看,恐怖活动培训及对其资助的行为越来越猖獗,需要予以严厉惩处。为此,《刑法修正案(九)》对第 1 款作了修改,将资助恐怖活动培训的行为明确纳入犯罪。同时,在司法实践中,资助恐怖活动组织、实施恐怖活动或者恐怖活动培训的形式很多,除了在资金、物质上提供支持外,还有一些人虽然没有出钱出物,但提供了招募、运送人员等服务。这种情况,实质上也属于"资助"行为。针对这种形势,根据有关方面的意见,经反复研究后,增加了第 2 款的规定,对这类行为如何处罚予以明确。

【相关规定】

《中华人民共和国刑法修正案(三)》

四、刑法第一百二十条后增加一条,作为第一百二十条之一:"资助恐怖活动组织或者实施恐怖活动的个人的,处五年以下有期徒刑、拘役、管制或者剥夺政治权利,并处罚金;情节严重的,处五年以上有期徒刑,并处罚金或者没收财产。

"单位犯前款罪的,对单位判处罚金,并对其直接负责的主管人员和其他直接责任人员,依照前款的规定处罚。"

《最高人民检察院、公安部〈关于公安机关管辖的刑事案件立案追诉标准的规定(二)〉》

一、危害公共安全案

第一条 [资助恐怖活动案(刑法第一百二十条之一)]资助恐怖活动组织或者实施恐怖活动的个人的,应予立案追诉。

本条规定的"资助",是指为恐怖活动组织或者实施恐怖活动的个人筹集、提供经费、物资或者提供场所以及其他物质便利的行为。

"实施恐怖活动的个人",包括预谋实施、准备实施和实际实施恐怖活动的个人。

七、在刑法第一百二十条之一后增加五条,作为第一百二十条之二、第一百二十条之三、第一百二十条之四、第一百二十条之五、第一百二十条之六:

"第一百二十条之二 有下列情形之一的,处五年以下有期徒刑、拘役、管制或者剥夺政治权利,并处罚金;情节严重的,处五年以上有期徒刑,并处罚金或者没收财产:

"(一)为实施恐怖活动准备凶器、危险物品或者其他工具的;

"(二)组织恐怖活动培训或者积极参加恐怖活动培训的;

"(三)为实施恐怖活动与境外恐怖活动组织或者人员联络的;

"(四)为实施恐怖活动进行策划或者其他准备的。

"有前款行为,同时构成其他犯罪的,依照处罚较重的规定定罪处罚。

"第一百二十条之三 以制作、散发宣扬恐怖主义、极端主义的图书、音频视频资料或者其他物品,或者通过讲授、发布信息等方式宣扬恐怖主义、极端主义的,或者煽动实施恐怖活动的,处五年以下有期徒刑、拘役、管制或者剥夺政治权利,并处罚金;情节严重的,处五年以上有期徒刑,并处罚金或者没收财产。

"第一百二十条之四 利用极端主义煽动、胁迫群众破坏国家法律确立的婚姻、司法、教育、社会管理等制度实施的,处三年以下有期徒刑、拘役或者管制,并处罚金;情节严重的,处三年以上七年以下有期徒刑,并处罚金;情节特别严重的,处七年以上有期徒刑,并处罚金或者没收财产。

"第一百二十条之五　以暴力、胁迫等方式强制他人在公共场所穿着、佩戴宣扬恐怖主义、极端主义服饰、标志的,处三年以下有期徒刑、拘役或者管制,并处罚金。

"第一百二十条之六　明知是宣扬恐怖主义、极端主义的图书、音频视频资料或者其他物品而非法持有,情节严重的,处三年以下有期徒刑、拘役或者管制,并处或者单处罚金。"

《刑法修正案(九)》第7条在《刑法》第120条之一后增加5条,作为第120条之二、第120条之三、第120条之四、第120条之五、第120条之六,分别说明如下:

1. 第一百二十条之二　"有下列情形之一的,处五年以下有期徒刑、拘役、管制或者剥夺政治权利,并处罚金;情节严重的,处五年以上有期徒刑,并处罚金或者没收财产:

"(一) 为实施恐怖活动准备凶器、危险物品或者其他工具的;

"(二) 组织恐怖活动培训或者积极参加恐怖活动培训的;

"(三) 为实施恐怖活动与境外恐怖活动组织或者人员联络的;

"(四) 为实施恐怖活动进行策划或者其他准备的。

"有前款行为,同时构成其他犯罪的,依照处罚较重的规定定罪处罚。"

【说明】

本条共分两款。

第1款是关于准备实施恐怖活动的犯罪及其处罚的规定。本款规定了以下几种准备实施恐怖活动的犯罪行为:

(1) 为实施恐怖活动准备凶器、危险物品或者其他工具的。这一行为的前提是"为实施恐怖活动"。根据 2015 年 12 月 27 日第十二届全国人大常委会第十八次会议通过的《中华人民共和国反恐怖主义法》第 3 条第 2 款的规定,恐怖活动是指恐怖主义性质的下列行为:"(一)组织、策划、准备实施、实施造成或者意图造成人员伤亡、重大财产损失、公共设施损坏、社会秩序混乱等严重社会危害的活动的;(二)宣扬恐怖主义,煽动实施恐怖活动,或者非法持有宣扬恐怖主义的物品,强制他人在公共场所穿戴宣扬恐怖主义的服饰、标志的;(三)组织、领导、参加恐怖活动组织的;(四)为恐怖活动组织、恐怖活动人员、实施恐怖活动或者恐怖活动培训提供信息、资金、物资、劳务、技术、场所等支持、协助、便利的;(五)其他恐怖活动。"这里规定的"凶器",是指用来实施犯罪行为,能够对人身健康、生命等造成危险的枪支等武器、刀具、棍棒、爆炸物等物品。这里所说的"危险物品",是指具有燃烧性、爆炸性、腐蚀性、毒害性、放射性等特性,能够引起人身伤亡,或者造成公共利益和人民群众重大财产损害的物品,比如剧毒物品、放射性物品和其他易燃易爆物品等。"其他工具",是指能够为恐怖活动犯罪提供便利,或者有利于提高实施暴力恐怖活动能力的物品,比如汽车等交通工具、手机等通讯工具、地图、指南针等。

(2)组织恐怖活动培训或者积极参加恐怖活动培训的。恐怖活动培训可以使恐怖活动人员形成更顽固的恐怖主义思想,熟练掌握残忍的恐怖活动技能,并在培训过程中加强恐怖活动人员之间的联系而促使他们协同配合进行恐怖活动,具有极大的社会危害性。为此,《上海合作组织反恐怖主义公约》等相关国际公约明确要求将组织恐怖活动培训或者积极参加恐怖活动培训的行为规定为犯罪。一些国家也直接对这种组织培训或者接受培训的行为规定了刑事责任。比如,法国刑法规定了"赴恐怖训练营受训罪",对公民或者常驻居民赴境外参加、接受恐怖主义训练的,予以刑事惩处。这里所说的"恐怖活动培训",在内容上,既可以是传授、灌输恐怖主义思想、主张,使恐怖活动人员形成更顽固的思想,也可以是进行心理、体能训练或者传授、训练制造工具、武器、炸弹等方面的犯罪技能和方法,还可以是进行恐怖活动的实战训练等。在具体的组织方式上,包括当面讲授、开办培训班、组建训练营、开办论坛、组织收听观看含有恐怖主义内容的音视频材料、在网上注册成员建立共同的交流指导平台等。

(3) 为实施恐怖活动与境外恐怖活动组织或者人员联络的。近些年,国际恐怖主义日益猖獗,境内恐怖活动组织、人员与境外恐怖活动组织、人员之间相互勾连的情形日益严重。联络的目的,有的是为了参加境外的恐怖活动组织,有的是为了出境参加"圣战"、接受培训,有的是为了寻求支持、支援或者帮助,有的是要求对方提供情报信息,有的是为了协同发动恐怖袭击以制造更大的恐慌和影响等。进行联络的方式也多种多样,包括直接见面、写信、打电话、发电子邮件等。只要是为实施恐怖活动而与境外恐怖活动组织或者人员联络的,都要依照本款规定追究刑事责任。

(4) 为实施恐怖活动进行策划或者其他准备的。这里的"策划",是指制订恐怖活动计划,选择实施恐怖活动的目标、地点、时间,分配恐怖活动任务等行为。"其他准备"是关于准备实施恐怖活动犯罪的兜底性规定,指上述规定的四种准备行为之外的其他为实施恐怖活动而进行的准备活动。

根据本款的规定,对于有上述情形之一的,处 5 年以下有期徒刑、拘役、管制或者剥夺政治权利,并处罚金;情节严重的,处 5 年以上有期徒刑,并处罚金或者没收财产。这里所说的"情节严重",是指准备凶器、危险品数量巨大,培训人员数量众多,与境外恐怖活动组织频繁联络,策划袭击可能造成重大人员伤亡以及重大目标破坏等情形。在司法实践中,可由司法机关根据案件的具体情节予以认定,必要的时候也可以通过制定相关的司法解释作出具体的规定。

本条第 2 款是关于实施本条规定的犯罪同时构成其他犯罪如何处理的规定。犯罪分子实施本条第 1 款规定的犯罪行为,也可能同时触犯刑法的其他规定,构成刑法规定的其他犯罪。比如,行为人为了准备实施恐怖活动犯罪而制造、买卖、运输、储存枪支、弹药、爆炸物或者危险物质;在培训过程中煽动被培训对象实施分裂国家、颠覆国家政权的犯罪,传授制枪制爆技术或者传授其他犯罪方法;在进行策划以及其他准备过程中以窃取、刺探、收买等方式非法获取国家秘密、情报等。对于这些犯罪行为,如果与本款规定的犯罪行为出现了竞合的情形,应当依照处罚较重的规定定罪处罚。

【立法理由】

恐怖主义是人类的共同敌人,是全世界面临的共同危险。我国旗帜鲜明地反对一切形式的恐怖主义,依法取缔恐怖活动组织,对任何组织、策划、实施恐怖活动,宣扬恐怖主义,煽动、教唆实施恐怖活动,组织、领导、参加恐怖活动组织,为恐怖活动组织或者人员提供任何形式的帮助的,都依法追究法律责任。加强反恐怖主义工作,必须坚持综合施策,标本兼治,实行防范为主、惩防结合和先发制敌、保持主动的原则。恐怖主义活动的一个重要特点是,恐怖事件一旦发生,往往会给国家和公共安全、社会稳定、公民人身财产安全造成极大的破坏,引起严重的社会恐慌甚至社会秩序混乱。因此,在暴力恐怖活动发生后再进行应对处置,消除其造成的破坏和恐慌,国家和社会所投入的人力、物力等资源,往往比提前做好安全防范、情报信息工作,提前发现并将恐怖活动消灭在萌芽之前要大得多。近些年来,暴力恐怖犯罪出现了一些新情况、新特点,比如,实践中出现的"独狼式"恐怖活动人员,或者临时结伙准备实施恐怖活动的团伙,由于没有明确的组织形式,因此很难认定为恐怖活动组织。对于他们为实施恐怖活动而进行的预备、培训、与境外恐怖活动组织联络、进行策划等准备工作,很难按照组织、领导、参加恐怖活动组织犯罪进行处理。同时,由于他们还没有实施具体的恐怖活动,也很难按照某个具体犯罪的预备行为予以处罚,即使已经准备实施具体的恐怖活动了,按照预备犯的规定予以处罚,处罚力度也偏轻。恐怖活动分子往往主观恶性极大,从发挥刑法防卫社会的功能,有利于有效惩罚、威慑和预防,保护社会不受犯罪侵害这一刑事政策出发,有必要贯彻"打小打早"的原则。根据罪责刑相适应的原则,适当调整刑法有关犯罪的规定,将恐怖活动人员在实施具体的暴力恐怖袭击之前所进行的与实施恐怖活动有密切关联的准备、培训、勾连、策划等行为直接入罪,予以严厉的刑事处罚,而不是等到恐怖活动分子在实施暴力恐怖活动,造成特别严重的社会危害之后才予以严惩。据此,《刑法修正案(九)》总结同恐怖主义作斗争的经验,并借鉴国际公约和外国的一些规定,将为实施恐怖主义所进行的预备、联络、培训、策划等准备行为单独规定为犯罪。

【相关规定】

《中华人民共和国反恐怖主义法》

第三条第二、三、四款 本法所称恐怖活动,是指恐怖主义性质的下列行为:

(一)组织、策划、准备实施、实施造成或者意图造成人员伤亡、重大财产损失、公共设施损坏、社会秩序混乱等严重社会危害的活动的;

(二)宣扬恐怖主义,煽动实施恐怖活动,或者非法持有宣扬恐怖主义的物品,强制他人在公共场所穿戴宣扬恐怖主义的服饰、标志的;

(三)组织、领导、参加恐怖活动组织的;

(四)为恐怖活动组织、恐怖活动人员、实施恐怖活动或者恐怖活动培训提供信息、资金、物资、劳务、技术、场所等支持、协助、便利的;

(五)其他恐怖活动。

本法所称恐怖活动组织,是指三人以上为实施恐怖活动而组成的犯罪组织。

本法所称恐怖活动人员,是指实施恐怖活动的人和恐怖活动组织的成员。

2. 第一百二十条之三 "以制作、散发宣扬恐怖主义、极端主义的图书、音频视频资料或者其他物品,或者通过讲授、发布信息等方式宣扬恐怖主义、极端主义的,或者煽动实施恐怖活动的,处五年以下有期徒刑、拘役、管制或者剥夺政治权利,并处罚金;情节严重的,处五年以上有期徒刑,并处罚金或者没收财产。"

《中华人民共和国刑法修正案(九)》条文说明、立法理由及相关规定

【说明】

　　本条规定的"宣扬",是指以各种方式散布、传播恐怖主义、极端主义观念、思想和主张的行为。根据 2015 年 12 月 27 日第十二届全国人大常委会第十八次会议通过的《中华人民共和国反恐怖主义法》第 3 条第 1 款的规定,恐怖主义是指通过暴力、破坏、恐吓等手段,制造社会恐慌、危害公共安全、侵犯人身财产,或者胁迫国家机关、国际组织,以实现其政治、意识形态等目的的主张和行为。极端主义是指以歪曲宗教教义或者其他方法煽动仇恨、煽动歧视、鼓吹暴力等主张和行为。这里所规定的"煽动",是指以各种方式对他人进行要求、鼓动、怂恿,意图使他人产生犯意,去实施所煽动的行为。煽动的具体内容,包括煽动参加恐怖活动组织、煽动实施暴力恐怖活动,也包括煽动资助或者以其他方式帮助暴力恐怖活动。对于煽动类的犯罪来说,只要行为人实施了煽动行为就构成犯罪,被煽动人是否接受煽动而实施恐怖活动犯罪,不影响犯罪的构成。

　　本条列举了宣扬恐怖主义、极端主义和煽动实施恐怖活动常见的一些形式。主要包括:

　　(1)制作、散发宣扬恐怖主义、极端主义的图书、音频视频资料或者其他物品。这里所说的"制作",是指编写、出版、印刷、复制载有恐怖主义、极端主义思想内容的图书、音频视频资料或者其他物品的行为。"散发",是指通过发行,当面散发,以邮寄、手机短信、电子邮件等方式发送,或者通过网络、微信等即时通讯工具公开发帖、转载,以使他人接触到恐怖主义、极端主义信息的行为。散发的目标可以是明确、具体的,也可以是针对不特定的多数人。"图书、音频视频资料或者其他物品",包括图书、报纸、期刊、音像制品、电子出版物,载有恐怖主义、极端主义思想内容的传单、图片、标语等,在手机、移动存储介质、电子阅读器、网络上展示的图片、文稿、音频、视频、音像制品,以及带有恐怖主义、极端主义标记、符号、文字、图像的服饰、纪念品、生活用品等。需要注意的是,制作、散发恐怖主义、极端主义的图书、音频视频资料或者其他物品的行为,是宣扬恐怖主义、极端主义活动的重要环节,因此,即使只实施了制作、寄递、出售等行为,也应

当依照本条规定定罪处罚。比如,工厂明知所制作、印刷的是宣扬恐怖主义、极端主义图书、音频视频资料而制作的;寄递企业明知是宣扬恐怖主义、极端主义图书、音频视频资料而寄递的;书店明知是宣扬恐怖主义、极端主义图书、音频视频资料而出售的,也属于宣扬恐怖主义、极端主义的行为。

(2)讲授、发布信息等方式。这里所说的"讲授",是指为宣扬对象讲解、传授恐怖主义、极端主义思想、观念、主张的。讲授的对象,可以是明确的一人或者数人,也可以是一定范围内的不特定的人,比如,在广场上针对围观的人群、对宗教活动场所内的人进行讲解。"发布信息",则是面向特定个人或者不特定个人,通过手机短信、电子邮件等方式宣扬恐怖主义、极端主义,也可以是在网络平台上发布相关信息,使特定人或者不特定人看到这些信息的行为。

(3)其他方式。本条在列举宣扬、煽动的具体方式中使用了"等方式"的表述。在本条中列举宣扬、煽动的具体方式,主要是为了对司法执法活动提供指导,同时也向社会警示宣扬恐怖主义、极端主义,煽动实施恐怖活动在实践中常见的方式,发挥刑法对社会行为的引导和教育作用。这里所规定的"等方式",意思是说宣扬恐怖主义、极端主义,煽动实施恐怖活动的方式不限于本条所列举的情形。比如,近些年来,我国部分地区利用地下讲经点宣扬恐怖主义、极端主义,煽动实施恐怖活动的情况比较严重,甚至有相当一部分未成年人进入这些秘密的地下讲经点,接受恐怖主义、极端主义的灌输、洗脑,进而成为恐怖活动组织成员,或者成为"独狼式"的恐怖活动人员。对于这些在私人场合或者秘密场合,在家庭、朋友之间,或者通过投寄信件、利用不开放的网络论坛或者聊天室等进行的宣扬、煽动行为,也属于本条规定的犯罪,应当依法追究其刑事责任。

根据本条规定,宣扬恐怖主义、极端主义,或者煽动实施恐怖活动的,处5年以下有期徒刑、拘役、管制或者剥夺政治权利,并处罚金;情节严重的,处5年以上有期徒刑,并处罚金或者没收财产。在实践中,对于是否属于"情节严重",可以根据制作、散布的图书、音像制品等物品的数量,讲授、发布信息的次数和数量,宣扬、煽动的内容、场所和对象范围,以及引起恐怖活动发生的现实危险程度等因素综合进行衡量。比如,制作、散发宣扬恐怖主义、极端主义图书、音频视频资料数量特别巨大的,散布范围广大或者造成广泛影响的,接受讲授和信息的人员数量巨大的,在公共场所、人员密集场所公然散布图书、音频视频资料或者讲授、发布信息的,造成他人实施恐怖活动、极端主义行为的等,可以认定为情节严重的行为。

在实践中,应当注意以下两个问题:

一是要注意区分煽动和教唆行为。不指向具体的恐怖活动,而是概括性地煽动实施恐怖活动的,属于本条规定的煽动行为。对于鼓动、要求、怂恿他人参加或者实施特定的恐怖活动的,则应当按照刑法关于教唆的规定定罪处罚。如果既有煽动行为也有教唆行为,两者出现竞合的情形,应当按照处罚较重的规定定罪量刑。

二是本罪名属于选择性罪名。从司法实践情况看,宣扬恐怖主义、极端主义和煽动实施恐怖活动往往交织在一起。有些犯罪分子在宣扬恐怖主义、极端主义的同时,也会煽动被宣传对象去实施恐怖活动。因此,在适用本条规定时,任何人无论是同时实施了宣扬恐怖主义、极端主义和煽动实施恐怖活动的行为,还是仅仅实施了宣扬恐怖主义、极端主义或者煽动实施恐怖活动行为中的某一种行为,都构成本罪,应当依法追究刑事责任。

【立法理由】

恐怖主义、极端主义的观念、主张和意识形态,是恐怖活动、极端主义行为的思想基础,也是其滋生的土壤和得以蔓延的催化剂。恐怖活动组织和恐怖活动人员除了直接通过暴力恐怖事件制造社会恐慌,对国家、社会施加压力外,还通过各种方式大肆宣扬恐怖主义、极端主义,煽动实施恐怖活动,实现其对他人思想的影响、异化和控制,从而培植恐怖主义、极端主义的新生力量,扩大恐怖主义、极端主义的影响,并极力蛊惑社会公众,争取得到支持和同情,具有十分严重的社会危害。目前,在国际范围内已经形成共识,即不仅暴力恐怖活动是严重的犯罪行为,宣扬恐怖主义、极端主义,煽动实施恐怖活动,为他人实施恐怖活动、极端主义行为制造"犯意"的行为,同样也是严重的犯罪行为,也应当受到严厉的惩罚。为此,《上海合作组织反恐怖主义公约》等国际公约明确要求将这些宣扬、煽动行为规定为刑事犯罪。一些国家也对通过非法讲经等活动宣扬、鼓动恐怖主义、极端主义,煽动恐怖主义的行为规定了刑事责任,以阻止恐怖主义、极端主义思想的传播。比如,俄罗斯刑法专门针对公开鼓动实施极端主义活动规定了刑事责任,并针对利用新闻媒体、通过互联网宣扬极端主义的,规定了更重的处罚。法国规定了煽动恐怖主义罪,并规定在互联网上美化和教唆恐怖主义行为的从重处罚。英国修订法律,对于通过音像制品、互联网等方式传播极端思想和招募、资助极端主义犯罪的,降低了入罪的门槛。埃及法律明确规定,清真寺伊玛目进行非法讲经活动的,依法追究刑事责任。

在我国境内,我国的恐怖活动犯罪有其特殊的"生态环境",表现为"境外有种子、境内有土壤、网上有市场"。恐怖主义、分裂主义和极端主义"三股势力"以各种方式散布恐怖主义、极端主义思想,境外恐怖活动组织也不断向我国境内渗透,进行宣传、煽动,影响和控制信教群众,扶植境内民族分裂、宗教极端和暴力恐怖活动分子。在我国部分地区发生的暴力恐怖犯罪案件中,恐怖活动人员几乎都是受过恐怖主义、极端主义思想"洗脑"的人员。即使是"独狼式""自杀式"的恐怖袭击人员,很多也是在通过各种渠道获取的暴力恐怖音频视频的煽惑下完成"自教育"和"洗脑"的。实践证明,切断恐怖主义、极端主义传播的渠道,防止个人接触到恐怖主义、极端主义思想,从根源上防范恐怖主义、极端主义活动的发生,在反恐怖主义工作中居于十分重要的地位。近几年来,对于这类行为,有些是根据其宣扬、煽动的具体内容,构成煽动分裂国家罪,煽动民族仇恨、民族歧视罪的,依照《刑法》有关规定予以定罪处罚。但实践中也存在一些问题:一是这类犯罪行为,通常在宣扬、煽动中夹杂了煽动分裂国家、煽动民族仇恨、民族歧视的内容,但对于仅仅宣扬恐怖主义、极端主义思想的行为,对于其煽动内容在表面上并不针对具体的某个民族的行为,实践中对如何适用法律存在不同认识,在适用法律上出现一些困难。二是适用煽动分裂国家罪,煽动民族仇恨、民族歧视罪追究刑事责任,没有对其宣扬、煽动恐怖主义、极端主义的行为性质直接作出评价,难以充分发挥刑罚的威慑力和警示作用。考虑到以上情况,为有利于更有针对性和准确地打击宣扬、煽动恐怖主义、极端主义的犯罪行为,《刑法修正案(九)》明确规定了宣扬恐怖主义、极端主义,煽动恐怖活动的犯罪。

【相关规定】
《中华人民共和国反恐怖主义法》
第三条第二、三、四款　本法所称恐怖活动,是指恐怖主义性质的下列行为:
(一)组织、策划、准备实施、实施造成或者意图造成人员伤亡、重大财产损失、公共设施损坏、社会秩序混乱等严重社会危害的活动的;
(二)宣扬恐怖主义,煽动实施恐怖活动,或者非法持有宣扬恐怖主义的物品,强制他人在公共场所穿戴宣扬恐怖主义的服饰、标志的;
(三)组织、领导、参加恐怖活动组织的;
(四)为恐怖活动组织、恐怖活动人员、实施恐怖活动或者恐怖活动培训提供信息、资金、物资、劳务、技术、场所等支持、协助、便利的;
(五)其他恐怖活动。
本法所称恐怖活动组织,是指三人以上为实施恐怖活动而组成的犯罪组织。
本法所称恐怖活动人员,是指实施恐怖活动的人和恐怖活动组织的成员。

3. 第一百二十条之四　"利用极端主义煽动、胁迫群众破坏国家法律确立的婚姻、司法、教育、社会管理等制度实施的,处三年以下有期徒刑、拘役或者管制,并处罚金;情节严重的,处三年以上七年以下有期徒刑,并处罚金;情节特别严重的,处七年以上有期徒刑,并处罚金或者没收财产。"

【说明】

构成本条规定的犯罪,需要符合以下几个方面的条件:

(1) 本罪的行为方式,表现为利用极端主义煽动、胁迫群众。只有利用极端主义实施本条规定的煽动、胁迫行为的,才构成本罪。这里所说的"极端主义",是指通过歪曲宗教教义或者其他方法煽动仇恨、煽动歧视,崇尚暴力的思想和主张,以及以此为思想基础而实施的行为,经常表现为对其他文化、观念、族群等的完全歧视和排斥。在日常生活中,极端主义的具体形态多种多样,有的打着宗教的旗号,歪曲宗教教义,强制他人信仰宗教或者不信仰宗教,歧视信仰其他宗教或者不信仰宗教的人,破坏宪法规定的宗教信仰自由制度的实施。也有的披着民族传统、风俗习惯的外衣,打着"保护民族文化"的招牌,煽动仇恨与其民族、风俗习惯不同的群体,主张民族隔离,煽动抗拒现有法律秩序等。极端主义是指以歪曲宗教教义或者其他方法煽动仇恨、煽动歧视、鼓吹暴力等主张和行为。

这里所说的"煽动",是指利用极端主义,以各种方式对他人进行要求、鼓动、怂恿,意图使他人产生犯意,去实施所煽动的行为。实践中,这种煽动经常表现为无中生有,编造不存在的事情,或者通过造谣、诽谤对事实进行严重歪曲,或者通过对被煽动对象的情绪进行挑拨,使被煽动者丧失对事实的正常感受和判断能力,丧失对自己行为的理性控制,从而去从事违法犯罪行为,达到破坏国家法律制度实施的目的。这里所说的"胁迫",是指通过暴力、威胁或者以给被胁迫人或者其亲属等造成人身、心理、经济等方面的损害为要挟,对他人形成心理强制,迫使其从事胁迫者希望其实施的特定行为。胁迫的方式可以是通过暴力手段,也可以是通过言语威胁或者对被胁迫者的利益进行限制、剥夺等方式。实践中,还出现以关爱朋友、亲情等为借口,或者以孤立、排斥等方法施加压力的情况。虽然被胁迫者仍然具有一定的意志自由,能够理解自己的行为是违法行为,主观上也不愿意实施这些行为,但由于受到精神的强制而处于恐惧状态之下,因而不得已按照胁迫者的要求行事。煽动和胁迫的内容也多种多样。

（2）本罪中煽动、胁迫的目的,是破坏国家法律制度的实施。国家法律确立的婚姻、司法、教育、社会管理等方面的制度,涉及社会的基本生活,是国家对社会进行管理的基本形式和内容。我国宪法和法律保障公民的宗教信仰自由,保障各民族平等、共同发展和共同繁荣,尊重各民族的风俗习惯,并为保障这些权利制定了相应的法律制度。尊重宗教信仰自由和民族风俗习惯,与遵守国家法律制度本身是一致的。但很多极端主义分子歪曲宗教教义或者民族风俗习惯,假借宗教信仰或者民族风俗习惯等煽动歧视、煽动仇恨,崇尚、鼓吹、挑动暴力,本身就与宗教信仰自由和民族风俗习惯背道而驰,是对国家相关法律制度的破坏。虽然他们在进行煽动、胁迫时经常打着维护宗教教义或者民族风俗习惯的旗号,但其背后的真实目的是要煽动歧视、煽动仇恨,崇尚、鼓吹、挑动暴力,煽动、胁迫人们对政府管理活动的抵制甚至对抗,蛊惑人们不遵守国家法律确立的婚姻、司法、教育、社会管理等制度,制造国家对社会管理的真空,引起社会秩序的混乱。

近些年来,在我国一些地区,出现了各种形式的利用极端主义煽动、胁迫群众破坏国家法律制度实施的情形。比如,煽动、胁迫群众按照宗教仪式举行婚礼或者离婚,不到政府机关进行婚姻登记,对已办理婚姻登记的撕毁结婚证等;煽动、胁迫群众以民族、宗教等名义干扰司法或者阻碍司法工作人员依法执行职务;煽动、胁迫群众出现纠纷不依照法律途径处理,甚至出现命案也通过私下谈判进行私了;煽动、胁迫群众不让孩子到学校读书,不接受义务教育,而是参加读经班,阻挠、破坏国家的教育制度实施;煽动、胁迫群众拒绝使用身份证、户口簿等国家法定证件以及人民币,甚至煽动、胁迫他人损毁身份证、户口簿等国家法定证件以及人民币;煽动、胁迫群众改变信仰;煽动、胁迫群众驱赶其他民族或者有其他信仰的人离开居住地;煽动、胁迫群众违反法律规定,干涉他人日常的生活方式、生产经营和人际交往等。这些行为都属于破坏国家法律制度实施的行为。

（3）本罪的直接危害，是破坏国家法律规定的管理制度，使国家法律确定的婚姻、司法、教育、社会管理等制度得不到有效实施。同时，本罪的危害还在于，这一行为还会使被煽动、胁迫的特定对象产生认识混乱或者恐惧心理，损害其个人的合法权益，进而危及公共利益、社会安全和秩序。因此，本罪不以被煽动、胁迫者实施破坏国家法律制度的具体行为为必要条件，只要行为人实施了煽动、胁迫的行为，就已经构成本罪。

根据本条规定，利用极端主义煽动、胁迫群众破坏国家法律确立的婚姻、司法、教育、社会管理等制度实施的，处3年以下有期徒刑、拘役或者管制，并处罚金；情节严重的，处3年以上7年以下有期徒刑，并处罚金；情节特别严重的，处7年以上有期徒刑，并处罚金或者没收财产。对于"情节严重"和"情节特别严重"，可以根据其煽动、胁迫行为所使用的手段、涉及的人员多少和区域大小、造成的危害程度和影响等各方面因素综合考虑，分别适用不同的刑罚。必要的时候，也可以由有关部门制定司法解释，进一步作出具体的规定。

实践中，应当注意以下两个问题：

一是"利用极端主义"是构成本罪的一个要件。对于煽动、胁迫他人破坏国家法律制度实施但没有利用极端主义的，应当根据具体情况分别处理。对于组织、利用会道门、邪教组织或者利用迷信破坏国家法律、行政法规实施，构成犯罪的，依照《刑法》第300条的规定定罪处罚。有些人由于狭隘思想或者愚昧等原因，对宗教教义、民族风俗习惯产生不正确的理解，并进而破坏国家法律实施的，如果构成犯罪，可以按照《刑法》的其他规定定罪处罚；不构成犯罪的，依法予以行政处罚或者进行批评、教育。

二是在处理这类犯罪时，应当正确区分敌我矛盾和人民内部矛盾，处理好依法打击和分化瓦解的关系，在依法严厉打击少数极端分子的同时，对受裹挟、蒙蔽的一般群众，应当最大限度地进行区分，进行团结和教育。

【立法理由】

极端主义是通过歪曲宗教教义或者其他方法煽动仇恨、煽动歧视、鼓吹暴力,是恐怖主义的思想基础。极端主义的危害是多方面的。很多人受极端主义的蛊惑和驱使,最终变成了恐怖活动分子。还有些人虽然没有从事恐怖活动,但也被极端主义利用,实施了其他危害社会的行为。这些行为本身可能不如爆炸、杀人等暴力恐怖活动造成非常严重的死伤、财产损失以及社会治安的恶化,但也会造成不同宗教、民族、群体之间的敌视和对抗,在人们心中引起恐慌甚至恐惧,进而会破坏国家的社会管理秩序,对人们的正常生活甚至国家安全、政权稳定造成很大的危害。很多国家通过立法禁止各种利用极端主义干扰人们正常生活,扰乱社会管理秩序的行为,对这类行为规定了相应的处罚。可以说,禁止利用宗教、民族等极端主义干预国家管理,干涉教育、政治等世俗生活,在世界范围内已经形成重要的趋势,是世界各国与恐怖主义、极端主义作斗争的一个重要领域。

以极端主义为思想基础,以分裂主义为目的,以暴力恐怖袭击为表现形式,是我国当前恐怖主义的重要特征。近些年来,除了极端主义引发的恐怖活动外,在我国一些地区也出现了不少利用极端主义干扰他人正常生产、生活,破坏国家对社会的管理,破坏法律制度实施的行为。为了维护国家安全和社会稳定,维护人民群众的正常生产、生活,《刑法修正案(九)》在刑法中增加一条,将利用极端主义煽动、胁迫群众破坏国家法律确立的婚姻、司法、教育、社会管理等制度实施的行为单独规定为犯罪。

4. 第一百二十条之五 "以暴力、胁迫等方式强制他人在公共场所穿着、佩戴宣扬恐怖主义、极端主义服饰、标志的,处三年以下有期徒刑、拘役或者管制,并处罚金。"

【说明】

本条主要规定以下内容：

本条规定的犯罪主体为一般主体，即任何强制他人在公共场所穿着、佩戴宣扬恐怖主义、极端主义服饰、标志的人。犯罪侵害的客体是多重客体，既在社会范围内渗透恐怖主义、极端主义思想，又侵犯被害人的人身权利、民主权利，同时也妨害社会管理秩序。犯罪的主观要件为故意，对强制他人在公共场所穿着、佩戴宣扬恐怖主义、极端主义服饰、标志的行为和结果都是明知并且希望结果的发生。

本条所说的"暴力"，是指殴打、捆绑、烧伤等直接伤害他人身体的方法，使被害人不能抗拒。"胁迫"，是指对被害人施以威胁、恐吓，进行精神上的强制，迫使被害人就范，不敢抗拒。如以杀害被害人、加害被害人的亲属相威胁，威胁要对被害人、被害人的亲属施以暴力，以揭发被害人的隐私相威胁，利用职权、教养关系、从属关系或者被害人孤立无援的环境胁迫被害人服从，等等。除了暴力、胁迫手段以外，通过采用对被害人产生肉体强制或者精神强制的其他手段，强制他人在公共场所穿着、佩戴宣扬恐怖主义、极端主义服饰、标志的，也构成本罪。如限制被害人的人身自由，强迫被害人长时间暴露在高温或者严寒中，负有监护责任的人对被监护人不给饭吃、不给衣穿等。这里的"公共场所"包括群众进行公开活动的场所，如商店、影剧院、体育场、街道等；也包括各类单位，如机关、团体、事业单位的办公场所，企业生产经营场所，医院、学校、幼儿园等；还包括公共交通工具，如火车、轮船、长途客运汽车、公共电车、汽车、民用航空器等。

本条规定的"宣扬恐怖主义、极端主义服饰、标志"，指的是穿着、佩戴的服饰、标志包含了恐怖主义、极端主义的符号、旗帜、徽记、文字、口号、标语、图形或者带有恐怖主义、极端主义的色彩，容易使人联想到恐怖主义、极端主义。实践中比较普遍的是穿着模仿恐怖活动组织统一着装的衣物，穿着印有恐怖主义、极端主义符号、旗帜等标志的衣物，佩戴恐怖活动组织标志或者恐怖主义、极端主义标志，留有象征恐怖主义、极端主义的特定发型等。从实践情况看，恐怖主义、极端主义势力通过强制他人在公共场所穿着、佩戴宣扬恐怖主义、极端主义服饰、标志等手段,在社会上强化了人们的身份差别意识,用异类的标识或者身份符号,刻意地制造出隔膜和距离感,以达到其渲染恐怖主义、极端主义氛围甚至宣扬恐怖主义、极端主义的目的,社会危害是很大的。

根据本条规定,对以暴力、胁迫等方式强制他人在公共场所穿着、佩戴宣扬恐怖主义、极端主义服饰、标志的,应当视情节的轻重,处以3年以下有期徒刑、拘役或者管制,并处罚金。

【立法理由】

近些年来,国际恐怖主义、极端主义活动日渐猖獗,给许多国家和人民带来重大的人员伤亡和财产损失,甚至造成社会动荡。在这一背景下,我国的暴力恐怖事件也呈多发频发态势,对国家安全、政治稳定、经济社会发展、民族团结和公民生命安全构成严重威胁。一段时期以来,在我国一些地方,恐怖主义、极端主义思潮传播和蔓延的问题比较严重,并通过各种形式加以表现。一个突出的现象就是很多人在公共场所穿着、佩戴宣扬恐怖主义、极端主义服饰、标志,给社会带来了不良影响。这些服饰、标志,并不代表我国民族的传统,在宗教经典中也没有要求,而是国际上一些恐怖主义、极端主义势力为彰显其恐怖主义、极端主义思想而作出的强制要求。我国一些地方出现穿戴这种服饰、标志的原因,是恐怖主义、极端主义势力利用人民群众的朴素情感,散布说穿着这类服饰、采用这种标志可以用来区别是否属于虔诚的教众,以此强化民族差异和宗教仪式感,煽动狂热情绪,渗透恐怖主义和极端主义思想。在一些地方,甚至出现恐怖主义、极端主义势力以暴力、胁迫等方式强制他人穿着、佩戴宣扬恐怖主义、极端主义的服饰、标志,干扰群众的宗教信仰自由,营造恐怖主义、极端主义氛围的现象。被胁迫、蛊惑而穿着、佩戴宣扬恐怖主义、极端主义服饰、标志的群众往往因此而无法参加正常的工作以及其他文化、体育活动,给生产、生活带来极大不便,并对其精神带来极大的压抑。这种现象的存在,形成一种不正常的社会氛围,扰乱了正常的社会秩序,对有效清除恐怖主义、极端主义思想观念,防范和打击恐怖主义、极端主义犯罪分子带来了障碍。根据有关资料,从世界范围看,一些国家,如荷兰、丹麦、瑞典等国在法律中对此都有明确的禁止性规定;法国、西班牙、比利时、意大利等国发布了禁止在公共场合穿着极端主义服饰的禁令;埃及、约旦、黎巴嫩等国家,也均不鼓励穿戴极端主义服饰;土耳其禁止在各级学校内戴头巾;叙利亚于2007年7月颁布禁令,禁止大学生和老师在校园内穿着极端主义服饰;美国则有三个州颁布法律,禁止教师在公立学校穿戴宗教服饰,以防止极端主义思想在公共场所散播。由此可见,穿着、佩戴宣扬恐怖主义、极端主义服饰、标志本身就具有一定的社会危害性,被世界上许多国家所禁止。特别是实践中表现突出的,一些恐怖主义、极端主义分子以暴力、胁迫等方式强制他人穿着、佩戴宣扬恐怖主义、极端主义的服饰、标志的行为,社会危害性尤为严重。这种行为,不仅在社会上营造了恐怖主义、极端主义氛围,还直接侵犯了被害人的人身权利和正常的宗教信仰自由,必须予以严厉打击,以防止其扩散、蔓延,维护人民群众的合法权利。考虑到上述情况,根据加强反恐怖主义工作和维护社会秩序的需要,《刑法修正案(九)》增加规定了以暴力、胁迫等方式强制他人在公共场所穿着、佩戴宣扬恐怖主义、极端主义服饰、标志的犯罪。

5. 第一百二十条之六 "明知是宣扬恐怖主义、极端主义的图书、音频视频资料或者其他物品而非法持有,情节严重的,处三年以下有期徒刑、拘役或者管制,并处或者单处罚金。"

【说明】

本条主要规定了以下内容:

本罪在主观上要求行为人是"明知"。非法持有宣扬恐怖主义、极端主义物品的犯罪,是指明知是宣扬恐怖主义、极端主义的图书、音频视频资料或者其他物品而非法持有,情节严重的行为。本罪在主观上要求是故意,即行为人明知是宣扬恐怖主义、极端主义的图书、音频视频资料或者其他物品而非法持有的,才能构成本罪。这里所说的"明知",是指知道或者应当知道。实践中,行为人有可能会辩解其"不明知"所持有物品的性质和内容。在这种情况下,不能仅听行为人本人的辩解,对是否"明知"的认定,应当结合案件的具体情况和有关证据材料进行全面分析。要坚持重证据、重调查研究,以行为人实施的客观行为为基础,结合其一贯表现,具体行为、程度、手段、事后态度,以及年龄、认知和受教育程度、所从事的职业、所生活的环境、所接触的人群等综合作出判断。比如,对曾因实施暴力恐怖、极端主义违法犯罪行为受过行政、刑事处罚的,或者被责令改正后又实施的,应当认定为明知。有其他共同犯罪嫌疑人、被告人或者其他知情人供认、指证,虽然行为人不承认其主观上"明知",但又不能作出合理解释的,依据其行为本身和认知程度,足以认定其确实知道或者应当知道的,应当认定为明知。但是,结合行为人的认知程度和客观条件,如果确实属于不明知所持有物品为宣扬恐怖主义、极端主义图书、音频视频资料等物品的,不能认定为本罪。比如,捡拾到保存有宣扬恐怖主义、极端主义音频视频资料的手机、U盘或者其他存储介质的;维修电脑的人员为修理电脑而暂时保管他人送修的存有宣扬恐怖主义、极端主义音频视频资料,而事先未被告知,待公安机关查办案件时才发现的;等等。对于不属于明知而持有宣扬恐怖主义、极端主义的图书、音频视频资料等其他物品的,一旦发现后,就应当立即予以销毁、删除,个人无法销毁、删除的,应当将含有恐怖主义、极端主义的图书、音频视频资料或者其他物品交由公安机关或者基层组织,请求帮助销毁、删除。

本罪在客观上要求行为人有非法持有的行为。这里所规定的"持有",是指行为人对恐怖主义、极端主义宣传品处于占有、支配、控制的一种状态。不仅随身携带可以认定为持有,在其住所、驾驶的运输工具上发现的恐怖主义、极端主义宣传品也可以认定为持有。持有型犯罪以行为人持有特定物品或者财产的不法状态为基本的构成要素。我国刑法设置的持有型犯罪有巨额财产来源不明罪,非法持有毒品罪,非法持有、私藏枪支、弹药罪,非法持有假币罪,非法持有国家绝密、机密文件、资料、物品罪,非法持有毒品原植物种子、幼苗罪等。在持有型犯罪中,有的持有物本身不具有危害性,如巨额财产,绝密、机密文件等;有的本身就是违禁品,如毒品、枪支、弹药、毒品原植物种子、幼苗等。无论是否违禁品,构成犯罪的前提都是非法持有。实践中有一些合法持有的情形,如查办案件的人民警察查封、扣押宣扬恐怖主义、极端主义的图书、音频视频资料等物品因而持有的;研究反恐怖主义问题的专家学者为进行学术研究而持有少量恐怖主义、极端主义宣传品的,则不能认定为犯罪。

从实践情况看,宣扬恐怖主义、极端主义的图书、音频视频资料和其他物品主要包含了两类内容:一是含有恐怖主义、极端主义的思想、观念和主张,煽动以暴力手段危害他人生命和公私财产安全,破坏法律实施等内容的。二是含有传授制造、使用炸药、爆炸装置、枪支、管制刀具、危险物品实施暴力恐怖犯罪的方法、技能等内容的。这些宣传品在形式上和内容上均表现多样。比如,有的宣扬参加暴力恐怖活动的,流血就能洗刷罪过,可以带自己和亲友上天堂,杀死一人胜做十年功,可以直接上天堂,在天堂中有仙女相伴等。有的利用地理环境相对闭塞地区的一些信教民众对外部正确信息了解甚少,辨别意识不强,借助区域经济差异、社会竞争压力等社会问题,对国家民族政策大肆诋毁,破坏民族关系。有的通过编造谣言或者炒作个别案例,将社会成员划分为不同群体,刻意制造不同信仰者、不同民族之间的隔阂和对立,煽动仇恨、歧视,争取一些民众对暴恐分子的同情。有的表面上是宣传宗教教义,但在内容上对宗教教义进行歪曲,或者在其中夹杂恐怖主义、极端主义的内容,诱骗一些对宗教教义知之甚少的群众将一些错误观点奉为经典,造成思想混乱,为暴恐活动披上"宗教"的合法外衣。本条中采用了"或者其他物品"

的规定,是指除图书、音频视频资料外,恐怖主义、极端主义的宣传品还包括含有宣扬恐怖主义、极端主义内容的文稿、图片、存储介质、电子阅读器等。实践中,在网络存储空间内储存宣扬恐怖主义、极端主义的资料的,本质上与存储在个人电脑、手机、移动硬盘中没有区别,且更容易造成大面积传播,情节严重的,也构成本罪。根据2015年12月27日第十二届全国人大常委会第十八次会议通过的《中华人民共和国反恐怖主义法》第3条第1款的规定,恐怖主义是指通过暴力、破坏、恐吓等手段,制造社会恐慌、危害公共安全、侵犯人身财产,或者胁迫国家机关、国际组织,以实现其政治、意识形态等目的的主张和行为。极端主义是指以歪曲宗教教义或者其他方法煽动仇恨、煽动歧视、鼓吹暴力等主张和行为。此外,对涉案物品因涉及专门知识或者语言文字等内容难以鉴别的,可商请宗教、民族、新闻出版等部门提供鉴别意见。

根据本条规定,明知是宣扬恐怖主义、极端主义的图书、音频视频资料或者其他物品而非法持有的行为,只有达到情节严重的,才构成犯罪。对于是否属于"情节严重",可以根据所持有的恐怖主义、极端主义宣传品的数量多少,所包含的内容的严重程度,曾经因类似行为受到处罚的情况,以及其事后的态度等因素作出认定。对于因为好奇或者思想认识不清楚,非法持有少量的恐怖主义、极端主义宣传品,没有其他的恐怖主义、极端主义违法行为,经发现后及时销毁、删除的,不作为犯罪追究。

实践中认定本罪需要注意的是,本罪作为持有型犯罪,是一项补充性罪名,目的是为了严密法网,防止放纵犯罪分子。在实践中,对于被查获的非法持有恐怖主义、极端主义宣传品的人,应当尽力调查其犯罪事实,如果经查证是为通过散发、讲授等方式宣扬恐怖主义、极端主义,煽动实施恐怖活动而非法持有的,是为利用极端主义煽动群众破坏国家法律制度实施而非法持有的,应当依照《刑法》第120条之三、第120条之四的规定定罪处罚。

【立法理由】

恐怖主义、极端主义的观念、主张和意识形态,是恐怖活动、极端主义行为的思想基础,也是其滋生的土壤和得以蔓延的催化剂。为更有针对性和准确地惩治宣扬、煽动恐怖主义、极端主义的犯罪行为,《刑法修正案(九)》明确规定了宣扬恐怖主义、极端主义,煽动恐怖活动的刑事责任。从近年来打击处理宣扬恐怖主义、极端主义违法犯罪行为的情况看,有两个特点比较突出:

一是宣扬恐怖主义、极端主义的图书、音频视频资料或者其他物品的危害性极大。实践中发现,随着互联网及微博、微信等各类即时通讯工具、聊天软件以及移动存储介质的普及应用,境内外恐怖主义、分裂主义和极端主义"三股势力"越来越多地通过制作语言通俗、内容生动的音频视频以及图书等其他资料,传播恐怖主义、极端主义思想,煽动暴力恐怖活动。近年来破获的大量恐怖案件中,恐怖分子大多曾收听、观看、阅读过恐怖活动组织发布的恐怖主义、极端主义音频视频、图书等资料,受蛊惑、蒙骗,被恐怖主义、极端主义思想"洗脑",从而逐步成为极端主义狂热分子,进而发展成为实施暴力恐怖活动的恐怖主义犯罪分子。恐怖主义、极端主义宣传品的传播、蔓延,已经成为我国恐怖袭击多发的重要诱因。比如,2013年6月在某地发生的暴恐案件中,十余名暴徒受暴恐音频视频的煽动影响,袭击了当地派出所、旅社、特训警中队、建筑工地、镇政府、工商所及商店,共造成各族干部群众二十余人死亡、多人受伤。2013年8月某暴恐案件中的涉案人员,在观看外来流动人员手机中携带的暴恐音频视频后,受到蛊惑,进而在短时间内结成团伙,实施暴恐犯罪。2014年5月某暴恐案件中,数名犯罪嫌疑人长期参与非法宗教活动,收听收看暴恐音频视频,于2013年年底形成了暴恐团伙。2014年10月北京金水桥暴恐案的组织者及同案的妻子也是受暴恐音频视频的影响,接受恐怖主义、极端主义思想,筹集恐怖袭击经费,抛下年幼的儿女,前往北京实施恐怖袭击。大量的案例说明,恐怖主义、极端主义宣传品的危害巨大,绝不能任由其大量存在和传播。

二是实践中,经常发现有些人非法持有大量的宣扬恐怖主义、极端主义的图书、音频视频资料或者其他物品,但难以查明这些人是否存在制作、散发的行为。虽然这些人存在通过转发、散布等方式宣扬恐怖主义、极端主义的很大的可能性,但有时难以收集相关证据,这些人也可能是准备转发、散布但尚未开始实施。这种非法持有的状态,随时都有可能转化成散发、传播等行为。如果对这类行为不予以惩治,就难以遏制宣扬恐怖主义、极端主义,煽动实施恐怖活动的犯罪势头。考虑到上述情况,根据各方面的意见,《刑法修正案(九)》增加规定了非法持有宣扬恐怖主义、极端主义物品的犯罪及刑事责任。

八、将刑法第一百三十三条之一修改为:"在道路上驾驶机动车,有下列情形之一的,处拘役,并处罚金:

"(一)追逐竞驶,情节恶劣的;

"(二)醉酒驾驶机动车的;

"(三)从事校车业务或者旅客运输,严重超过额定乘员载客,或者严重超过规定时速行驶的;

"(四)违反危险化学品安全管理规定运输危险化学品,危及公共安全的。

"机动车所有人、管理人对前款第三项、第四项行为负有直接责任的,依照前款的规定处罚。

"有前两款行为,同时构成其他犯罪的,依照处罚较重的规定定罪处罚。"

【说明】

本条共有3款。

第1款是关于危险驾驶罪及其处罚的规定。本款规定的犯罪主体为一般主体,即任何在道路上行驶的机动车的驾驶人。本罪侵害的是双重客体,主要是道路交通秩序,同时也威胁到不特定多数人的生命、财产安全。犯罪人在主观上应当为故意,尽管犯罪人在主观上并没有追求交通事故、人员伤亡等后果的发生,但是对于危险驾驶的行为是明知或者放任发生的。

构成危险驾驶罪的前提是在道路上驾驶机动车。根据《中华人民共和国道路交通安全法》第119条的规定,本款规定中的"道路"是指公路、城市道路和虽在单位管辖范围但允许社会机动车通行的地方,包括广场、公共停车场等用于公众通行的场所。同样,根据该条规定,"机动车"是指以动力装置驱动或者牵引,上道路行驶的供人员乘用或者用于运送物品以及进行工程专项作业的轮式车辆。

根据本款规定,构成危险驾驶罪的行为有以下四种:

(1)"追逐竞驶,情节恶劣的"。这里规定的"追逐竞驶",就是平常所说的"飙车",是指在道路上,以在较短的时间内通过某条道路为目标或者以同行的其他车辆为竞争目标,追逐行驶。具体情形包括在道路上进行汽车驾驶"计时赛",或者若干车辆在同时行进中互相追赶等,既包括超过限定时速的追逐竞驶,也包括未超过限定时速的追逐竞驶。根据本款规定,在道路上追逐竞驶,情节恶劣的才构成犯罪。判断是否"情节恶劣",应结合追逐竞驶所在的道路、时段、人员流量,追逐竞驶造成的危害程度以及危害后果等方面进行认定。

(2)"醉酒驾驶机动车的"。《中华人民共和国道路交通安全法》的相关规定区分了饮酒和醉酒两种情形。根据国家质量监督检验检疫总局2004年5月31日发布的《车辆驾驶人员血液、呼气酒精含量阈值与检验》(GB 19522—2004)的规定,饮酒驾车是指车辆驾驶人员血液中的酒精含量大于或者等于20 mg/100 ml,小于80 mg/100 ml的驾驶行为;醉酒驾车是指车辆驾驶人员血液中的酒精含量大于或者等于80 mg/100 ml的驾驶行为。实践中,执法部门也是依据这一标准来判断酒后驾车和醉酒驾车两种行为。

醉酒驾驶机动车的行为不一定造成交通事故、人员伤亡的严重后果,只要行为人血液中的酒精含量大于或者等于80 mg/100 ml,即构成危险驾驶的行为。根据最高人民法院、最高人民检察院、公安部联合发布的《关于办理醉酒驾驶机动车刑事案件适用法律若干问题的意见》中的规定,醉酒驾驶机动车造成交通事故且负事故全部或者主要责任,或者造成交通事故后逃逸,尚未构成其他犯罪的;血液酒精含量达到200 mg/100 ml以上的;在高速公路、城市快速路上醉酒驾驶的;醉酒驾驶载有乘客的营运机动车的;醉酒驾驶机动车并有严重超员、超载或者超速驾驶,无驾驶资格驾驶机动车,使用伪造或者变造的机动车牌证等严重违反道路交通安全法的行为的;醉酒驾驶机动车,逃避公安机关依法检查,或者拒绝、阻碍公安机关依法检查尚未构成其他犯罪的;曾因酒后驾驶机动车受过行政处罚或者刑事追究后又醉酒驾驶机动车的;醉酒驾驶机动车有其他可以从重处罚的情形的,应当从重处罚。

(3)"从事校车业务或者旅客运输,严重超过额定乘员载客,或者严重超过规定时速行驶的"。从事校车业务或者旅客运输,关系较多人的生命财产安全,也是近年来交通事故频发多发的重灾区,一旦发生事故,即是群死群伤,后果不堪设想。实践中,有的从事校车业务或者旅客运输的人员,为了追求利润,无视额定乘员数量或者规定时速,任意超员、超速,发生了大量触目惊心的事故。对这类行为,应当加强管理,加大处罚力度,防止惨案的发生。这里所规定的"校车",是指依照国家规定取得使用许可,用于接送接受义务教育的学生上下学的7座以上的载客汽车。依照国务院颁布的《校车安全管理条例》的有关规定,从事校车业务应当取得许可。学校或者校车服务提供者申请取得校车使用许可,应当向县级或者设区的市级人民政府教育行政部门提交书面申请和证明其符合该条例第14条规定条件的材料。教育行政部门应当自收到申请材料之日起3个工作日内,分别送同级公安机关交通管理部门、交通运输部门征求意见,公安机关交通管理部门和交通运输部门应当在3个工作日内回复意见。教育行政部门应当自收到回复意见之日起5个工作日内提出审查意见,报本级人民政府。本级人民政府决定批准的,由公安机关交通管理部门发给校车标牌,并在机动车行驶证上签注校车类型和核载人数;不予批准的,书面说明理由。校车标牌应当载明本车的号牌号码、车辆的所有人、驾驶人、行驶线路、开行时间、停靠站点以及校车标牌发牌单位、有效期等事项。禁止使用未取得校车标牌的车辆提供校车服务。这里规定的从事旅客运输的车辆,包括从事公路客运、旅游客运等的车辆。从事旅客运输的驾驶人员需要具备一定的资质,由有关部门颁发准驾证明。实践中需要注意的是,有的从事校车业务的车辆并未取得许可,有的从事旅客运输的车辆不具备营运资格,还有一些未取得客运道路运输经营许可非法从事旅客运输的车辆,甚至还有货车违反规定载人、拖拉机载人的;有的从业人员并不具备相关资质,如有的校车驾驶员就是由幼儿园的管理人员担任的,有的客运车辆驾驶员并不具备相应的驾驶资格。但是,未取得许可或者不具备相关资质,不影响本罪刑事责任的认定,只要是从事了校车业务或者旅客运输,严重超过额定乘员载客,或者严重超过规定时速行驶的,都应当依照本条规定追究刑事责任。

从事校车业务的机动车和旅客运输车辆严重超员、超速的危害性很大。超员会导致车辆超出其载质量,增加行车的不稳定性,引发爆胎、偏驶、制动失灵、转向失控等危险。超速行驶会降低驾驶人的判断能力,使反应距离和制动距离延长。这两种做法,都容易造成群死群伤的重特大交通事故,且会加大事故的伤亡后果。这里所规定的"严重"超员、超速的具体界限,需要由有关部门通过制定《刑法修正案(九)》的衔接性规定加以明确。只要从事校车业务的机动车和旅客运输车辆严重超员、超速的,无论是否造成严重后果,都应当追究危险驾驶罪的刑事责任。

(4)"违反危险化学品安全管理规定运输危险化学品,危及公共安全的"。根据国务院发布的《危险化学品安全管理条例》第3条第1款的规定,危险化学品,是指具有毒害、腐蚀、爆炸、燃烧、助燃等性质,对人体、设施、环境具有危害的剧毒化学品和其他化学品。目前国内80%的危险化学品需要通过高速公路运输,每年全国通过公路运输的危险化学品达3 500多个品种,约2.4亿吨。几个连接国内主要城市的高速公路均承担运输危险化学品的任务。虽然危险化学品运输安全事故占比不高,但损害结果严重,个案致死率达33%,比普通事故的个案致死率高十几个百分点。危险化学品运输安全事故危害大,爆炸瞬间就能覆盖整个事故现场,有关人员往往根本来不及逃生。同时,基于危险化学品的危险特性,一旦发生事故,还易导致土壤、水源等环境污染,带来次生危害。因此,对于这类事故,必须严格防范。根据规定,从事危险化学品道路运输的,应当取得危险货物道路运输许可,并向工商行政管理部门办理登记手续。危险化学品道路运输企业应当配备专职安全管理人员。驾驶人员、装卸管理人员、押运人员应当经交通运输主管部门考核合格,取得从业资格。运输危险化学品,应当根据危险化学品的危险特性采取相应的安全防护措施,并配备必要的防护用品和应急救援器材。用于运输危险化学品的槽罐以及其他容器应当封口严密,能够防止危险化学品在运输过程中因温度、湿度或者压力的变化发生渗漏、洒漏;槽罐以及其他容器的溢流和泄压装置应当设置准确、起闭灵活。运输危险化学品的驾驶人员、装卸管理人员、押运人员应当了解所运输的危险化学品的危险特性及其包装物、容器的使用要求和出现危险情况时的应急处置方法。通过道路运输危险化学品的,托运人应当委托依法取得危险货物道路运输许可的企业承运,应当按照运输车辆的核定载质量装载危险化学品,不得超载。危险化学品运输车辆应当符合国家标准要求的安全技术条件,并按照国家有关规定定期进行安全技术检验,应当悬挂或者喷涂符合国家标准要求的警示标志。通过道路运输危险化学品的,应当配备押运人员,并保证所运输的危险化学品处于押运人员的监控之下。运输危险化学品途中因住宿或者发生影响正常运输的情况,需要较长时间停车的,驾驶人员、押运人员应当采取相应的安全防范措施;运输剧毒化学品或者易制爆危险化学品的,还应当向当地公安机关报告。未经公安机关批准,运输危险化学品的车辆不得进入危险化学品运输车辆限制通行的区域。危险化学品运输车辆限制通行的区域由县级人民政府公安机关划定,并设置明显的标志。根据本款规定,违反上述规定,危及公共安全的,应当依法追究刑事责任,尚未危及公共安全的,也应当依法予以行政处罚。这里所规定的"危及公共安全的",是划分罪与非罪的重要界限。在实践中,对于是否危及公共安全,应当结合运输的危险化学品的性质、品种及数量,运输的时间、路线,违反安全管理规定的具体内容及严重程度,一旦发生事故可能造成的损害后果等综合作出判断。

第 2 款是关于机动车所有人、管理人对危险驾驶行为承担刑事责任的规定。一般情况下,危险驾驶罪的行为主体为机动车的驾驶人。但是,从实践情况看,对于从事校车业务或者旅客运输,严重超过额定乘员载客,或者严重超过规定时速行驶的;违反危险化学品安全管理规定运输危险化学品,危及公共安全的,有时机动车的所有人、管理人也会成为共同的犯罪主体。比如,学校、校车服务提供者或者从事旅客运输的企业、车辆所有人、实际管理人强令、指使或者放任车辆驾驶人超过额定乘员载客或者严重超过规定时速行驶的;危险化学品运输企业、车辆所有人、实际管理人要求或者放任车辆驾驶人违反危险化学品安全管理规定运输危险化学品,危及公共安全的。这种情况,实际上是很多危险驾驶行为发生的直接原因,性质是很恶劣的,应当依法予以惩治,从根源上防范危险驾驶行为的发生。根据本款规定,机动车所有人、管理人对从事校车业务或者旅客运输的车辆驾驶人严重超过额定乘员载客,或者严重超过规定时速行驶负有直接责任的,对运输危险化学品的车辆驾驶人违反危险化学品安全管理规定,危及公共安全负有直接责任的,依照本条第 1 款关于危险驾驶罪的规定追究刑事责任。

第 3 款是关于有危险驾驶行为,同时又构成其他犯罪如何适用法律的规定。根据本款规定,具有上述竞合情形的,应当依照处罚较重的规定定罪处罚。这里主要涉及如何处理好本条规定的犯罪与交通肇事罪等其他罪名的关系。如果行为人有第 1 款规定的危险驾驶行为,造成人员伤亡或者公私财产重大损失,符合《刑法》第 133 条交通肇事罪构成要件或者构成其他犯罪的,根据本款规定的原则,应当依照《刑法》第 133 条的规定以交通肇事罪定罪处罚,或者依照《刑法》其他有关规定定罪处罚,而行为人危险驾驶的行为,将会被作为处罚的量刑情节予以考虑。

【立法理由】

2011年2月25日第十一届全国人民代表大会常务委员会第十九次会议通过的《刑法修正案(八)》在刑法中增加了第133条之一,规定了危险驾驶罪。危险驾驶行为入罪是《刑法修正案(八)》加强对民生保护的具体体现。随着经济的发展和人们生活水平的提高,汽车逐渐成为重要的代步工具,汽车的保有量逐年提高,相伴而生的是违法驾驶行为及其所致的交通事故频发。一段时期以来,飙车和醉酒驾车行为较为突出,因其具有高度的危险性,极易造成恶性事故,从而引起了社会的广泛关注。为保障道路交通安全,根据各方面的意见,《刑法修正案(八)》将追逐竞驶、醉酒驾车这两种危险驾驶行为写入刑法。

《刑法修正案(八)》关于危险驾驶罪的规定实施以来,有效地减少了这两种危险驾驶行为的发生,引领和推动良好社会风气的形成,越来越多的人接受了"开车不喝酒,喝酒不开车"的文明理念,取得了良好的社会效果。一些全国人大代表、法律专家和有关方面提出,除追逐竞驶、醉酒驾车的危险驾驶行为外,还有几种严重影响道路交通安全的顽疾难以根治,如有的校车管理不严,严重超员或者超速行驶的;有的客运公司为追求经济利益,在长途旅客运输中严重超员或者超速行驶的;还有的运输公司在运输危险化学品过程中严重违反有关管理规定的;等等。这几种情形,严重危及到道路交通安全,社会各方面反响强烈。建议总结《刑法修正案(八)》危险驾驶罪的立法经验,将这些危险驾驶行为写入刑法。根据实践中交通安全事故的种类、危害性等情况,在深入调查研究,听取各方面意见和反复论证的基础上,《刑法修正案(九)》对危险驾驶罪的规定作出了修改,增加规定从事校车业务或者旅客运输,严重超过额定乘员载客,或者严重超过规定时速行驶的;以及违反危险化学品安全管理规定运输危险化学品,危及公共安全的,构成危险驾驶罪。并明确机动车所有人、管理人对这两类危险驾驶行为负有直接责任的,依照危险驾驶罪的规定追究其刑事责任。

有一个情况需要说明。在《刑法修正案(九)》的立法过程中,有一些常委会组成人员和社会有关方面建议"毒驾"入刑,将吸食、注射毒品后在道路上驾驶机动车的行为纳入危险驾驶罪。对此问题,有关方面多次进行了研究论证,各方面一致认为,从严格禁毒、维护公共安全角度考虑,对吸食、注射毒品后驾驶机动车,危害公共安全的行为依法惩治是必要的。有的部门、专家提出,目前列入国家管制的精神药品和麻醉药品有 200 余种,吸食、注射哪些毒品应该入刑,尚需研究;同时目前只能对几种常见毒品做到快速检测,还有一些执法环节的技术问题需要解决,需要进一步完善执法手段,提高可执行性,以保证严格执法、公正执法。经反复研究,考虑到目前有关方面对"毒驾"入刑的认识尚不一致,对于"毒驾"入刑罪与非罪的界限、可执行性等问题还需深入研究。目前对吸食、注射毒品后驾驶机动车的,可依法采取注销机动车驾驶证、强制隔离戒毒等措施,对"毒驾"造成严重后果的,还可以根据案件的具体情况追究其交通肇事、以危险方法危害公共安全的刑事责任。因此,《刑法修正案(九)》未将"毒驾"纳入危险驾驶罪的规定,拟对"毒驾"入刑的问题继续深入研究。

【相关规定】

《中华人民共和国道路交通安全法》

第一百一十九条　本法中下列用语的含义:

(一)"道路",是指公路、城市道路和虽在单位管辖范围但允许社会机动车通行的地方,包括广场、公共停车场等用于公众通行的场所。

(二)"车辆",是指机动车和非机动车。

(三)"机动车",是指以动力装置驱动或者牵引,上道路行驶的供人员乘用或者用于运送物品以及进行工程专项作业的轮式车辆。

（四）"非机动车"，是指以人力或者畜力驱动，上道路行驶的交通工具，以及虽有动力装置驱动但设计最高时速、空车质量、外形尺寸符合有关国家标准的残疾人机动轮椅车、电动自行车等交通工具。

（五）"交通事故"，是指车辆在道路上因过错或者意外造成的人身伤亡或者财产损失的事件。

《最高人民法院、最高人民检察院、公安部关于办理醉酒驾驶机动车刑事案件适用法律若干问题的意见》

一、在道路上驾驶机动车，血液酒精含量达到80毫克/100毫升以上的，属于醉酒驾驶机动车，依照刑法第一百三十三条之一第一款的规定，以危险驾驶罪定罪处罚。

前款规定的"道路""机动车"，适用道路交通安全法的有关规定。

二、醉酒驾驶机动车，具有下列情形之一的，依照刑法第一百三十三条之一第一款的规定，从重处罚：

（一）造成交通事故且负事故全部或者主要责任，或者造成交通事故后逃逸，尚未构成其他犯罪的；

（二）血液酒精含量达到200毫克/100毫升以上的；

（三）在高速公路、城市快速路上驾驶的；

（四）驾驶载有乘客的营运机动车的；

（五）有严重超员、超载或者超速驾驶，无驾驶资格驾驶机动车，使用伪造或者变造的机动车牌证等严重违反道路交通安全法的行为的；

（六）逃避公安机关依法检查，或者拒绝、阻碍公安机关依法检查尚未构成其他犯罪的；

（七）曾因酒后驾驶机动车受过行政处罚或者刑事追究的；

（八）其他可以从重处罚的情形。

三、醉酒驾驶机动车,以暴力、威胁方法阻碍公安机关依法检查,又构成妨害公务罪等其他犯罪的,依照数罪并罚的规定处罚。

《校车安全管理条例》

第十条 配备校车的学校和校车服务提供者应当建立健全校车安全管理制度,配备安全管理人员,加强校车的安全维护,定期对校车驾驶人进行安全教育,组织校车驾驶人学习道路交通安全法律法规以及安全防范、应急处置和应急救援知识,保障学生乘坐校车安全。

第十四条 使用校车应当依照本条例的规定取得许可。

取得校车使用许可应当符合下列条件:

(一)车辆符合校车安全国家标准,取得机动车检验合格证明,并已经在公安机关交通管理部门办理注册登记;

(二)有取得校车驾驶资格的驾驶人;

(三)有包括行驶线路、开行时间和停靠站点的合理可行的校车运行方案;

(四)有健全的安全管理制度;

(五)已经投保机动车承运人责任保险。

第三十四条 校车载人不得超过核定的人数,不得以任何理由超员。

学校和校车服务提供者不得要求校车驾驶人超员、超速驾驶校车。

第三十五条 载有学生的校车在高速公路上行驶的最高时速不得超过80公里,在其他道路上行驶的最高时速不得超过60公里。

道路交通安全法律法规规定或者道路上限速标志、标线标明的最高时速低于前款规定的,从其规定。

载有学生的校车在急弯、陡坡、窄路、窄桥以及冰雪、泥泞的道路上行驶,或者遇有雾、雨、雪、沙尘、冰雹等低能见度气象条件时,最高时速不得超过20公里。

《危险化学品安全管理条例》

第三条 本条例所称危险化学品,是指具有毒害、腐蚀、爆炸、燃烧、助燃等性质,对人体、设施、环境具有危害的剧毒化学品和其他化学品。

危险化学品目录,由国务院安全生产监督管理部门会同国务院工业和信息化、公安、环境保护、卫生、质量监督检验检疫、交通运输、铁路、民用航空、农业主管部门,根据化学品危险特性的鉴别和分类标准确定、公布,并适时调整。

第四十三条 从事危险化学品道路运输、水路运输的,应当分别依照有关道路运输、水路运输的法律、行政法规的规定,取得危险货物道路运输许可、危险货物水路运输许可,并向工商行政管理部门办理登记手续。

危险化学品道路运输企业、水路运输企业应当配备专职安全管理人员。

第四十四条 危险化学品道路运输企业、水路运输企业的驾驶人员、船员、装卸管理人员、押运人员、申报人员、集装箱装箱现场检查员应当经交通运输主管部门考核合格,取得从业资格。具体办法由国务院交通运输主管部门制定。

危险化学品的装卸作业应当遵守安全作业标准、规程和制度,并在装卸管理人员的现场指挥或者监控下进行。水路运输危险化学品的集装箱装箱作业应当在集装箱装箱现场检查员的指挥或者监控下进行,并符合积载、隔离的规范和要求;装箱作业完毕后,集装箱装箱现场检查员应当签署装箱证明书。

第四十五条 运输危险化学品,应当根据危险化学品的危险特性采取相应的安全防护措施,并配备必要的防护用品和应急救援器材。

用于运输危险化学品的槽罐以及其他容器应当封口严密,能够防止危险化学品在运输过程中因温度、湿度或者压力的变化发生渗漏、洒漏;槽罐以及其他容器的溢流和泄压装置应当设置准确、起闭灵活。

运输危险化学品的驾驶人员、船员、装卸管理人员、押运人员、申报人员、集装箱装箱现场检查员,应当了解所运输的危险化学品的危险特性及其包装物、容器的使用要求和出现危险情况时的应急处置方法。

第四十六条 通过道路运输危险化学品的,托运人应当委托依法取得危险货物道路运输许可的企业承运。

第四十七条 通过道路运输危险化学品的,应当按照运输车辆的核定载质量装载危险化学品,不得超载。

危险化学品运输车辆应当符合国家标准要求的安全技术条件,并按照国家有关规定定期进行安全技术检验。

危险化学品运输车辆应当悬挂或者喷涂符合国家标准要求的警示标志。

第四十八条 通过道路运输危险化学品的,应当配备押运人员,并保证所运输的危险化学品处于押运人员的监控之下。

运输危险化学品途中因住宿或者发生影响正常运输的情况,需要较长时间停车的,驾驶人员、押运人员应当采取相应的安全防范措施;运输剧毒化学品或者易制爆危险化学品的,还应当向当地公安机关报告。

第四十九条 未经公安机关批准,运输危险化学品的车辆不得进入危险化学品运输车辆限制通行的区域。危险化学品运输车辆限制通行的区域由县级人民政府公安机关划定,并设置明显的标志。

九、将刑法第一百五十一条第一款修改为:"走私武器、弹药、核材料或者伪造的货币的,处七年以上有期徒刑,并处罚金或者没收财产;情节特别严重的,处无期徒刑,并处没收财产;情节较轻的,处三年以上七年以下有期徒刑,并处罚金。"

【说明】

修改后的《刑法》第151条规定:"走私武器、弹药、核材料或者伪造的货币的,处七年以上有期徒刑,并处罚金或者没收财产;情节特别严重的,处无期徒刑,并处没收财产;情节较轻的,处三年以上七年以下有期徒刑,并处罚金。

走私国家禁止出口的文物、黄金、白银和其他贵重金属或者国家禁止进出口的珍贵动物及其制品的,处五年以上十年以下有期徒刑,并处罚金;情节特别严重的,处十年以上有期徒刑或者无期徒刑,并处没收财产;情节较轻的,处五年以下有期徒刑,并处罚金。

走私珍稀植物及其制品等国家禁止进出口的其他货物、物品的,处五年以下有期徒刑或者拘役,并处或者单处罚金;情节严重的,处五年以上有期徒刑,并处罚金。

单位犯本条规定之罪的,对单位判处罚金,并对其直接负责的主管人员和其他直接责任人员,依照本条各款的规定处罚。"

修改后的《刑法》第151条共分4款。

第1款是关于走私武器、弹药罪,走私核材料罪,走私假币罪及其处罚的规定。本款主要规定了两个方面的内容。

第一,明确了第一类走私物品的具体内容,即走私武器、弹药、核材料或者伪造的货币。其中"武器、弹药",是指各种军用武器、弹药和爆炸物以及其他类似军用武器、弹药和爆炸物等。"武器、弹药"的种类,参照《中华人民共和国海关进出口税则》及《中华人民共和国禁止进出境物品表》的有关规定确定。"核材料",是指铀、钚等可以发生原子核变或聚合反应的放射性材料。"伪造的货币",是指伪造可在国内市场流通或者兑换的人民币、境外货币。根据2014年8月12日发布的《最高人民法院、最高人民检察院关于办理走私刑事案件适用法律若干问题的解释》第7条的规定:"刑法第一百五十一条第一款规定的'货币',包括正在流通的人民币和境外货币。伪造的境外货币数额,折合成人民币计算。"

第二,对走私上述物品的犯罪行为的处罚规定。根据本款的规

定,对于走私武器、弹药、核材料或者伪造的货币的行为,根据情节轻重规定了三个量刑档次:

第一档刑,走私武器、弹药、核材料或者伪造的货币的,处7年以上有期徒刑,并处罚金或者没收财产。《最高人民法院、最高人民检察院关于办理走私刑事案件适用法律若干问题的解释》第1条第2款规定:"具有下列情形之一的,依照刑法第一百五十一条第一款的规定处七年以上有期徒刑,并处罚金或者没收财产:(一)走私以火药为动力发射枪弹的枪支一支,或者以压缩气体等非火药为动力发射枪弹的枪支五支以上不满十支的;(二)走私第一款第二项规定的弹药,数量在该项规定的最高数量以上不满最高数量五倍的;(三)走私各种口径在六十毫米以下常规炮弹、手榴弹或者枪榴弹等分别或者合计达到五枚以上不满十枚,或者各种口径超过六十毫米以上常规炮弹合计不满五枚的;(四)达到第一款第一、二、四项规定的数量标准,且属于犯罪集团的首要分子,使用特种车辆从事走私活动,或者走私的武器、弹药被用于实施犯罪等情形的。"第6条第2款规定:"具有下列情形之一的,依照刑法第一百五十一条第一款的规定处七年以上有期徒刑,并处罚金或者没收财产:(一)走私数额在二万元以上不满二十万元,或者数量在二千张(枚)以上不满二万张(枚)的;(二)走私数额或者数量达到第一款规定的标准,且具有走私的伪造货币流入市场等情节的。"

第二档刑,情节特别严重的,处无期徒刑,并处没收财产。《最高人民法院、最高人民检察院关于办理走私刑事案件适用法律若干问题的解释》第1条第3款规定:"具有下列情形之一的,应当认定为刑法第一百五十一条第一款规定的'情节特别严重':(一)走私第二款第一项规定的枪支,数量超过该项规定的数量标准的;(二)走私第一款第二项规定的弹药,数量在该项规定的最高数量标准五倍以上的;(三)走私第二款第三项规定的弹药,数量超过该项规定的数量标准,或者走私具有巨大杀伤力的非常规炮弹一枚以上的;(四)达到第二款第一项至第三项规定的数量标准,且属于犯罪集团的首要分子,使用特种车辆从事走私活动,或者走私的武器、弹药被用于实施犯罪等情形的。"第 6 条第 3 款规定:"具有下列情形之一的,应当认定为刑法第一百五十一条第一款规定的'情节特别严重':(一)走私数额在二十万元以上,或者数量在二万张(枚)以上的;(二)走私数额或者数量达到第二款第一项规定的标准,且属于犯罪集团的首要分子,使用特种车辆从事走私活动,或者走私的伪造货币流入市场等情形的。"

第三档刑,情节较轻的,处 3 年以上 7 年以下有期徒刑,并处罚金。《最高人民法院、最高人民检察院关于办理走私刑事案件适用法律若干问题的解释》第 1 条第 1 款规定:"走私武器、弹药,具有下列情形之一的,可以认定为刑法第一百五十一条第一款规定的'情节较轻':(一)走私以压缩气体等非火药为动力发射枪弹的枪支二支以上不满五支的;(二)走私气枪铅弹五百发以上不满二千五百发,或者其他子弹十发以上不满五十发的;(三)未达到上述数量标准,但属于犯罪集团的首要分子,使用特种车辆从事走私活动,或者走私的武器、弹药被用于实施犯罪等情形的;(四)走私各种口径在六十毫米以下常规炮弹、手榴弹或者枪榴弹等分别或者合计不满五枚的。"第 3 条规定:"走私枪支散件,构成犯罪的,依照刑法第一百五十一条第一款的规定,以走私武器罪定罪处罚。成套枪支散件以相应数量的枪支计,非成套枪支散件以每三十件为一套枪支散件计。"第 4 条规定:"走私各种弹药的弹头、弹壳,构成犯罪的,依照刑法第一百五十一条第一款的规定,以走私弹药罪定罪处罚。具体的定罪量刑标准,按照本解释第一条规定的数量标准的五倍执行……弹头、弹壳是否属于前款规定的'报废或者无法组装并使用'或者'废物',由国家有关技术部门进行鉴定。"第 6 条第 1 款规定:"走私伪造的货币,数额在二千元以上不满二万元,或者数量在二百张(枚)以上不满二千张(枚)的,可以认定为刑法第一百五十一条第一款规定的'情节较轻'。"

本条第 2 款是关于走私文物罪,走私贵重金属罪,走私珍贵动物、珍贵动物制品罪及其刑事处罚的规定。本款主要规定了两个方面的内容。

第一，规定了第二类走私物品的具体内容。即走私国家禁止出口的文物、黄金、白银和其他贵重金属或者国家禁止进出口的珍贵动物及其制品。其中"国家禁止出口的文物"，是指国家馆藏一、二、三级文物及其他国家禁止出口的文物。"珍贵动物"，是指列入《国家重点保护野生动物名录》中的国家一、二级保护野生动物和列入《濒危野生动植物种国际贸易公约》附录一、附录二中的野生动物以及驯养繁殖的上述物种。主要有大熊猫、金丝猴、白唇鹿、扬子鳄、丹顶鹤、白鹤、天鹅、野骆驼等。珍贵动物的"制品"，是指珍贵野生动物的皮、毛、骨等制成品。"其他贵重金属"，是指铂、铱、铑、钛等金属以及国家规定禁止出口的其他贵重金属。

第二，对走私上述物品的犯罪行为的处罚规定。根据本款规定，对于走私国家禁止出口的文物、黄金、白银和其他贵重金属或者国家禁止进出口的珍贵动物及其制品的行为，根据情节轻重规定了三个量刑档次：

第一档刑，对于走私国家禁止出口的文物、黄金、白银和其他贵重金属或者国家禁止进出口的珍贵动物及其制品的，处5年以上10年以下有期徒刑，并处罚金。《最高人民法院、最高人民检察院关于办理走私刑事案件适用法律若干问题的解释》第8条第2款规定："具有下列情形之一的，依照刑法第一百五十一条第二款的规定处五年以上十年以下有期徒刑，并处罚金：（一）走私国家禁止出口的二级文物不满三件，或者三级文物三件以上不满九件的；（二）走私国家禁止出口的三级文物不满三件，且具有造成文物严重毁损或者无法追回等情节的。"第9条第2款规定："具有下列情形之一的，依照刑法第一百五十一条第二款的规定处五年以上十年以下有期徒刑，并处罚金：（一）走私国家一、二级保护动物达到本解释附表中（一）规定的数量标准的；（二）走私珍贵动物制品数额在二十万元以上不满一百万元的；（三）走私国家一、二级保护动物未达到本解释附表中(一)规定的数量标准,但具有造成该珍贵动物死亡或者无法追回等情节的。"

第二档刑,情节特别严重的,处10年以上有期徒刑或者无期徒刑,并处没收财产。《最高人民法院、最高人民检察院关于办理走私刑事案件适用法律若干问题的解释》第8条第3款规定:"具有下列情形之一的,应当认定为刑法第一百五十一条第二款规定的'情节特别严重':(一)走私国家禁止出口的一级文物一件以上,或者二级文物三件以上,或者三级文物九件以上的;(二)走私国家禁止出口的文物达到第二款第一项规定的数量标准,且属于犯罪集团的首要分子,使用特种车辆从事走私活动,或者造成文物严重毁损、无法追回等情形的。"第9条第3款规定:"具有下列情形之一的,应当认定为刑法第一百五十一条第二款规定的'情节特别严重':(一)走私国家一、二级保护动物达到本解释附表中(二)规定的数量标准的;(二)走私珍贵动物制品数额在一百万元以上的;(三)走私国家一、二级保护动物达到本解释附表中(一)规定的数量标准,且属于犯罪集团的首要分子,使用特种车辆从事走私活动,或者造成该珍贵动物死亡、无法追回等情形的。"第10条规定:"刑法第一百五十一条第二款规定的'珍贵动物',包括列入《国家重点保护野生动物名录》中的国家一、二级保护野生动物,《濒危野生动植物种国际贸易公约》附录Ⅰ、附录Ⅱ中的野生动物,以及驯养繁殖的上述动物。走私本解释附表中未规定的珍贵动物的,参照附表中规定的同属或者同科动物的数量标准执行。走私本解释附表中未规定珍贵动物的制品的,按照《最高人民法院、最高人民检察院、国家林业局、公安部、海关总署关于破坏野生动物资源刑事案件中涉及的CITES附录Ⅰ和附录Ⅱ所列陆生野生动物制品价值核定问题的通知》(林濒发〔2012〕239号)的有关规定核定价值。"

第三档刑,情节较轻的,处5年以下有期徒刑,并处罚金。《最高人民法院、最高人民检察院关于办理走私刑事案件适用法律若干问题的解释》第8条第1款规定:"走私国家禁止出口的三级文物二件以下的,可以认定为刑法第一百五十一条第二款规定的'情节较轻'。"第9条第1款规定:"走私国家一、二级保护动物未达到本解释附表中(一)规定的数量标准,或者走私珍贵动物制品数额不满二十万元的,可以认定为刑法第一百五十一条第二款规定的'情节较轻'。"

本条第3款是对走私珍稀植物、珍稀植物制品罪等国家禁止进出口的其他货物、物品犯罪及其刑事处罚的规定。本款规定了两个方面的内容。

第一,规定了第三类走私的物品和范围。即走私珍稀植物及其制品等国家禁止进出口的其他货物、物品。其中规定的"珍稀植物及其制品",根据《最高人民法院、最高人民检察院关于办理走私刑事案件适用法律若干问题的解释》第12条第1款的规定:"刑法第一百五十一条第三款规定的'珍稀植物',包括列入《国家重点保护野生植物名录》《国家重点保护野生药材物种名录》《国家珍贵树种名录》中的国家一、二级保护野生植物、国家重点保护的野生药材、珍贵树木,《濒危野生动植物种国际贸易公约》附录Ⅰ、附录Ⅱ中的野生植物,以及人工培育的上述植物。""其他国家禁止进出口的货物、物品",是指本条所列货物、物品以外的,被列入国家禁止进出口物品目录或者法律规定禁止进出口的货物、物品,如来自疫区的动植物及其制品、古植物化石等。

第二,对走私上述物品的犯罪行为的处罚规定。其中,对于走私珍稀植物、珍稀植物制品罪等国家禁止进出口的其他货物、物品犯罪,本款规定了两个量刑档次:

第一档刑,对走私珍稀植物及其制品等国家禁止进出口的其他货物、物品的,处5年以下有期徒刑或者拘役,并处或者单处罚金。

第二档刑,情节严重的,处5年以上有期徒刑,并处罚金。

本条第4款是对单位走私国家禁止进出口物品罪的处罚规定。依照本款的规定,单位犯本条规定之罪的,对单位判处罚金,并对直接负责的主管人员和其他直接责任人员依照本条各款的规定处罚。

需要注意的是,犯本条所列走私国家禁止进出口物品罪,行为人主观上必须具有犯罪故意,客观上必须有逃避海关监管,非法运输、携带、邮寄国家禁止进出口的物品进出口的行为。由于本条所列物品有的是违禁品,有的是国家严禁出口的物品,对走私本条所列物品犯罪的条件,在数量上一般没有限制,凡是走私本条所列物品,原则上都构成犯罪。在实际执行中应当注意区分罪与非罪的界限,如行为人不知其所携带出境的文物是国家禁止出口的文物的,且如实申报而没有逃避海关监管,即使其运输、携带或者邮寄的属于禁止出口的文物,也不应作为犯罪处理。

【立法理由】

走私犯罪直接侵犯国家的外贸监管制度,严重影响国家的关税征收、资金积累,冲击国内市场,具有很大的社会危害性。世界各国刑法都有关于走私罪的规定。1997年《刑法》在第151条中以具体列举的方式对走私国家禁止进出口货物、物品的犯罪作了专门规定,包括走私武器、弹药罪;走私核材料罪;走私假币罪;走私文物罪;走私贵重金属罪;走私珍贵动物、珍贵动物制品罪;走私珍稀植物、珍稀植物制品罪。同时还规定,对走私所列举的违禁货物、物品以外的普通货物、物品的,则按照偷逃关税的数额定罪量刑。

1997年《刑法》实施后,有关部门提出,除了刑法所具体列举的禁止进出口的货物、物品外,国家还根据维护国家安全和社会公共利益的需要,规定了其他一些禁止进出口的货物、物品,如禁止进口来自疫区的动植物及其制品、禁止出口古植物化石等。对走私这类国家明令禁止进出口的货物、物品的,应直接定为犯罪,不应也无法同走私普通货物、物品一样,按其偷逃关税的数额定罪量刑。为适应惩治这类危害较大的走私行为的需要,2009年2月28日,第十一届全国人大常委会第七次会议通过的《中华人民共和国刑法修正案(七)》[以下简称《刑法修正案(七)》]对《刑法》第151条第3款的规定作了适当修改,增加走私"国家禁止进出口的其他货物、物品"的犯罪及刑事责任的规定。

中央关于深化司法体制和工作机制改革要求进一步落实宽严相济的刑事政策,完善死刑法律规定,适当减少死刑罪名,调整死刑与无期徒刑、有期徒刑之间的结构关系。各有关方面反复研究,一致认为我国的刑罚结构总体上能够适应当前惩治犯罪,教育改造罪犯,预防和减少犯罪的需要。但在实际执行中也存在死刑偏重、生刑偏轻等问题,需要通过修改刑法适当调整。一是刑法规定的死刑罪名较多,共68个,从司法实践看,有些罪名较少适用或基本从未适用过,可以适当减少。二是根据我国现阶段经济社会发展实际,适当取消一些经济性非暴力犯罪的死刑,不会给我国社会稳定大局和治安形势带来负面影响。针对上述情况,2011年2月25日,第十一届全国人民代表大会常务委员会第十九次会议通过的《刑法修正案(八)》取消了近年来较少适用或基本未适用过的13个经济性非暴力犯罪的死刑。具体是:走私文物罪,走私贵重金属罪,走私珍贵动物、珍贵动物制品罪,走私普通货物、物品罪,票据诈骗罪,金融凭证诈骗罪,信用证诈骗罪,虚开增值税专用发票、用于骗取出口退税、抵扣税款发票罪,伪造、出售伪造的增值税专用发票罪,盗窃罪,传授犯罪方法罪,盗掘古文化遗址、古墓葬罪,盗掘古人类化石、古脊椎动物化石罪。以上取消的13个死刑罪名,占死刑罪名总数的19.1%。

根据《刑法修正案(八)》的规定,本条作了两处修改:第一,取消走私文物罪,走私贵重金属罪,走私珍贵动物、珍贵动物制品罪的死刑。第二,对走私文物罪,走私贵重金属罪,走私珍贵动物、珍贵动物制品罪取消死刑后相应调整了这类犯罪的处刑,将原"处五年以上有期徒刑"的规定修改为"五年以上十年以下有期徒刑",将原"无期徒刑"的规定修改为"十年以上有期徒刑、无期徒刑"。

党的十八届三中全会提出,"逐步减少适用死刑罪名"。中央关于深化司法体制和社会体制改革的任务中也要求,完善死刑法律规定,逐步减少适用死刑罪名。为了落实上述要求,经广泛征求有关方面的意见,反复研究论证,慎重评估,考虑到这类犯罪,近年来很少适用过死刑,最高处以无期徒刑也可以适应打击这类犯罪的实际需要,并做到罪刑相适应,因此,2015年8月29日,第十二届全国人民代表大会常务委员会第十六次会议通过的《刑法修正案(九)》对本条作了修改,即取消了走私武器、弹药罪,走私核材料罪和走私伪造货币罪的死刑。

【相关规定】

《最高人民法院、最高人民检察院关于办理走私刑事案件适用法律若干问题的解释》

第一条 走私武器、弹药,具有下列情形之一的,可以认定为刑法第一百五十一条第一款规定的"情节较轻":

(一)走私以压缩气体等非火药为动力发射枪弹的枪支二支以上不满五支的;

(二)走私气枪铅弹五百发以上不满二千五百发,或者其他子弹十发以上不满五十发的;

(三)未达到上述数量标准,但属于犯罪集团的首要分子,使用特种车辆从事走私活动,或者走私的武器、弹药被用于实施犯罪等情形的;

(四)走私各种口径在六十毫米以下常规炮弹、手榴弹或者枪榴弹等分别或者合计不满五枚的。

具有下列情形之一的,依照刑法第一百五十一条第一款的规定处七年以上有期徒刑,并处罚金或者没收财产:

(一)走私以火药为动力发射枪弹的枪支一支,或者以压缩气体等非火药为动力发射枪弹的枪支五支以上不满十支的;

(二)走私第一款第二项规定的弹药,数量在该项规定的最高数量以上不满最高数量五倍的;

(三)走私各种口径在六十毫米以下常规炮弹、手榴弹或者枪榴弹等分别或者合计达到五枚以上不满十枚,或者各种口径超过六十毫米以上常规炮弹合计不满五枚的;

(四)达到第一款第一、二、四项规定的数量标准,且属于犯罪集团的首要分子,使用特种车辆从事走私活动,或者走私的武器、弹药被用于实施犯罪等情形的。

具有下列情形之一的,应当认定为刑法第一百五十一条第一款规定的"情节特别严重":

(一)走私第二款第一项规定的枪支,数量超过该项规定的数量标准的;

(二)走私第一款第二项规定的弹药,数量在该项规定的最高数量标准五倍以上的;

(三)走私第二款第三项规定的弹药,数量超过该项规定的数量标准,或者走私具有巨大杀伤力的非常规炮弹一枚以上的;

(四)达到第二款第一项至第三项规定的数量标准,且属于犯罪集团的首要分子,使用特种车辆从事走私活动,或者走私的武器、弹药被用于实施犯罪等情形的。

走私其他武器、弹药,构成犯罪的,参照本条各款规定的标准处罚。

第三条 走私枪支散件,构成犯罪的,依照刑法第一百五十一条第一款的规定,以走私武器罪定罪处罚。成套枪支散件以相应数量的枪支计,非成套枪支散件以每三十件为一套枪支散件计。

第四条第一款 走私各种弹药的弹头、弹壳,构成犯罪的,依照刑法第一百五十一条第一款的规定,以走私弹药罪定罪处罚。具体的定罪量刑标准,按照本解释第一条规定的数量标准的五倍执行。

第六条 走私伪造的货币,数额在二千元以上不满二万元,或者数量在二百张(枚)以上不满二千张(枚)的,可以认定为刑法第一百五十一条第一款规定的"情节较轻"。

具有下列情形之一的,依照刑法第一百五十一条第一款的规定处七年以上有期徒刑,并处罚金或者没收财产:

(一)走私数额在二万元以上不满二十万元,或者数量在二千张(枚)以上不满二万张(枚)的;

(二)走私数额或者数量达到第一款规定的标准,且具有走私的伪造货币流入市场等情节的。

具有下列情形之一的,应当认定为刑法第一百五十一条第一款规定的"情节特别严重":

(一)走私数额在二十万元以上,或者数量在二万张(枚)以上的;

(二)走私数额或者数量达到第二款第一项规定的标准,且属于犯罪集团的首要分子,使用特种车辆从事走私活动,或者走私的伪造货币流入市场等情形的。

第七条 刑法第一百五十一条第一款规定的"货币",包括正在流通的人民币和境外货币。伪造的境外货币数额,折合成人民币计算。

第八条 走私国家禁止出口的三级文物二件以下的,可以认定为刑法第一百五十一条第二款规定的"情节较轻"。

具有下列情形之一的,依照刑法第一百五十一条第二款的规定处五年以上十年以下有期徒刑,并处罚金:

(一)走私国家禁止出口的二级文物不满三件,或者三级文物三件以上不满九件的;

(二)走私国家禁止出口的三级文物不满三件,且具有造成文物严重毁损或者无法追回等情节的。

具有下列情形之一的,应当认定为刑法第一百五十一条第二款规定的"情节特别严重":

(一)走私国家禁止出口的一级文物一件以上,或者二级文物三件以上,或者三级文物九件以上的;

(二)走私国家禁止出口的文物达到第二款第一项规定的数量标准,且属于犯罪集团的首要分子,使用特种车辆从事走私活动,或者造成文物严重毁损、无法追回等情形的。

第九条 走私国家一、二级保护动物未达到本解释附表中(一)规定的数量标准,或者走私珍贵动物制品数额不满二十万元的,可以认定为刑法第一百五十一条第二款规定的"情节较轻"。

具有下列情形之一的,依照刑法第一百五十一条第二款的规定处五年以上十年以下有期徒刑,并处罚金:

(一)走私国家一、二级保护动物达到本解释附表中(一)规定的数量标准的;

(二)走私珍贵动物制品数额在二十万元以上不满一百万元的;

(三)走私国家一、二级保护动物未达到本解释附表中(一)规定的数量标准,但具有造成该珍贵动物死亡或者无法追回等情节的。

具有下列情形之一的,应当认定为刑法第一百五十一条第二款规定的"情节特别严重":

(一)走私国家一、二级保护动物达到本解释附表中(二)规定的数量标准的;

(二)走私珍贵动物制品数额在一百万元以上的;

(三)走私国家一、二级保护动物达到本解释附表中(一)规定的数量标准,且属于犯罪集团的首要分子,使用特种车辆从事走私活动,或者造成该珍贵动物死亡、无法追回等情形的。

不以牟利为目的,为留作纪念而走私珍贵动物制品进境,数额不满十万元的,可以免予刑事处罚;情节显著轻微的,不作为犯罪处理。

第十条 刑法第一百五十一条第二款规定的"珍贵动物",包括列入《国家重点保护野生动物名录》中的国家一、二级保护野生动物,《濒危野生动植物种国际贸易公约》附录Ⅰ、附录Ⅱ中的野生动物,以及驯养繁殖的上述动物。

走私本解释附表中未规定的珍贵动物的,参照附表中规定的同属或者同科动物的数量标准执行。

走私本解释附表中未规定珍贵动物的制品的,按照《最高人民法院、最高人民检察院、国家林业局、公安部、海关总署关于破坏野生动物资源刑事案件中涉及的CITES附录Ⅰ和附录Ⅱ所列陆生野生动物制品价值核定问题的通知》(林濒发〔2012〕239号)的有关规定核定价值。

第十二条 刑法第一百五十一条第三款规定的"珍稀植物",包括列入《国家重点保护野生植物名录》《国家重点保护野生药材物种名录》《国家珍贵树种名录》中的国家一、二级保护野生植物、国家重点保护的野生药材、珍贵树木,《濒危野生动植物种国际贸易公约》附录Ⅰ、附录Ⅱ中的野生植物,以及人工培育的上述植物。

本解释规定的"古生物化石",按照《古生物化石保护条例》的规定予以认定。走私具有科学价值的古脊椎动物化石、古人类化石,构成犯罪的,依照刑法第一百五十一条第二款的规定,以走私文物罪定罪处罚。

《国家重点保护野生动物名录》(略)

《濒危野生动植物种国际贸易公约》(略)

《最高人民法院、最高人民检察院、国家林业局、公安部、海关总署关于破坏野生动物资源刑事案件中涉及的CITES附录Ⅰ和附录Ⅱ所列陆生野生动物制品价值核定问题的通知》(略)

《国家重点保护野生植物名录》(略)

《国家重点保护野生药材物种名录》(略)

《国家珍贵树种名录》(略)

十、将刑法第一百六十四条第一款修改为:"为谋取不正当利益,给予公司、企业或者其他单位的工作人员以财物,数额较大的,处三年以下有期徒刑或者拘役,并处罚金;数额巨大的,处三年以上十年以下有期徒刑,并处罚金。"

【说明】

修改后的《刑法》第164条规定:"为谋取不正当利益,给予公司、企业或者其他单位的工作人员以财物,数额较大的,处三年以下有期徒刑或者拘役,并处罚金;数额巨大的,处三年以上十年以下有期徒刑,并处罚金。

为谋取不正当商业利益,给予外国公职人员或者国际公共组织官员以财物的,依照前款的规定处罚。

单位犯前两款罪的,对单位判处罚金,并对其直接负责的主管人员和其他直接责任人员,依照第一款的规定处罚。

行贿人在被追诉前主动交待行贿行为的,可以减轻处罚或者免除处罚。"

修改后的《刑法》第164条共分4款。

第1款是关于个人向公司、企业或者其他单位的工作人员行贿及其处罚的规定。本款包含三层含义:第一,行为人必须具有谋取不正当利益的目的。根据2008年11月20日发布的《最高人民法院、最高人民检察院关于办理商业贿赂刑事案件适用法律若干问题的意见》的规定,在行贿犯罪中,"谋取不正当利益",是指行贿人谋取违反法律、法规、规章或者政策规定的利益,或者要求对方违反法律、法规、规章、政策、行业规范的规定提供帮助或者各种便利条件,以获取私利的情况。另外,在招标投标、政府采购等商业活动中,违背公平原则,给予相关人员财物以谋取竞争优势的,也属于"谋取不正当利益"。第二,行为人必须实施了给予公司、企业或者其他单位的工作人员以财物的行为。这里的"给予"应当是实际给付行为,即作为贿赂物的财物已经从行贿人手中转移到受贿人的控制之下。第三,行贿的财物必须达到数额较大,才构成犯罪。本条在罪状表述上,只原则规定了"数额较大""数额巨大",其具体数额标准可由最高人民法院、最高人民检察院在总结司法实践经验的基础上,根据案件实际情况,通过司法解释解决。对行贿数额不大的,可以通过其他方式予以处理。根据本款规定,对公司、企业或者其他单位的工作人员行贿犯罪的处罚分为两档刑:数额较大的,处3年以下有期徒刑或者拘役,并处罚金;数额巨大的,处3年以上10年以下有期徒刑,并处罚金。

第2款是关于为谋取不正当商业利益,给予外国公职人员或者国际公共组织官员以财物的犯罪的规定。其中"为谋取不正当商业利益"是指行为人谋取违反法律、法规、规章或者政策规定的利益,或者要求对方违反法律、法规、规章、政策、行业规范的规定提供帮助或者各种便利条件,以获取私利的情况。另外,这里所称"外国公职人员"是指外国经任命或选举担任立法、行政、行政管理或者司法职务的人员,以及为外国国家及公共机构或者公营企业行使公共职能的人员。"国际公共组织官员"是指国际公务人员或者经国际组织授权代表该组织行事的人员。"财物"是指不论是物质的还是非物质的、动产还是不动产、有形的还是无形的各种资产,以及证明对这种资产的产权或者权益的法律文件或者文书。根据本款规定,为谋取不正当商业利益,给予外国公职人员或者国际公共组织官员以财物的,依照第 1 款的规定处罚,即数额较大的,处 3 年以下有期徒刑或者拘役;数额巨大的,处 3 年以上 10 年以下有期徒刑,并处罚金。

第 3 款是关于单位向公司、企业的工作人员行贿及其处罚的规定。对单位犯本罪的,本条采取了双罚制原则,即对单位判处罚金,并对其直接负责的主管人员和其他直接责任人员,依照本条第 1 款关于个人向公司、企业人员行贿的规定处罚。

对于向公司、企业人员行贿的追诉标准,2010 年 5 月 7 日发布的《最高人民检察院、公安部关于公安机关管辖的刑事案件立案追诉标准的规定(二)》第 11 条规定:"为谋取不正当利益,给予公司、企业或者其他单位的工作人员以财物,个人行贿数额在一万元以上的,单位行贿数额在二十万元以上的,应予立案追诉。"根据《刑法修正案(八)》的规定及 2011 年 11 月 14 日发布的《最高人民检察院、公安部关于公安机关管辖的刑事案件立案追诉标准的规定(二)的补充规定》第 1 条规定:"为谋取不正当利益,给予外国公职人员或者国际公共组织官员以财物,个人行贿数额在一万元以上的,单位行贿数额在二十万元以上的,应予立案追诉。"

第 4 款是关于对行贿人可以减轻处罚或者免除处罚的条件的规定。根据本款规定,对行贿人减轻处罚或者免除处罚的,必须具备两个条件:一是必须主动交待行贿行为;二是交待的时间必须在被追诉之前,二者缺一不可。所谓"主动交待",是指行贿人主动向司法机关或者其他有关部门如实交待其行贿事实。因司法机关调查或者其他有关部门查询而不得不交待的,或者为了避重就轻不如实交待的,均不属于本款中的"主动交待"。本款所称"在被追诉之前",是指在司法机关立案、开始追究刑事责任之前。如果司法机关已经发现了行贿事实,并认为应当追究刑事责任而立案后,行贿人交待行贿行为的,不适用本款规定。本款规定的目的,在于在刑事政策上给予行贿人从宽处理和出路,鼓励行贿人悔过,揭发检举受贿人,有利于节省司法资源,及时发现、惩罚贿赂犯罪。

【立法理由】

1997年《刑法》第163条第1款规定:"公司、企业的工作人员利用职务上的便利,索取他人财物或者非法收受他人财物,为他人谋取利益,数额较大的,处五年以下有期徒刑或者拘役;数额巨大的,处五年以上有期徒刑,可以并处没收财产。"第164条第1款规定:"为谋取不正当利益,给予公司、企业的工作人员以财物,数额较大的,处三年以下有期徒刑或者拘役;数额巨大的,处三年以上十年以下有期徒刑,并处罚金。"2006年6月29日,第十届全国人大常委会第二十二次会议通过的《中华人民共和国刑法修正案(六)》[以下简称《刑法修正案(六)》]对《刑法》第163条规定的非国家工作人员受贿罪作了修改,增加了关于公司、企业以外的"其他单位"的非国家工作人员受贿犯罪的规定。考虑到行贿与受贿互为对向犯,与此对应,《刑法修正案(六)》对《刑法》第164条作了修改,将向公司、企业以外的"其他单位"的非国家工作人员行贿的行为也规定为犯罪。

2011年2月25日,第十一届全国人民代表大会常务委员会第十九次会议通过的《刑法修正案(八)》又对本条进行了修改,将"为谋取不正当商业利益,给予外国公职人员或者国际公共组织官员以财物"的行为增加规定为犯罪,作为本条的第2款,原第2款、第3款分别作为修改后的第3款、第4款。这样修改,是考虑到随着我国改革开放的进行,国际经济交往日益增多,这些交往中如果出现贿赂外国公职人员或者国际公共组织官员以谋取不正当商业利益的情况,不仅违背公平竞争的市场规则,也影响到正常的商业秩序,不利于我国的经济发展,特别是国际经济交往。为了维护我国正常的经济秩序,保障国家经济社会健康发展,有必要将这类行为规定为犯罪并给予刑事处罚。另外,《联合国反腐败公约》要求各缔约国应当采取必要的立法措施,将贿赂外国公职人员或者国际公共组织官员的行为规定为犯罪并追究刑事责任。2005年10月27日第十届全国人民代表大会常务委员会第十八次会议批准了《联合国反腐败公约》。我国作为《联合国反腐败公约》的缔约国,将贿赂外国公职人员或者国际公共组织官员的行为规定为犯罪并处罚,也是我国坚决履行反腐败公约的重要举措。

按照党的十八届三中全会对加强反腐工作、完善惩治腐败法律规定的要求,为进一步完善有关法律规定,特别是刑法关于惩罚行贿、受贿犯罪的规定,2015年8月29日,第十二届全国人民代表大会常务委员会第十六次会议通过的《刑法修正案(九)》对本条作了修改,主要是:对为谋取不正当利益,给予公司、企业或者其他单位的工作人员以财物,数额较大的,在处3年以上7年以下有期徒刑或者拘役的同时,增加了"并处罚金"的规定。这一修改增加了对行贿犯罪财产刑的规定,进一步增强了惩治行贿犯罪的力度,使犯罪分子在受到人身处罚的同时,在经济上也得不到好处。

【相关规定】

《最高人民法院、最高人民检察院关于办理商业贿赂刑事案件适用法律若干问题的意见》

第九条 在行贿犯罪中,"谋取不正当利益",是指行贿人谋取违反法律、法规、规章或者政策规定的利益,或者要求对方违反法律、法规、规章、政策、行业规范的规定提供帮助或者方便条件。

在招标投标、政府采购等商业活动中,违背公平原则,给予相关人员财物以谋取竞争优势的,属于"谋取不正当利益"。

《最高人民检察院、公安部关于公安机关管辖的刑事案件立案追诉标准的规定（二）》

第十一条 为谋取不正当利益,给予公司、企业或者其他单位的工作人员以财物,个人行贿数额在一万元以上的,单位行贿数额在二十万元以上的,应予立案追诉。

《最高人民检察院、公安部关于公安机关管辖的刑事案件立案追诉标准的规定（二）的补充规定》

第一条 为谋取不正当利益,给予外国公职人员或者国际公共组织官员以财物,个人行贿数额在一万元以上的,单位行贿数额在二十万元以上的,应予立案追诉。

十一、将刑法第一百七十条修改为:"伪造货币的,处三年以上十年以下有期徒刑,并处罚金;有下列情形之一的,处十年以上有期徒刑或者无期徒刑,并处罚金或者没收财产:

"（一）伪造货币集团的首要分子;

"（二）伪造货币数额特别巨大的;

"（三）有其他特别严重情节的。"

【说明】

根据本条规定,构成本罪,应当具备以下条件:

（1）行为人实施了伪造货币的行为。本条规定的"伪造货币",是指仿照人民币或者外币的图案、色彩、形状等,使用印刷、复印、描绘、拓印等各种制作方法,将非货币的物质非法制造为假货币,冒充真货币的行为。同时,还包括实践中出现的制造货币版样的行为。制造货币版样的行为,是伪造货币活动中的一部分,这种行为为大量伪造货币提供了条件。至于行为人出于何种目的,是否牟利,使用何种方法,并不影响本罪的构成。只要行为人实施了制造货币版样或将非货币的物质非法制造为假货币,冒充真货币的行为,即构成本罪。

（2）本罪的犯罪对象是人民币和外币,这里所说的"货币",是指可在国内市场流通或者兑换的人民币和外币。根据《中华人民共和国中国人民银行法》的规定,中华人民共和国的法定货币是人民币。这里所说的"外币",是广义的,是指境外正在流通使用的货币。就是说,既包括我国港、澳、台地区的货币,还包括可在中国兑换的外国货币,如美元、英镑等。《中华人民共和国中国人民银行法》第18条规定,人民币由中国人民银行统一印制、发行。中国人民银行发行新版人民币,应当将发行时间、面额、图案、式样、规格予以公告。随着我国经济的发展,一些国内外不法分子把人民币作为犯罪的侵害对象。近年来,伪造人民币的犯罪也突出起来。犯罪分子出于各种非法目的,通过各种非法手段伪造人民币,而且这类犯罪呈现愈演愈烈的趋势。犯罪分子通过伪造人民币或者进行假币交易,或者向社会投放伪造的假币的犯罪活动,严重损害了人民币的信誉,扰乱了国家正常的金融秩序和人民群众的生活秩序,社会影响面大,社会危害性大,针对这种情况,《刑法》对伪造货币罪作了专门规定。

（3）行为人在主观上是故意的。伪造货币是一种故意犯罪,在实际发生的案件中,犯罪分子的犯罪目的可能有所不同,如有的是为了某种政治目的,有的是为了牟取暴利,但在主观上具有犯罪的故意则是相同的。

本条列举了三种加重处罚的犯罪情形。

第一种是"伪造货币集团的首要分子"。这里所说的"伪造货币集团的首要分子",是指在伪造货币集团中起组织、领导、策划作用的犯罪分子。依照本条规定,应当处10年以上有期徒刑或者无期徒刑,并处罚金或者没收财产。

第二种情形是"伪造货币数额特别巨大的"。关于伪造货币构成犯罪的具体数额,2000年4月20日通过的《最高人民法院关于审理伪造货币等案件具体应用法律若干问题的解释》第1条中规定,伪造货币的总面额在2 000元以上不满3万元或者币量在200张（枚）以上不足3 000张(枚)的,处3年以上10年以下有期徒刑,并处5万元以上50万元以下罚金。伪造货币的总面额在3万元以上的,属于"伪造货币数额特别巨大"。依照本条规定,应当处10年以上有期徒刑或者无期徒刑,并处罚金或者没收财产。

第三种情形是"有其他特别严重情节的"。"其他特别严重情节",主要是指以伪造货币为常业的,伪造货币技术特别先进、规模特别巨大等情况。实践中,从被捣毁的制造假币的犯罪窝点可以看出,有些犯罪活动呈现出专业化很强、技术化程度很高、分工很细致的情况,有些制造的假币几乎乱真,平日生活中很难加以辨别,危害性极大。依照本条规定,应处10年以上有期徒刑或者无期徒刑,并处罚金或者没收财产。对实践中出现的制造货币版样或者与他人事前通谋,为他人伪造货币提供版样的行为,依照本条规定定罪处罚。

【立法理由】

2015年8月29日,第十二届全国人民代表大会常务委员会第十六次会议通过的《刑法修正案(九)》对本条作了修改,主要是取消了对伪造货币犯罪的死刑规定。慎杀少杀是我国一直坚持的一项重要的刑事政策。党的十八届三中全会进一步提出,"逐步减少适用死刑罪名"。中央关于深化司法体制和社会体制改革的任务也要求,完善死刑法律规定,逐步减少适用死刑的罪名。为了落实上述要求,经与有关方面认真研究和广泛征求有关部门、专家的意见,并经过慎重评估,考虑到伪造货币犯罪,主要是牟利性犯罪,近年来很少适用过死刑,最高处以无期徒刑也可以适应打击这类犯罪的实际需要,并做到罪行相适应。因此,《刑法修正案(九)》对本条作了修改,即取消了伪造货币犯罪的死刑。同时修正案还对本条的罚金刑作了修改完善,由原来的具体数额规定改为原则性规定,以便司法机关根据不同个案情况具体掌握,更好地做到罪刑相适应。

【相关规定】

《最高人民法院关于审理伪造货币等案件具体应用法律若干问题的解释》

第一条 伪造货币的总面额在二千元以上不满三万元或者币量在二百张(枚)以上不足三千张(枚)的,依照刑法第一百七十条的规定,处三年以上十年以下有期徒刑,并处五万元以上五十万元以下罚金。

伪造货币的总面额在三万元以上的,属于"伪造货币数额特别巨大"。

行为人制造货币版样或者与他人事前通谋,为他人伪造货币提供版样的,依照刑法第一百七十条的规定定罪处罚。

十二、删去刑法第一百九十九条。

【立法理由】

根据2015年8月29日第十二届全国人民代表大会常务委员会第十六次会议通过的《刑法修正案(九)》的规定,删除了本条的规定,同时意味着取消了集资诈骗犯罪的死刑。

刑法对集资诈骗犯罪的死刑规定,从增加到取消,有一个历史演变的过程。为惩治金融诈骗活动,第八届全国人大常委会第十四次会议通过了《全国人民代表大会常务委员会关于惩治破坏金融秩序犯罪的决定》,将使用诈骗方法非法集资的犯罪,作为一种特殊的诈骗犯罪加以规定,同时规定对这种犯罪最高可以判处死刑。1997年修改《刑法》将决定第8条的规定纳入刑法。1997年《刑法》第199条规定,犯《刑法》第192条、第194条、第195条规定之罪,即集资诈骗罪、票据诈骗罪、金融凭证诈骗罪和信用证诈骗罪,数额特别巨大并且给国家和人民利益造成特别重大损失的,处无期徒刑或者死刑,并处没收财产。在当时的社会经济发展形势下,对于这几种严重破坏国家金融秩序，危害国家和人民利益的金融诈骗犯罪，规定在犯罪数额特别巨大并且给国家和人民利益造成特别重大损失的情况下，判处无期徒刑或者死刑，对于严厉打击和震慑金融诈骗犯罪活动，维护社会主义市场经济秩序，有十分重要的意义。在十几年来的司法实践中，司法机关对于这些金融诈骗犯罪适用死刑是十分慎重的。近年来，我国社会主义市场经济体制建设不断推进，金融监管、风险防范的制度日臻完善，金融诈骗犯罪的势头得到了有效的遏制。有关部门、一些全国人大代表和专家多次提出，我国刑法规定的死刑罪名较多，对于一些社会危害性没有达到极其严重，判处生刑足以起到惩罚和震慑作用的犯罪，可以考虑不再规定死刑。中央深化司法体制和工作机制改革的意见要求，适当减少死刑罪名。立法机关经研究认为，《刑法》第194条、第195条规定的票据诈骗罪、金融凭证诈骗罪和信用证诈骗罪，属于非暴力的经济性犯罪，社会危害性不是最严重的，取消其死刑，符合宪法尊重和保障人权的要求，不会给社会稳定大局和治安形势带来负面影响。对于犯这些罪，数额特别巨大或者有其他特别严重情节的，依照《刑法》第194条、第195条规定判处无期徒刑，足以起到惩罚和震慑的作用。为此，《刑法修正案（八）》对本条进行了修改，删去了这三个罪名可以判处死刑的规定。

在《刑法修正案（八）》草案的起草和审议过程中，有些部门和专家学者建议，一并取消《刑法》第192条规定的集资诈骗罪的死刑。当时考虑到《刑法修正案（八）》是1997年《刑法》制定以来第一次较多取消部分罪名的死刑，其社会效果和法律效果尚需评估、总结，同时考虑到，集资诈骗罪虽然与票据诈骗罪、金融凭证诈骗罪和信用证诈骗罪同属金融诈骗犯罪，但该罪的被害人往往是不特定的人民群众，受害者人数众多，涉案金额惊人，不仅侵犯人民群众的财产权益，扰乱金融秩序，还严重影响社会稳定。这类犯罪在当时尚未得到有效遏制，在一些地方仍然时有发生。因此，在这种情况下，对于集资诈骗数额特别巨大并且给国家和人民利益造成特别重大损失的犯罪,是否取消死刑采取了审慎的态度,《刑法修正案(八)》保留了对集资诈骗犯罪可以判处死刑的规定。

根据我国慎用死刑的一贯政策,对犯集资诈骗罪可以判处死刑的条件作了非常严格的限制,即犯集资诈骗罪,"数额特别巨大并且给国家和人民利益造成特别重大损失的,处无期徒刑或者死刑,并处没收财产"。根据这一规定,犯集资诈骗罪判处死刑,不仅要看数额是否达到特别巨大,还要看是否给国家和人民利益造成特别重大损失。而且即使以上两个条件都符合,也不一定都必须判处死刑,还可以判处无期徒刑。

党的十八届三中全会提出,"逐步减少适用死刑罪名"。中央关于深化司法体制和社会体制改革的任务中也要求,完善死刑法律规定,逐步减少适用死刑的罪名。为了落实上述要求,同时考虑到近年来国家对民间集资进行了有效的清理,通过政府加强监管,拓宽民间资本投资渠道,加强对中小企业的资金支持,加大对非法集资的打击力度,已有效遏止了非法集资诈骗犯罪,并且集资诈骗也是非暴力的经济性犯罪,最高处以无期徒刑也可以做到罪刑相适应。因此,在总结《刑法修正案(八)》取消部分死刑罪名的效果和经验的基础上,经与各方面研究一致,2015年8月29日第十二届全国人民代表大会常务委员会第十六次会议通过的《刑法修正案(九)》取消了集资诈骗罪的死刑。

【相关规定】

《中华人民共和国刑法》(1997年)

第一百九十九条　犯本节第一百九十二条、第一百九十四条、第一百九十五条规定之罪,数额特别巨大并且给国家和人民利益造成特别重大损失的,处无期徒刑或者死刑,并处没收财产。

第一百九十二条　以非法占有为目的,使用诈骗方法非法集资,数额较大的,处五年以下有期徒刑或者拘役,并处二万元以上二十万元以下罚金;数额巨大或者有其他严重情节的,处五年以上十年以下有期徒刑,并处五万元以上五十万元以下罚金;数额特别巨大或者有其他特别严重情节的,处十年以上有期徒刑或者无期徒刑,并处五万元以上五十万元以下罚金或者没收财产。

《中华人民共和国刑法修正案(八)》

三十、将刑法第一百九十九条修改为:"犯本节第一百九十二条规定之罪,数额特别巨大并且给国家和人民利益造成特别重大损失的,处无期徒刑或者死刑,并处没收财产。"

十三、将刑法第二百三十七条修改为:"以暴力、胁迫或者其他方法强制猥亵他人或者侮辱妇女的,处五年以下有期徒刑或者拘役。

"聚众或者在公共场所当众犯前款罪的,或者有其他恶劣情节的,处五年以上有期徒刑。

"猥亵儿童的,依照前两款的规定从重处罚。"

【说明】

本条共分3款。

第1款是关于强制猥亵他人或者侮辱妇女的犯罪及处刑规定。本款规定的"暴力",是指行为人直接对他人或被害妇女施以伤害、殴打等危害他人或妇女人身安全和人身自由,使他人或妇女不能抗拒的方法。"胁迫",是指行为人对他人或被害妇女施以威胁、恫吓,进行精神上的强制,迫使他人或妇女就范,不敢抗拒的方法。例如,以杀害被害人、加害被害人的亲属相威胁的;以揭发被害人的隐私相威胁的;利用职权、教养关系、从属关系及他人或妇女孤立无援的环境相胁迫的;等等。"其他方法",是指行为人使用暴力、胁迫以外的使他人或被害妇女不能抗拒的方法。例如,利用他人或妇女患病、熟睡之机进行猥亵、侮辱的;用酒将他人或妇女灌醉、用药物将他人或妇女麻醉后进行猥亵、侮辱的;等等。本款规定的"强制猥亵",主要是指违背他人的意愿,以搂抱、抠摸等淫秽下流的手段侵犯他人性权利的行为。"他人",是指年满14周岁的人。

本款的"侮辱妇女",主要是指对妇女实施猥亵行为以外的、损害妇女人格尊严的淫秽下流的、伤风败俗的行为。例如,以多次偷剪妇女的发辫、衣服,向妇女身上泼洒腐蚀物、涂抹污物,故意向妇女显露生殖器,追逐、堵截妇女等手段侮辱妇女的行为。行为人"侮辱妇女"的,既是出于减损妇女的人格和名誉等目的,也是出于寻欢作乐的淫秽下流心理。

依照本款的规定,以暴力、胁迫或者其他方法强制猥亵他人或侮辱妇女的,处5年以下有期徒刑或者拘役。

第2款是关于对猥亵罪加重处罚情形的规定。强制猥亵他人、侮辱妇女是对被害人的人格、尊严等人身权利的严重侵害,而聚众或者在公共场所实施强制猥亵、侮辱的行为,以及多次实施等"情节恶劣的行为",对被害人造成的伤害更大,社会影响更恶劣,应当予以严惩。"其他恶劣情节",主要是指对多人实施猥亵或侮辱行为的,多次实施猥亵、侮辱行为的,造成被害人伤亡等严重后果的,以及手段特别恶劣的,等等。本款规定,聚众或者在公共场所当众犯前款罪,或者有其他恶劣情节的,处5年以上有期徒刑。

第3款是关于猥亵儿童罪的规定。猥亵儿童罪,是指猥亵不满14周岁的儿童的行为。这里所说的"猥亵",主要是指以抠摸、指奸、鸡奸等淫秽下流的手段猥亵儿童的行为。考虑到不满14周岁的儿童的认识能力,尤其是对性的认识能力很欠缺,为了保护儿童的身心健康,构成猥亵儿童罪并不要求以暴力、胁迫或者其他方法强制进行。只要对儿童实施了猥亵行为,就构成了本款规定的犯罪。本款在实际执行中应当注意区分猥亵儿童与一般的对儿童表示"亲昵"的行为。猥亵儿童的行为是出于行为人的淫秽下流的欲望,往往对儿童的身体或者思想、认识造成伤害或者不良影响,行为一般为当地的风俗、习惯所不容。此外,猥亵儿童同时对儿童造成伤害的情况时有发生。在猥亵儿童时,造成儿童轻伤以上后果,同时符合《刑法》第

234条或者第232条的规定,构成故意伤害罪、故意杀人罪的,依照处罚较重的规定定罪处罚。仅具有猥亵儿童行为的,依照本款的规定,在5年以下有期徒刑或者拘役量刑幅度内从重处罚;聚众、在公共场所或者具有其他恶劣情节的猥亵儿童行为,在5年以上有期徒刑量刑幅度内从重处罚。

司法实践中应当注意以下两个问题:一是要注意区分罪与非罪的界限,要将强制猥亵他人、侮辱妇女行为与一般的猥亵他人、侮辱妇女的违法行为加以区分,具有"强制"行为的,才能作为犯罪处理。二是要区分本罪与侮辱罪的区别。侮辱罪以败坏他人名誉为目的,必须是公然地针对特定的人实施,而且侵犯的对象不限于妇女、儿童;而侮辱妇女罪则是出于满足行为人的淫秽下流的欲望,不要求公然地针对特定的人实施,侵犯的对象只限于妇女。

【立法理由】

从历史沿革来看,本条是从1979年《刑法》第160条流氓罪分解出来的一个单独的罪名。由于原流氓罪的规定比较原则和概括,司法实践中把握标准也不统一。为防止执法的随意化,按照罪刑法定的要求,在1997年修订《刑法》时,总结多年司法实践情况,将流氓罪的规定进一步具体化,分解为几个不同的罪名。本条规定的犯罪属于其中之一,共有3款规定。针对近年来猥亵他人不法行为的实际情况,为进一步加强对公民人身权利的保护,《刑法修正案(九)》对本罪作了两处修改完善:

一是将猥亵妇女改为猥亵他人。本条原第1款规定:"以暴力、胁迫或者其他方法强制猥亵妇女或者侮辱妇女的,处五年以下有期徒刑或者拘役。"该款着重强调了刑法对妇女这一群体的特殊保护。妇女、儿童虽然是猥亵行为的主要受害群体,但实践中猥亵男性的情况也屡有发生,猥亵14周岁以上男性的行为如何适用刑法并不明确,对此,社会有关方面多次建议和呼吁,要求扩大猥亵罪的适用范围,包括猥亵14周岁以上男性的行为,以同等保护男性的人身权利。

因此,《刑法修正案(九)》将第1款罪状中的"猥亵妇女"修改为"猥亵他人",使该条保护的对象由妇女扩大到了年满14周岁的男性。

二是增加规定了加重处罚情形,加大了对猥亵犯罪的惩治力度。实践中,仅对"聚众"或者在"公共场所当众"两种情况加重处罚已不能适应当前惩治、遏制猥亵犯罪的实际需要。如近来曝光的教师猥亵多名学生以及多次猥亵学生,造成严重后果,社会影响恶劣等情形,仅按第1款规定处以5年以下有期徒刑或者拘役,难以做到罪刑相适应。对此,各方面强烈建议加大对情节恶劣的猥亵犯罪的惩治力度。为此,立法机关经广泛听取意见,反复研究论证,在《刑法修正案(九)》第2款规定的基础上,增加了"有其他恶劣情节的"加重处罚的规定。

本条原第3款在《刑法修正案(九)》中并未修改,但由于第2款增加规定了猥亵的"其他恶劣情节",因此,猥亵儿童具有上述情节的,也应依照第2款的规定从重处罚。这也体现了刑法对儿童人身权利的特殊保护。

【相关规定】

《中华人民共和国治安管理处罚法》

第四十二条 有下列行为之一的,处五日以下拘留或者五百元以下罚款;情节较重的,处五日以上十日以下拘留,可以并处五百元以下罚款:

(一)写恐吓信或者以其他方法威胁他人人身安全的;

(二)公然侮辱他人或者捏造事实诽谤他人的;

(三)捏造事实诬告陷害他人,企图使他人受到刑事追究或者受到治安管理处罚的;

(四)对证人及其近亲属进行威胁、侮辱、殴打或者打击报复的;

(五)多次发送淫秽、侮辱、恐吓或者其他信息,干扰他人正常生活的;

(六)偷窥、偷拍、窃听、散布他人隐私的。

第四十四条 猥亵他人的,或者在公共场所故意裸露身体,情节恶劣的,处五日以上十日以下拘留;猥亵智力残疾人、精神病人、不满十四周岁的人或者有其他严重情节的,处十日以上十五日以下拘留。

《中华人民共和国妇女权益保障法》

第四十一条 禁止卖淫、嫖娼。

禁止组织、强迫、引诱、容留、介绍妇女卖淫或者对妇女进行猥亵活动。

禁止组织、强迫、引诱妇女进行淫秽表演活动。

第四十二条 妇女的名誉权、荣誉权、隐私权、肖像权等人格权受法律保护。

禁止用侮辱、诽谤等方式损害妇女的人格尊严。禁止通过大众传播媒介或者其他方式贬低损害妇女人格。未经本人同意,不得以营利为目的,通过广告、商标、展览橱窗、报纸、期刊、图书、音像制品、电子出版物、网络等形式使用妇女肖像。

《最高人民法院、最高人民检察院、公安部、司法部关于依法惩治性侵害未成年人犯罪的意见》

22. 实施猥亵儿童犯罪,造成儿童轻伤以上后果,同时符合刑法第二百三十四条或者第二百三十二条的规定,构成故意伤害罪、故意杀人罪的,依照处罚较重的规定定罪处罚。

对已满十四周岁的未成年男性实施猥亵,造成被害人轻伤以上后果,符合刑法第二百三十四条或者第二百三十二条规定的,以故意伤害罪或者故意杀人罪定罪处罚。

23. 在校园、游泳馆、儿童游乐场等公共场所对未成年人实施强奸、猥亵犯罪,只要有其他多人在场,不论在场人员是否实际看到,均可以依照刑法第二百三十六条第三款、第二百三十七条的规定,认定为在公共场所"当众"强奸妇女,强制猥亵、侮辱妇女,猥亵儿童。

24. 介绍、帮助他人奸淫幼女、猥亵儿童的,以强奸罪、猥亵儿童罪的共犯论处。

25. 针对未成年人实施强奸、猥亵犯罪的,应当从重处罚,具有下列情形之一的,更要依法从严惩处:

（1）对未成年人负有特殊职责的人员、与未成年人有共同家庭生活关系的人员、国家工作人员或者冒充国家工作人员,实施强奸、猥亵犯罪的;

（2）进入未成年人住所、学生集体宿舍实施强奸、猥亵犯罪的;

（3）采取暴力、胁迫、麻醉等强制手段实施奸淫幼女、猥亵儿童犯罪的;

（4）对不满十二周岁的儿童、农村留守儿童、严重残疾或者精神智力发育迟滞的未成年人,实施强奸、猥亵犯罪的;

（5）猥亵多名未成年人,或者多次实施强奸、猥亵犯罪的;

（6）造成未成年被害人轻伤、怀孕、感染性病等后果的;

（7）有强奸、猥亵犯罪前科劣迹的。

十四、将刑法第二百三十九条第二款修改为:"犯前款罪,杀害被绑架人的,或者故意伤害被绑架人,致人重伤、死亡的,处无期徒刑或者死刑,并处没收财产。"

【说明】

修改后的《刑法》第 239 条规定:"以勒索财物为目的绑架他人的,或者绑架他人作为人质的,处十年以上有期徒刑或者无期徒刑,并处罚金或者没收财产;情节较轻的,处五年以上十年以下有期徒刑,并处罚金。

犯前款罪,杀害被绑架人的,或者故意伤害被绑架人,致人重伤、死亡的,处无期徒刑或者死刑,并处没收财产。

以勒索财物为目的偷盗婴幼儿的,依照前两款的规定处罚。"

修改后的《刑法》第 239 条共分为 3 款。

第 1 款是关于绑架罪的构成及其处刑的规定。规定了两种犯罪情形。

第一,"以勒索财物为目的绑架他人的"勒索型绑架,即通常所说的"绑票"或者"掳人勒赎"。"勒索财物"是指行为人在绑架他人以后,以不答应要求就杀害或伤害人质相威胁,勒令与人质有特殊关系的人于指定时间,以特定方式,在指定地点交付一定数量的金钱或财物。这里的"绑架"指行为人完全控制了人质,人质被剥夺了人身自由。绑架的行为方式多样,可以是暴力劫持、强抢,也可以是暴力威胁,还可以是用欺骗、诱惑甚至麻醉的方法实施。行为人控制人质,常以非法将他人掳走、带离原来常习的处所的方法,使他人丧失行动自由,但也不排除行为人将他人拘禁于原处所作为人质的情形。同时,绑架人质的行为人会向与人质有特殊关系的人或组织提出财物给付的要求。在勒索型绑架犯罪中,犯罪既遂与否的实质标准是看绑架行为是否实施,从而使被害人丧失行动自由并受到行为人的实际支配。至于勒索财物的行为是否来得及实施,以及虽实施了勒索行为,但由于行为人意志以外的原因而未达到勒索财物的目的,都不影响勒索型绑架既遂的成立。勒索财物目的是否实现仅是一个量刑加以考虑的情节。现实生活中,与被害人有特殊关系的他人或组织会收到行为人将要杀死或伤害人质的威胁,但是人质自身可能仍处于平和的被控制状态,甚至无从察觉其所陷入的危险,比如,孩童被行为人引诱去打游戏机的情形。因此,有的情况下,被害人自身是否认识到被绑架,并不影响绑架罪既遂的认定。

第二,绑架他人作为人质的情形。行为人实施绑架行为是为了要求对方作出妥协、让步或满足某种要求,有时还具有政治目的。绑架行为作为一种持续性犯罪,犯罪既遂以后所造成的不法状态在一段时间内仍然延续,会给被害人造成长期的身心折磨和伤害。应当注意的是,以出卖为目的,使用暴力、胁迫或者麻醉方法绑架妇女、儿童的行为不属于本条所规定的绑架罪的范围,而应当依照《刑法》第240条关于拐卖妇女、儿童犯罪的规定处罚。

本款对绑架罪规定了两档刑罚。第一档刑为"处五年以上十年以下有期徒刑,并处罚金",需要符合"情节较轻"的条件。例如有些行为人没有伤害被绑架人的意图、勒索小额财物,绑架过程中没有使用暴力,绑架他人后善待人质,又主动释放的,控制被绑架人时间较短的,等等。第二档刑为"处十年以上有期徒刑或者无期徒刑,并处罚金或者没收财产",适用于没有较轻情节的一般绑架犯罪。

第2款是关于对绑架罪加重处罚的规定。本款的"杀害被绑架人"即通常说的"撕票",是指以剥夺被绑架人生命为目的实施的各种行为。"杀害"只需要行为人有故意杀人的故意及行为,并不要求"杀死"被绑架人的结果。"杀害"既可以是积极作为也可以是消极不作为。积极作为指以杀害为目的,将被绑架人抛入深潭或水库中让其溺毙等情形;消极不作为,指以杀害为目的,将被绑架人抛入人迹罕至的地方等待其冻、饿死等情形。实践中,杀害被绑架人未遂的情况时有发生。对于被绑架人基于各种原因最终生还的,并不影响"杀害"行为的认定。

本款经修改后,规定了"故意伤害被绑架人,致人重伤、死亡的"加重处罚情形。这里规定的"故意伤害"是指以伤害被绑架人的身体为目的实施各种行为。"致人重伤、死亡",是指造成被绑架人重伤、死亡的结果。依照本款规定,故意伤害被绑架人,致人重伤、死亡的,处无期徒刑或者死刑。需要注意的是,这里的故意伤害被绑架人的行为应与被绑架人重伤、死亡的加重结果具有直接因果关系,两者仅具有间接关系的,如行为人实施故意伤害行为,被绑架人自杀而造成重伤或死亡结果的,可依本条第1款的规定处罚。此外,对行为人过失造成被绑架人重伤、死亡后果的,可以依照第1款规定,最高处以无期徒刑。

第3款是对"以勒索财物为目的偷盗婴幼儿的"行为应如何处罚的规定。这里所说的"以勒索财物为目的偷盗婴幼儿",是指以向婴幼儿的亲属或者其他监护人索取财物为目的,将被害婴幼儿秘密窃取并扣作人质的行为。"偷盗",主要是指趁被害婴幼儿亲属或者监护人不备,将该婴幼儿抱走、带走的行为。如潜入他人住宅将婴儿抱走,趁家长不备将正在玩耍的幼儿带走,以及采取利诱、拐骗方法将婴幼儿哄骗走等。婴幼儿的具体年龄界限,刑法未作具体规定。1992年12月24日发布的《最高人民法院、最高人民检察院关于执行〈全国人民代表大会常务委员会关于严惩拐卖、绑架妇女、儿童的犯罪分子的决定〉的若干问题的解答》中规定,婴幼儿是指未满6周岁的未成年人。1997年《刑法》修订以后,对婴幼儿的具体年龄的界限,仍可参考上述规定。需要特别注意的是,由于婴幼儿缺乏辨别是非的能力,无论是将其抱走、带走,还是哄骗走,都是偷盗婴幼儿的行为,都应当依照绑架罪的规定处罚。依照本款的规定,以勒索财物为目的偷盗婴幼儿的,处10年以上有期徒刑或者无期徒刑,并处罚金或者没收财产;情节较轻的,处5年以上10年以下有期徒刑,并处罚金;杀害被偷盗的婴幼儿或者故意伤害被偷盗的婴幼儿致使其重伤、死亡的,处无期徒刑或者死刑,并处没收财产。

司法实践中,应当注意行为人为索要债务而实施"绑架"行为的问题。这里涉及绑架罪与非法拘禁罪的区别。"索财型"绑架罪与"索债型"非法拘禁罪都实施了剥夺他人的人身自由并向他人索要财物的行为,但两罪主要有以下三方面区别:一是行为人非法限制他人人身自由的主观目的不同。绑架罪以勒索财物为目的,对财物无因而索;索要债务的非法拘禁行为,索债是事出有因。二是行为人侵犯的客体不同。"索财型"绑架罪侵犯的是复杂客体,即他人的人身权利和财产权利;"索债型"非法拘禁罪侵犯的客体是简单客体,即他人的人身权利。三是危险性不同。绑架罪需以暴力、胁迫等犯罪方法,对被害人的健康、生命有较大的危害;非法拘禁在实施扣押、拘禁他人的过程中也可能出现捆绑、推搡、殴打等行为,但更多地是侵害他人的人身自由,而非他人的生命健康。

【立法理由】

绑架是严重侵犯公民人身权利的犯罪。近年来,绑架犯罪活动从犯罪形式到犯罪的危害程度都呈现出多样的形态,不仅行为人的主观恶性具有轻重差异,犯罪手法和危害结果也多有不同。《刑法修正案(九)》修改完善了绑架罪的刑罚规定,以根据不同行为的社会危害性做到罪刑相适应。

原第2款规定:"犯前款罪,致使被绑架人死亡或者杀害被绑架人的,处死刑,并处没收财产。"即只要出现被绑架人死亡结果,或者具有杀害被绑架人行为的,均适用死刑。这一规定,一方面,虽体现了从严惩处精神,但由于实践中绑架的情况复杂,绝对刑罚在适用时缺少选择,有时难以体现罪刑相适应。例如,有的被绑架人由于惊吓、心脏病发作死亡;有的人被置于车辆的后备箱中,呼吸不畅死亡;有的人试图翻窗跳楼逃跑时意外摔死,跳河溺死等。在这些情况下,行为人对被绑架人的死亡结果是过失的,与直接故意杀害被绑架人的,在主观恶性上差异很大,一律处以死刑,难以适应案件的不同情况,做到罪刑相适应。另一方面,行为人故意伤害被绑架人,以特别残忍的手段致被绑架人重伤或造成残疾的,由于没有杀害被绑架人的故意,也未造成被绑架人死亡,所以只能适用绑架罪的第1款处刑,最高只能判处无期徒刑。考虑到这类行为对被绑架人的人身危害极其严重,社会危害极大,且故意伤害罪也规定有死刑,对这类行为造成特别严重后果的,也应可以判处死刑。对此,有关方面尤其是司法机关多次提出修改完善建议。综上,《刑法修正案(九)》将此款修改为:"犯前款罪,杀害被绑架人的,或者故意伤害被绑架人,致人重伤、死亡的,处无期徒刑或者死刑,并处没收财产。"

【相关规定】

《最高人民法院关于对在绑架过程中以暴力、胁迫等手段当场劫取被害人财物的行为如何适用法律问题的答复》

行为人在绑架过程中,又以暴力、胁迫等手段当场劫取被害人财物,构成犯罪的,择一重罪处罚。

十五、将刑法第二百四十一条第六款修改为:"收买被拐卖的妇女、儿童,对被买儿童没有虐待行为,不阻碍对其进行解救的,可以从轻处罚;按照被买妇女的意愿,不阻碍其返回原居住地的,可以从轻或者减轻处罚。"

【说明】

修改后的《刑法》第241条规定:"收买被拐卖的妇女、儿童的,处三年以下有期徒刑、拘役或者管制。

收买被拐卖的妇女,强行与其发生性关系的,依照本法第二百三十六条的规定定罪处罚。

收买被拐卖的妇女、儿童,非法剥夺、限制其人身自由或者有伤害、侮辱等犯罪行为的,依照本法的有关规定定罪处罚。

收买被拐卖的妇女、儿童,并有第二款、第三款规定的犯罪行为的,依照数罪并罚的规定处罚。

收买被拐卖的妇女、儿童又出卖的,依照本法第二百四十条的规定定罪处罚。

收买被拐卖的妇女、儿童,对被买儿童没有虐待行为,不阻碍对其进行解救的,可以从轻处罚;按照被买妇女的意愿,不阻碍其返回原居住地的,可以从轻或者减轻处罚。"

修改后的《刑法》第241条共分6款。

第1款是关于收买被拐卖的妇女、儿童犯罪的处刑规定。这里所说的"收买被拐卖的妇女、儿童",是指不是以出卖为目的,而用金钱财物收买被拐卖的妇女、儿童的行为。本罪的侵害对象只限于被拐卖的妇女、儿童。这里的"妇女"指年满14周岁的女性;"儿童"指不满14周岁的男、女儿童。妇女和儿童包括具有中国国籍的妇女、儿童,也包括具有外国国籍和无国籍的妇女、儿童。被拐卖妇女、儿童没有身份证明的,不影响对行为人的定罪处罚。行为人收买被拐卖的妇女、儿童是为了达到"结婚""收养"等目的。依照本款的规定,收买被拐卖的妇女、儿童的,处3年以下有期徒刑、拘役或者管制。

第 2 款是对收买人强行与被买妇女发生性关系的,依照《刑法》关于强奸罪的规定处罚。"强行发生性关系",是指违背妇女意志,以暴力、胁迫或者其他手段与其发生性关系的行为。依照本款的规定,收买被拐卖的妇女,强行与其发生性关系的,定罪量刑均适用《刑法》第 236 条关于强奸罪的规定。

第 3 款是关于收买人对被买的妇女、儿童非法剥夺、限制其人身自由或者有故意伤害、侮辱等犯罪行为的,依照《刑法》有关规定定罪处罚的规定。这里所说的"非法剥夺、限制其人身自由",是指收买人对被收买的妇女、儿童有《刑法》第 238 条非法拘禁罪规定的行为。"伤害",是指收买人对被买的妇女、儿童有《刑法》第 234 条故意伤害罪规定的行为。"侮辱",是指收买人对被买的妇女、儿童有《刑法》第 246 条侮辱罪规定的行为。

第 4 款是关于收买被拐卖的妇女、儿童,并有本条第 2 款、第 3 款规定的犯罪行为的,实行数罪并罚的规定。依照《刑法》总则第四章第四节的有关规定,数罪并罚是指对犯有两种以上罪行的人,就其所犯各罪分别定罪量刑后,按一定的原则合并执行刑罚。根据本款规定,如果收买人收买被拐卖的妇女、儿童后,强行与被买妇女发生性关系,非法剥夺、限制被收买妇女的人身自由,强制猥亵,强迫劳动,或者有伤害、侮辱等犯罪行为的,除按收买被拐卖的妇女、儿童罪定罪量刑外,还应根据其所犯其他各罪分别定罪量刑,实行数罪并罚。

第 5 款是收买被拐卖的妇女、儿童又出卖的,依照《刑法》第 240 条关于拐卖妇女、儿童罪的规定定罪处罚的规定。这里所说的"收买被拐卖的妇女、儿童又出卖",是指行为人同时具有收买和出卖两种行为,收买人收买被拐卖的妇女、儿童后,无论其收买时出于什么目的,只要又出卖被害妇女、儿童,即属于本款所规定的情况,依照本款规定,构成拐卖妇女、儿童罪,并依照《刑法》第 240 条的规定定罪处罚。

第 6 款是关于对收买人在特定条件下予以从宽处罚的规定。本款是刑事政策性的规定,目的是促使收买人善待被拐卖的妇女、儿童,以更好地维护被害人的权益。本款对收买人所收买的是妇女还是儿童,在量刑适用上作出了区分。

对于收买儿童的犯罪分子,还需要具有"没有虐待行为"以及"不阻碍对其进行解救"的条件,才能按本款规定从轻处罚。这里所说的"没有虐待行为",是指收买人对被买儿童没有进行打骂、冻饿、禁闭等在精神和肉体上对被害儿童进行摧残的行为。"不阻碍对其进行解救",是指当国家机关工作人员、被害人家属对被买儿童进行解救时,收买人未采取任何方法阻止、妨碍国家机关工作人员、被害儿童家属的解救工作。本款规定对于收买被拐卖儿童,同时善待儿童,不阻碍解救的收买者,可以从轻处罚。

对于收买妇女的犯罪分子,需要具有"按照被买妇女的意愿,不阻碍其返回原居住地"的条件,才能按照本款规定从轻或减轻处罚。这里所说的"被买妇女的意愿",是指被买妇女以各种方式向收买人提出的愿望或者要求。"不阻碍其返回原居住地",是指收买人提供路费或者交通工具,也包括不提任何要求,而让被买妇女返回其原居住地。"原居住地",一般是指被买妇女被拐卖前的居住地。这里需要特别注意的是,有的妇女是在外出时遭到拐卖的,即"拐出地"和原居住地不一致。在这种情况下,如果收买人按照被买妇女的意愿,将其送到被"拐出地"的,也应视为被买妇女返回原居住地。还有的妇女要求到自己的亲友家,这种情况也应视为被买妇女返回了原居住地。除此之外,如果被买妇女自愿留在当地,并经查证属实的,也应视为收买人不阻碍其返回原居住地。有关部门在解救工作中也应注意尊重被买妇女的意愿。根据2000年3月20日发布的《最高人民法院、最高人民检察院、公安部、民政部、司法部、全国妇联关于打击拐卖妇女儿童犯罪有关问题的通知》的规定,对于自愿留在现生活地生活的成年女性应尊重其本人意愿,愿在现住地结婚且符合法定结婚条件的应当依法办理结婚登记手续。依照本款规定,对于收买被拐卖的妇女,不阻碍其返回原居住地的,可以从轻或者减轻处罚。

《中华人民共和国刑法修正案(九)》条文说明、立法理由及相关规定

【立法理由】

1991年9月4日,全国人民代表大会常务委员会通过了《关于严惩拐卖、绑架妇女、儿童的犯罪分子的决定》,将收买被拐卖的妇女、儿童的行为规定为犯罪。1997年修订《刑法》时,将该决定中关于刑事责任的规定全部纳入了刑法,规定了收买被拐卖的妇女、儿童罪。

近年来,打击拐卖妇女、儿童犯罪的形势依然严峻,有关方面提出,收买妇女、儿童的买方市场存在,是这类犯罪屡禁不止的原因之一,强烈呼吁加大对收买妇女、儿童犯罪的惩治。立法机关经研究认为,买卖人口的行为是现代文明法治社会所不能容许的,目前解救妇女、儿童的执法条件、执法环境也有很大改善,同时考虑到妇女和儿童的自我保护能力不同,应予区别对待,加重对儿童的保护,因此《刑法修正案(九)》删去了"可以不追究刑事责任"的规定,对收买被拐卖妇女、儿童的行为一律定罪处刑,将第241条第6款修改为:"收买被拐卖的妇女、儿童,对被买儿童没有虐待行为,不阻碍对其进行解救的,可以从轻处罚;按照被买妇女的意愿,不阻碍其返回原居住地的,可以从轻或者减轻处罚。"

【相关规定】

《最高人民法院、最高人民检察院、公安部、司法部关于依法惩治拐卖妇女儿童犯罪的意见》

20. 明知是被拐卖的妇女、儿童而收买,具有下列情形之一的,以收买被拐卖的妇女、儿童罪论处;同时构成其他犯罪的,依照数罪并罚的规定处罚:

(1)收买被拐卖的妇女后,违背被收买妇女的意愿,阻碍其返回原居住地的;

(2)阻碍对被收买妇女、儿童进行解救的;

(3)非法剥夺、限制被收买妇女、儿童的人身自由,情节严重,或者对被收买妇女、儿童有强奸、伤害、侮辱、虐待等行为的;

(4)所收买的妇女、儿童被解救后又再次收买,或者收买多名被

拐卖的妇女、儿童的;

（5）组织、诱骗、强迫被收买的妇女、儿童从事乞讨、苦役,或者盗窃、传销、卖淫等违法犯罪活动的;

（6）造成被收买妇女、儿童或者其亲属重伤、死亡以及其他严重后果的;

（7）具有其他严重情节的。

被追诉前主动向公安机关报案或者向有关单位反映,愿意让被收买妇女返回原居住地,或者将被收买儿童送回其家庭,或者将被收买妇女、儿童交给公安、民政、妇联等机关、组织,没有其他严重情节的,可以不追究刑事责任。

30. 犯收买被拐卖的妇女、儿童罪,对被收买妇女、儿童实施违法犯罪活动或者将其作为牟利工具的,处罚时应当依法体现从严。

收买被拐卖的妇女、儿童,对被收买妇女、儿童没有实施摧残、虐待行为或者与其已形成稳定的婚姻家庭关系,但仍应依法追究刑事责任的,一般应当从轻处罚;符合缓刑条件的,可以依法适用缓刑。

收买被拐卖的妇女、儿童,犯罪情节轻微的,可以依法免予刑事处罚。

31. 多名家庭成员或者亲友共同参与出卖亲生子女,或者"买人为妻"、"买人为子"构成收买被拐卖的妇女、儿童罪的,一般应当在综合考察犯意提起、各行为人在犯罪中所起作用等情节的基础上,依法追究其中罪责较重者的刑事责任。对于其他情节显著轻微危害不大,不认为是犯罪的,依法不追究刑事责任;必要时可以由公安机关予以行政处罚。

33. 同时具有从严和从宽处罚情节的,要在综合考察拐卖妇女、儿童的手段、拐卖妇女、儿童或者收买被拐卖妇女、儿童的人次、危害后果以及被告人主观恶性、人身危险性等因素的基础上,结合当地此类犯罪发案情况和社会治安状况,决定对被告人总体从严或者从宽处罚。

十六、在刑法第二百四十六条中增加一款作为第三款:"通过信息网络实施第一款规定的行为,被害人向人民法院告诉,但提供证据确有困难的,人民法院可以要求公安机关提供协助。"

【说明】

修改后的《刑法》第 246 条规定:"以暴力或者其他方法公然侮辱他人或者捏造事实诽谤他人,情节严重的,处三年以下有期徒刑、拘役、管制或者剥夺政治权利。

前款罪,告诉的才处理,但是严重危害社会秩序和国家利益的除外。

通过信息网络实施第一款规定的行为,被害人向人民法院告诉,但提供证据确有困难的,人民法院可以要求公安机关提供协助。"

修改后的《刑法》第 246 条共分 3 款。

第 1 款是关于侮辱罪、诽谤罪及其处罚的规定。依照本款的规定,侮辱罪,是指以暴力或者其他方法公然侮辱他人,情节严重的行为;诽谤罪,是指故意捏造事实,公然损害他人人格和名誉,情节严重的行为。

侮辱罪、诽谤罪侵犯的客体是他人的人格尊严和名誉权,人格尊严和名誉权是公民基本的人身权利。所谓人格尊严,是指公民基于自己所处的社会环境、地位、声望等客观条件而对自己或他人的人格价值和社会价值的认识和尊重。所谓名誉,是指公民在社会生活中所获得的名望声誉,是一个人的品德、才干、信誉等在社会生活中所获得的社会评价。所谓名誉权,是指以名誉的维护和安全为内容的人格权。侮辱罪、诽谤罪的犯罪对象只能是自然人,侮辱、诽谤法人以及其他团体、组织等单位,不构成侮辱罪和诽谤罪。需要注意的是,根据《刑法》第 299 条的规定,在公众场合故意以焚烧、毁损、涂划、玷污、践踏等方式侮辱中华人民共和国国旗、国徽的,应以侮辱国旗、国徽罪依法追究刑事责任。

在客观表现方面,侮辱罪和诽谤罪有所不同。侮辱罪客观方面主要表现为以暴力或其他方法公然贬损他人人格、破坏他人声誉,情节严重的行为。这里所说的侮辱行为,可以是暴力,也可以是暴力以外的其他方法。所谓"暴力",是指以强制方法来损害他人人格和名誉,如强迫他人"戴高帽"游行、当众剥光他人衣服、以粪便泼人、强迫他人作出有辱人格的动作等。这里的暴力,其目的不是为损害他人的身体健康,如果在实施暴力侮辱的过程中造成他人死亡或者伤害后果的,可能同时构成故意杀人罪或者故意伤害罪。所谓"其他方法",是指以语言、文字等暴力以外的方法侮辱他人,语言侮辱如当众用恶毒刻薄的语言对被害人进行嘲笑、辱骂,使其当众出丑,散布被害人的生活隐私、生理缺陷等;文字侮辱如贴传单、漫画、书刊或者其他公开的文字等方式诋毁他人人格、侮辱他人。值得注意的是,随着信息网络的普及和发展,利用互联网侮辱、诽谤他人的行为也不断增多,如通过网络对他人进行辱骂攻击、发布涉及他人隐私信息或图片、捏造损害他人人格、名誉的事实等,这类行为借助互联网传播快、范围广,往往给被害人造成更大伤害。侮辱他人的行为,必须是公然进行,如果不是公然,不构成本罪。所谓"公然"侮辱他人,是指当众或者利用能够使多人听到或看到的方式,对他人进行侮辱,公然侮辱并不一定要求被害人在场。如果行为人仅仅针对被害人进行侮辱,没有第三人在场,也不可能被第三者知悉,则不构成本罪,因为只有他人在场,被害人的名誉才会受到伤害。所谓"他人",在这里是指特定的人,即侮辱他人的行为必须是明确地针对某特定的人实施,如果不是针对特定的人,而是一般的"骂街"、谩骂等,不构成侮辱罪。

诽谤罪在客观方面表现为行为人实施捏造并散布某种虚构的事实,足以贬损他人人格、名誉的行为。"诽谤",是指故意捏造事实,并且进行散播。所谓"捏造事实",就是无中生有,凭空制造虚假的事实,而且这些内容已经或足以给被害人的人格、名誉造成损害。诽谤除捏造事实外还要将该捏造的事实进行散播,散播包括使用口头方法和书面方法。捏造事实的行为与散播行为必须同时具备才构成本罪。如果只是捏造事实与个别亲友私下议论,没有散播的,或者散播的是客观事实而不是捏造的虚假事实的,即使有损于他人的人格、名誉,也不构成本罪。与侮辱罪类似,诽谤罪也必须是针对特定的人实施,这种行为不一定公开地指明对方姓名,但是只要从内容上知道被害人是谁,就可以构成诽谤罪。如果行为人捏造并散布的内容不针对特定的对象,也不能构成本罪。

依照本款规定,构成侮辱罪、诽谤罪的行为,都必须是情节严重的行为,虽有侮辱、诽谤他人的行为,但情节不严重的,只属于一般的民事侵权行为。这里所说的"情节严重",主要是指侮辱、诽谤他人手段恶劣、后果严重或者影响很坏等情况。如当众扯光被害人的衣服;强令被害人当众爬过自己胯下;当众向被害人身上泼粪便;给被害人脸上摸黑灰、挂破鞋并游街示众;捏造事实诽谤他人,致使被害人受到严重精神刺激而自伤、自残或者自杀;侮辱、诽谤执行公务的人员、外宾,造成恶劣影响的;等等。根据《最高人民法院、最高人民检察院关于办理组织和利用邪教组织犯罪案件具体应用法律若干问题的解释(二)》第3条的规定,制作、传播邪教宣传品,公然侮辱他人或者捏造事实诽谤他人的,依照《刑法》第246条的规定,以侮辱罪或者诽谤罪定罪处罚。

侮辱罪、诽谤罪都是故意犯罪,并有侮辱、诽谤他人的目的,过失的行为不构成犯罪。侮辱罪、诽谤罪属于一般主体犯罪,任何年满16周岁,且具有刑事责任能力的人,均可成为侮辱罪、诽谤罪的主体。关于侮辱罪、诽谤罪的刑罚,依照本款的规定,以暴力或者其他方法公然侮辱他人或者捏造事实诽谤他人,情节严重的,处3年以下有期徒刑、拘役、管制或者剥夺政治权利。

第2款是关于侮辱罪、诽谤罪属于告诉才处理的犯罪及例外情形的规定。依照本款的规定,对于侮辱罪、诽谤罪,只有被侮辱人、被诽谤人亲自向人民法院控告的,人民法院才能受理,对于被侮辱人、被诽谤人不控告的,司法机关不能主动追究侮辱、诽谤行为人的刑事责任。法律之所以将这类案件规定为告诉才处理的犯罪,主要是为了更好地保护当事人的隐私,维护其合法权益。同时,侮辱罪、诽谤罪作为告诉才处理的犯罪也存在例外情形：一是根据《刑法》第98条的规定，如果被害人受强制或者威吓而无法告诉的，人民检察院和被害人的近亲属也可以告诉；二是依照本款的规定，严重危害社会秩序和国家利益的除外。需要指出的是，上述两种例外情形性质并不相同，对于被害人受强制或者威吓而无法告诉的，人民检察院和被害人近亲属的告诉，没有改变侮辱罪、诽谤罪告诉才处理的性质，只是由他人或机关代被害人自己告诉，这里需要被害人有告诉的意愿，如果他人代为告诉后，被害人可以在人民法院宣判以前撤回告诉。但是对于严重危害社会秩序和国家利益的案件，根据本款规定不再适用告诉才处理的规定，而应作为公诉案件处理，由人民检察院提起公诉。这里所说的"严重危害社会秩序和国家利益"，主要是指侮辱、诽谤行为严重扰乱社会秩序的；侮辱、诽谤外交使节造成恶劣国际影响的；侮辱、诽谤行为给国家形象造成恶劣影响的；等等。

第3款是关于对通过信息网络实施侮辱、诽谤行为，人民法院可以要求公安机关提供协助的规定。随着网络的普及和发展，通过信息网络实施侮辱、诽谤犯罪的案件开始增多，对此《全国人民代表大会常务委员会关于维护互联网安全的决定》第4条中规定，为了保护个人、法人和其他组织的人身、财产等合法权利，对利用互联网侮辱他人或者捏造事实诽谤他人，构成犯罪的，依照《刑法》有关规定追究刑事责任。由于法律将一般的侮辱、诽谤罪规定为告诉才处理的犯罪，根据《刑事诉讼法》第204条的规定，告诉才处理的犯罪属于自诉案件。第205条第1款规定："人民法院对于自诉案件进行审查后，按照下列情形分别处理：（一）犯罪事实清楚，有足够证据的案件，应当开庭审判；（二）缺乏罪证的自诉案件，如果自诉人提不出补充证据，应当说服自诉人撤回自诉，或者裁定驳回。"实践中，由于网络本身的虚拟性，被害人遭受网络侮辱、诽谤行为后，很难确认行为人的身份，往往无法达到自诉案件法院开庭审理的要求。为了打击网络侮辱、诽谤行为，维护被害人的权益，《刑法修正案（九）》根据实际需要和有关方面的建议，增加了本款规定。对于被害人向人民法院告诉的通过网络实施的侮辱、诽谤行为,被害人提供证据确有困难,受理被害人告诉的人民法院可以根据具体情况,要求公安机关提供协助。"被害人提供证据确有困难",是指被害人通过正常的途径难以查明犯罪嫌疑人身份,难以收集、固定相应的犯罪证据。由于实践中的情况复杂,对此法律规定的较为原则,需要司法机关在处理具体案件过程中根据情况确定。这里的"提供协助",主要是指由公安机关查明犯罪嫌疑人的身份信息,向互联网企业调取有关犯罪证据,协助人民法院查明有关案情等。根据《中华人民共和国人民警察法》的规定,公安机关负有预防、制止和侦查违法犯罪活动的职责,在人民法院要求公安机关提供协助的情况下,公安机关可以行使法律赋予的职权,开展相应调查工作。

实践中需要注意本罪与其他犯罪的关系。一是关于侮辱罪与诽谤罪的区别。两罪的不同之处主要在于:侮辱罪不是用捏造的方式进行,而诽谤罪必须是捏造的事实;侮辱包含暴力侮辱行为,而诽谤罪一般不使用暴力手段;实践中侮辱罪往往是当着被害人的面进行的,而诽谤罪则是当众或者向第三者散布的,被害人不一定在场。二是关于侮辱罪与强制猥亵、侮辱妇女犯罪的界限。当行为人采用强扒妇女衣服、对女性身体进行某些猥亵、侮辱动作时,对行为人定侮辱罪还是强制猥亵、侮辱妇女犯罪,容易发生混淆。二者的区别在于,行为人的主观目的和动机不同,侮辱罪中的侮辱妇女,行为人的目的在于败坏妇女的名誉,贬低其人格,动机多出于私愤报复、发泄不满等,与侮辱男性没有什么区别;而猥亵、侮辱妇女行为,行为人的目的在于寻求畸形的性刺激,满足其下流的心理需求。此外,侮辱罪的对象一般是针对特定的人,而猥亵、侮辱妇女犯罪的对象具有不特定性。

最高人民法院2015年10月29日发布的《关于〈中华人民共和国刑法修正案(九)〉时间效力问题的解释》第4条规定:"对于2015年10月31日以前通过信息网络实施的刑法第二百四十六条第一款规定的侮辱、诽谤行为,被害人向人民法院告诉,但提供证据确有困难的,适用修正后刑法第二百四十六条第三款的规定。"

【立法理由】

公民的人格尊严受法律保护。我国 1979 年《刑法》第 145 条规定了侮辱罪和诽谤罪,该条规定总结了"文革"中侮辱、诽谤他人的严重情况,在罪状的表述上具有明显的针对性。随着社会的发展和犯罪手段的多样化,1997 年《刑法》对侮辱罪和诽谤罪通过两款作了规定,第 1 款用概括的方式对侮辱罪和诽谤罪作了界定,第 2 款是根据侮辱罪和诽谤罪的特点,为维护被害人权益,同时尽量减少社会矛盾,将侮辱、诽谤罪规定为告诉才处理的犯罪。《刑法修正案(九)》增加了第 3 款,规定:"通过信息网络实施第一款规定的行为,被害人向人民法院告诉,但提供证据确有困难的,人民法院可以要求公安机关提供协助。"这样修改,主要是针对在网络上侮辱、诽谤他人犯罪的新情况、新特点,适应惩治这类犯罪的实际需要。近年来,随着信息网络技术的普及和发展,通过信息网络实施侮辱、诽谤犯罪的行为增多,与传统的侮辱、诽谤犯罪有所不同,这种新形式的侮辱、诽谤传播快、涉众广、危害大,而且往往具有一定的隐蔽性,行为人通过网络化名、假名发布侮辱、诽谤信息,被害人由于难以确认犯罪嫌疑人的真实身份、固定相应的证据,其通过法律途径维护自己的权益,追究行为人的责任较为困难。为了维护被害人的权益,维护正常的网络秩序,惩治通过信息网络实施的侮辱、诽谤行为,《刑法修正案(九)》增加了第 3 款的规定。

【相关规定】

《中华人民共和国宪法》

第三十八条　中华人民共和国公民的人格尊严不受侵犯。禁止用任何方法对公民进行侮辱、诽谤和诬告陷害。

《中华人民共和国民法通则》

第一百零一条　公民、法人享有名誉权,公民的人格尊严受法律保护,禁止用侮辱、诽谤等方式损害公民、法人的名誉。

《全国人民代表大会常务委员会关于维护互联网安全的决定》

四、为了保护个人、法人和其他组织的人身、财产等合法权利,对有下列行为之一,构成犯罪的,依照刑法有关规定追究刑事责任:

(一)利用互联网侮辱他人或者捏造事实诽谤他人;

(二)非法截获、篡改、删除他人电子邮件或者其他数据资料,侵犯公民通信自由和通信秘密;

(三)利用互联网进行盗窃、诈骗、敲诈勒索。

《中华人民共和国侵权责任法》

第三十六条 网络用户、网络服务提供者利用网络侵害他人民事权益的,应当承担侵权责任。

网络用户利用网络服务实施侵权行为的,被侵权人有权通知网络服务提供者采取删除、屏蔽、断开链接等必要措施。网络服务提供者接到通知后未及时采取必要措施的,对损害的扩大部分与该网络用户承担连带责任。

网络服务提供者知道网络用户利用其网络服务侵害他人民事权益,未采取必要措施的,与该网络用户承担连带责任。

《中华人民共和国残疾人保障法》

第三条 残疾人在政治、经济、文化、社会和家庭生活等方面享有同其他公民平等的权利。

残疾人的公民权利和人格尊严受法律保护。

禁止基于残疾的歧视。禁止侮辱、侵害残疾人。禁止通过大众传播媒介或者其他方式贬低损害残疾人人格。

第六十二条 违反本法规定,通过大众传播媒介或者其他方式贬低损害残疾人人格的,由文化、广播电影电视、新闻出版或者其他有关主管部门依据各自的职权责令改正,并依法给予行政处罚。

第六十五条 违反本法规定,供养、托养机构及其工作人员侮辱、虐待、遗弃残疾人的,对直接负责的主管人员和其他直接责任人员依法给予处分;构成违反治安管理行为的,依法给予行政处罚。

《中华人民共和国教师法》

第三十五条 侮辱、殴打教师的,根据不同情况,分别给予行政处分或者行政处罚;造成损害的,责令赔偿损失;情节严重,构成犯罪的,依法追究刑事责任。

第三十六条 对依法提出申诉、控告、检举的教师进行打击报复的,由其所在单位或者上级机关责令改正;情节严重的,可以根据具体情况给予行政处分。

国家工作人员对教师打击报复构成犯罪的,依照刑法有关规定追究刑事责任。

第三十七条 教师有下列情形之一的,由所在学校、其他教育机构或者教育行政部门给予行政处分或者解聘:

(一)故意不完成教育教学任务给教育教学工作造成损失的;

(二)体罚学生,经教育不改的;

(三)品行不良、侮辱学生,影响恶劣的。

教师有前款第(二)项、第(三)项所列情形之一,情节严重,构成犯罪的,依法追究刑事责任。

《中华人民共和国老年人权益保障法》

第三条 国家保障老年人依法享有的权益。

老年人有从国家和社会获得物质帮助的权利,有享受社会服务和社会优待的权利,有参与社会发展和共享发展成果的权利。

禁止歧视、侮辱、虐待或者遗弃老年人。

第七十七条 侮辱、诽谤老年人,构成违反治安管理行为的,依法给予治安管理处罚;构成犯罪的,依法追究刑事责任。

《中华人民共和国消费者权益保护法》

第五十一条 经营者有侮辱诽谤、搜查身体、侵犯人身自由等侵害消费者或者其他受害人人身权益的行为,造成严重精神损害的,受害人可以要求精神损害赔偿。

《中华人民共和国刑事诉讼法》

第二百零四条 自诉案件包括下列案件：

（一）告诉才处理的案件；

（二）被害人有证据证明的轻微刑事案件；

（三）被害人有证据证明对被告人侵犯自己人身、财产权利的行为应当依法追究刑事责任，而公安机关或者人民检察院不予追究被告人刑事责任的案件。

第二百零五条 人民法院对于自诉案件进行审查后，按照下列情形分别处理：

（一）犯罪事实清楚，有足够证据的案件，应当开庭审判；

（二）缺乏罪证的自诉案件，如果自诉人提不出补充证据，应当说服自诉人撤回自诉，或者裁定驳回。

自诉人经两次依法传唤，无正当理由拒不到庭的，或者未经法庭许可中途退庭的，按撤诉处理。

法庭审理过程中，审判人员对证据有疑问，需要调查核实的，适用本法第一百九十一条的规定。

《中华人民共和国人民警察法》

第六条 公安机关的人民警察按照职责分工，依法履行下列职责：

（一）预防、制止和侦查违法犯罪活动；

（二）维护社会治安秩序，制止危害社会治安秩序的行为；

（三）维护交通安全和交通秩序，处理交通事故；

（四）组织、实施消防工作，实行消防监督；

（五）管理枪支弹药、管制刀具和易燃易爆、剧毒、放射性等危险物品；

（六）对法律、法规规定的特种行业进行管理；

（七）警卫国家规定的特定人员，守卫重要的场所和设施；

（八）管理集会、游行、示威活动；

（九）管理户政、国籍、入境出境事务和外国人在中国境内居留、旅行的有关事务；

（十）维护国（边）境地区的治安秩序；

（十一）对被判处拘役、剥夺政治权利的罪犯执行刑罚；

（十二）监督管理计算机信息系统的安全保护工作；

（十三）指导和监督国家机关、社会团体、企业事业组织和重点建设工程的治安保卫工作，指导治安保卫委员会等群众性组织的治安防范工作；

（十四）法律、法规规定的其他职责。

《最高人民法院、最高人民检察院关于办理组织和利用邪教组织犯罪案件具体应用法律若干问题的解释（二）》

第三条 制作、传播邪教宣传品，公然侮辱他人或者捏造事实诽谤他人的，依照刑法第二百四十六条的规定，以侮辱罪或者诽谤罪定罪处罚。

《最高人民法院关于审理非法出版物刑事案件具体应用法律若干问题的解释》

第六条 在出版物中公然侮辱他人或者捏造事实诽谤他人，情节严重的，依照刑法第二百四十六条的规定，分别以侮辱罪或者诽谤罪定罪处罚。

《最高人民法院、最高人民检察院关于办理利用信息网络实施诽谤等刑事案件适用法律若干问题的解释》

第一条 具有下列情形之一的，应当认定为刑法第二百四十六条第一款规定的"捏造事实诽谤他人"：

（一）捏造损害他人名誉的事实，在信息网络上散布，或者组织、指使人员在信息网络上散布的；

（二）将信息网络上涉及他人的原始信息内容篡改为损害他人名誉的事实，在信息网络上散布，或者组织、指使人员在信息网络上散布的；

明知是捏造的损害他人名誉的事实，在信息网络上散布，情节恶劣的，以"捏造事实诽谤他人"论。

第二条　利用信息网络诽谤他人,具有下列情形之一的,应当认定为刑法第二百四十六条第一款规定的"情节严重":

（一）同一诽谤信息实际被点击、浏览次数达到五千次以上,或者被转发次数达到五百次以上的;

（二）造成被害人或者其近亲属精神失常、自残、自杀等严重后果的;

（三）二年内曾因诽谤受过行政处罚,又诽谤他人的;

（四）其他情节严重的情形。

第三条　利用信息网络诽谤他人,具有下列情形之一的,应当认定为刑法第二百四十六条第二款规定的"严重危害社会秩序和国家利益":

（一）引发群体性事件的;

（二）引发公共秩序混乱的;

（三）引发民族、宗教冲突的;

（四）诽谤多人,造成恶劣社会影响的;

（五）损害国家形象,严重危害国家利益的;

（六）造成恶劣国际影响的;

（七）其他严重危害社会秩序和国家利益的情形。

第四条　一年内多次实施利用信息网络诽谤他人行为未经处理,诽谤信息实际被点击、浏览、转发次数累计计算构成犯罪的,应当依法定罪处罚。

第八条　明知他人利用信息网络实施诽谤、寻衅滋事、敲诈勒索、非法经营等犯罪,为其提供资金、场所、技术支持等帮助的,以共同犯罪论处。

第九条　利用信息网络实施诽谤、寻衅滋事、敲诈勒索、非法经营犯罪,同时又构成刑法第二百二十一条规定的损害商业信誉、商品声誉罪,第二百七十八条规定的煽动暴力抗拒法律实施罪,第二百九十一条之一规定的编造、故意传播虚假恐怖信息罪等犯罪的,依照处罚较重的规定定罪处罚。

第十条　本解释所称信息网络,包括以计算机、电视机、固定电话机、移动电话机等电子设备为终端的计算机互联网、广播电视网、固定通信网、移动通信网等信息网络,以及向公众开放的局域网络。

《最高人民法院关于〈中华人民共和国刑法修正案(九)〉时间效力问题的解释》

第四条　对于2015年10月31日以前通过信息网络实施的刑法第二百四十六条第一款规定的侮辱、诽谤行为,被害人向人民法院告诉,但提供证据确有困难的,适用修正后刑法第二百四十六条第三款的规定。

十七、将刑法第二百五十三条之一修改为:"违反国家有关规定,向他人出售或者提供公民个人信息,情节严重的,处三年以下有期徒刑或者拘役,并处或者单处罚金;情节特别严重的,处三年以上七年以下有期徒刑,并处罚金。

"违反国家有关规定,将在履行职责或者提供服务过程中获得的公民个人信息,出售或者提供给他人的,依照前款的规定从重处罚。

"窃取或者以其他方法非法获取公民个人信息的,依照第一款的规定处罚。

"单位犯前三款罪的,对单位判处罚金,并对其直接负责的主管人员和其他直接责任人员,依照各该款的规定处罚。"

【说明】

本条共分4款。

第1款是关于违规向他人出售或者非法提供公民个人信息的犯罪和处罚的规定。这是《刑法修正案(九)》新增加的规定,主要是为了惩治违背公民个人意愿,出售、非法提供其个人信息和倒卖公民个人信息的行为。原《刑法》第253条之一第1款规定了国家机关、金融等单位的工作人员违规出售、提供公民个人信息犯罪,属于特殊主体的犯罪,本款将犯罪主体扩大至一般主体,即任何年满16周岁的人,违反国家有关规定,向他人出售或者非法提供公民个人信息的行为,不论来源如何,只要符合本款规定的,都可以定罪处罚予以惩治。本款规定犯罪的客体是公民对个人信息享有的权利,这里规定的"公民个人信息",主要是指公民的姓名、住址、身份证号、电话号码、银行账号、银行卡号和财产状况等能够识别公民个人身份情况的信息。本款规定犯罪的主观方面是故意,即违反国家有关规定,故意出售和非法提供公民个人信息。这里的"违反国家有关规定",是指违反了有关法律、行政法规、规章等国家层面涉及公民个人信息管理方面的规定。如《中华人民共和国反洗钱法》第5条规定:"对依法履行反洗钱职责或者义务获得的客户身份资料和交易信息,应当予以保密;非依法律规定,不得向任何单位和个人提供。反洗钱行政主管部门和其他依法负有反洗钱监督管理职责的部门、机构履行反洗钱职责获得的客户身份资料和交易信息,只能用于反洗钱行政调查。司法机关依照本法获得的客户身份资料和交易信息,只能用于反洗钱刑事诉讼。"此外,《中华人民共和国商业银行法》《中华人民共和国居民身份证法》《中华人民共和国护照法》《中华人民共和国消费者权益保护法》《中华人民共和国旅游法》《中华人民共和国社会保险法》《中华人民共和国统计法》等法律也都有关于公民个人信息保护的规定。本款规定犯罪的客观方面表现为,向他人出售或者提供公民个人信息,情节严重的行为。这里的"出售",是指将自己掌握的公民信息卖给他人,自己从中牟利的行为。"提供",是指违反国家有关规定,将自己掌握的公民信息提供给他人的行为,如现实生活中公民安装网络宽带,需将个人的身份证号码提供给电信部门,电信部门只能以安装网络宽带的目的使用公民个人身份证号码,如果电信部门的工作人员违反国家有关规定,将公民的身份证号码提供给他人的,则属于非法提供。这里的"他人",包括单位和个人。根据本款规定,向他人出售或者提供公民个人信息达到情节严重的程度,是构成本罪的条件,尚未达到情节严重的,可依据法律、法规有关规定予以行政处罚。"情节严重",一般是指大量出售公民个人信息的,多次出售公民个人信息的,出售公民个人信息获利数额较大的,以及公民个人信息被他人使用后,给公民造成了经济上的重大损失或者严重影响到公民个人的正常生活等情况,具体情节的认定,应当由司法机关依法根据案件的具体情况认定。最高人民法院也可根据实际情况作出适用法律的解释。根据本款规定,对于情节严重构成犯罪的,处3年以下有期徒刑或者拘役,并处或者单处罚金;情节特别严重的,处3年以上7年以下有期徒刑,并处罚金。

第2款是关于对在履行职责或者提供服务过程中获得的公民个人信息,出售或者提供给他人,情节严重的从重处罚的规定。本款是原《刑法》第253条之一第1款的规定,《刑法修正案(九)》对本款作了修改:一是删去"国家机关或者金融、电信、交通、教育、医疗等单位的工作人员"和"将本单位在履行职责或者提供服务过程中获得的"中的"本单位",扩大了犯罪主体的范围,即所有在履行职责或者提供服务过程中可以收集、获得公民个人信息的单位和个人,如果违反规定出售或提供给他人,都可以适用本条规定追究刑事责任。二是将"违反国家规定"修改为"违反国家有关规定",扩大了构成犯罪的范围,与"国家规定"相比,"国家有关规定"的范围更宽,包括法律、行政法规、规章等国家层面的涉及公民个人信息保护的规定,有利于根据不同行业、领域的特点有针对性地保护公民个人信息。三是加重了对本款犯罪的处罚,由于本款犯罪"依照前款的规定从重处罚",实施本款犯罪行为,情节严重的,处3年以下有期徒刑或者拘役,并处或者单处罚金;情节特别严重的,处3年以上7年以下有期徒刑,并处罚金。与刑法原条文规定的刑罚相比,法定刑由最高可以判处3年有期徒刑,提高至最高可以判处7年有期徒刑。

实践中,在政府行政管理以及金融、电信、交通、医疗、物业管理、宾馆住宿服务、快递等社会公共服务领域,收集和储存了大量的公民个人信息。这些信息为提高行政管理和各项公共服务的质量和效率提供了便利。同时，一些组织或个人，违反职业道德和保密义务，将公民个人的信息资料出售或泄露给他人，获取非法利益。这些侵害公民合法权益的现象时有发生，甚至个人信息被一些犯罪分子用于诈骗犯罪活动，对公民的人身、财产安全、个人隐私以及正常的工作、生活构成严重威胁。与普通向他人出售或者提供公民个人信息犯罪行为相比，出售或提供履职、提供服务过程中获得的公民个人信息的行为容易引发大范围的信息泄露，具有更大的社会危害性，而且违反了职业的操守，应当从严打击，从重惩处。因此，《刑法修正案（九）》规定对这种行为依照第1款的规定从重处罚。应当注意的是，本款中的信息必须是单位在履行职责或者提供服务过程中获得的信息，也就是说，利用公权力或者在提供公共服务过程中依法获得的信息，如购买飞机票必须提供本人的身份证号码，在银行等金融机构办理金融业务时，必须提供个人的身份证号码等情况。

第3款是关于非法获取公民个人信息的犯罪和处罚的规定。本款是原《刑法》第253条之一第2款的规定，《刑法修正案（九）》将本款移作第3款，同时将"上述信息"修改为"公民个人信息"，明确范围，避免产生歧义。根据本款规定，窃取或者以其他方法非法获取公民个人信息，情节严重的，构成非法获取公民个人信息罪，应当依照第一款的规定，情节严重的，处3年以下有期徒刑或者拘役，并处或者单处罚金；情节特别严重的，处3年以上7年以下有期徒刑，并处罚金。这里的"窃取"，是指采用秘密的方法或不为人知的方法取得公民个人信息的行为，如在ATM机旁用望远镜偷看或用摄像机偷拍他人银行卡密码、卡号或身份证号码，或通过网络技术手段获得他人的个人信息等情况。"以其他方法非法获取"，是指通过购买、欺骗等方式非法获取公民个人信息的行为。应当注意的是，本款规定的非法获取公民个人信息的行为，需达到情节严重的程度，才能构成非法获取公民个人信息的犯罪。情节严重是构成本罪的必要条件。这里的"情节严重"，一般是指非法获取公民个人信息的手段恶劣、获取了公民个人大量的信息、多次窃取或非法获取公民个人信息后又出售给他人牟利等情节。

第4款是关于单位犯罪的处罚规定。本款规定的犯罪主体,是公司、企业、事业单位、机关、团体等单位。根据本款规定,单位有出售或者非法提供公民个人信息和非法获取公民个人信息的行为,构成犯罪的,对单位判处罚金,并对单位直接负责的主管人员和其他直接责任人员,分别依照前三款的规定处罚。本款对单位犯罪规定了双重处罚原则,即对单位判处罚金,罚金的具体数额法律未作规定,可由司法机关根据犯罪情节决定。在对单位判处罚金的同时,对单位直接负责的主管人员和其他直接责任人员,分别按照前三款关于自然人的犯罪处罚。需要指出的是,由于第2款规定,依照第1款的规定从重处罚,所以对直接负责的主管人员和其他直接责任人员犯本条第2款罪的,也应依照第1款的规定从重处罚。

实践中需要注意,除本条规定外,刑法和其他法律、法规还有一些规定可能涉及侵犯公民个人信息的行为。如《刑法》第252条规定的隐匿、毁弃或者非法开拆他人信件,侵犯公民通信自由权利犯罪;《刑法》第253条规定的邮政工作人员私自开拆或者隐匿、毁弃邮件、电报犯罪;《刑法》第177条之一规定的窃取、收买或者非法提供他人信用卡信息资料的犯罪;《刑法》第284条规定的非法使用窃听、窃照专用器材的犯罪等。如果行为人为非法获取公民个人信息而采用了侵犯公民通信自由权利、通信秘密、非法使用窃听、窃照专用器材的手段或者是在实施上述犯罪的过程中同时窃取、获取了公民个人信息的,则可能同时构成本条规定的犯罪和其他罪名,应当根据案件的具体情况从一重罪处罚或者数罪并罚。

【立法理由】

本条是《刑法修正案(七)》增加的条款,2015年8月,《刑法修正案(九)》对本条作了修改,主要是:一是增加一款作为第1款,规定一般主体违规向他人出售或者提供公民个人信息的犯罪。二是将原第1款改作第2款,扩大犯罪主体的范围,将"违反国家规定"修改为

"违反国家有关规定",同时规定了从重处罚的原则。三是将原第2款移作第3款。四是将原第3款移作第4款。

我国法律一贯重视对公民个人信息的保护,宪法以及刑事、民商事、行政等部门法律中都有相关规定。从这些规定来看,主要是从两个角度对公民个人信息加以保护:一是与公民通信自由权和通信秘密的保护相联系。如《中华人民共和国宪法》第40条规定:"中华人民共和国公民的通信自由和通信秘密受法律保护。除因国家安全或者追查刑事犯罪的需要,由公安机关或者检察院依照法律规定的程序对通信进行检查外,任何组织或者个人不得以任何理由侵犯公民的通信自由和通信秘密。"《中华人民共和国邮政法》《中华人民共和国电信条例》《计算机信息网络国际联网安全保护管理办法》等法律、行政法规中也都有相应规定。二是与公民隐私权的保护相联系。这方面的法律规定主要是民商事法律、行政法、诉讼法。如《中华人民共和国行政处罚法》《中华人民共和国行政复议法》《中华人民共和国行政许可法》等在涉及行政机关公开、公布和提供相关信息时,对防止侵犯公民个人隐私都作了相应规定;《中华人民共和国刑事诉讼法》《中华人民共和国民事诉讼法》《中华人民共和国行政诉讼法》中有关公开审判的规定中也都有类似规定。其他一些有关对公共服务等活动进行监督管理的法律中也都有关于保护公民个人隐私的规定,如《中华人民共和国银行业监督管理法》《中华人民共和国反洗钱法》《中华人民共和国保险法》《中华人民共和国律师法》《中华人民共和国公证法》《中华人民共和国执业医师法》等。这些法律规定的公民个人隐私包括但不限于公民个人信息。为进一步保护公民的人身、财产安全和个人隐私以及正常的工作、生活不受侵害和干扰,保护公民个人信息不被泄露,2009年《刑法修正案(七)》将国家机关等单位在履行职责或者提供服务过程中获得的公民个人信息出售、非法提供给他人的行为,以及窃取、非法获取公民个人信息的行为规定为犯罪。《刑法修正案(七)》的规定为惩治出售、非法提供和非法获取公民个人信息的犯罪,保护公民个人信息发挥了重要的积极作用。

近年来,出售、非法提供和非法获取公民个人信息的犯罪出现了一些新情况。随着信息网络的进一步普及发展,侵害公民个人信息的违法犯罪愈发突出,通过网络出售、非法提供和非法获取公民个人信息的行为增多。2012年以来,公安部门在全国先后开展数次打击侵害公民个人信息犯罪专项行动,破获一大批出售、非法提供和非法获取公民个人信息的案件,查获被盗取的各类公民个人信息数十亿条,涉及金融、电信、公安、交通、教育、医疗、国土、工商、房产、物业、保险、快递等部门和行业。这类违法犯罪使公民权利遭受侵害,社会管理难度升级,同时容易引发其他严重的犯罪行为,加大对这些行为的惩处力度已经成为社会的一致要求与共识。有关方面提出,根据《刑法修正案(七)》的规定,只能打击金融、电信等单位工作人员出售、非法提供公民个人信息的犯罪行为,而对于一般主体违背公民个人意愿,出售、非法提供其个人信息的,难以依法惩治。还有意见提出,倒卖公民个人信息犯罪是网络犯罪的上游环节,现有规定无法打击倒卖行为。建议修改本条规定,以加强对公民个人信息的保护,切断出售、非法提供公民个人信息的黑色产业链,从源头上打击利用公民个人信息实施的其他侵害公民权益的违法犯罪行为。为了进一步加强对公民个人信息的保护,《刑法修正案(九)》根据实践需要和有关方面的意见对本条作了修改。

【相关规定】

《中华人民共和国居民身份证法》

第十三条 公民从事有关活动,需要证明身份的,有权使用居民身份证证明身份,有关单位及其工作人员不得拒绝。

有关单位及其工作人员对履行职责或者提供服务过程中获得的居民身份证记载的公民个人信息,应当予以保密。

第二十条 人民警察有下列行为之一的,根据情节轻重,依法给予行政处分;构成犯罪的,依法追究刑事责任:

（一）利用制作、发放、查验居民身份证的便利，收受他人财物或者谋取其他利益的；

（二）非法变更公民身份号码，或者在居民身份证上登载本法第三条第一款规定项目以外的信息或者故意登载虚假信息的；

（三）无正当理由不在法定期限内发放居民身份证的；

（四）违反规定查验、扣押居民身份证，侵害公民合法权益的；

（五）泄露因制作、发放、查验、扣押居民身份证而知悉的公民个人信息，侵害公民合法权益的。

《中华人民共和国护照法》

第十二条　护照具备视读与机读两种功能。

护照的防伪性能参照国际技术标准制定。

护照签发机关及其工作人员对因制作、签发护照而知悉的公民个人信息，应当予以保密。

第二十条　护照签发机关工作人员在办理护照过程中有下列行为之一的，依法给予行政处分；构成犯罪的，依法追究刑事责任：

（一）应当受理而不予受理的；

（二）无正当理由不在法定期限内签发的；

（三）超出国家规定标准收取费用的；

（四）向申请人索取或者收受贿赂的；

（五）泄露因制作、签发护照而知悉的公民个人信息，侵害公民合法权益的；

（六）滥用职权、玩忽职守、徇私舞弊的其他行为。

《中华人民共和国反洗钱法》

第五条　对依法履行反洗钱职责或者义务获得的客户身份资料和交易信息，应当予以保密；非依法律规定，不得向任何单位和个人提供。

反洗钱行政主管部门和其他依法负有反洗钱监督管理职责的部门、机构履行反洗钱职责获得的客户身份资料和交易信息，只能用于反洗钱行政调查。

司法机关依照本法获得的客户身份资料和交易信息,只能用于反洗钱刑事诉讼。

《中华人民共和国商业银行法》

第二十九条　商业银行办理个人储蓄存款业务,应当遵循存款自愿、取款自由、存款有息、为存款人保密的原则。

对个人储蓄存款,商业银行有权拒绝任何单位或者个人查询、冻结、扣划,但法律另有规定的除外。

第三十条　对单位存款,商业银行有权拒绝任何单位或者个人查询,但法律、行政法规另有规定的除外;有权拒绝任何单位或者个人冻结、扣划,但法律另有规定的除外。

《中华人民共和国消费者权益保护法》

第十四条　消费者在购买、使用商品和接受服务时,享有人格尊严、民族风俗习惯得到尊重的权利,享有个人信息依法得到保护的权利。

第二十九条　经营者收集、使用消费者个人信息,应当遵循合法、正当、必要的原则,明示收集、使用信息的目的、方式和范围,并经消费者同意。经营者收集、使用消费者个人信息,应当公开其收集、使用规则,不得违反法律、法规的规定和双方的约定收集、使用信息。

经营者及其工作人员对收集的消费者个人信息必须严格保密,不得泄露、出售或者非法向他人提供。经营者应当采取技术措施和其他必要措施,确保信息安全,防止消费者个人信息泄露、丢失。在发生或者可能发生信息泄露、丢失的情况时,应当立即采取补救措施。

经营者未经消费者同意或者请求,或者消费者明确表示拒绝的,不得向其发送商业性信息。

第五十条　经营者侵害消费者的人格尊严、侵犯消费者人身自由或者侵害消费者个人信息依法得到保护的权利的,应当停止侵害、恢复名誉、消除影响、赔礼道歉,并赔偿损失。

《中华人民共和国旅游法》

第五十二条 旅游经营者对其在经营活动中知悉的旅游者个人信息,应当予以保密。

第八十六条 旅游主管部门和有关部门依法实施监督检查,其监督检查人员不得少于二人,并应当出示合法证件。监督检查人员少于二人或者未出示合法证件的,被检查单位和个人有权拒绝。

监督检查人员对在监督检查中知悉的被检查单位的商业秘密和个人信息应当依法保密。

《中华人民共和国出境入境管理法》

第八十五条 履行出境入境管理职责的工作人员,有下列行为之一的,依法给予处分:

(一)违反法律、行政法规,为不符合规定条件的外国人签发签证、外国人停留居留证件等出境入境证件的;

(二)违反法律、行政法规,审核验放不符合规定条件的人员或者交通运输工具出境入境的;

(三)泄露在出境入境管理工作中知悉的个人信息,侵害当事人合法权益的;

(四)不按照规定将依法收取的费用、收缴的罚款及没收的违法所得、非法财物上缴国库的;

(五)私分、侵占、挪用罚没、扣押的款物或者收取的费用的;

(六)滥用职权、玩忽职守、徇私舞弊,不依法履行法定职责的其他行为。

《中华人民共和国社会保险法》

第九十二条 社会保险行政部门和其他有关行政部门、社会保险经办机构、社会保险费征收机构及其工作人员泄露用人单位和个人信息的,对直接负责的主管人员和其他直接责任人员依法给予处分;给用人单位或者个人造成损失的,应当承担赔偿责任。

《中华人民共和国统计法》

第九条 统计机构和统计人员对在统计工作中知悉的国家秘

密、商业秘密和个人信息,应当予以保密。

《最高人民法院关于审理利用信息网络侵害人身权益民事纠纷案件适用法律若干问题的规定》

第十二条 网络用户或者网络服务提供者利用网络公开自然人基因信息、病历资料、健康检查资料、犯罪记录、家庭住址、私人活动等个人隐私和其他个人信息,造成他人损害,被侵权人请求其承担侵权责任的,人民法院应予支持。但下列情形除外:

(一)经自然人书面同意且在约定范围内公开;

(二)为促进社会公共利益且在必要范围内;

(三)学校、科研机构等基于公共利益为学术研究或者统计的目的,经自然人书面同意,且公开的方式不足以识别特定自然人;

(四)自然人自行在网络上公开的信息或者其他已合法公开的个人信息;

(五)以合法渠道获取的个人信息;

(六)法律或者行政法规另有规定。

网络用户或者网络服务提供者以违反社会公共利益、社会公德的方式公开前款第四项、第五项规定的个人信息,或者公开该信息侵害权利人值得保护的重大利益,权利人请求网络用户或者网络服务提供者承担侵权责任的,人民法院应予支持。

国家机关行使职权公开个人信息的,不适用本条规定。

十八、将刑法第二百六十条第三款修改为:"第一款罪,告诉的才处理,但被害人没有能力告诉,或者因受到强制、威吓无法告诉的除外。"

【说明】

修改后的《刑法》第260条规定:"虐待家庭成员,情节恶劣的,处二年以下有期徒刑、拘役或者管制。

犯前款罪,致使被害人重伤、死亡的,处二年以上七年以下有期徒刑。

第一款罪,告诉的才处理,但被害人没有能力告诉,或者因受到强制、威吓无法告诉的除外。"

修改后的《刑法》第260条共分3款。

第1款是关于虐待罪及其处刑的规定。根据本款的规定,虐待罪是指虐待家庭成员,情节恶劣的行为。本条规定的"虐待",是指折磨、摧残家庭成员身心健康的行为。虐待具有经常性和连续性的特点,行为人对共同生活的家庭成员在相当长的时间里,进行持续或连续的肉体摧残、精神折磨,致使被害人的身心遭受严重创伤,通常表现为打骂、冻饿、捆绑、强迫超体力劳动、限制自由、凌辱人格等行为。偶尔发生的打骂、冻饿等行为,不构成虐待罪。这里所说的"家庭成员",是指在同一家庭中共同生活的成员,如夫妻、父母、子女、兄弟、姐妹等。根据我国有关法律的规定,家庭成员关系主要由以下四种情形:一是由婚姻关系形成的家庭成员关系,如丈夫和妻子,夫妻关系是父母、子女关系产生的前提和基础;二是由血缘关系形成的家庭成员关系,包括由直系血亲关系而联系起来的父母、子女、孙子女、曾孙子女以及祖父母、曾祖父母、外祖父母等,也包括由旁系血亲而联系起来的兄、弟、姐、妹、叔、伯、姑、姨、舅等;三是由收养关系而形成的家庭成员关系,即养父母和养子女之间的关系;四是由其他关系所产生的家庭成员,现实生活中还存在区别于前三种情形而形成的非法定义务的扶养关系,如同居关系、对孤寡老人的自愿赡养关系等。非家庭成员间的虐待行为,不构成本罪。

虐待罪通常是在家庭中处于强势的一方虐待弱势的一方,如家长虐待未成年的子女、丈夫虐待妻子、成年子女虐待没有独立生活能力的老人等,被虐待的家庭成员是否有独立生活能力不影响本罪的成立。家长出于管教动机偶有一些打骂或者体罚行为的,不属于虐待行为。虐待家庭成员必须是情节恶劣的才能构成犯罪,这里所说的"情节恶劣",具体是指虐待的动机卑鄙、手段凶残的;虐待年老、年幼、病残的家庭成员的;长期虐待家庭成员屡教不改的;等等。依照本款的规定,虐待家庭成员,情节恶劣的,处两年以下有期徒刑、拘役或者管制。对于虐待家庭成员,尚未达到情节恶劣程度的,根据《中华人民共和国治安管理处罚法》第45条的规定,被虐待人要求处理的,处5日以下拘留或者警告。

第2款对犯虐待罪致使被害人重伤、死亡的应如何处罚作了规定。本款规定是关于虐待罪加重处罚的情形,这里所说的"致使被害人重伤、死亡",是指由于被害人经常受到虐待,身体和精神受到严重的损害而导致死亡,或者不堪忍受而自杀造成死亡或重伤等情形。依照本款规定,对于犯虐待罪,致使被害人重伤、死亡的,处两年以上7年以下有期徒刑。虐待致使被害人重伤、死亡的案件不属于告诉才处理案件的范围,对这类案件应作为公诉案件处理。

第3款是关于虐待家庭成员未致使被害人重伤、死亡的,属于告诉才处理的犯罪及例外情形的规定,即一般情况下适用告诉才处理的规定,但在特殊情况下不适用。本款包含两层意思:一是一般而言,对于犯虐待罪,在没有致使被害人重伤、死亡的情况下,只有被害人向司法机关提出控告的才处理,对于被害人不控告的,司法机关不能主动受理,追究行为人的刑事责任。这样规定主要是因为本条规定的虐待行为发生在家庭成员之间,法律将是否告诉的选择权赋予被害人,这样有利于保护家庭关系,切实维护被害人权益。二是如果被害人没有能力告诉,或者因受到强制、威吓无法告诉的,不适用告诉才处理的规定,而应作为公诉案件处理。被虐待人的亲属、朋友、邻居等任何人发现被害人被虐待,没有能力告诉或者因受到强制、威吓无法告诉的,都可以向公安机关报案。公安机关应当立案进行侦查,由检察机关依法向人民法院提起公诉。作为公诉案件处理的情形是《刑法修正案(九)》新增加的规定,在《刑法修正案(九)》起草过程中,有关方面提出,对于没有能力告诉或者因受到强制、威吓不敢告诉的被害人而言,即使其有告诉的愿望,但因个人的困境而无法行使权利,为了保护这部分社会弱势群体的权益,建议将这些情形规定为公诉案件。经认真研究和征求各方面的意见,在达成共识的基础上，《刑法修正案（九）》对原条文作了修改。这里需要说明的是本款和《刑法》总则第98条规定的"告诉才处理"的关系，《刑法》第98条规定"本法所称告诉才处理，是指被害人告诉才处理。如果被害人因受强制、威吓无法告诉的，人民检察院和被害人的近亲属也可以告诉"，这是对告诉才处理犯罪规定的代为告诉的情形，与本款规定的告诉才处理的例外情形不同。根据本款规定，对于属于被害人没有能力告诉，或者因受到强制、威吓无法告诉的情形，应按照公诉案件处理，由人民检察院提起公诉，而不属于《刑法》第98条规定的代为告诉的情形。本款规定的"被害人没有能力告诉"，是指被害人因病重、年幼、智力缺陷、精神障碍等没有能力向人民法院告诉。

关于虐待罪与故意伤害罪、故意杀人罪的区别。虐待罪与故意伤害罪、故意杀人罪行为方式有一定的相似性，所造成的结果也有可能相同。对于这两个犯罪，要根据被告人的主观故意、所实施的暴力手段与方式、是否立即或者直接造成被害人伤亡后果等进行综合判断。虐待罪的被告人主观上不具有伤害或者杀害被害人的故意，而是出于追求被害人肉体和精神上的痛苦。实施虐待过失导致被害人重伤或者死亡的，或者因虐待致使被害人自残、自杀导致重伤或者死亡的，是虐待罪的结果加重犯，属于本条第2款规定的虐待"致使被害人重伤、死亡"的情形。但是，如果在虐待过程中，行为超过了虐待的限度，明显具有伤害、杀人的恶意且实施了严重的暴力行为，直接将被害人殴打成重伤，甚至直接杀害被害人的，应认定为故意伤害罪或者故意杀人罪。

实践中需要注意，办理虐待犯罪案件，首先应当保护被害人的安全，通过对被害人进行紧急救治、临时安置，对施暴者采取刑事强制措施等，制止家庭暴力并防止再次发生，消除家庭暴力的现实侵害和潜在危险，同时对与案件有关的个人隐私，应当保密。其次是要注意尊重被害人的意愿，应当充分听取被害人的意见。对法律规定可以调解、和解的案件，促使当事人在双方自愿的基础上进行调解、和解。

【立法理由】

　　家庭是社会的细胞,平等、友爱、和睦的家庭关系是构建和谐社会的基础。家庭成员之间尊老爱幼,相互扶助是中华民族的传统美德。新中国成立以后,注意扫除封建残余思想,尤其是倡导人人平等的家庭关系。对此,我国宪法、婚姻法、继承法等一系列法律从公民权利、婚姻、财产权等方面在制度上加以规定和保障。但在实际生活中,也确实存在虐待家庭成员的行为,有的甚至手段恶劣,造成严重后果,受害人也多为妇女、儿童、老人等弱势群体。为惩治这类行为,保护公民权利,维护家庭关系,1979年《刑法》第182条明确规定了虐待罪,同时考虑到虐待行为发生在家庭内部,虐待行为的发生有其复杂的因素,刑法将一般的虐待行为规定为告诉才处理的犯罪,将启动刑事追诉的权利赋予受害家庭成员。这样有利于通过积极的调解予以解决,也有利于化解家庭矛盾,维系正常的家庭关系。1997年修订《刑法》,对上述规定修改完善后纳入。在刑法修改完善过程中,针对实践中发生的重病老人、儿童等被虐待者没有能力告诉或因受到强制、威吓无法告诉的情况,经广泛征求意见达成共识,为加强对弱势群体的保护,《刑法修正案(九)》对本条第3款的规定进行了修改,规定被害人没有能力告诉,或者因受到强制、威吓无法告诉的也按照公诉案件处理,即由国家主动介入追究虐待者的刑事责任。

【相关规定】

《中华人民共和国宪法》

　　第四十九条　婚姻、家庭、母亲和儿童受国家的保护。

　　夫妻双方有实行计划生育的义务。

　　父母有抚养教育未成年子女的义务,成年子女有赡养扶助父母的义务。

　　禁止破坏婚姻自由,禁止虐待老人、妇女和儿童。

《中华人民共和国民法通则》

　　第一百零四条　婚姻、家庭、老人、母亲和儿童受法律保护。

残疾人的合法权益受法律保护。

《中华人民共和国治安管理处罚法》

第四十五条 有下列行为之一的,处五日以下拘留或者警告:

(一)虐待家庭成员,被虐待人要求处理的;

(二)遗弃没有独立生活能力的被扶养人的。

《中华人民共和国婚姻法》

第三条 禁止包办、买卖婚姻和其他干涉婚姻自由的行为。禁止借婚姻索取财物。

禁止重婚。禁止有配偶者与他人同居。禁止家庭暴力。禁止家庭成员间的虐待和遗弃。

第二十七条第一款 继父母与继子女间,不得虐待或歧视。

第三十二条 男女一方要求离婚的,可由有关部门进行调解或直接向人民法院提出离婚诉讼。

人民法院审理离婚案件,应当进行调解;如感情确已破裂,调解无效,应准予离婚。

有下列情形之一,调解无效的,应准予离婚:

(一)重婚或有配偶者与他人同居的;

(二)实施家庭暴力或虐待、遗弃家庭成员的;

(三)有赌博、吸毒等恶习屡教不改的;

(四)因感情不和分居满二年的;

(五)其他导致夫妻感情破裂的情形。

一方被宣告失踪,另一方提出离婚诉讼的,应准予离婚。

第四十三条 实施家庭暴力或虐待家庭成员,受害人有权提出请求,居民委员会、村民委员会以及所在单位应当予以劝阻、调解。

对正在实施的家庭暴力,受害人有权提出请求,居民委员会、村民委员会应当予以劝阻;公安机关应当予以制止。

实施家庭暴力或虐待家庭成员,受害人提出请求的,公安机关应当依照治安管理处罚的法律规定予以行政处罚。

第四十五条 对重婚的,对实施家庭暴力或虐待、遗弃家庭成员构成犯罪的,依法追究刑事责任。受害人可以依照刑事诉讼法的有关规定,向人民法院自诉;公安机关应当依法侦查,人民检察院应当依法提起公诉。

第四十六条　有下列情形之一,导致离婚的,无过错方有权请求损害赔偿:

（一）重婚的;

（二）有配偶者与他人同居的;

（三）实施家庭暴力的;

（四）虐待、遗弃家庭成员的。

《中华人民共和国未成年人保护法》

第十条　父母或者其他监护人应当创造良好、和睦的家庭环境,依法履行对未成年人的监护职责和抚养义务。

禁止对未成年人实施家庭暴力,禁止虐待、遗弃未成年人,禁止溺婴和其他残害婴儿的行为,不得歧视女性未成年人或者有残疾的未成年人。

第四十一条　禁止拐卖、绑架、虐待未成年人,禁止对未成年人实施性侵害。

禁止胁迫、诱骗、利用未成年人乞讨或者组织未成年人进行有害其身心健康的表演等活动。

《中华人民共和国妇女权益保障法》

第二条　妇女在政治的、经济的、文化的、社会的和家庭的生活等各方面享有同男子平等的权利。

实行男女平等是国家的基本国策。国家采取必要措施,逐步完善保障妇女权益的各项制度,消除对妇女一切形式的歧视。

国家保护妇女依法享有的特殊权益。

禁止歧视、虐待、遗弃、残害妇女。

第三十八条　妇女的生命健康权不受侵犯。禁止溺、弃、残害女婴;禁止歧视、虐待生育女婴的妇女和不育的妇女;禁止用迷信、暴力等手段残害妇女;禁止虐待、遗弃病、残妇女和老年妇女。

《中华人民共和国人口与计划生育法》

第二十二条 禁止歧视、虐待生育女婴的妇女和不育的妇女。

禁止歧视、虐待、遗弃女婴。

《中华人民共和国收养法》

第二十六条 收养人在被收养人成年以前,不得解除收养关系,但收养人、送养人双方协议解除的除外,养子女年满十周岁以上的,应当征得本人同意。

收养人不履行抚养义务,有虐待、遗弃等侵害未成年养子女合法权益行为的,送养人有权要求解除养父母与养子女间的收养关系。送养人、收养人不能达成解除收养关系协议的,可以向人民法院起诉。

第三十条 收养关系解除后,经养父母抚养的成年养子女,对缺乏劳动能力又缺乏生活来源的养父母,应当给付生活费。因养子女成年后虐待、遗弃养父母而解除收养关系的,养父母可以要求养子女补偿收养期间支出的生活费和教育费。

生父母要求解除收养关系的,养父母可以要求生父母适当补偿收养期间支出的生活费和教育费,但因养父母虐待、遗弃养子女而解除收养关系的除外。

《中华人民共和国继承法》

第七条 继承人有下列行为之一的,丧失继承权:

(一)故意杀害被继承人的;

(二)为争夺遗产而杀害其他继承人的;

(三)遗弃被继承人的,或者虐待被继承人情节严重的;

(四)伪造、篡改或者销毁遗嘱,情节严重的。

《中华人民共和国刑法》

第九十八条 本法所称告诉才处理,是指被害人告诉才处理。如果被害人因受强制、威吓无法告诉的,人民检察院和被害人的近亲属也可以告诉。

《中华人民共和国刑事诉讼法》

第二百零四条 自诉案件包括下列案件：

（一）告诉才处理的案件；

（二）被害人有证据证明的轻微刑事案件；

（三）被害人有证据证明对被告人侵犯自己人身、财产权利的行为应当依法追究刑事责任，而公安机关或者人民检察院不予追究被告人刑事责任的案件。

第二百零五条 人民法院对于自诉案件进行审查后，按照下列情形分别处理：

（一）犯罪事实清楚，有足够证据的案件，应当开庭审判；

（二）缺乏罪证的自诉案件，如果自诉人提不出补充证据，应当说服自诉人撤回自诉，或者裁定驳回。

自诉人经两次依法传唤，无正当理由拒不到庭的，或者未经法庭许可中途退庭的，按撤诉处理。

法庭审理过程中，审判人员对证据有疑问，需要调查核实的，适用本法第一百九十一条的规定。

《最高人民法院、最高人民检察院、公安部、司法部关于依法办理家庭暴力犯罪案件的意见》

一、基本原则

1. 依法及时、有效干预。针对家庭暴力持续反复发生，不断恶化升级的特点，人民法院、人民检察院、公安机关、司法行政机关对已发现的家庭暴力，应当依法采取及时、有效的措施，进行妥善处理，不能以家庭暴力发生在家庭成员之间，或者属于家务事为由而置之不理，互相推诿。

2. 保护被害人安全和隐私。办理家庭暴力犯罪案件，应当首先保护被害人的安全。通过对被害人进行紧急救治、临时安置，以及对施暴人采取刑事强制措施、判处刑罚、宣告禁止令等措施，制止家庭暴力并防止再次发生，消除家庭暴力的现实侵害和潜在危险。对与案件有关的个人隐私，应当保密，但法律有特别规定的除外。

3. 尊重被害人意愿。办理家庭暴力犯罪案件,既要严格依法进行,也要尊重被害人的意愿。在立案、采取刑事强制措施、提起公诉、判处刑罚、减刑、假释时,应当充分听取被害人意见,在法律规定的范围内作出合情、合理的处理。对法律规定可以调解、和解的案件,应当在当事人双方自愿的基础上进行调解、和解。

4. 对未成年人、老年人、残疾人、孕妇、哺乳期妇女、重病患者特殊保护。办理家庭暴力犯罪案件,应当根据法律规定和案件情况,通过代为告诉、法律援助等措施,加大对未成年人、老年人、残疾人、孕妇、哺乳期妇女、重病患者的司法保护力度,切实保障他们的合法权益。

二、案件受理

5. 积极报案、控告和举报。依照刑事诉讼法第一百零八条第一款"任何单位和个人发现有犯罪事实或者犯罪嫌疑人,有权利也有义务向公安机关、人民检察院或者人民法院报案或者举报"的规定,家庭暴力被害人及其亲属、朋友、邻居、同事,以及村(居)委会、人民调解委员会、妇联、共青团、残联、医院、学校、幼儿园等单位、组织,发现家庭暴力,有权利也有义务及时向公安机关、人民检察院、人民法院报案、控告或者举报。

公安机关、人民检察院、人民法院对于报案人、控告人和举报人不愿意公开自己的姓名和报案、控告、举报行为的,应当为其保守秘密,保护报案人、控告人和举报人的安全。

6. 迅速审查、立案和转处。公安机关、人民检察院、人民法院接到家庭暴力的报案、控告或者举报后,应当立即问明案件的初步情况,制作笔录,迅速进行审查,按照刑事诉讼法关于立案的规定,根据自己的管辖范围,决定是否立案。对于符合立案条件的,要及时立案。对于可能构成犯罪但不属于自己管辖的,应当移送主管机关处理,并且通知报案人、控告人或者举报人;对于不属于自己管辖而又必须采取紧急措施的,应当先采取紧急措施,然后移送主管机关。

经审查,对于家庭暴力行为尚未构成犯罪,但属于违反治安管理行为的,应当将案件移送公安机关,依照治安管理处罚法的规定进行处理,同时告知被害人可以向人民调解委员会提出申请,或者向人民法院提起民事诉讼,要求施暴人承担停止侵害、赔礼道歉、赔偿损失等民事责任。

7. 注意发现犯罪案件。公安机关在处理人身伤害、虐待、遗弃等行政案件过程中,人民法院在审理婚姻家庭、继承、侵权责任纠纷等民事案件过程中,应当注意发现可能涉及的家庭暴力犯罪。一旦发现家庭暴力犯罪线索,公安机关应当将案件转为刑事案件办理,人民法院应当将案件移送公安机关;属于自诉案件的,公安机关、人民法院应当告知被害人提起自诉。

8. 尊重被害人的程序选择权。对于被害人有证据证明的轻微家庭暴力犯罪案件,在立案审查时,应当尊重被害人选择公诉或者自诉的权利。被害人要求公安机关处理的,公安机关应当依法立案、侦查。在侦查过程中,被害人不再要求公安机关处理或者要求转为自诉案件的,应当告知被害人向公安机关提交书面申请。经审查确系被害人自愿提出的,公安机关应当依法撤销案件。被害人就这类案件向人民法院提起自诉的,人民法院应当依法受理。

9. 通过代为告诉充分保障被害人自诉权。对于家庭暴力犯罪自诉案件,被害人无法告诉或者不能亲自告诉的,其法定代理人、近亲属可以告诉或者代为告诉;被害人是无行为能力人、限制行为能力人,其法定代理人、近亲属没有告诉或代为告诉的,人民检察院可以告诉;侮辱、暴力干涉婚姻自由等告诉才处理的案件,被害人因受强制、威吓无法告诉的,人民检察院也可以告诉。人民法院对告诉或者代为告诉的,应当依法受理。

10. 切实加强立案监督。人民检察院要切实加强对家庭暴力犯罪案件的立案监督,发现公安机关应当立案而不立案的,或者被害人及其法定代理人、近亲属,有关单位、组织就公安机关不予立案向人民检察院提出异议的,人民检察院应当要求公安机关说明不立案的理由。人民检察院认为不立案理由不成立的,应当通知公安机关立案,公安机关接到通知后应当立案;认为不立案理由成立的,应当将理由告知提出异议的被害人及其法定代理人、近亲属或者有关单位、组织。

11. 及时、全面收集证据。公安机关在办理家庭暴力案件时,要充分、全面地收集、固定证据,除了收集现场的物证、被害人陈述、证人证言等证据外,还应当注意及时向村(居)委会、人民调解委员会、妇联、共青团、残联、医院、学校、幼儿园等单位、组织的工作人员,以及被害人的亲属、邻居等收集涉及家庭暴力的处理记录、病历、照片、视频等证据。

12. 妥善救治、安置被害人。人民法院、人民检察院、公安机关等负有保护公民人身安全职责的单位和组织,对因家庭暴力受到严重伤害需要紧急救治的被害人,应当立即协助联系医疗机构救治;对面临家庭暴力严重威胁,或者处于无人照料等危险状态,需要临时安置的被害人或者相关未成年人,应当通知并协助有关部门进行安置。

13. 依法采取强制措施。人民法院、人民检察院、公安机关对实施家庭暴力的犯罪嫌疑人、被告人,符合拘留、逮捕条件的,可以依法拘留、逮捕;没有采取拘留、逮捕措施的,应当通过走访、打电话等方式与被害人或者其法定代理人、近亲属联系,了解被害人的人身安全状况。对于犯罪嫌疑人、被告人再次实施家庭暴力的,应当根据情况,依法采取必要的强制措施。

人民法院、人民检察院、公安机关决定对实施家庭暴力的犯罪嫌疑人、被告人取保候审的,为了确保被害人及其子女和特定亲属的安全,可以依照刑事诉讼法第六十九条第二款的规定,责令犯罪嫌疑人、被告人不得再次实施家庭暴力;不得侵扰被害人的生活、工作、学习;不得进行酗酒、赌博等活动;经被害人申请且有必要的,责令不得接近被害人及其未成年子女。

14. 加强自诉案件举证指导。家庭暴力犯罪案件具有案发周期较长、证据难以保存，被害人处于相对弱势、举证能力有限，相关事实难以认定等特点。有些特点在自诉案件中表现得更为突出。因此，人民法院在审理家庭暴力自诉案件时，对于因当事人举证能力不足等原因，难以达到法律规定的证据要求的，应当及时对当事人进行举证指导，告知需要收集的证据及收集证据的方法。对于因客观原因不能取得的证据，当事人申请人民法院调取的，人民法院应当认真审查，认为确有必要的，应当调取。

15. 加大对被害人的法律援助力度。人民检察院自收到移送审查起诉的案件材料之日起三日内，人民法院自受理案件之日起三日内，应当告知被害人及其法定代理人或者近亲属有权委托诉讼代理人，如果经济困难，可以向法律援助机构申请法律援助；对于被害人是未成年人、老年人、重病患者或者残疾人等，因经济困难没有委托诉讼代理人的，人民检察院、人民法院应当帮助其申请法律援助。

法律援助机构应当依法为符合条件的被害人提供法律援助，指派熟悉反家庭暴力法律法规的律师办理案件。

三、定罪处罚

16. 依法准确定罪处罚。对故意杀人、故意伤害、强奸、猥亵儿童、非法拘禁、侮辱、暴力干涉婚姻自由、虐待、遗弃等侵害公民人身权利的家庭暴力犯罪，应当根据犯罪的事实、犯罪的性质、情节和对社会的危害程度，严格依照刑法的有关规定判处。对于同一行为同时触犯多个罪名的，依照处罚较重的规定定罪处罚。

17. 依法惩处虐待犯罪。采取殴打、冻饿、强迫过度劳动、限制人身自由、恐吓、侮辱、谩骂等手段，对家庭成员的身体和精神进行摧残、折磨，是实践中较为多发的虐待性质的家庭暴力。根据司法实践，具有虐待持续时间较长、次数较多；虐待手段残忍；虐待造成被害人轻微伤或者患较严重疾病；对未成年人、老年人、残疾人、孕妇、哺乳期妇女、重病患者实施较为严重的虐待行为等情形，属于刑法第二百六十条第一款规定的虐待"情节恶劣",应当依法以虐待罪定罪处罚。

准确区分虐待犯罪致人重伤、死亡与故意伤害、故意杀人犯罪致人重伤、死亡的界限,要根据被告人的主观故意、所实施的暴力手段与方式、是否立即或者直接造成被害人伤亡后果等进行综合判断。对于被告人主观上不具有侵害被害人健康或者剥夺被害人生命的故意,而是出于追求被害人肉体和精神上的痛苦,长期或者多次实施虐待行为,逐渐造成被害人身体损害,过失导致被害人重伤或者死亡的;或者因虐待致使被害人不堪忍受而自残、自杀,导致重伤或者死亡的,属于刑法第二百六十条第二款规定的虐待"致使被害人重伤、死亡",应当以虐待罪定罪处罚。对于被告人虽然实施家庭暴力呈现出经常性、持续性、反复性的特点,但其主观上具有希望或者放任被害人重伤或者死亡的故意,持凶器实施暴力,暴力手段残忍,暴力程度较强,直接或者立即造成被害人重伤或者死亡的,应当以故意伤害罪或者故意杀人罪定罪处罚。

依法惩处遗弃犯罪。负有扶养义务且有扶养能力的人,拒绝扶养年幼、年老、患病或者其他没有独立生活能力的家庭成员,是危害严重的遗弃性质的家庭暴力。根据司法实践,具有对被害人长期不予照顾、不提供生活来源;驱赶、逼迫被害人离家,致使被害人流离失所或者生存困难;遗弃患严重疾病或者生活不能自理的被害人;遗弃致使被害人身体严重损害或者造成其他严重后果等情形,属于刑法第二百六十一条规定的遗弃"情节恶劣",应当依法以遗弃罪定罪处罚。

准确区分遗弃罪与故意杀人罪的界限,要根据被告人的主观故意、所实施行为的时间与地点、是否立即造成被害人死亡,以及被害人对被告人的依赖程度等进行综合判断。对于只是为了逃避扶养义务,并不希望或者放任被害人死亡,将生活不能自理的被害人弃置在福利院、医院、派出所等单位或者广场、车站等行人较多的场所,希望被害人得到他人救助的,一般以遗弃罪定罪处罚。对于希望或者放任被害人死亡,不履行必要的扶养义务,致使被害人因缺乏生活照料而死亡,或者将生活不能自理的被害人带至荒山野岭等人迹罕至的场所扔弃,使被害人难以得到他人救助的,应当以故意杀人罪定罪处罚。

18. 切实贯彻宽严相济刑事政策。对于实施家庭暴力构成犯罪的,应当根据罪刑法定、罪刑相适应原则,兼顾维护家庭稳定、尊重被害人意愿等因素综合考虑,宽严并用,区别对待。根据司法实践,对于实施家庭暴力手段残忍或者造成严重后果;出于恶意侵占财产等卑劣动机实施家庭暴力;因酗酒、吸毒、赌博等恶习而长期或者多次实施家庭暴力;曾因实施家庭暴力受到刑事处罚、行政处罚;或者具有其他恶劣情形的,可以酌情从重处罚。对于实施家庭暴力犯罪情节较轻,或者被告人真诚悔罪,获得被害人谅解,从轻处罚有利于被扶养人的,可以酌情从轻处罚;对于情节轻微不需要判处刑罚的,人民检察院可以不起诉,人民法院可以判处免予刑事处罚。

对于实施家庭暴力情节显著轻微危害不大不构成犯罪的,应当撤销案件、不起诉,或者宣告无罪。

人民法院、人民检察院、公安机关应当充分运用训诫,责令施暴人保证不再实施家庭暴力,或者向被害人赔礼道歉、赔偿损失等非刑罚处罚措施,加强对施暴人的教育与惩戒。

19. 准确认定对家庭暴力的正当防卫。为了使本人或者他人的人身权利免受不法侵害,对正在进行的家庭暴力采取制止行为,只要符合刑法规定的条件,就应当依法认定为正当防卫,不负刑事责任。防卫行为造成施暴人重伤、死亡,且明显超过必要限度,属于防卫过当,应当负刑事责任,但是应当减轻或者免除处罚。

认定防卫行为是否"明显超过必要限度",应当以足以制止并使防卫人免受家庭暴力不法侵害的需要为标准,根据施暴人正在实施家庭暴力的严重程度、手段的残忍程度、防卫人所处的环境、面临的危险程度、采取的制止暴力的手段、造成施暴人重大损害的程度,以及既往家庭暴力的严重程度等进行综合判断。

20. 充分考虑案件中的防卫因素和过错责任。对于长期遭受家庭暴力后,在激愤、恐惧状态下为了防止再次遭受家庭暴力,或者为了摆脱家庭暴力而故意杀害、伤害施暴人,被告人的行为具有防卫因素,施暴人在案件起因上具有明显过错或者直接责任的,可以酌情从宽处罚。对于因遭受严重家庭暴力,身体、精神受到重大损害而故意杀害施暴人;或者因不堪忍受长期家庭暴力而故意杀害施暴人,犯罪情节不是特别恶劣,手段不是特别残忍的,可以认定为刑法第二百三十二条规定的故意杀人"情节较轻"。在服刑期间确有悔改表现的,可以根据其家庭情况,依法放宽减刑的幅度,缩短减刑的起始时间与间隔时间;符合假释条件的,应当假释。被杀害施暴人的近亲属表示谅解的,在量刑、减刑、假释时应当予以充分考虑。

四、其他措施

21. 充分运用禁止令措施。人民法院对实施家庭暴力构成犯罪被判处管制或者宣告缓刑的犯罪分子,为了确保被害人及其子女和特定亲属的人身安全,可以依照刑法第三十八条第二款、第七十二条第二款的规定,同时禁止犯罪分子再次实施家庭暴力,侵扰被害人的生活、工作、学习,进行酗酒、赌博等活动;经被害人申请且有必要的,禁止接近被害人及其未成年子女。

22. 告知申请撤销施暴人的监护资格。人民法院、人民检察院、公安机关对于监护人实施家庭暴力,严重侵害被监护人合法权益的,在必要时可以告知被监护人及其他有监护资格的人员、单位,向人民法院提出申请,要求撤销监护人资格,依法另行指定监护人。

23. 充分运用人身安全保护措施。人民法院为了保护被害人的人身安全,避免其再次受到家庭暴力的侵害,可以根据申请,依照民事诉讼法等法律的相关规定,作出禁止施暴人再次实施家庭暴力、禁止接近被害人、迁出被害人的住所等内容的裁定。对于施暴人违反裁定的行为,如对被害人进行威胁、恐吓、殴打、伤害、杀害,或者未经被害人同意拒不迁出住所的,人民法院可以根据情节轻重予以罚款、拘留;构成犯罪的,应当依法追究刑事责任。

24. 充分运用社区矫正措施。社区矫正机构对因实施家庭暴力构成犯罪被判处管制、宣告缓刑、假释或者暂予监外执行的犯罪分子,应当依法开展家庭暴力行为矫治,通过制定有针对性的监管、教育和帮助措施,矫正犯罪分子的施暴心理和行为恶习。

25. 加强反家庭暴力宣传教育。人民法院、人民检察院、公安机关、司法行政机关应当结合本部门工作职责,通过以案说法、社区普法、针对重点对象法制教育等多种形式,开展反家庭暴力宣传教育活动,有效预防家庭暴力,促进平等、和睦、文明的家庭关系,维护社会和谐、稳定。

《最高人民法院、最高人民检察院、公安部、民政部关于依法处理监护人侵害未成年人权益行为若干问题的意见》

1. 本意见所称监护侵害行为,是指父母或者其他监护人(以下简称监护人)性侵害、出卖、遗弃、虐待、暴力伤害未成年人,教唆、利用未成年人实施违法犯罪行为,胁迫、诱骗、利用未成年人乞讨,以及不履行监护职责严重危害未成年人身心健康等行为。

14. 监护侵害行为可能构成虐待罪的,公安机关应当告知未成年人及其近亲属有权告诉或者代为告诉,并通报所在地同级人民检察院。

未成年人及其近亲属没有告诉的,由人民检察院起诉。

35. 被申请人有下列情形之一的,人民法院可以判决撤销其监护人资格:

(一)性侵害、出卖、遗弃、虐待、暴力伤害未成年人,严重损害未成年人身心健康的;

(二)将未成年人置于无人监管和照看的状态,导致未成年人面临死亡或者严重伤害危险,经教育不改的;

(三)拒不履行监护职责长达六个月以上,导致未成年人流离失所或者生活无着的;

(四)有吸毒、赌博、长期酗酒等恶习无法正确履行监护职责或者因服刑等原因无法履行监护职责,且拒绝将监护职责部分或者全

部委托给他人,致使未成年人处于困境或者危险状态的;

(五)胁迫、诱骗、利用未成年人乞讨,经公安机关和未成年人救助保护机构等部门三次以上批评教育拒不改正,严重影响未成年人正常生活和学习的;

(六)教唆、利用未成年人实施违法犯罪行为,情节恶劣的;

(七)有其他严重侵害未成年人合法权益行为的。

40.人民法院经审理认为申请人确有悔改表现并且适宜担任监护人的,可以判决恢复其监护人资格,原指定监护人的监护人资格终止。

申请人具有下列情形之一的,一般不得判决恢复其监护人资格:

(一)性侵害、出卖未成年人的;

(二)虐待、遗弃未成年人六个月以上、多次遗弃未成年人,并且造成重伤以上严重后果的;

(三)因监护侵害行为被判处五年有期徒刑以上刑罚的。

十九、在刑法第二百六十条后增加一条,作为第二百六十条之一:"对未成年人、老年人、患病的人、残疾人等负有监护、看护职责的人虐待被监护、看护的人,情节恶劣的,处三年以下有期徒刑或者拘役。

"单位犯前款罪的,对单位判处罚金,并对其直接负责的主管人员和其他直接责任人员,依照前款的规定处罚。

"有第一款行为,同时构成其他犯罪的,依照处罚较重的规定定罪处罚。"

【说明】

本条共分3款。

第1款是关于虐待被监护、看护人犯罪及处刑的规定。根据本款规定,对未成年人、老年人、患病的人、残疾人等负有监护、看护职责的人虐待被监护、看护的人,如幼儿园、中小学校、养老机构、医院等机构的工作人员,对被监护、看护的人实施虐待行为,情节恶劣的,构成本罪。本罪的犯罪主体是负有监护、看护职责的人,如幼儿园的教师对在园幼儿、养老院的工作人员对在院老人、医生和护士对病人等负有监护、看护职责。这种监护、看护职责通常是基于合同、雇佣、服务等关系确定,也可以通过口头约定、志愿性的服务等形式确定,如邻居受托或自愿代人照顾老人、儿童。本罪的主观方面表现为故意,即行为人故意对被害人进行肉体或精神上的折磨和摧残,故意实施虐待行为,不论出于何种动机,均不影响本罪的成立。本罪侵犯的客体是被监护、看护的人的人身权利和监护、看护职责,未成年人、老年人、患病的人、残疾人等均是社会的弱势群体,行为人负有监护、看护职责,应尽职履责,做好照顾、服务工作,如果行为人对这些弱势群体实施虐待,会对他们的身心造成严重伤害。这里的"未成年人",根据《中华人民共和国未成年人保护法》第2条的规定,是指不满18周岁的少年儿童和婴幼儿。根据《中华人民共和国老年人权益保障法》第2条的规定,"老年人"是指60周岁以上的公民。"患病的人"是指因病而处于被监护、看护状态的人。《中华人民共和国残疾人保障法》第2条规定,"残疾人"是指在心理、生理、人体结构上,某种组织、功能丧失或者不正常,全部或者部分丧失以正常方式从事某种活动能力的人,包括视力残疾、听力残疾、言语残疾、肢体残疾、智力残疾、精神残疾、多重残疾和其他残疾的人。本罪的客观方面主要表现为"虐待",即折磨、摧残被监护、看护人身心健康的行为。与《刑法》第260条规定的虐待罪的客观表现相似,本条的虐待行为同样具有经常性和连续性的特点,行为人对被监护、看护的人在相当长的时间里,进行持续或连续的肉体摧残、精神折磨,致使被害人的身心遭受严重创伤,通常表现为打骂、冻饿、捆绑、强迫超体力劳动、限制自由、凌辱人格行为等。偶尔发生的打骂、冻饿等行为,不构成犯罪。

根据本款规定,"情节恶劣"是构成本罪的必要条件,也是区分罪与非罪的界限。这里所说的"情节恶劣",具体是指虐待的动机卑鄙、手段凶残,或者长期虐待被监护、看护人,等等。行为人虽有虐待被监护、看护的人的行为,尚不够恶劣,对被监护、看护的人的身心健康也没有造成严重损害的,不构成本罪。依照本款的规定,虐待被监护、看护的人,情节恶劣的,处3年以下有期徒刑或者拘役。

第2款是关于单位犯罪的规定。对未成年人、老年人、患病的人、残疾人等负有监护、看护职责的单位虐待被监护、看护的人,也应当承担刑事责任。当前随着社会服务业的迅速发展,产生了众多的提供包括住宿、饮食在内的照顾、陪护业务的社会服务机构,如寄宿制幼儿园、养老院、社会福利机构等,实践中也存在单位虐待被监护、看护人的情况。与个人虐待被监护、看护的人的情况有所不同,单位实施虐待行为主要是出于经济利益,或者是疏于管理导致,如养老院盘剥在院老人的生活费用,降低伙食标准,致使老年人长期处于营养不良状态;或者是对员工疏于管理,放任员工对未成年人、老年人、患病的人、残疾人等实施虐待行为。根据本款规定,单位犯本罪的,对单位判处罚金,并对其直接负责的主管人员和其他直接责任人员,依照第1款的规定处罚。需要指出的是,单位犯罪也要求"情节恶劣"的条件,单位犯罪的"情节恶劣",是指虐待的动机卑鄙、手段凶残,遭受虐待的人数众多,或者长期虐待被监护、看护的人等,对此可以由司法机关根据案件具体情况掌握或者由司法解释进一步明确标准。

第3款是关于犯本罪,同时构成其他犯罪,从一重定罪处罚的规定。行为人实施虐待行为,往往导致被害人重伤、死亡的后果,可能同时构成伤害、杀人等其他犯罪。在这种情形下,应当依照本款规定,按照处罚较重的罪名定罪处罚。需要指出的是,本款规定的"同时构成其他犯罪"中的其他犯罪,应是与虐待行为直接相关的罪名,如过失致人重伤罪、过失致人死亡罪等。如果行为人明显具有伤害、杀人的恶意且实施了严重的暴力行为,直接将被害人殴打成重伤,甚至直接将被害人杀害的,应当根据情况适用故意伤害罪、故意杀人罪定罪处罚或者与本罪实行数罪并罚。如果行为人在实施虐待行为的同时实施了盗窃、抢劫等其他与虐待行为性质不同的犯罪,应当与本罪数罪并罚。

【立法理由】

本条是《刑法修正案(九)》新增加的条文。我国1997年《刑法》第260条规定了家庭成员之间的虐待犯罪,此外还规定了虐待被监管人罪、虐待部属罪、虐待俘虏罪等特殊虐待情形的犯罪,对于其他虐待行为没有规定具体的罪名。司法实践中对于虐待家庭成员以外的人如何处理,做法与认识不一,对于造成被害人伤害、死亡等结果的,一般以故意伤害、故意杀人或者过失致人重伤、过失致人死亡等罪名处理;对于情节较轻的,有的以寻衅滋事、侮辱等罪名处理,有的则不作为犯罪处理。近年来,负有监护、看护职责的人虐待被监护、看护的幼儿、老人的案件多发,引起社会广泛关注。如媒体报道的养老院工作人员虐待老人事件、幼儿园老师虐待幼儿事件,等等。一些全国人大代表和有关方面多次强烈呼吁对这类行为运用刑法进行规制,以切实加强对弱势群体人身权利的保护。在广泛征求各方面意见的基础上,《刑法修正案(九)》增加了关于负有监护、看护职责的人虐待被监护、看护人的犯罪。

【相关规定】

《中华人民共和国民法通则》

第一百零四条 婚姻、家庭、老人、母亲和儿童受法律保护。

残疾人的合法权益受法律保护。

《中华人民共和国未成年人保护法》

第十条 父母或者其他监护人应当创造良好、和睦的家庭环境,依法履行对未成年人的监护职责和抚养义务。

禁止对未成年人实施家庭暴力,禁止虐待、遗弃未成年人,禁止溺婴和其他残害婴儿的行为,不得歧视女性未成年人或者有残疾的未成年人。

第四十一条 禁止拐卖、绑架、虐待未成年人,禁止对未成年人实施性侵害。

禁止胁迫、诱骗、利用未成年人乞讨或者组织未成年人进行有害其身心健康的表演等活动。

第四十三条 县级以上人民政府及其民政部门应当根据需要设立救助场所,对流浪乞讨等生活无着未成年人实施救助,承担临时监护责任;公安部门或者其他有关部门应当护送流浪乞讨或者离家出走的未成年人到救助场所,由救助场所予以救助和妥善照顾,并及时通知其父母或者其他监护人领回。

对孤儿、无法查明其父母或者其他监护人的以及其他生活无着的未成年人,由民政部门设立的儿童福利机构收留抚养。

未成年人救助机构、儿童福利机构及其工作人员应当依法履行职责,不得虐待、歧视未成年人;不得在办理收留抚养工作中牟取利益。

第七十条 未成年人救助机构、儿童福利机构及其工作人员不依法履行对未成年人的救助保护职责,或者虐待、歧视未成年人,或者在办理收留抚养工作中牟取利益的,由主管部门责令改正,依法给予行政处分。

《中华人民共和国老年人权益保障法》

第三条 国家保障老年人依法享有的权益。

老年人有从国家和社会获得物质帮助的权利,有享受社会服务和社会优待的权利,有参与社会发展和共享发展成果的权利。

禁止歧视、侮辱、虐待或者遗弃老年人。

《中华人民共和国残疾人保障法》

第二条 残疾人是指在心理、生理、人体结构上,某种组织、功能丧失或者不正常,全部或者部分丧失以正常方式从事某种活动能力的人。

残疾人包括视力残疾、听力残疾、言语残疾、肢体残疾、智力残疾、精神残疾、多重残疾和其他残疾的人。

残疾标准由国务院规定。

《中华人民共和国精神卫生法》

第五条 全社会应当尊重、理解、关爱精神障碍患者。

任何组织或者个人不得歧视、侮辱、虐待精神障碍患者,不得非法限制精神障碍患者的人身自由。

新闻报道和文学艺术作品等不得含有歧视、侮辱精神障碍患者的内容。

第七十八条　违反本法规定,有下列情形之一,给精神障碍患者或者其他公民造成人身、财产或者其他损害的,依法承担赔偿责任:

(一)将非精神障碍患者故意作为精神障碍患者送入医疗机构治疗的;

(二)精神障碍患者的监护人遗弃患者,或者有不履行监护职责的其他情形的;

(三)歧视、侮辱、虐待精神障碍患者,侵害患者的人格尊严、人身安全的;

(四)非法限制精神障碍患者人身自由的;

(五)其他侵害精神障碍患者合法权益的情形。

《中华人民共和国妇女权益保障法》

第二条　妇女在政治的、经济的、文化的、社会的和家庭的生活等各方面享有同男子平等的权利。

实行男女平等是国家的基本国策。国家采取必要措施,逐步完善保障妇女权益的各项制度,消除对妇女一切形式的歧视。

国家保护妇女依法享有的特殊权益。

禁止歧视、虐待、遗弃、残害妇女。

第三十八条　妇女的生命健康权不受侵犯。禁止溺、弃、残害女婴;禁止歧视、虐待生育女婴的妇女和不育的妇女;禁止用迷信、暴力等手段残害妇女;禁止虐待、遗弃病、残妇女和老年妇女。

《中华人民共和国人口与计划生育法》

第二十二条　禁止歧视、虐待生育女婴的妇女和不育的妇女。

禁止歧视、虐待、遗弃女婴。

《中华人民共和国刑法》

第三十条　公司、企业、事业单位、机关、团体实施的危害社会的行为,法律规定为单位犯罪的,应当负刑事责任。

《中华人民共和国刑法修正案(九)》条文说明、立法理由及相关规定

第三十一条 单位犯罪的,对单位判处罚金,并对其直接负责的主管人员和其他直接责任人员判处刑罚。本法分则和其他法律另有规定的,依照规定。

二十、将刑法第二百六十七条第一款修改为:"抢夺公私财物,数额较大的,或者多次抢夺的,处三年以下有期徒刑、拘役或者管制,并处或者单处罚金;数额巨大或者有其他严重情节的,处三年以上十年以下有期徒刑,并处罚金;数额特别巨大或者有其他特别严重情节的,处十年以上有期徒刑或者无期徒刑,并处罚金或者没收财产。"

【说明】

修改后的《刑法》第267条规定:"抢夺公私财物,数额较大的,或者多次抢夺的,处三年以下有期徒刑、拘役或者管制,并处或者单处罚金;数额巨大或者有其他严重情节的,处三年以上十年以下有期徒刑,并处罚金;数额特别巨大或者有其他特别严重情节的,处十年以上有期徒刑或者无期徒刑,并处罚金或者没收财产。

携带凶器抢夺的,依照本法第二百六十三条的规定定罪处罚。"

修改后的《刑法》第267条共分两款。

第1款是关于抢夺罪的规定。抢夺,是指以非法占有为目的,公然夺取公私财物的行为。抢夺罪的主体是一般主体,具有以下特征:一是行为人主观上具有非法占有公私财物的目的。二是行为人客观上实施了夺取他人财物的行为,如趁本人不备夺取其财物等。抢夺罪以没有针对被害人人身使用暴力或者胁迫为前提,如果以针对人身使用暴力或者胁迫的方法夺取他人财物,应当以抢劫罪定罪处罚。三是抢夺公私财物数额较大的,多次抢夺的,才构成犯罪,抢夺"数额巨大""数额特别巨大"或者有"其他严重情节""其他特别严重情节"的,要加重处罚。具体"数额较大""数额巨大""数额特别巨大"以及

"有其他严重情节""有其他特别严重情节"的标准,有关司法解释进行了明确。关于"数额",根据《最高人民法院、最高人民检察院关于办理抢夺刑事案件适用法律若干问题的解释》(法释〔2013〕25号)第1条的规定:"抢夺公私财物价值一千至三千元以上、三万元至八万元以上、二十万元至四十万元以上的,应当分别认定为刑法第二百六十七条规定的'数额较大''数额巨大''数额特别巨大'。各省、自治区、直辖市高级人民法院、人民检察院可以根据本地区经济发展状况,并考虑社会治安状况,在前款规定的数额幅度内,确定本地区执行的具体数额标准,报最高人民法院、最高人民检察院批准。"第2条规定:"抢夺公私财物,具有下列情形之一的,'数额较大'的标准按照前条规定标准的百分之五十确定:(一)曾因抢劫、抢夺或者聚众哄抢受过刑事处罚的;(二)一年内曾因抢夺或者哄抢受过行政处罚的;(三)一年内抢夺三次以上的;(四)驾驶机动车、非机动车抢夺的;(五)组织、控制未成年人抢夺的;(六)抢夺老年人、未成年人、孕妇、携带婴幼儿的人、残疾人、丧失劳动能力人的财物的;(七)在医院抢夺病人或者其亲友财物的;(八)抢夺救灾、抢险、防汛、优抚、扶贫、移民、救济款物的;(九)自然灾害、事故灾害、社会安全事件等突发事件期间,在事件发生地抢夺的;(十)导致他人轻伤或者精神失常等严重后果的。"关于"情节",根据《最高人民法院、最高人民检察院关于办理抢夺刑事案件适用法律若干问题的解释》(法释〔2013〕25号)第3条的规定:"抢夺公私财物,具有下列情形之一的,应当认定为刑法第二百六十七条规定的'其他严重情节':(一)导致他人重伤的;(二)导致他人自杀的;(三)具有本解释第二条第三项至第十项规定的情形之一,数额达到本解释第一条规定的'数额巨大'百分之五十的。"第4条规定:"抢夺公私财物,具有下列情形之一的,应当认定为刑法第二百六十七条规定的'其他特别严重情节':(一)导致他人死亡的;(二)具有本解释第二条第三项至第十项规定的情形之一,数额达到本解释第一条规定的'数额特别巨大'百分之五十的。""多次抢夺"构成抢夺罪是《刑法修正案(九)》新增加的内容,具体如何认定可由司法机关根据案件具体情况掌握或者通过司法解释予以明确。本款对抢夺公私财物构成抢夺罪的规定了三档法定刑:第一档为数额较大的,或者多次抢夺的,处3年以下有期徒刑、拘役或者管制,并处或者单处罚金;第二档为数额巨大或者有其他严重情节的,处3年以上10年以下有期徒刑,并处罚金;第三档为数额特别巨大或者有其他特别严重情节的,处10年以上有期徒刑或者无期徒刑,并处罚金或者没收财产。其中"并处或者单处罚金"包括只判处罚金和既判处主刑又判处罚金两种情况,实践中由人民法院根据案件具体情况决定如何适用。

第2款是关于携带凶器进行抢夺按抢劫罪定罪处罚的规定。行为人携带凶器进行抢夺的,意图在于抢夺不成时加以使用,具有抢劫的心理准备。这种行为以暴力做后盾,不仅侵犯了他人的财产,而且对他人的人身也构成了严重威胁,危害程度较普通的抢夺行为大得多,具有抢劫罪的特征。为了更好地保护公民的人身权利、财产权利,本款规定,对携带凶器抢夺的,依照《刑法》第263条关于抢劫罪的规定定罪处罚。《刑法》第263条规定:"以暴力、胁迫或者其他方法抢劫公私财物的,处三年以上十年以下有期徒刑,并处罚金;有下列情形之一的,处十年以上有期徒刑、无期徒刑或者死刑,并处罚金或者没收财产:(一)入户抢劫的;(二)在公共交通工具上抢劫的;(三)抢劫银行或者其他金融机构的;(四)多次抢劫或者抢劫数额巨大的;(五)抢劫致人重伤、死亡的;(六)冒充军警人员抢劫的;(七)持枪抢劫的;(八)抢劫军用物资或者抢险、救灾、救济物资的。"这里的"携带凶器抢夺",《最高人民法院关于审理抢劫、抢夺刑事案件适用法律若干问题的意见》(法发〔2005〕8号)中进行了具体界定:是指行为人随身携带枪支、爆炸物、管制刀具等国家禁止个人携带的器械进行抢夺或者为了实施犯罪而携带其他器械进行抢夺的行为。行为人随身携带国家禁止个人携带的器械以外的其他器械抢夺,但有证据证明该器械确实不是为了实施犯罪准备的,不以抢劫罪定罪。

在司法实践中,要注意划清抢夺罪与抢劫罪的界限,二者的区别在于行为人在夺取财物的过程中是否对被害人采取暴力、胁迫或者其他强制方法。需要注意的是,如果行为人随身携带凶器并在"抢夺"时将凶器有意加以显示、能为被害人察觉,会使被害人产生恐惧感或者精神强制,不敢进行反抗,实质上是一种胁迫行为,应当直接适用刑法关于抢劫罪的规定定罪处罚。此外,《最高人民法院、最高人民检察院关于办理抢夺刑事案件适用法律若干问题的解释》(法释〔2013〕25号)第6条规定:"驾驶机动车、非机动车夺取他人财物,具有下列情形之一的,应当以抢劫罪定罪处罚:(一)夺取他人财物时因被害人不放手而强行夺取的;(二)驾驶车辆逼挤、撞击或者强行逼倒他人夺取财物的;(三)明知会致人伤亡仍然强行夺取并放任造成财物持有人轻伤以上后果的。"

【立法理由】

本条根据2015年8月29日第十二届全国人民代表大会常务委员会第十六次会议通过的《刑法修正案(九)》进行了修改,在第1款中增加规定"多次抢夺的"构成抢夺罪,处3年以下有期徒刑、拘役或者管制,并处或者单处罚金。之所以作此修改,主要基于以下考虑:一是多次抢夺的,有的甚至光天化日之下公然抢夺的,严重破坏社会秩序,影响群众的安全感。二是多次抢夺具有常习性,行为人主观恶性大,必须予以严厉打击。实践中,往往有的案件能够查证行为人抢夺次数,但难以查证每次具体抢夺财物的数额,造成了执法上的困难。三是多次抢夺的,往往伴随对被害人人身的侵犯,如抢夺他人佩戴的耳环、项链等物品致使被害人摔倒等,都有可能造成被害人伤亡的严重后果。鉴于多次抢夺行为社会危害性大,对于多次抢夺的,以往除了依据《中华人民共和国治安管理处罚法》给予治安管理处罚外,符合条件的还可以予以劳动教养。2013年12月28日,第十二届全国人民代表大会常务委员会第六次会议通过的《全国人民代表大会常务委员会关于废止有关劳动教养法律规定的决定》废止了劳动教养制度,对于多次抢夺没有达到数额较大或者情节严重的只能给予治安管理处罚,难以适应打击和震慑这类违法行为的需要。为了在劳动教养制度废止后,对有关危害社会治安的行为打击不弱化,有必要将这类行为纳入刑法予以惩治。根据公安部等部门的意见,《刑法修正案(九)》将"多次抢夺的"增加规定为犯罪,与修改前相比在一定程度上降低了抢夺犯罪的入罪门槛,充分体现了刑法对人民群众人身财产安全的切实关注和严格保护,为打击抢夺犯罪提供了更有力的法律武器。

【相关规定】

《最高人民法院关于审理抢劫案件具体应用法律若干问题的解释》(法释〔2000〕35号)

第六条 刑法第二百六十七条第二款规定的"携带凶器抢夺",是指行为人随身携带枪支、爆炸物、管制刀具等国家禁止个人携带的器械进行抢夺或者为了实施犯罪而携带其他器械进行抢夺的行为。

《最高人民法院关于审理抢劫、抢夺刑事案件适用法律若干问题的意见》(法发〔2005〕8号)

"携带凶器抢夺",是指行为人随身携带枪支、爆炸物、管制刀具等国家禁止个人携带的器械进行抢夺或者为了实施犯罪而携带其他器械进行抢夺的行为。行为人随身携带国家禁止个人携带的器械以外的其他器械抢夺,但有证据证明该器械确实不是为了实施犯罪准备的,不以抢劫罪定罪;行为人将随身携带凶器有意加以显示、能为被害人察觉到的,直接适用刑法第二百六十三条的规定定罪处罚;行为人携带凶器抢夺后,在逃跑过程中为窝藏赃物、抗拒抓捕或者毁灭罪证而当场使用暴力或者以暴力相威胁的,适用刑法第二百六十七条第二款的规定定罪处罚。

《最高人民法院、最高人民检察院关于办理抢夺刑事案件适用法律若干问题的解释》(法释〔2013〕25号)

第一条　抢夺公私财物价值一千元至三千元以上、三万元至八万元以上、二十万元至四十万元以上的,应当分别认定为刑法第二百六十七条规定的"数额较大""数额巨大""数额特别巨大"。

各省、自治区、直辖市高级人民法院、人民检察院可以根据本地区经济发展状况,并考虑社会治安状况,在前款规定的数额幅度内,确定本地区执行的具体数额标准,报最高人民法院、最高人民检察院批准。

第二条　抢夺公私财物,具有下列情形之一的,"数额较大"的标准按照前条规定标准的百分之五十确定:

(一)曾因抢劫、抢夺或者聚众哄抢受过刑事处罚的;

(二)一年内曾因抢夺或者哄抢受过行政处罚的;

(三)一年内抢夺三次以上的;

(四)驾驶机动车、非机动车抢夺的;

(五)组织、控制未成年人抢夺的;

(六)抢夺老年人、未成年人、孕妇、携带婴幼儿的人、残疾人、丧失劳动能力人的财物的;

(七)在医院抢夺病人或者其亲友财物的;

(八)抢夺救灾、抢险、防汛、优抚、扶贫、移民、救济款物的;

(九)自然灾害、事故灾害、社会安全事件等突发事件期间,在事件发生地抢夺的;

(十)导致他人轻伤或者精神失常等严重后果的。

第三条　抢夺公私财物,具有下列情形之一的,应当认定为刑法第二百六十七条规定的"其他严重情节":

(一)导致他人重伤的;

(二)导致他人自杀的;

(三)具有本解释第二条第三项至第十项规定的情形之一,数额达到本解释第一条规定的"数额巨大"百分之五十的。

第四条 抢夺公私财物,具有下列情形之一的,应当认定为刑法第二百六十七条规定的"其他特别严重情节":

（一）导致他人死亡的；

（二）具有本解释第二条第三项至第十项规定的情形之一,数额达到本解释第一条规定的"数额特别巨大"百分之五十的。

第五条 抢夺公私财物数额较大,但未造成他人轻伤以上伤害,行为人系初犯,认罪、悔罪、退赃、退赔,且具有下列情形之一的,可以认定为犯罪情节轻微,不起诉或者免予刑事处罚；必要时,由有关部门依法予以行政处罚：

（一）具有法定从宽处罚情节的；

（二）没有参与分赃或者获赃较少,且不是主犯的；

（三）被害人谅解的；

（四）其他情节轻微、危害不大的。

第六条 驾驶机动车、非机动车夺取他人财物,具有下列情形之一的,应当以抢劫罪定罪处罚：

（一）夺取他人财物时因被害人不放手而强行夺取的；

（二）驾驶车辆逼挤、撞击或者强行逼倒他人夺取财物的；

（三）明知会致人伤亡仍然强行夺取并放任造成财物持有人轻伤以上后果的。

二十一、在刑法第二百七十七条中增加一款作为第五款："暴力袭击正在依法执行职务的人民警察的,依照第一款的规定从重处罚。"

【说明】

修改后的《刑法》第277条规定："以暴力、威胁方法阻碍国家机关工作人员依法执行职务的,处三年以下有期徒刑、拘役、管制或者罚金。

以暴力、威胁方法阻碍全国人民代表大会和地方各级人民代表大会代表依法执行代表职务的,依照前款的规定处罚。

在自然灾害和突发事件中,以暴力、威胁方法阻碍红十字会工作人员依法履行职责的,依照第一款的规定处罚。

故意阻碍国家安全机关、公安机关依法执行国家安全工作任务,未使用暴力、威胁方法,造成严重后果的,依照第一款的规定处罚。

暴力袭击正在依法执行职务的人民警察的,依照第一款的规定从重处罚。"

修改后的《刑法》第277条共分5款。

第1款是关于以暴力、威胁方法阻碍国家机关工作人员依法执行职务的,构成妨害公务罪及其处刑的规定。这里的"暴力",是指对国家机关工作人员的身体实行打击或者强制,如捆绑、殴打、伤害;"威胁",是指以杀害、伤害、毁坏财产、损坏名誉等相威胁。构成本罪,行为人必须是采取暴力、威胁的方法,如果行为人没有实施暴力、威胁的阻碍行为,只是吵闹、谩骂、不服管理等,不构成犯罪,可以依法进行治安管理处罚。"阻碍国家机关工作人员依法执行职务",是指以暴力、威胁方法阻挠、妨碍国家机关工作人员依照法律规定执行自己的职务,致使依法执行职务的活动无法正常进行。其中"国家机关工作人员",是指中央及地方各级权力机关、党政机关、司法机关和军事机关的工作人员;"依法执行职务",是指国家机关工作人员依照法律、法规规定所进行的职务活动。如果阻碍的不是国家机关工作人员的活动,或者不是职务活动,或者不是依法进行的职务活动,都不构成本罪。根据本款规定,犯本罪的,处3年以下有期徒刑、拘役、管制或者罚金。

第2款是关于以暴力、威胁方法阻碍全国人大和地方各级人大代表依法执行代表职务的,构成妨害公务罪及其处刑的规定。这里规定的"阻碍",必须是以暴力、威胁方法进行。其中规定的"代表",是指依照法律规定选举产生的全国人大和地方各级人大代表;"代表职务",是指宪法和法律赋予人民代表行使国家权力的职责和任务;

"依照前款的规定处罚",是指犯本款规定之罪的,处3年以下有期徒刑、拘役、管制或者罚金。

第3款是关于在自然灾害和突发事件中,以暴力、威胁方法阻碍红十字会工作人员依法履行职责的,构成妨害公务罪及其处刑的规定。这里的阻碍方法,必须是暴力、威胁方法。其中规定的"红十字会",根据《中华人民共和国红十字会法》第2条的规定,是指中华人民共和国统一的红十字组织,是从事人道主义工作的社会救助团体;"依法履行职责",根据《中华人民共和国红十字会法》第12条的规定,红十字会有七项职责,这里主要是指在自然灾害和突发事件中,履行对伤病人员和其他受害者进行救助的职责;"依照第一款的规定处罚",是指犯本款之罪的,处3年以下有期徒刑、拘役、管制或者罚金。

第4款是关于故意阻碍国家安全机关、公安机关依法执行国家安全工作任务的,构成妨害公务罪及其处刑的规定。根据本款规定,构成本罪应当具备以下条件:一是实施了故意阻碍行为。"故意阻碍",是指明知国家安全机关、公安机关正在依法执行国家安全工作任务,而进行阻挠、妨害。二是行为人阻碍的是国家安全机关、公安机关依法执行国家安全工作任务。如果阻碍的不是上述两个机关或者上述两个机关执行的不是国家安全工作任务,都不构成本款犯罪。三是本罪不要求以使用暴力、威胁方法为条件。考虑到国家安全工作的重要性,对造成严重后果的,只要是实施故意阻碍行为,即使未使用暴力、威胁方法,也要追究刑事责任。四是造成严重后果。"严重后果",主要是指致使国家安全机关、公安机关执行国家安全工作任务受到严重妨害,如严重妨害对危害国家安全犯罪案件的侦破,或者造成严重的政治影响。犯本款之罪的,"依照第一款的规定处罚",即处3年以下有期徒刑、拘役、管制或者罚金。需要指出的是,只要以暴力、威胁方法阻碍国家安全机关、公安机关依法执行国家安全工作任务的,即构成妨害公务罪;对于以非暴力、威胁方式故意阻碍国家安全机关、公安机关依法执行国家安全工作任务,必须是造成严重后果的,才能构成妨害公务罪。

第5款是关于暴力袭击正在依法执行职务的人民警察及其处刑的规定。构成本款犯罪应当具备以下条件:一是必须是实施了暴力袭击行为,如果行为人实施的不是暴力袭击行为而是威胁、辱骂等其他行为,则不构成本款犯罪,对于构成一般妨害公务犯罪的,可依照第1款的规定处罚。二是暴力袭击的对象必须是正在依法执行职务的人民警察,如果行为人袭击的对象不是人民警察而是其他国家机关工作人员,或者袭击的人民警察不是正在依法执行职务,都不构成本款犯罪。对于袭击其他依法执行职务的国家机关工作人员,构成妨害公务罪的,依照第1款规定处罚。犯本款之罪的,"依照第一款的规定从重处罚",即在3年以下有期徒刑、拘役、管制或者罚金的范围内判处相对较重的刑罚。

需要注意的是,对于阻碍国家机关工作人员依法执行职务情节较轻,尚未构成犯罪的,也应当依法给予行政处罚。《中华人民共和国治安管理处罚法》第50条规定:"有下列行为之一的,处警告或者二百元以下罚款;情节严重的,处五日以上十日以下拘留,可以并处五百元以下罚款:……(二)阻碍国家机关工作人员依法执行职务的……阻碍人民警察依法执行职务的,从重处罚。"

【立法理由】

在《刑法修正案(九)》的制定过程中,一些全国人大代表、全国人大常委会委员以及公安部等有关部门提出,针对当前暴力袭警犯罪多发的实际情况,应在刑法中单独规定袭警罪。是否单独规定袭警罪,是一个在刑法修改过程中多次提出并反复研究的问题,有意见认为应当慎重,主要理由是:

(1)我国《刑法》规定了(暴力)妨害公务罪,这一罪名的外延比袭警罪宽,涵盖了袭警行为。目前,在司法实践中对袭警行为是区别其行为的不同方式、后果、危害等,依照刑法等法律的规定从严惩处的。如对于从事犯罪活动,抗拒警察依法处置袭警的,依其所犯罪行与《刑法》第277条规定的妨害公务罪数罪并罚;对在警察正常执行职务时袭警造成警察伤亡的,以故意伤害罪、故意杀人罪从重处罚;未造成伤亡的,依照妨害公务罪定罪处罚;情节轻微不构成犯罪的,依照《中华人民共和国治安管理处罚法》予以治安处罚。总的来看,现行法律规定基本可以适应保护人民警察依法执行职务的需要。

(2)除人民警察外,还有一些执法人员如法官、检察官以及工商管理、税收征管、城管等工作人员由于其在履行职责时直接面对群众甚至违法犯罪人员,在执法过程中遭到暴力抗拒甚至被袭击的情况也时有发生,比较而言,警察的自我防护手段、执法装备保障、对暴力抗法或袭警人的追究能力等相比其他执法主体更强。

(3)当前突出的问题是遇到实际发生的袭警行为,有的警察果断处置能力不强,有的机关严格依法追究袭警人员法律责任的意识不足,对人民警察严格执法的支持力度不够,致使在个别案件中出现警察"流血又流泪"的情况。为此,需要进一步完善警察警械配置、使用的有关规定,明确赋予其果断处置的权力。同时,有关机关在对这类案件的追究上也要予以支持配合。

(4)从各国和地区关于袭警犯罪的立法模式看,大致分为单独规定袭警罪和规定在妨害公务犯罪中两大类:一是将威胁、袭击和伤害警察的行为规定为妨害公务的犯罪。多数大陆法系国家和地区采用这种立法模式,在刑法中概括地规定了妨害公务犯罪,对警察与其他公务人员一并进行保护。比较典型的有法国、德国、日本等国家,其中以法国刑法的规定最为详尽,分别对恐吓、暴力抗拒警察等公务人员履行职责的行为作了规定。《法国刑法典》规定,对司法官、宪兵军职人员、警察、海关官员、监狱机构管理人员以及其他任何行使公共权力或者负责公共事业的人,在其履行职责时,对其财产或者人身以实施犯罪相威胁的,最高可处5年监禁并处75 000欧元罚金。暴力抗拒执法的,处6个月监禁并处7 500欧元罚金;聚众暴力抗拒执法的,处1年监禁并处10 000欧元罚金;武装暴力抗拒执法的,处3年监禁并处45 000欧元罚金;聚众武装暴力抗拒执法,处7年监禁并处 100 000 欧元罚金。《德国刑法典》规定,行为人使用暴力或者通过暴力威胁,对被委托执行法律、法律命令、判决、法院决定或者规定的公务员或者联邦军队的军人,在其从事职务活动时进行抵抗或者暴力攻击的,构成抵抗执行官员罪,最高可处 5 年自由刑。《日本刑法典》规定,在公务员执行职务时,对其实施暴行或者胁迫的,构成妨碍执行公务罪,可处 3 年以下惩役或者监禁。意大利、俄罗斯、西班牙、丹麦等国以及我国澳门地区也都采用了这种立法模式。二是英美法系国家和地区多将较轻的袭警行为单独规定为犯罪,对造成严重后果的袭警行为以其他重罪定罪处罚。例如,美国的联邦刑法和各州刑法都对袭警犯罪单独作了规定。根据美国刑法的一般原则,任何人都不得对正在执行职务的警察进行任何形式的威胁、袭击和伤害。这里的"威胁"包括语言和具体行为,警察在执行职务时,任何与其身体上的接触都被视为违法,警察有权在保护自己的前提下,向对方采取行动。美国各州刑法对袭警罪的量刑标准基本相同:凡是袭击警察未造成伤害后果的,可被判处 3 年以下有期徒刑;袭击警察造成一定的伤害,但并未达到重伤程度的,处 10 年以下有期徒刑;造成严重后果或者导致死亡的,分别以 B 级重罪或者 A 级重罪处罚,其中,B 级重罪包括严重伤害罪或者基于激情实施的杀人罪;A 级重罪包括 I 级谋杀和 II 级谋杀两种犯罪。按照部分州刑法的规定,对于袭击警察造成死亡后果的,还可以适用死刑。英国 1996 年《警察法》明确规定,袭击、抗拒或者故意妨害正在执行职务的警察或者正在协助警察执行职务者,构成袭警罪。其中,袭击警察的,处 6 个月以下监禁,单处或者并处不超过标准罚金额度第 5 等级的罚金;抗拒或者故意妨害正在执行职务的警察或者协助警察执行职务者,处 1 个月以下监禁,单处或者并处不超过标准罚金额度第 3 等级的罚金。上述妨害等行为以使警察执行职务更加困难为目的,行为人的主观意图如果超出了这一范围,可能适用造成人身伤害的威胁罪等其他犯罪处罚。单独规定袭警罪的国家和地区与其警察执法环境有关,这些国家和地区往往对枪支、弹药、管制刀具等管控宽松,其警察在执法活动中面临着较大的人身危险,这是其设置这一罪行的重要考虑因素之一。

(5)当前我国社会矛盾多发、凸显,在有的地方警察执法能力和文明执法、严格执法水平尚有待提高。经充分调查研究,听取各方面意见,《刑法修正案(九)》没有专门规定袭警罪,而是在妨害公务罪中将"暴力袭警"行为明确加以列举,作为从重处罚的情形,这样有利于对执法机关依法执行职务的行为给予一体保护;同时也针对当前社会矛盾多发、暴力袭警案件时有发生的情况,对暴力袭警行为明确作出规定,可以更好地震慑和预防这类犯罪,积极回应各方面关切。

【相关规定】

《中华人民共和国全国人民代表大会和地方各级人民代表大会代表法》

第四十四条 一切组织和个人都必须尊重代表的权利,支持代表执行代表职务。

有义务协助代表执行代表职务而拒绝履行义务的,有关单位应当予以批评教育,直至给予行政处分。

阻碍代表依法执行代表职务的,根据情节,由所在单位或者上级机关给予行政处分,或者适用《中华人民共和国治安管理处罚法》第五十条的处罚规定;以暴力、威胁方法阻碍代表依法执行代表职务的,依照刑法有关规定追究刑事责任。

对代表依法执行代表职务进行打击报复的,由所在单位或者上级机关责令改正或者给予行政处分;国家工作人员进行打击报复构成犯罪的,依照刑法有关规定追究刑事责任。

《中华人民共和国红十字会法》

第十五条 任何组织和个人不得拒绝、阻碍红十字会工作人员依法履行职责。

在自然灾害和突发事件中,以暴力、威胁方法阻碍红十字会工作人员依法履行职责的,依照刑法有关规定追究刑事责任;阻碍红十字会工作人员依法履行职责未使用暴力、威胁方法的,适用《中华人民共和国治安管理处罚法》第五十条的处罚规定。

《中华人民共和国反间谍法》

第三十条　以暴力、威胁方法阻碍国家安全机关依法执行任务的,依法追究刑事责任。

故意阻碍国家安全机关依法执行任务,未使用暴力、威胁方法,造成严重后果的,依法追究刑事责任;情节较轻的,由国家安全机关处十五日以下行政拘留。

《中华人民共和国人民警察法》

第三十五条　拒绝或者阻碍人民警察依法执行职务,有下列行为之一的,给予治安管理处罚:

(一)公然侮辱正在执行职务的人民警察的;

(二)阻碍人民警察调查取证的;

(三)拒绝或者阻碍人民警察执行追捕、搜查、救险等任务进入有关住所、场所的;

(四)对执行救人、救险、追捕、警卫等紧急任务的警车故意设置障碍的;

(五)有拒绝或者阻碍人民警察执行职务的其他行为的。

以暴力、威胁方法实施前款规定的行为,构成犯罪的,依法追究刑事责任。

《中华人民共和国治安管理处罚法》

第五十条　有下列行为之一的,处警告或者二百元以下罚款;情节严重的,处五日以上十日以下拘留,可以并处五百元以下罚款:

(一)拒不执行人民政府在紧急状态情况下依法发布的决定、命令的;

(二)阻碍国家机关工作人员依法执行职务的;

(三)阻碍执行紧急任务的消防车、救护车、工程抢险车、警车等车辆通行的;

(四)强行冲闯公安机关设置的警戒带、警戒区的。

阻碍人民警察依法执行职务的,从重处罚。

《最高人民法院、最高人民检察院关于办理妨害预防、控制突发传染病疫情等灾害的刑事案件具体应用法律若干问题的解释》(法释〔2003〕8号)

第八条 以暴力、威胁方法阻碍国家机关工作人员、红十字会工作人员依法履行为防治突发传染病疫情等灾害而采取的防疫、检疫、强制隔离、隔离治疗等预防、控制措施的,依照刑法第二百七十七条第一款、第三款的规定,以妨害公务罪定罪处罚。

《最高人民法院、最高人民检察院关于办理组织和利用邪教组织犯罪案件具体应用法律若干问题的解释(二)》(法释〔2001〕19号)

第七条 邪教组织人员以暴力、威胁方法阻碍国家机关工作人员依法执行职务的,依照刑法第二百七十七条第一款的规定,以妨害公务罪定罪处罚。其行为同时触犯刑法其他规定的,依照处罚较重的规定定罪处罚。

《最高人民检察院关于以暴力威胁方法阻碍事业编制人员依法执行行政执法职务是否可对侵害人以妨害公务罪论处的批复》(高检发释字〔2000〕2号)

对于以暴力、威胁方法阻碍国有事业单位人员依照法律、行政法规的规定执行行政执法职务的,或者以暴力、威胁方法阻碍国家机关中受委托从事行政执法活动的事业编制人员执行行政执法职务的,可以对侵害人以妨害公务罪追究刑事责任。

二十二、将刑法第二百八十条修改为:"伪造、变造、买卖或者盗窃、抢夺、毁灭国家机关的公文、证件、印章的,处三年以下有期徒刑、拘役、管制或者剥夺政治权利,并处罚金;情节严重的,处三年以上十年以下有期徒刑,并处罚金。

"伪造公司、企业、事业单位、人民团体的印章的,处三年以下有期徒刑、拘役、管制或者剥夺政治权利,并处罚金。

"伪造、变造、买卖居民身份证、护照、社会保障卡、驾驶证等依法可以用于证明身份的证件的,处三年以下有期徒刑、拘役、管制或者剥夺政治权利,并处罚金;情节严重的,处三年以上七年以下有期徒刑,并处罚金。"

【说明】

本条共分3款。

第1款是关于妨害国家机关公文、证件、印章管理犯罪的规定。根据本款规定,妨害国家机关公文、证件、印章管理的犯罪,是指伪造、变造、买卖或者盗窃、抢夺、毁灭国家机关的公文、证件、印章,妨害国家机关对公文、证件、印章管理活动的行为。

构成本款规定的犯罪需具备以下条件:一是行为人在主观上是出于故意,至于行为人出于何种动机不影响本罪的成立。二是行为人在客观上实施了伪造、变造、买卖或者盗窃、抢夺、毁灭国家机关公文、证件、印章的行为。本款规定的"国家机关",是指各级国家权力机关、党政机关、司法机关、军事机关。本款规定的犯罪行为侵害的对象,是国家机关公文、证件、印章。这里的"公文",是指国家机关在其职权范围内,以其名义制作的用以指示工作、处理问题或者联系事务的各种书面文件,如决定、命令、决议、指示、通知、报告、请示、信函、电文等。"证件",是指国家机关制作颁发的用以证明身份、权利义务关系或者有关事实的凭证,主要包括证件、证书。"印章",是指刻有国家机关组织名称的公章或者某种特殊用途的专用章。本款规定的"伪造",是指没有制作权的人,冒用名义,非法制作国家机关的公文、证件、印章的行为;"变造",是指用涂改、擦消、拼接等方法,对真实的公文、证件、印章进行改制,变更其原来真实内容的行为;"买卖",是指非法购买或者出售国家机关公文、证件、印章的行为;"盗窃",是指秘密窃取国家机关公文、证件、印章的行为;"抢夺",是指趁保管或者经手人员不备,公然非法夺取国家机关公文、证件、印章的行为;"毁灭",是指以烧毁、撕烂、砸碎或者其他方法,故意损毁国家机关公文、证件、印章,使其完全毁灭或者失去效用的行为。本款规定的以上几种妨害国家机关公文、证件、印章管理的犯罪行为,行为人可能只实施其中一种,也可能实施几种,只要实施了上述行为之一就构成犯罪。

根据犯罪情节轻重,本款对妨害国家机关公文、证件、印章管理的犯罪规定了两档刑期:一是对实施该款行为的,处3年以下有期徒刑、拘役、管制或者剥夺政治权利,并处罚金。二是情节严重的,处3年以上10年以下有期徒刑,并处罚金。这里的"情节严重",主要是指多次或者大量伪造、变造、买卖、盗窃、抢夺、毁灭国家机关公文、证件、印章的;妨害国家机关重要的公文、证件、印章的管理的;造成恶劣的政治影响、重大的经济损失等严重危害后果的;动机、目的恶劣的,如出于打击报复或者诬陷他人的目的;等等。需要注意的是,1997年《刑法》对本罪没有规定罚金刑,2015年8月29日通过的《刑法修正案(九)》针对此类犯罪多为谋利性犯罪的实际情况,增加了罚金刑的规定。

需要补充说明的是,1998年在打击骗购外汇犯罪活动中,发现了一些专门伪造、变造海关签发的报关单、进口证明、外汇管理部门核准件等凭证和单据的"专业公司"和"专业户"。他们制作假的海关、外汇管理部门出具的各种各样的单证和凭证,出售给骗购外汇、骗取出口退税或者进行走私的单位和个人,从中牟利。这些行为,在当时严重扰乱了外汇管理秩序,危害极大。但在实践中,对于买卖假的国家机关公文、证件、印章能否依照《刑法》第280条的规定定罪处罚,执行中认识不一致。为了明确这一问题,1998年12月29日《全国人民代表大会常务委员会关于惩治骗购外汇、逃汇和非法买卖外汇犯罪的决定》第2条规定:"买卖伪造、变造的海关签发的报关单、进口证明、外汇管理部门核准件等凭证和单据或者国家机关的其他公文、证件、印章的,依照刑法第二百八十条的规定定罪处罚。"也就是说,此类行为均以《刑法》第280条买卖国家机关公文、证件、印章罪定罪量刑。应当指出的是,根据以上规定,不仅对买卖假的海关或者外汇管理部门出具的凭证或者单据的行为,而且对所有买卖伪造、变造的国家机关公文、证件、印章的行为,都应当依照《刑法》第280条的规定定罪处罚。

第2款是关于伪造公司、企业、事业单位、人民团体印章犯罪的规定。根据本款规定,对犯伪造公司、企业、事业单位、人民团体印章罪的,处3年以下有期徒刑、拘役、管制或者剥夺政治权利,并处罚金。《刑法修正案(九)》对本款规定的犯罪增加了并处罚金的规定。

第3款是关于伪造、变造、买卖居民身份证、护照、社会保障卡、驾驶证等依法可以用于证明身份的证件犯罪的规定。构成本款规定的犯罪须具备以下条件:一是行为人在主观上是出于故意,至于行为人出于何种动机不影响本罪的成立。二是行为人客观上实施了"伪造、变造、买卖"居民身份证、护照、社会保障卡、驾驶证等依法可以用于证明身份的证件的行为。其中,"伪造"是指制作虚假的居民身份证等依法可以用于证明身份的证件;"变造"是对真的证件进行改制,变更其原有真实内容的行为;"买卖"是指为了某种目的,非法购买或者销售这些证件的行为。

本款规定的犯罪行为侵害的对象,是居民身份证、护照、社会保障卡、驾驶证等依法可以用于证明身份的证件。

居民身份证是具有中华人民共和国国籍并定居在中国境内的居民的有效证件,由公安机关依照《中华人民共和国居民身份证法》制作、发放,因其信息直接来源于全国人口基本信息库,信息真实可靠,携带方便,运用最为广泛,是专门供公民在参与各项社会事务和社会活动时用于证明身份的证件。《中华人民共和国居民身份证法》第13条第1款规定:"公民从事有关活动,需要证明身份的,有权使用居民身份证证明身份,有关单位及其工作人员不得拒绝。"

护照是由公民国籍所在国发给公民的一种能在国外证明自己身

份的证件,是公民出入本国国境口岸和到国外旅行、居留时的必备证件。这里的护照,既包括中国公民依法申领的由中国有关主管部门发放的护照,也包括外国人持有的相关国家主管部门发放的护照。《中华人民共和国护照法》对护照作为身份证明文件有明确规定,该法第 2 条第 1 款规定:"中华人民共和国护照是中华人民共和国公民出入国境和在国外证明国籍和身份的证件。"《中华人民共和国出境入境管理法》第 14 条规定:"定居国外的中国公民在中国境内办理金融、教育、医疗、交通、电信、社会保险、财产登记等事务需要提供身份证明的,可以凭本人的护照证明其身份。"

社会保障卡是社会保障主管部门依照规定向社会保障对象发放的拥有多种功能的证件。根据《中华人民共和国居民身份证法》第 14 条的规定,除以居民身份证证明身份外,在特定情况下,可以使用符合国家规定的其他证明方式证明身份。《中华人民共和国社会保险法》第 58 条第 3 款规定:"国家建立全国统一的个人社会保障号码。个人社会保障号码为公民身份号码。"社会保障卡以公民身份号码为统一的信息标识,公民持卡可以进行医疗保险个人账户结算,领取社会保险金,享受其他社会保险待遇等。有关社会保障部门开展相关管理工作时,医院、养老金发放机构等组织为持卡公民办理结算、支付等业务时,都需要以社会保障卡作为对权利人进行身份识别的凭证;采用计算机技术管理的社会保障相关信息系统,往往也需要以社会保障卡作为身份识别的工具。如按照人力资源和社会保障部、卫生与计划生育委员会制定的《工伤职工劳动能力鉴定管理办法》第 8 条的规定,申请劳动能力鉴定应当提交工伤职工的居民身份证或者社会保障卡等其他有效身份证明原件和复印件。因此,社会保障卡既是公民享受社会保障待遇的权利凭证,同时也具有社会保障权利人身份证明的属性。

驾驶证是指机动车驾驶证。我国机动车驾驶证是道路交通管理部门依照道路交通安全法发放的,用于证明持证人具有相应驾驶资格的凭证。驾驶证也是采用全国统一的公民身份号码作为身份识别标识。在社会生活中,驾驶证除了作为驾驶资格的证明外,在与交通管理有关的很多场合也被作为身份证明加以使用。比如一些地方以摇号方式发放机动车号牌的,规定申请人要同时登记驾驶证和居民身份证号。又如在有交通违章时,车辆驾驶人凭行驶证和驾驶证去交通管理部门接受处理,这时的驾驶证也起证明车辆驾驶人身份的作用。因此,与社会保障卡类似,驾驶证也属于依法可以用于证明身份的证件。

在实际生活中,还有一些被单位或者个人在一定范围、领域内使用,实际起到证明身份作用的证件,如各种会员卡、会员证、上岗证等,这些证件能否认定为本款规定的"依法可以用于证明身份的证件",对此需要慎重研究。本款明确规定的依法可以用于证明身份的证件包括居民身份证、护照、社会保障卡、驾驶证这四类证件,其中护照、社会保障卡、驾驶证是《刑法修正案(九)》增加的。关于证件的范围,在《刑法修正案(九)》研究、审议过程中,是经广泛听取意见,在各方面共识的基础上确定的。居民身份证、护照可以说是专门用于证明身份的证件,社会保障卡、驾驶证则属于兼具证明身份功能,在社会生活和相关管理活动中被广泛使用,且其证明效力也为法律所认可的证件。这四类证件之所以被社会广泛认可,是因为他们有一些共同的属性:一是具有权威性,由国家有关主管部门依法统一制作发放。二是具有统一性,采用全国统一标准,以具有唯一性的居民身份证号码作为识别信息,并附有照片等重要身份识别信息,可识别性强。三是持证人的广泛性,发放数量大,具有较好的应用基础。目前居民身份证的实有持证人口已经超过 10 亿人,社会保障卡的持有人数已经超过 7 亿人,驾驶证的持有人数已经超过 3 亿人。因此,对"依法可以用于证明身份的证件"的范围,实践中应当严格按照法律规定的范围掌握。如果在实践中,在上述权威性、统一性、广泛性等方面与法律明确列举的四类证件具有相当性,确属应当作为"依法可以用于证明身份的证件",可通过法律解释等方式予以明确。需要强调的是,对证件的范围严格按照法律规定掌握,并非对伪造、变造、买卖这四类证件之外的其他证件的行为不能够依法处理。实际上其中多数行为可以根据本条第1款、第2款的规定,以伪造、变造、买卖国家机关公文、证件、印章罪,伪造公司、企业、事业单位、人民团体印章罪追究。还有一些,可以根据《中华人民共和国治安管理处罚法》的规定处理。

第3款根据犯罪情节轻重,对伪造、变造、买卖居民身份证、护照、社会保障卡、驾驶证等依法可以用于证明身份的证件的犯罪规定了两档刑期:一是对实施该款行为的,处3年以下有期徒刑、拘役、管制或者剥夺政治权利,并处罚金。二是情节严重的,处3年以上7年以下有期徒刑,并处罚金。这里的"情节严重",司法实践中可以主要根据行为人伪造、变造、买卖的证件的数量、非法牟利的数额、给他人造成的经济损失等情节确定。

根据本款的规定,买卖居民身份证、护照、社会保障卡、驾驶证,既包括买卖真证,也包括买卖伪造、变造的证件。实际上本条第1款关于买卖国家机关公文、证件、印章犯罪的规定也存在这一问题,为明确该问题,1998年12月29日通过的《全国人民代表大会常务委员会关于惩治骗购外汇、逃汇和非法买卖外汇犯罪的决定》第2条明确规定:"买卖伪造、变造的海关签发的报关单、进口证明、外汇管理部门核准件等凭证和单据或者国家机关的其他公文、证件、印章的,依照刑法第二百八十条的规定定罪处罚。"即无论买卖的是真证还是假证,都属于刑法规定的买卖国家机关公文、证件、印章犯罪。这一规定的精神也是同样适用于本条第3款的。

【立法理由】

居民身份证等身份证件,是用于证明、确定相关人员身份信息的重要凭证。身份证件造假活动,严重危害身份证件管理秩序,为不法分子实施违法犯罪活动,逃避法律追究提供了便利。为了维护居民身份证管理秩序,惩处伪造、变造居民身份证违法犯罪行为,1997年《刑法》规定了伪造、变造居民身份证罪。近年来,随着经济社会发展和改革开放的深入,除了居民身份证外,公民持有护照等身份证件的数量出现较大增长。社会保障卡、机动车驾驶证等证件,除了用于专门领域和用途外,在实际生活特别是在相关社会管理当中,也越来越多地用于证明身份。伪造、变造护照、社会保障卡、机动车驾驶证的行为,其社会危害性与伪造、变造居民身份证具有相当性,基于这一现实情况,《刑法修正案(九)》对刑法关于伪造、变造居民身份证的规定作了补充,将证件的范围扩大为"居民身份证、护照、社会保障卡、驾驶证等依法可以用于证明身份的证件"。

买卖居民身份证的情况在一些地方也比较突出,大量遗失、被盗的居民身份证被非法交易,还有的直接收购他人的居民身份证用以出售。买卖居民身份证的行为,严重危害身份证管理秩序,为他人逃避实名监管,从事诈骗、洗钱、操纵证券市场、非法经营等违法犯罪活动提供了便利,社会危害性大,有必要作为犯罪予以追究。因此,《刑法修正案(九)》对买卖居民身份证、护照、社会保障卡、驾驶证的行为也作了补充规定。

此外,考虑到实践中伪造、变造、买卖证件类犯罪,多是逐利型犯罪,有必要对行为人予以经济上的惩罚,以剥夺其犯罪收益和再犯罪的能力。《刑法修正案(九)》对本条规定的犯罪增加了罚金刑,以加大惩处力度。

【相关规定】

《中华人民共和国居民身份证法》

第十三条　公民从事有关活动,需要证明身份的,有权使用居民身份证证明身份,有关单位及其工作人员不得拒绝。

有关单位及其工作人员对履行职责或者提供服务过程中获得的居民身份证记载的公民个人信息,应当予以保密。

《中华人民共和国护照法》

第二条　中华人民共和国护照是中华人民共和国公民出入国境和在国外证明国籍和身份的证件。

任何组织或者个人不得伪造、变造、转让、故意损毁或者非法扣押护照。

第十四条　申请人有下列情形之一的,护照签发机关自其刑罚执行完毕或者被遣返回国之日起六个月至三年以内不予签发护照:

(一)因妨害国(边)境管理受到刑事处罚的;

(二)因非法出境、非法居留、非法就业被遣返回国的。

《中华人民共和国治安管理处罚法》

第五十二条　有下列行为之一的,处十日以上十五日以下拘留,可以并处一千元以下罚款;情节较轻的,处五日以上十日以下拘留,可以并处五百元以下罚款:

(一)伪造、变造或者买卖国家机关、人民团体、企业、事业单位或者其他组织的公文、证件、证明文件、印章的;

(二)买卖或者使用伪造、变造的国家机关、人民团体、企业、事业单位或者其他组织的公文、证件、证明文件的;

(三)伪造、变造、倒卖车票、船票、航空客票、文艺演出票、体育比赛入场券或者其他有价票证、凭证的;

(四)伪造、变造船舶户牌,买卖或者使用伪造、变造的船舶户牌,或者涂改船舶发动机号码的。

《最高人民法院、最高人民检察院关于办理伪造、贩卖伪造的高等院校学历、学位证明刑事案件如何适用法律问题的解释》

对于伪造高等院校印章制作学历、学位证明的行为,应当依照刑法第二百八十条第二款的规定,以伪造事业单位印章罪定罪处罚。

明知是伪造高等院校印章制作的学历、学位证明而贩卖的,以伪造事业单位印章罪的共犯论处。

二十三、在刑法第二百八十条后增加一条作为第二百八十条之一:"在依照国家规定应当提供身份证明的活动中,使用伪造、变造的或者盗用他人的居民身份证、护照、社会保障卡、驾驶证等

依法可以用于证明身份的证件,情节严重的,处拘役或者管制,并处或者单处罚金。

"有前款行为,同时构成其他犯罪的,依照处罚较重的规定定罪处罚。"

【说明】

本条共分2款。

第1款是关于使用伪造、变造的或者盗用他人的居民身份证、护照、社会保障卡、驾驶证等依法可以用于证明身份的证件的处刑规定。

构成本款规定的犯罪需具备以下条件:

(1)行为人在主观上是故意,至于行为人出于何种动机不影响本罪的成立。包括两种情形:一种是行为人明知这些身份证件是伪造、变造的或者可能是变造、伪造的,仍然予以使用。另一种是行为人明知是他人的身份证件,仍然盗用他人名义予以使用。

(2)行为人客观上在依照国家规定应当提供身份证明的活动中,实施了使用伪造、变造的或者盗用他人的居民身份证、护照、社会保障卡、驾驶证等依法可以用于证明身份的证件的行为。

"依照国家规定应当提供身份证明"中的"国家规定",是指全国人民代表大会及其常务委员会制定的法律和决定,国务院制定的行政法规、规定的行政措施、发布的决定和命令。实际生活中需要出示身份证件以证明身份的情况很多,相应的在这些活动中使用假身份的情形也很多,刑法之所以规定在"依照国家规定应当提供身份证明"的活动中使用伪造、变造、盗用他人身份证件构成犯罪,主要是因为国家规定应当提供身份证明的活动都是比较重要的经济社会活动或者管理事项,在这些活动中使用虚假身份,会严重扰乱相关管理秩序,具有较为严重的社会危害性。如《中华人民共和国居民身份证法》第14条规定,公民在常住户口登记项目变更、兵役登记、婚姻登记、收养登记、申请办理出境手续等事项中,应当出示居民身份证证明身份。依法未取得居民身份证的公民可以使用国家规定的其他证明方式证明身份。《中华人民共和国出境入境管理法》第 11 条规定，中国公民出境入境，应当向出入境边防检查机关交验本人的护照或者其他旅行证件等出境入境证件。《中华人民共和国反洗钱法》第 16 条第 2 款规定，金融机构在与客户建立业务关系或者为客户提供规定金额以上的现金汇款、现钞兑换、票据兑付等一次性金融服务时，应当要求客户出示真实有效的身份证件或者其他身份证明文件。《危险化学品安全管理条例》第 39 条第 1 款中规定，申请取得剧毒化学品购买许可证，申请人应当提交经办人的身份证明。《易制毒化学品管理条例》第 18 条第 1 款中规定，经营单位销售第一类易制毒化学品时，应当查验购买许可证和经办人的身份证明。

在上述这些活动中，如果使用伪造、变造的或者盗用他人的身份证件，情节严重，构成犯罪的，就应当依照本条规定追究刑事责任。需要补充说明的是，在正常经济社会活动中需要证明自己身份时，使用虚假身份证件或者盗用他人名义以冒充他人身份的行为，都是违法行为。对这些行为，即使按照本款上述规定不属于"依照国家规定应当提供身份证明"的活动，因而不构成本款规定的犯罪，也并不意味着对这些行为不依法作相应处理。从实际情况看，其中很多行为属于违反治安管理处罚法和相关证件管理或者行政管理事项的法律、法规的行为，对这些行为应当区别不同情况，依照《中华人民共和国治安管理处罚法》和《中华人民共和国居民身份证法》《中华人民共和国护照法》等相关法律、法规规定予以治安管理处罚或者其他行政处罚。

这里的"伪造、变造"，在本书对《刑法》第 280 条的解释中已作说明，不再赘述。这里的"盗用"是指盗用他人名义，使用他人的居民身份证、护照、社会保障卡、驾驶证等依法可以用于证明身份的证件的行为。盗用的一般是他人真实的身份证件，包括捡到他人的身份证件后冒用，购买他人的身份证件后冒用，也包括盗窃他人的身份证件后冒用，等等。实际生活中，还有一些是经过身份证件持有人本人同意或者与其串通，冒用证件所有人名义从事相关经济社会活动的情况。这种行为因为不存在盗用本人名义的情况,因而不属于本款规定的"盗用",但对这些行为并非一律不作处理,具体要视冒用的情况而定。有的可以根据相关法律规定予以行政处罚,如《中华人民共和国居民身份证法》第17条第1款规定,冒用他人居民身份证的,由公安机关罚款或者拘留,并没收违法所得。《中华人民共和国治安管理处罚法》第51条第1款规定:"冒充国家机关工作人员或者以其他虚假身份招摇撞骗的,处五日以上十日以下拘留,可以并处五百元以下罚款;情节较轻的,处五日以下拘留或者五百元以下罚款。"此外,为实施违法犯罪行为而冒用他人名义的,还可能构成其他犯罪。在这种情况下,对其冒用身份证件的行为虽然不能依照本款处理,但其所实施的具体犯罪行为应当依照刑法相关规定处理。如与上游犯罪行为人串通,冒用其名义实施洗钱行为的,应当依照《刑法》第191条的规定追究其洗钱罪刑事责任。

关于本款规定的犯罪行为的对象,即居民身份证、护照、社会保障卡、驾驶证等依法可以用于证明身份的证件,在本书对《刑法》第280条的解释中已作说明,不再赘述。关于依法可以用于证明身份的证件的范围,为防止出现打击面过大的情况,目前列明的是居民身份证、护照、社会保障卡、驾驶证这四类证件,实践中应当从严掌握。

(3)情节严重。这里给该罪名设定了入罪门槛,只有情节严重的才能构成本罪,情节一般,危害不大的,不作为犯罪。具体可视情况依照相关法律、法规的规定处理。这里的"情节严重",主要是指使用伪造、变造的或者盗用的次数多、数量大;非法牟利数额大;严重扰乱相关事项的管理秩序;严重损害第三人的人身或者财产权益等。

第2款是关于有使用伪造、变造的或者盗用他人的依法可以用于证明身份的证件的行为,同时又构成其他犯罪,如何适用法律的规定。

这里主要涉及本条规定的犯罪与诈骗、非法经营、洗钱等犯罪的竞合问题。从实践中的情况看,使用伪造、变造的或者盗用他人身份证件的行为,往往与诈骗、洗钱、非法经营等违法犯罪行为相联系,很多情况下,本款规定的行为往往是行为人实施相关犯罪的手段,行为人的行为同时符合本款规定的犯罪和相关犯罪。在这种情况下,根据本款规定,对行为人应当依照处罚较重的规定定罪处罚。例如,根据 2014 年 4 月 24 日发布的《全国人民代表大会常务委员会关于〈中华人民共和国刑法〉第二百六十六条的解释》的规定,行为人以欺诈、伪造证明材料或者其他手段骗取养老、医疗、工伤、失业、生育等社会保险金或者其他社会保障待遇的,属于《刑法》第 266 条规定的诈骗公私财物的行为。该解释中所明确列举的诈骗手段就包括使用伪造、变造的或者盗用他人的社会保障卡、居民身份证的行为。在这种情况下,如果行为人的行为构成本款规定的犯罪,又构成诈骗罪的,应当择一重罪定罪处罚。

【立法理由】

随着经济社会的发展,公民在越来越多的经济社会活动中需要以居民身份证等身份证明文件证明身份。同时,为了加强社会管理,保障公民人身财产安全,电信、网络、金融、寄递、铁路、航空运输、医疗、教育、住宿等多种行业都逐渐需要实行实名制管理。同时,随着身份证明应用越来越广泛,实践中身份证件作假的情况也日渐增多。一方面,伪造、变造、买卖居民身份证、护照、社会保障卡、驾驶证等依法可以用于证明身份的证件的行为,为不法分子使用伪造、变造的或者盗用他人的身份证件提供了便利。另一方面,使用伪造、变造的或者盗用他人身份证件的行为,也为不法分子伪造、变造、买卖相关身份证件的行为提供了市场需求和驱动力。造假者和用假者形成非法的利益链条,危害身份证件管理秩序,进而使得相关以实名制为基础的社会管理制度难以落实。实践中,使用伪造、变造的或者盗用他人的身份证件的行为,又往往与诈骗、洗钱、非法经营等其他犯罪相关联,大量从事诈骗、洗钱、非法经营等违法犯罪活动的不法分子,往往利用虚假身份,逃避法律追究。因此,除了对伪造、变造、买卖居民身份证等身份证件的行为应当依法予以刑事追究外,对于使用伪造、变造的居民身份证以及盗用他人身份证件,情节严重的,也有必要作为犯罪追究。

良好的诚信体系是经济社会正常运转的前提和保障。加强社会诚信体系建设是提高社会治理能力的重要方面。针对当前社会诚信缺失、欺诈等背信行为多发,社会危害严重的实际情况,为回应社会关切,《刑法修正案(九)》从加强诚信建设,惩处严重背信失信行为入手,增加了使用伪造、变造的或者盗用他人的居民身份证等依法可以用于证明身份的证件犯罪,以刑事手段惩治在身份相关证件的使用环节弄虚作假,情节严重的行为,以进一步维护相关身份证件的管理秩序,发挥刑法在维护社会诚信、惩治失信和背信行为方面的功能和对公民行为价值取向的引领推动作用。

【相关规定】

《中华人民共和国居民身份证法》

第十四条 有下列情形之一的,公民应当出示居民身份证证明身份:

(一)常住户口登记项目变更;

(二)兵役登记;

(三)婚姻登记、收养登记;

(四)申请办理出境手续;

(五)法律、行政法规规定需要用居民身份证证明身份的其他情形。

依照本法规定未取得居民身份证的公民,从事前款规定的有关活动,可以使用符合国家规定的其他证明方式证明身份。

第十七条 有下列行为之一的,由公安机关处二百元以上一千元以下罚款,或者处十日以下拘留,有违法所得的,没收违法所得:

(一)冒用他人居民身份证或者使用骗领的居民身份证的;

(二)购买、出售、使用伪造、变造的居民身份证的。

伪造、变造的居民身份证和骗领的居民身份证,由公安机关予以收缴。

《中华人民共和国治安管理处罚法》

第五十一条 冒充国家机关工作人员或者以其他虚假身份招摇撞骗的,处五日以上十日以下拘留,可以并处五百元以下罚款;情节较轻的,处五日以下拘留或者五百元以下罚款。

冒充军警人员招摇撞骗的,从重处罚。

《中华人民共和国护照法》

第十九条 持用伪造或者变造的护照或者冒用他人护照出入国(边)境的,由公安机关依照出境入境管理的法律规定予以处罚;非法护照由公安机关收缴。

《中华人民共和国出境入境管理法》

第十一条 中国公民出境入境,应当向出入境边防检查机关交验本人的护照或者其他旅行证件等出境入境证件,履行规定的手续,经查验准许,方可出境入境。

具备条件的口岸,出入境边防检查机关应当为中国公民出境入境提供专用通道等便利措施。

《中华人民共和国道路交通安全法》

第九十六条第一款 伪造、变造或者使用伪造、变造的机动车登记证书、号牌、行驶证、驾驶证的,由公安机关交通管理部门予以收缴,扣留该机动车,处十五日以下拘留,并处二千元以上五千元以下罚款;构成犯罪的,依法追究刑事责任。

《中华人民共和国反洗钱法》

第十六条 金融机构应当按照规定建立客户身份识别制度。

金融机构在与客户建立业务关系或者为客户提供规定金额以上的现金汇款、现钞兑换、票据兑付等一次性金融服务时,应当要求客户出示真实有效的身份证件或者其他身份证明文件,进行核对并登记。

客户由他人代理办理业务的,金融机构应当同时对代理人和被代理人的身份证件或者其他身份证明文件进行核对并登记。

与客户建立人身保险、信托等业务关系,合同的受益人不是客户本人的，金融机构还应当对受益人的身份证件或者其他身份证明文件进行核对并登记。

金融机构不得为身份不明的客户提供服务或者与其进行交易，不得为客户开立匿名账户或者假名账户。

金融机构对先前获得的客户身份资料的真实性、有效性或者完整性有疑问的，应当重新识别客户身份。

任何单位和个人在与金融机构建立业务关系或者要求金融机构为其提供一次性金融服务时，都应当提供真实有效的身份证件或者其他身份证明文件。

《危险化学品安全管理条例》

第三十九条　申请取得剧毒化学品购买许可证，申请人应当向所在地县级人民政府公安机关提交下列材料：

（一）营业执照或者法人证书（登记证书）的复印件；

（二）拟购买的剧毒化学品品种、数量的说明；

（三）购买剧毒化学品用途的说明；

（四）经办人的身份证明。

县级人民政府公安机关应当自收到前款规定的材料之日起3日内，作出批准或者不予批准的决定。予以批准的，颁发剧毒化学品购买许可证；不予批准的，书面通知申请人并说明理由。

剧毒化学品购买许可证管理办法由国务院公安部门制定。

《易制毒化学品管理条例》

第十八条　经营单位销售第一类易制毒化学品时，应当查验购买许可证和经办人的身份证明。对委托代购的，还应当查验购买人持有的委托文书。

经营单位在查验无误、留存上述证明材料的复印件后，方可出售第一类易制毒化学品；发现可疑情况的，应当立即向当地公安机关报告。

二十四、将刑法第二百八十三条修改为:"非法生产、销售专用间谍器材或者窃听、窃照专用器材的,处三年以下有期徒刑、拘役或者管制,并处或者单处罚金;情节严重的,处三年以上七年以下有期徒刑,并处罚金。

"单位犯前款罪的,对单位判处罚金,并对其直接负责的主管人员和其他直接责任人员,依照前款的规定处罚。"

【说明】

本条共分两款。

第1款是关于个人非法生产、销售专用间谍器材或者窃听、窃照专用器材犯罪的处刑规定。构成本款规定的犯罪需具备以下条件:一是行为人在主观上是故意,至于行为人出于何种动机不影响本罪的成立。二是行为人实施了非法生产、销售专用间谍器材或者窃听、窃照专用器材的行为。这里规定的"非法生产、销售",是指未经有关主管部门批准、许可,擅自生产、销售专用间谍器材或者窃听、窃照专用器材,或者虽经有关主管部门批准、许可生产、销售,但在实际生产、销售过程中违反有关主管部门关于数量、规格、范围等的要求,非法生产、销售。

这里规定的"专用间谍器材"是指专门用于实施间谍活动的工具。对于间谍专用器材的范围,原《中华人民共和国国家安全法实施细则》中有明确规定。虽然原《中华人民共和国国家安全法》已被《中华人民共和国反间谍法》废止,但《中华人民共和国反间谍法》关于"任何个人和组织都不得非法持有、使用间谍活动特殊需要的专用间谍器材"的规定,以及对非法持有、使用专用间谍器材的处理的规定,与原《中华人民共和国国家安全法》的规定是一致的。因此,在新的修订后的实施细则出台前,司法实践中认定间谍专用器材的范围,应仍参照原《中华人民共和国国家安全法实施细则》的相关规定。按照该实施细则第20条第1款的规定,专用间谍器材是指用于间谍活动特殊需要的下列器材:"(一)暗藏式窃听、窃照器材;(二)突发式收发报机、一次性密码本、密写工具;(三)用于获取情报的电子监听、截收器材;(四)其他专用间谍器材。"关于专用间谍器材的认定,《中华人民共和国反间谍法》也延续了原《中华人民共和国国家安全法》的规定,即由国务院国家安全主管部门依照国家有关规定确认。实践中也应当继续按照此程序办理。

这里规定的"窃听、窃照专用器材",是指具有窃听、窃照功能,并专门用于窃听、窃照的器材。如专用于窃听、窃照的窃听器、微型录音机、微型照相机等。所谓"窃听",是指使用专用器材、设备,在当事人未察觉、不知晓或无法防范的情况下,偷听其谈话或者通话以及其他活动的行为;所谓"窃照",是指使用专用器材、设备,对窃照对象的形象或者活动进行的秘密拍照摄录的活动。

根据犯罪情节轻重,本款对非法生产、销售专用间谍器材或者窃听、窃照专用器材犯罪规定了两档刑期:一是对实施本款行为的,处3年以下有期徒刑、拘役、管制,并处或者单处罚金。二是情节严重的,处3年以上7年以下有期徒刑,并处罚金。这里的"情节严重",主要可从非法生产、销售的间谍专用器材以及窃听、窃照专用器材的数量;谋取的非法利益的数额;生产、销售的间谍专用器材以及窃听、窃照专用器材流入社会的数量;因他人非法使用而对国家安全利益、社会公共利益、公民合法权益造成的实际损害等情节综合考量。

第2款是关于单位非法生产、销售专用间谍器材或者窃听、窃照专用器材的处刑规定。对单位犯本罪的,本款采取了双罚制原则,即对单位判处罚金,并对单位直接负责的主管人员和其他直接责任人员,按照第1款对个人犯本罪的处刑规定处罚。对于单位判处罚金的数额,法律未作具体规定,司法实践中可由司法机关根据案件的具体情况,本着罪责刑相适应的原则依法确定。

【立法理由】

间谍专用器材是从事间谍活动特殊需要的专门工具。间谍专用器材流入社会,会给国家安全利益和社会公共利益以及公民个人的合法权益造成严重危害。为此,1997年《刑法》在第283条将非法生产、销售窃听、窃照等专用间谍器材的行为规定为犯罪。此外,针对实践中非法使用窃听、窃照器材,侵犯公民人身权利,引发社会纠纷,甚至造成严重后果的情况,《刑法》还在第284条规定了非法使用窃听、窃照专用器材的犯罪。

近年来,随着电子信息技术的不断发展,不法分子利用窃听、窃照专用器材从事违法犯罪活动的情况更为严重,窃听、窃照专用器材的生产、销售、非法使用者之间甚至形成了违法犯罪利益链条。密拍密录、跟踪定位等窃听、窃照专用器材功能越来越强、种类繁多、市场庞大,社会危害后果严重:有的窃听、窃照专用器材隐蔽性很强,被伪装成日常生活中的各种物品;有的窃听、窃照器材可以全天候、不间断地远距离窃取他人信息;利用窃听、窃照器材从事非法调查、非法讨债、敲诈勒索、绑架等违法犯罪活动的情况比较严重。非法使用窃听、窃照专用器材的行为,严重侵害了公民的隐私等人身权利,扰乱社会管理秩序,有的还危害公共安全和国家安全。为了从源头上遏制此类违法犯罪行为的发生,有必要进一步加大对非法生产、销售窃听、窃照专用器材活动的惩处和治理力度。从实际情况看,由于司法实践中对"窃听、窃照专用间谍器材"与"窃听、窃照专用器材"的界限如何划分存在不同认识,影响了对这类违法犯罪行为的打击。另外,在电子信息技术快速发展的背景下,一些新出现的窃听、窃照器材,其性能、微型化程度等技术指标直逼昔日的间谍专用器材,其所能带来的社会危害,并不明显小于间谍专用器材。为此,全国人大常委会于2015年8月29日通过的《刑法修正案(九)》对《刑法》第283条的规定作了修改完善。主要修改之处:一是将原来规定的非法生产、销售"窃听、窃照等专用间谍器材"修改为"非法生产、销售专用间谍器材或者窃听、窃照专用器材"。二是增加了单位犯罪,以针对实践中非法生产、销售专用间谍器材或者窃听、窃照专用器材的行为多由单位实施的实际情况。三是完善了本罪的法定刑配置,提高了本罪的法定刑,将法定最高刑由3年有期徒刑提高到7年有期徒刑,以加大惩处力度；增加了罚金刑，以剥夺犯罪人或单位的犯罪收益，使其在经济上占不到便宜，并剥夺其再犯能力，防止重新犯罪。

【相关规定】

《中华人民共和国反间谍法》

第二十五条　任何个人和组织都不得非法持有、使用间谍活动特殊需要的专用间谍器材。专用间谍器材由国务院国家安全主管部门依照国家有关规定确认。

第三十二条　对非法持有属于国家秘密的文件、资料和其他物品的，以及非法持有、使用专用间谍器材的，国家安全机关可以依法对其人身、物品、住处和其他有关的地方进行搜查；对其非法持有的属于国家秘密的文件、资料和其他物品，以及非法持有、使用的专用间谍器材予以没收。非法持有属于国家秘密的文件、资料和其他物品，构成犯罪的，依法追究刑事责任；尚不构成犯罪的，由国家安全机关予以警告或者处十五日以下行政拘留。

原《中华人民共和国国家安全法实施细则》

第二十条　《国家安全法》第二十一条所称"专用间谍器材"，是指进行间谍活动特殊需要的下列器材：

（一）暗藏式窃听、窃照器材；

（二）突发式收发报机、一次性密码本、密写工具；

（三）用于获取情报的电子监听、截收器材；

（四）其他专用间谍器材。

专用间谍器材的确认，由国家安全部负责。

二十五、在刑法第二百八十四条后增加一条，作为第二百八十四条之一："在法律规定的国家考试中，组织作弊的，处三年以下有期徒刑或者拘役，并处或者单处罚金；情节严重的，处三年以上七年以下有期徒刑，并处罚金。

"为他人实施前款犯罪提供作弊器材或者其他帮助的,依照前款的规定处罚。

　　"为实施考试作弊行为,向他人非法出售或者提供第一款规定的考试的试题、答案的,依照第一款的规定处罚。

　　"代替他人或者让他人代替自己参加第一款规定的考试的,处拘役或者管制,并处或者单处罚金。"

【说明】

　　本条共分4款。

　　第1款是关于组织考试作弊犯罪的规定。组织考试作弊犯罪是本条规定的重点内容。本款规定有以下几个方面问题需要注意:

　　第一,关于"组织作弊"的行为。根据本款规定,构成组织作弊的犯罪要求行为人客观上实施了"组织作弊"的行为。这里所说的"组织"作弊,即组织、指挥、策划进行考试作弊的行为,既包括构成犯罪集团的情况,也包括比较松散的犯罪团伙,还可以是个人组织他人进行作弊的情况;组织者可以是一个人,也可以是多人;可以有比较严密的组织结构,也可以是为了进行一次考试作弊行为临时纠结在一起;既包括组织一个考场内的考生作弊的简单情形,也包括组织大范围的集体作弊的复杂情形。"作弊"是指在考试中弄虚作假的行为,具体作弊方式花样很多,需要结合考试的具体情况确定。对于考试作弊,在相关考试的规定中一般都有明确的认定规定,如《国家教育考试违规处理办法》第6条规定,国家教育考试中作弊包括:"(一)携带与考试内容相关的材料或者存储有与考试内容相关资料的电子设备参加考试的;(二)抄袭或者协助他人抄袭试题答案或者与考试内容相关的资料的;(三)抢夺、窃取他人试卷、答卷或者胁迫他人为自己抄袭提供方便的;(四)携带具有发送或者接收信息功能的设备的;(五)由他人冒名代替参加考试的;(六)故意销毁试卷、答卷或者考试材料的;(七)在答卷上填写与本人身份不符的姓名、考号等信息的;(八)传、接物品或者交换试卷、答卷、草稿纸的;(九)其他以不正当手段获得或者试图获得试题答案、考试成绩的行为。"《公务员录用考试违纪违规行为处理办法（试行）》对公务员考试中的作弊及处理也有明确规定。

本款之所以对"组织作弊"作出明确规定，主要是体现对有组织的团伙作弊行为从严惩处。从司法实践中的情况看，一些案件中，考试作弊团伙化、产业化特征明显，"助考"团伙分工明确，有专门制售作弊器材的，有专门偷题的，有专门做题的，有专门负责广告的，有专门负责销售试题及答案的，涉及考试作弊的各个环节，形成制售作弊器材、考试前或考试中窃取试题内容、雇用枪手作答、传播答案等"一条龙"产业链。在作弊的手段上，也日益高科技化，有的犯罪团伙使用秘拍设备窃取考题，使用远程通讯设备将答案传入考场，采用可以植入牙齿的耳机接收答案，等等。传统的有组织作弊主要是在考场内组织实施，而近年来高科技化的组织作弊，往往通过包括互联网、无线电技术手段在内的多种技术手段，将考场内外、考生、家长、枪手等各主体，试题、答案各要素紧密联系在一起，使得考试组织者防不胜防。此类行为严重扰乱了考试活动的正常进行，社会危害严重，应当作为打击的重点予以从严惩处。

第二，关于考试的范围。根据本款规定，考试范围限定在"法律规定的国家考试"，即在法律中明确规定的国家考试。对这一考试范围的确定，在法律草案审议过程中曾作过专门研究。在《刑法修正案（九）》草案初次审议时，草案规定的范围是"国家规定的考试"。在就该方案征求意见过程中，有人建议对"国家规定的考试"作出明确界定，以便司法实践中准确掌握、严格适用法律。有人提出"国家规定的考试"的表述有歧义，可以理解为"国家规定"中的考试，也可以理解为国家"规定的考试"。对第一种理解，按照《刑法》第96条关于"国家规定"的解释，包括法律、行政法规规定的考试。据统计，这类考试的种类众多。如果按照第二种理解，即国家"规定的考试"，则范围还包括部门规章规定的考试，范围更宽。考虑到增加本罪主要是从维护社会诚信、惩治失信背信行为的角度出发，对组织考试作弊犯罪等专门作出规定,对考试的范围有相对明确的限定是必要的。同时,本条还规定了让他人替考、为他人替考的行为,也需要对考试的范围有一个明确限定。此外,国务院正在进行行政审批项目清理,据主管部门提供的情况,今后要取消没有法律、法规依据的准入类职业资格;有法律、法规依据的准入类资格,如果与国家安全、公共安全、人民生命财产安全关系并不密切,或者自身不宜采取职业资格方式进行管理的,将按程序提请修改法律、法规后,予以取消。根据下一步的清理计划,国务院行业部门、全国性的行业协会、学会自行设置的水平评价类职业资格,原则上予以取消,确实需要保留的,经过批准后,纳入国家统一的职业资格制度管理。为此,为与行政审批制度改革相衔接,也需要对本条规定的考试的范围作合理限定。经综合考虑,本条对纳入组织考试作弊等犯罪予以刑事处罚的考试的范围作了限定,即仅限于依照法律规定举行的考试。

从现有规定看,近20部法律对"法律规定的国家考试"作了规定。如《中华人民共和国公务员法》第28条规定:"公务员录用考试采取笔试和面试的方式进行,考试内容根据公务员应当具备的基本能力和不同职位类别分别设置。"《中华人民共和国法官法》第12条第1款规定:"初任法官采用严格考核的办法,按照德才兼备的标准,从通过国家统一司法考试取得资格,并且具备法官条件的人员中择优提出人选。"上述规定就是通常所说的公务员考试和司法考试,都属于本条规定的"法律规定的国家考试"。《中华人民共和国检察官法》《中华人民共和国律师法》也分别对担任检察官、申请律师执业规定了要通过国家统一司法考试。此外,《中华人民共和国警察法》《中华人民共和国教师法》《中华人民共和国执业医师法》《中华人民共和国注册会计师法》《中华人民共和国道路交通安全法》《中华人民共和国海关法》《中华人民共和国动物防疫法》《中华人民共和国旅游法》《中华人民共和国证券投资基金法》《中华人民共和国统计法》《中华人民共和国公证法》等也都对相应行业、部门的从业人员应当通过考试取得相应资格或入职条件作了规定。需要注意的是,对于教育类考试,目前社会上关注度高、影响大、涉及面广的高考、研究生入学考试等都是有相应法律依据的。《中华人民共和国教育法》第 20 条规定:"国家实行国家教育考试制度。国家教育考试由国务院教育行政部门确定种类,并由国家批准的实施教育考试的机构承办。"《中华人民共和国高等教育法》第 19 条规定:高级中等教育毕业或者具有同等学力的,经考试合格,由实施相应学历教育的高等学校录取,取得专科生或者本科生入学资格。本科毕业或者具有同等学力的,经考试合格,由实施相应学历教育的高等学校或者经批准承担研究生教育任务的科学研究机构录取,取得硕士研究生入学资格。硕士研究生毕业或者具有同等学力的,经考试合格,由实施相应学历教育的高等学校或者经批准承担研究生教育任务的科学研究机构录取,取得博士研究生入学资格。允许特定学科和专业的本科毕业生直接取得博士研究生入学资格,具体办法由国务院教育行政部门规定。第 21 条规定,国家实行高等教育自学考试制度,经考试合格的,发给相应的学历证书或者其他学业证书。

对于"法律规定的国家考试"还需要注意的是,这里的国家考试并不要求是"统一由国家一级组织的考试"。有些法律规定的考试,依照规定不是由国家一级统一组织,而是由地方根据法律规定组织实施,这些考试也属于"法律规定的国家考试"。如根据《中华人民共和国公务员法》的规定,公务员录用考试属于国家考试。但关于公务员录用考试的具体组织,该法第 22 条中规定:中央机关及其直属机构公务员的录用,由中央公务员主管部门负责组织。地方各级机关公务员的录用,由省级公务员主管部门负责组织,必要时省级公务员主管部门可以授权设区的市级公务员主管部门组织。根据该规定,公务员录用考试,既包括国家统一组织的招录中央机关及其直属机构公务员的考试,也包括各省市等地方组织的录用地方各级机关公务员的考试。再如高考既有全国统一考试,也有各省依照法律规定组织的考试。

此外,需要特别说明的是,本款将组织考试作弊犯罪限于"法律规定的国家考试",并非意味着对这些考试范围之外的其他考试中作弊的行为都不予追究。司法实践中,对其他作弊行为还需要根据案件的具体情况,依照相关法律规定处理。对其中有的行为,可以依照《刑法》第253条之一出售、提供公民个人信息犯罪,第280条伪造、变造、买卖国家机关公文、证件、印章罪,第282条非法获取国家秘密罪,第284条非法使用窃听、窃照专用器材罪,第288条扰乱无线电通讯管理秩序罪等规定追究刑事责任。对其中尚不构成犯罪的,可以依照《中华人民共和国治安管理处罚法》的规定处理。

根据本款规定,对组织考试作弊的,处3年以下有期徒刑或者拘役,并处或者单处罚金;情节严重的,处3年以上7年以下有期徒刑,并处罚金。

第2款是关于为他人实施组织作弊提供作弊器材或者其他帮助的犯罪规定。根据该规定,为他人实施组织作弊提供作弊器材或者其他帮助的,依照第1款的规定处罚,即处3年以下有期徒刑或者拘役,并处或者单处罚金;情节严重的,处3年以上7年以下有期徒刑,并处罚金。通常情况下,本款规定的犯罪行为,实际上也是第1款规定的组织考试作弊犯罪的帮助行为。因此,对这些行为一般可以按照《刑法》总则关于共同犯罪的规定,以组织作弊罪的共犯处理,按其在共同犯罪中的地位、作用追究刑事责任。本款之所以对这种行为专门作出规定,主要是考虑到实践中提供作弊器材等帮助的行为,越来越具有独立性,已经成为有组织作弊中的重要环节,社会危害严重;同时,司法实践中组织作弊犯罪各环节分工越来越细、独立性越来越强,有的案件中已经查明行为人明知他人组织作弊而为其提供作弊器材,但要进一步证明双方为共同组织作弊而实施犯意联络存在一定困难。因此,对这种组织作弊犯罪活动中具有典型性的行为,在法律中作出明确规定、严密刑事法网,有利于准确适用法律。

本款规定的帮助行为主要分为两大类:一是提供作弊器材。互联网和无线考试作弊器材是高科技作弊的关键环节,通过互联网,试题和答案得以大面积传播;有了无线考试作弊器材,试题和答案才得以在考场内外顺利传递。从功能上看,作弊器材的作用就是将考场内的试题传出去或将答案发送给考生,相应的,相关器材包括密拍、发送和接收设备三大类。密拍设备日益小型化,伪装也更加先进,如纽扣式数码相机、眼镜式和手表式密拍设备,其发射天线通常采用背心、腰带、发卡等形式;发送设备包括各种大功率发射机,负责将答案传送到考场中,实践中有的发射距离可达数公里;接收设备包括语音和数据接收器,语音接收机包括米粒耳机、牙齿接收机、颅骨接收机等;数据接收机则出现了尺子、橡皮、眼镜、签字笔等多种伪装。这里规定的"提供"作弊器材包括为其生产、向其销售、出租、出借等多种方式。这里规定的"其他帮助",包括进行无线作弊器材使用培训,窃取、出售考生信息,以及作弊网站的设立与维护等。

第 3 款是关于为考试作弊提供试题、答案犯罪的规定。根据该规定,为实施考试作弊行为,向他人非法出售或者提供法律规定的国家考试的试题、答案的,依照第 1 款的规定处罚,即处 3 年以下有期徒刑或者拘役,并处或者单处罚金;情节严重的,处 3 年以上 7 年以下有期徒刑,并处罚金。本款规定需要注意的是,行为人提供试题、答案的对象不限于组织作弊的团伙或个人,也包括参加考试的人员及其亲友,这一点不同于第 2 款规定的为组织考试作弊提供器材的犯罪。

第 4 款是关于代替他人或者让他人代替自己参加考试犯罪的规定。根据本款规定,代替他人或者让他人代替自己参加法律规定的国家考试的,处拘役或者管制,并处或者单处罚金。在《刑法修正案(九)》研究、审议过程中,有意见认为,对替考的可以通过取消考试成绩、限考、禁考等方式处理。如《公务员录用考试违纪违规行为处理办法(试行)》第 8 条规定,由他人替考或者冒名顶替他人参加考试的,由公务员考试机构或者招录机关给予其取消本次考试资格的处理,并由省级以上公务员主管部门给予其终身不得报考公务员的处理。根据《国家教育考试违规处理办法》第 9 条的规定,伪造、变造身份证、准考证及其他证明材料,由他人代替或者代替考生参加考试的,其所报名参加考试的各阶段、各科成绩无效;参加高等教育自学考试的,当次考试各科成绩无效。还可以视情节轻重,同时给予暂停参加该项考试1至3年的处理;情节特别严重的,可以同时给予暂停参加各种国家教育考试1至3年的处理。第12条规定,在校学生、在职教师有代替考生或者由他人代替参加考试的情形的,教育考试机构应当通报其所在学校,由学校根据有关规定严肃处理,直至开除学籍或者予以解聘。根据上述规定,对替考的人员给予终身禁考、开除、解聘等处理,足以达到惩戒的效果,从刑法谦抑性的角度考虑,不作犯罪处理为妥。审议中经反复研究,考虑到替考行为是比较严重的考试舞弊行为,很多替考的人员本身就是组织考试作弊犯罪团伙指派的,考试的范围也已经严格限定为法律规定的国家考试。因此,从维护社会诚信,惩治失信、背信行为的角度,对代替他人或者让他人代替自己参加考试的,作为犯罪加以规定也是必要和可行的。对本款规定的情形,首先应当根据相关规定予以取消考试资格、禁考等处理。

关于本条的时效问题,最高人民法院2015年10月29日发布的《关于〈中华人民共和国刑法修正案(九)〉时间效力问题的解释》第6条规定:"对于2015年10月31日以前组织考试作弊,为他人组织考试作弊提供作弊器材或者其他帮助,以及非法向他人出售或者提供考试试题、答案,根据修正前刑法应当以非法获取国家秘密罪、非法生产、销售间谍专用器材罪或者故意泄露国家秘密罪等追究刑事责任的,适用修正前刑法的有关规定。但是,根据修正后刑法第二百八十四条之一的规定处刑较轻的,适用修正后刑法的有关规定。"

【立法理由】

考试作弊行为破坏考试制度和人才选拔制度,妨碍公平竞争,破坏社会诚信,败坏社会风气,同时还会诱发其他违法犯罪行为,具有较为严重的社会危害性。从刑法的规定看,1997年《刑法》没有专门针对破坏国家考试制度的犯罪规定,对于实践中破坏考试秩序的犯罪,一般是根据作弊行为的具体情况,分别依照刑法的有关规定处理的。从法律适用的具体情况看,常用的罪名主要是,伪造国家机关公文、证件、印章罪,非法使用窃听、窃照专用器材罪,泄露国家秘密罪等。近年来,破坏考试秩序犯罪的情况出现了一些变化:一是考试作弊行为愈来愈猖獗;二是考试作弊的组织化程度越来越高,涉及面也越来越广;三是随着电子信息技术的快速发展,考试作弊活动越来越多地使用各种科技手段,使得考试组织者难以防范;四是围绕考试作弊,形成了各种违法犯罪活动相互依赖、分工严密的利益链条,惩处难度越来越大。为了保证依法举行的国家考试的正常进行,维护社会诚信,依法惩治失信、背信行为,根据有关方面的建议,全国人大常委会于2015年8月29日通过的《刑法修正案(九)》在刑法中增加了本条,对在依照法律规定举办的考试中组织考试作弊等各种破坏考试秩序的行为作出专门规定。这一规定体现了刑法在维护社会主义核心价值观、规范社会生活方面的引领和推动作用,对于净化社会风气,维护社会诚信具有积极意义。

【相关规定】

《中华人民共和国公务员法》

第二十八条 公务员录用考试采取笔试和面试的方式进行,考试内容根据公务员应当具备的基本能力和不同职位类别分别设置。

《中华人民共和国法官法》

第十二条 初任法官采用严格考核的办法,按照德才兼备的标准,从通过国家统一司法考试取得资格,并且具备法官条件的人员中择优提出人选。

人民法院的院长、副院长应当从法官或者其他具备法官条件的人员中择优提出人选。

《中华人民共和国教师法》

第十条 国家实行教师资格制度。

中国公民凡遵守宪法和法律,热爱教育事业,具有良好的思想品德,具备本法规定的学历或者经国家教师资格考试合格,有教育教学能力,经认定合格的,可以取得教师资格。

《中华人民共和国高等教育法》

第十九条 高级中等教育毕业或者具有同等学力的,经考试合格,由实施相应学历教育的高等学校录取,取得专科生或者本科生入学资格。

本科毕业或者具有同等学力的,经考试合格,由实施相应学历教育的高等学校或者经批准承担研究生教育任务的科学研究机构录取,取得硕士研究生入学资格。

硕士研究生毕业或者具有同等学力的,经考试合格,由实施相应学历教育的高等学校或者经批准承担研究生教育任务的科学研究机构录取,取得博士研究生入学资格。

允许特定学科和专业的本科毕业生直接取得博士研究生入学资格,具体办法由国务院教育行政部门规定。

第二十一条 国家实行高等教育自学考试制度,经考试合格的,发给相应的学历证书或者其他学业证书。

《国家教育考试违规处理办法》

第六条 考生违背考试公平、公正原则,在考试过程中有下列行为之一的,应当认定为考试作弊:

(一)携带与考试内容相关的材料或者存储有与考试内容相关资料的电子设备参加考试的;

(二)抄袭或者协助他人抄袭试题答案或者与考试内容相关的资料的;

(三)抢夺、窃取他人试卷、答卷或者胁迫他人为自己抄袭提供方便的;

(四)携带具有发送或者接收信息功能的设备的;

(五)由他人冒名代替参加考试的;

(六)故意销毁试卷、答卷或者考试材料的;

(七)在答卷上填写与本人身份不符的姓名、考号等信息的;

（八）传、接物品或者交换试卷、答卷、草稿纸的；

（九）其他以不正当手段获得或者试图获得试题答案、考试成绩的行为。

第七条 教育考试机构、考试工作人员在考试过程中或者在考试结束后发现下列行为之一的，应当认定相关的考生实施了考试作弊行为：

（一）通过伪造证件、证明、档案及其他材料获得考试资格、加分资格和考试成绩的；

（二）评卷过程中被认定为答案雷同的；

（三）考场纪律混乱、考试秩序失控，出现大面积考试作弊现象的；

（四）考试工作人员协助实施作弊行为，事后查实的；

（五）其他应认定为作弊的行为。

第九条 考生有第五条所列考试违纪行为之一的，取消该科目的考试成绩。

考生有第六条、第七条所列考试作弊行为之一的，其所报名参加考试的各阶段、各科成绩无效；参加高等教育自学考试的，当次考试各科成绩无效。

有下列情形之一的，可以视情节轻重，同时给予暂停参加该项考试1至3年的处理；情节特别严重的，可以同时给予暂停参加各种国家教育考试1至3年的处理：

（一）组织团伙作弊的；

（二）向考场外发送、传递试题信息的；

（三）使用相关设备接收信息实施作弊的；

（四）伪造、变造身份证、准考证及其他证明材料，由他人代替或者代替考生参加考试的。

参加高等教育自学考试的考生有前款严重作弊行为的，也可以给予延迟毕业时间1至3年的处理，延迟期间考试成绩无效。

第十二条 在校学生、在职教师有下列情形之一的，教育考试机

构应当通报其所在学校,由学校根据有关规定严肃处理,直至开除学籍或者予以解聘:

(一)代替考生或者由他人代替参加考试的;

(二)组织团伙作弊的;

(三)为作弊组织者提供试题信息、答案及相应设备等参与团伙作弊行为的。

《最高人民法院关于〈中华人民共和国刑法修正案(九)〉时间效力问题的解释》

第六条 对于2015年10月31日以前组织考试作弊,为他人组织考试作弊提供作弊器材或者其他帮助,以及非法向他人出售或者提供考试试题、答案,根据修正前刑法应当以非法获取国家秘密罪、非法生产、销售间谍专用器材罪或者故意泄露国家秘密罪等追究刑事责任的,适用修正前刑法的有关规定。但是,根据修正后刑法第二百八十四条之一的规定处刑较轻的,适用修正后刑法的有关规定。

二十六、在刑法第二百八十五条中增加一款作为第四款:"单位犯前三款罪的,对单位判处罚金,并对其直接负责的主管人员和其他直接责任人员,依照各该款的规定处罚。"

【说明】

修改后的《刑法》第285条规定:"违反国家规定,侵入国家事务、国防建设、尖端科学技术领域的计算机信息系统的,处三年以下有期徒刑或者拘役。

"违反国家规定,侵入前款规定以外的计算机信息系统或者采用其他技术手段,获取该计算机信息系统中存储、处理或者传输的数据,或者对该计算机信息系统实施非法控制,情节严重的,处三年以下有期徒刑或者拘役,并处或者单处罚金;情节特别严重的,处三年以上七年以下有期徒刑,并处罚金。

"提供专门用于侵入、非法控制计算机信息系统的程序、工具,或者明知他人实施侵入、非法控制计算机信息系统的违法犯罪行为而为其提供程序、工具,情节严重的,依照前款的规定处罚。

"单位犯前三款罪的,对单位判处罚金,并对其直接负责的主管人员和其他直接责任人员,依照各该款的规定处罚。"

修改后的《刑法》第285条共分4款。

第1款即1997年《刑法》第285条对违反国家规定,侵入国家事务、国防建设、尖端科学技术领域的计算机信息系统的行为及其处罚作了规定。"计算机信息系统",是指具备自动处理数据功能的系统,包括计算机、网络设备、通信设备、自动化控制设备等。国家事务、国防建设、尖端科学技术领域的计算机信息系统,涉及国家秘密等事关国家安全等重要事项的信息的处理,应当予以特殊保护。《中华人民共和国计算机信息系统安全保护条例》第4条规定:"计算机信息系统的安全保护工作,重点维护国家事务、经济建设、国防建设、尖端科学技术等重要领域的计算机信息系统的安全。"因此,本条第1款规定,违反国家规定,侵入国家事务、国防建设、尖端科学技术领域的计算机信息系统的,不论其侵入的动机和目的如何,也不需要在侵入后又实施窃取信息、进行攻击等侵害行为,侵入行为本身即构成犯罪。本条第1款的规定,体现了对国家事务、国防建设、尖端科学技术领域的计算机信息系统安全的特殊保护。需要说明的一点是,从法定刑的设置看,有本条第1款行为的,最高处3年有期徒刑,有本条第2款行为的,即侵入国家事务、国防建设、尖端科学技术领域的计算机信息系统以外的其他普通计算机信息系统的,最高可以处7年有期徒刑,似乎侵入需要加以特殊保护的国家事务、国防建设、尖端科学技术领域的计算机信息系统,其法定刑还不如侵入这些重要信息系统之外的其他普通计算机信息系统的法定刑高。实际上本条第1款规定的犯罪与第2款规定的犯罪在构成犯罪的条件上具有较大差别。如上所述,侵入国家事务、国防建设、尖端科学技术领域的计算机信息系统犯罪,只要行为人实施了侵入行为,即可构成。而本条第

2款规定的犯罪,不仅要有侵入行为,还要有侵入计算机信息系统后从事非法获取计算机信息系统中的信息,或者对计算机信息系统实施非法控制的行为,仅实施侵入行为不构成本罪。因此,从构成犯罪的条件看,侵入国家事务、国防建设、尖端科学技术领域的计算机信息系统犯罪的入罪门槛更低。另外,如果行为人侵入国家事务、国防建设、尖端科学技术领域的计算机信息系统后,非法获取这些计算机信息系统中存储、处理、传输的信息的,还可能构成窃取、刺探国家秘密罪,间谍罪等严重犯罪,应当依照处罚较重的相关犯罪追究刑事责任,而不再按照本条第1款的规定处罚,因此,其实际适用的刑罚远重于本条第2款规定的刑罚。

第2款对违反国家规定,侵入第1款规定的计算机信息系统之外的其他普通计算机信息系统或者采用其他技术手段,获取该计算机信息系统中的数据,或者对该计算机信息系统实施非法控制的犯罪行为作了规定。根据本款的规定,行为人构成本罪需要同时具备以下条件:

(1) 行为人实施了非法获取他人计算机信息系统中存储、处理或者传输的数据的行为,或者实施了对他人计算机信息系统进行非法控制的行为。

第一,关于非法获取他人计算机信息系统中存储、处理或者传输的数据的行为。"获取"包括从他人计算机信息系统中窃取,如直接侵入他人计算机信息系统,秘密复制他人存储的信息;也包括骗取,如设立假冒网站,在受骗用户登录时,要求用户输入账号、密码等信息。计算机信息系统中"存储"的数据,是指在用户计算机信息系统的硬盘或其他存储介质中保存的信息,如用户计算机中存储的文件。计算机信息系统中"处理"的数据,是指他人计算机信息系统正在运算中的信息。计算机信息系统中"传输"的数据,是指他人计算机信息系统各设备、设施之间,或者与其他计算机信息系统之间正在交换、输送中的信息,如敲击键盘、移动鼠标向主机发出操作指令,就会在键盘、鼠标与计算机主机之间产生数据的传输。"存储""处理"和"传输"这三种形态,涵括了计算机信息系统中所有的数据形态,不论行为人非法获取处于哪种形态的数据,均符合法律的规定。

第二,关于对他人计算机信息系统实施非法控制。"非法控制",是指通过各种技术手段,使他人计算机信息系统处于其掌控之中,能够接受其发出的指令,完成相应的操作活动。例如,通过给他人计算机信息系统中植入"木马程序"对他人计算机信息系统加以控制,可以"指挥"被控制的计算机实施网络攻击等活动。"非法控制"包括对他人计算机实现完全控制,也包括只实现对他人计算机信息系统的部分控制,不论实际控制的程度如何,只要能够使他人计算机信息系统执行其发出的指令即可。非法控制他人计算机信息系统,只要求行为人采用侵入等技术手段对他人计算机进行了实际控制,行为人在对他人计算机信息系统加以控制的,即可构成犯罪,并不要求一定要实施进一步的侵害行为。这样规定是考虑到非法控制他人计算机信息系统,往往是为进一步实施其他违法犯罪行为做准备,具有很大的潜在危险性。有的案件中行为人非法控制数十万甚至上百万台联网计算机,组建"僵尸网络"。如果行为人操纵这些被控制的计算机实施拒绝服务攻击等网络破坏活动,后果将非常严重。因此,对非法控制他人计算机信息系统的行为,情节严重的,有必要在其尚未实施进一步的侵害活动时,即予以打击。

需要说明的是,本款是针对非法控制计算机信息系统行为作出的规定,如果行为人实施非法控制后,进一步实施其他危害行为,可能构成刑法规定的其他犯罪。例如,非法获取他人网上银行账号、密码用于盗窃财物的,对电力、电信等计算机信息系统实施非法控制并从事危害公共安全的破坏活动的,就需要司法机关根据案件的具体情况,选择适用相应的法律规定。

(2)行为人非法获取他人计算机信息系统中的数据或者对他人计算机信息系统加以非法控制,是基于"侵入或者其他技术手段"。"侵入",是指未经授权或者他人同意,通过技术手段进入计算机信息系统。例如,通过技术手段突破他人计算机信息系统安全防护设置,进入他人计算机信息系统;入侵他人网站并植入"木马程序",在用户访问该网站时,伺机侵入用户计算机信息系统;建立色情、免费软件下载等网站,吸引用户访问并在用户计算机信息系统中植入事先"挂"好的"木马"程序。不论行为人采用何种手法,其实质是违背他人意愿,进入他人计算机信息系统。违背他人意愿,包括行为人采用技术手段强行进入,如破坏他人计算机安全防护系统进入,也包括未征得他人同意或者授权擅自进入。"其他技术手段"是关于行为人可能采用的手段的兜底性规定,是针对实践中随着计算机技术的发展可能出现的各种手段作出的规定。刑法之所以将行为人非法获取他人计算机信息系统中的数据或者对他人计算机信息系统实施非法控制的手段限定在"侵入"或"其他技术手段",是因为本罪是针对互联网上各种危害计算机网络安全的犯罪作出的规定。至于采用网络技术手段以外的其他手段,如进入他人办公室直接实施秘密复制行为的,不属于本款规定的行为。

根据本款规定,行为人的行为"情节严重"的,才构成犯罪。根据《最高人民法院、最高人民检察院关于办理危害计算机信息系统安全刑事案件应用法律若干问题的解释》(法释〔2011〕19号)第1条的规定:"非法获取计算机信息系统数据或者非法控制计算机信息系统,具有下列情形之一的,应当认定为刑法第二百八十五条第二款规定的'情节严重':(一)获取支付结算、证券交易、期货交易等网络金融服务的身份认证信息十组以上的;(二)获取第(一)项以外的身份认证信息五百组以上的;(三)非法控制计算机信息系统二十台以上的;(四)违法所得五千元以上或者造成经济损失一万元以上的;(五)其他情节严重的情形。实施前款规定行为,具有下列情形之一的,应当认定为刑法第二百八十五条第二款规定的'情节特别严重':(一)数量或者数额达到前款第(一)项至第(四)项规定标准五倍以上的;(二)其他情节特别严重的情形。明知是他人非法控制的计算机信息系统,而对该计算机信息系统的控制权加以利用的,依照前两款的规定定罪处罚。"

第 3 款对非法提供实施侵入、非法控制计算机信息系统的专用程序、工具，或者明知他人实施侵入、非法控制计算机信息系统的违法犯罪行为而为其提供程序、工具的行为作了规定。"提供"包括出售等有偿提供，也包括提供免费下载等行为；包括直接提供给他人，也包括在网上供他人下载等。根据本款规定，为他人提供实施侵入、非法控制计算机信息系统的程序、工具的行为包括两种情形：

一种情形是提供专用程序、工具。是指行为人所提供的程序、工具只能用于实施非法侵入、非法控制计算机信息系统的用途。例如，为他人提供专门用于窃取网上银行账号的"网银木马"程序。由于所提供程序、工具的用途本身足以表明该程序、工具的违法性，进而表明行为人主观上对其所提供程序将被用于非法侵入、控制他人计算机信息系统的情况是明知的，因此法律规定提供实施侵入、非法控制计算机信息系统专用程序、工具的，即可构成犯罪。根据《最高人民法院、最高人民检察院关于办理危害计算机信息系统安全刑事案件应用法律若干问题的解释》（法释〔2011〕19 号）第 2 条的规定："具有下列情形之一的程序、工具，应当认定为刑法第二百八十五条第三款规定的'专门用于侵入、非法控制计算机信息系统的程序、工具'：（一）具有避开或者突破计算机信息系统安全保护措施，未经授权或者超越授权获取计算机信息系统数据的功能的；（二）具有避开或者突破计算机信息系统安全保护措施，未经授权或者超越授权对计算机信息系统实施控制的功能的；（三）其他专门设计用于侵入、非法控制计算机信息系统、非法获取计算机信息系统数据的程序、工具。"

另一种情形是行为人明知他人实施侵入、非法控制计算机信息系统的违法犯罪行为而为其提供程序、工具。是指从行为人所提供的程序、工具本身的属性看，可以用于非法用途，也可以用于合法用途，即仅凭程序、工具本身的性质尚不能够完全确定行为人所实施行为的违法性。这种情况下，行为人是否构成犯罪，就需要考虑其主观方面对其行为的性质是否有明确的认识。明知而故犯的，应当依照本款的规定予以追究。对确实不知他人将其所提供的程序、工具用于实施非法侵入、非法控制计算机信息系统的违法犯罪行为的,不构成犯罪。根据本款规定,行为人的行为"情节严重"的,才构成犯罪。根据《最高人民法院、最高人民检察院关于办理危害计算机信息系统安全刑事案件应用法律若干问题的解释》(法释〔2011〕19号)第3条的规定:"提供侵入、非法控制计算机信息系统的程序、工具,具有下列情形之一的,应当认定为刑法第二百八十五条第三款规定的'情节严重':(一)提供能够用于非法获取支付结算、证券交易、期货交易等网络金融服务身份认证信息的专门性程序、工具五人次以上的;(二)提供第(一)项以外的专门用于侵入、非法控制计算机信息系统的程序、工具二十人次以上的;(三)明知他人实施非法获取支付结算、证券交易、期货交易等网络金融服务身份认证信息的违法犯罪行为而为其提供程序、工具五人次以上的;(四)明知他人实施第(三)项以外的侵入、非法控制计算机信息系统的违法犯罪行为而为其提供程序、工具二十人次以上的;(五)违法所得五千元以上或者造成经济损失一万元以上的;(六)其他情节严重的情形。实施前款规定行为,具有下列情形之一的,应当认定为提供侵入、非法控制计算机信息系统的程序、工具'情节特别严重':(一)数量或者数额达到前款第(一)项至第(五)项规定标准五倍以上的;(二)其他情节特别严重的情形。"

第4款对单位犯前三款罪的作了规定。单位实施前三款规定的行为,根据本款规定构成相应的单位犯罪,采取"双罚制",既要对单位判处罚金,又要追究单位直接负责的主管人员和其他直接责任人员的刑事责任。根据最高人民法院2001年印发供法院参照执行的《全国法院审理金融犯罪案件工作座谈会纪要》的规定,"直接负责的主管人员",是在单位实施的犯罪中起决定、批准、授意、纵容、指挥等作用的人员,一般是单位的主管负责人,包括法定代表人。"其他直接责任人员",是在单位犯罪中具体实施犯罪并起较大作用的人员,既可以是单位的经营管理人员,也可以是单位的职工,包括聘任、雇佣的人员。对单位犯罪中的直接负责的主管人员和其他直接责任人员,应根据其在单位犯罪中的地位、作用和犯罪情节,分别处以相应的刑罚,主管人员与直接责任人员,在个案中,不是当然的主、从犯关系,有的案件,主管人员与直接责任人员在实施犯罪行为的主从关系不明显的,可不分主、从犯。但具体案件可以分清主、从犯,且不分清主、从犯,在同一法定刑档次、幅度内量刑无法做到罪刑相适应的,应当分清主、从犯,依法处罚。

【立法理由】

《刑法修正案(九)》通过之前,本条前三款规定的非法侵入计算机信息系统罪,非法获取计算机信息系统数据、非法控制计算机信息系统罪和提供侵入、非法控制计算机信息系统程序、工具罪只规定了自然人犯罪,没有规定单位犯罪。实践中,存在单位实施以上犯罪的情况,单位实施以上犯罪往往影响范围更广、危害更为严重,除追究有关责任人员的刑事责任,还应当对单位给予经济制裁。将前三款犯罪增加规定单位犯罪,采取"双罚制",对单位判处罚金,使其不能通过犯罪得到非法利益,并对单位直接负责的主管人员和其他直接责任人员判处相应的刑罚,能够全面准确地体现罪刑相适应原则,对单位犯罪起到足够的警戒作用,有利于更好地预防、打击和惩治单位实施上述犯罪。因此,2015年8月29日通过的《刑法修正案(九)》增加一款规定:"单位犯前三款罪的,对单位判处罚金,并对其直接负责的主管人员和其他直接责任人员,依照各该款的规定处罚。"

【相关规定】

《中华人民共和国计算机信息系统安全保护条例》

第四条 计算机信息系统的安全保护工作,重点维护国家事务、经济建设、国防建设、尖端科学技术等重要领域的计算机信息系统的安全。

《最高人民法院关于审理危害军事通信刑事案件具体应用法律若干问题的解释》

第六条第三款 违反国家规定,侵入国防建设、尖端科学技术领域的军事通信计算机信息系统,尚未对军事通信造成破坏的,依照刑法第二百八十五条的规定定罪处罚;对军事通信造成破坏,同时构成刑法第二百八十五条、第二百八十六条、第三百六十九条第一款规定的犯罪的,依照处罚较重的规定定罪处罚。

《最高人民法院、最高人民检察院关于办理危害计算机信息系统安全刑事案件应用法律若干问题的解释》

第一条 非法获取计算机信息系统数据或者非法控制计算机信息系统,具有下列情形之一的,应当认定为刑法第二百八十五条第二款规定的"情节严重":

(一)获取支付结算、证券交易、期货交易等网络金融服务的身份认证信息十组以上的;

(二)获取第(一)项以外的身份认证信息五百组以上的;

(三)非法控制计算机信息系统二十台以上的;

(四)违法所得五千元以上或者造成经济损失一万元以上的;

(五)其他情节严重的情形。

实施前款规定行为,具有下列情形之一的,应当认定为刑法第二百八十五条第二款规定的"情节特别严重":

(一)数量或者数额达到前款第(一)项至第(四)项规定标准五倍以上的;

(二)其他情节特别严重的情形。

明知是他人非法控制的计算机信息系统,而对该计算机信息系统的控制权加以利用的,依照前两款的规定定罪处罚。

第二条 具有下列情形之一的程序、工具,应当认定为刑法第二百八十五条第三款规定的"专门用于侵入、非法控制计算机信息系统的程序、工具":

(一)具有避开或者突破计算机信息系统安全保护措施,未经授权或者超越授权获取计算机信息系统数据的功能的；

（二）具有避开或者突破计算机信息系统安全保护措施，未经授权或者超越授权对计算机信息系统实施控制的功能的；

（三）其他专门设计用于侵入、非法控制计算机信息系统、非法获取计算机信息系统数据的程序、工具。

第三条　提供侵入、非法控制计算机信息系统的程序、工具，具有下列情形之一的，应当认定为刑法第二百八十五条第三款规定的"情节严重"：

（一）提供能够用于非法获取支付结算、证券交易、期货交易等网络金融服务身份认证信息的专门性程序、工具五人次以上的；

（二）提供第（一）项以外的专门用于侵入、非法控制计算机信息系统的程序、工具二十人次以上的；

（三）明知他人实施非法获取支付结算、证券交易、期货交易等网络金融服务身份认证信息的违法犯罪行为而为其提供程序、工具五人次以上的；

（四）明知他人实施第（三）项以外的侵入、非法控制计算机信息系统的违法犯罪行为而为其提供程序、工具二十人次以上的；

（五）违法所得五千元以上或者造成经济损失一万元以上的；

（六）其他情节严重的情形。

实施前款规定行为，具有下列情形之一的，应当认定为提供侵入、非法控制计算机信息系统的程序、工具"情节特别严重"：

（一）数量或者数额达到前款第（一）项至第（五）项规定标准五倍以上的；

（二）其他情节特别严重的情形。

二十七、在刑法第二百八十六条中增加一款作为第四款："单位犯前三款罪的，对单位判处罚金，并对其直接负责的主管人员和其他直接责任人员，依照第一款的规定处罚。"

【说明】

修改后的《刑法》第 286 条规定:"违反国家规定,对计算机信息系统功能进行删除、修改、增加、干扰,造成计算机信息系统不能正常运行,后果严重的,处五年以下有期徒刑或者拘役;后果特别严重的,处五年以上有期徒刑。

"违反国家规定,对计算机信息系统中存储、处理或者传输的数据和应用程序进行删除、修改、增加的操作,后果严重的,依照前款的规定处罚。

"故意制作、传播计算机病毒等破坏性程序,影响计算机系统正常运行,后果严重的,依照第一款的规定处罚。

"单位犯前三款罪的,对单位判处罚金,并对其直接负责的主管人员和其他直接责任人员,依照第一款的规定处罚。"

修改后的《刑法》第 286 条共分 4 款。

第 1 款是关于破坏计算机信息系统功能的犯罪及其处刑的规定。根据本款规定,破坏计算机信息系统功能犯罪,是指违反国家规定,对计算机信息系统功能进行删除、修改、增加、干扰,造成计算机信息系统不能正常运行,后果严重的行为。这里的"违反国家规定",是指违反国家关于保护计算机安全的有关规定,主要是指违反《中华人民共和国计算机信息系统安全保护条例》的规定。"计算机信息系统功能",是指在计算机中,按照一定的应用目标和规则对信息进行采集、加工、存储、传输、检索的功用和能力。"删除",是指将原有的计算机信息系统功能除去,使之不能正常运转。"修改",是指对原有的计算机信息系统功能进行改动,使之不能正常运转。"增加",是指在计算机系统里增加某种功能,致使原有的功能受到影响或者破坏,无法正常运转。"干扰",是指用删除、修改、增加以外的其他方法,破坏计算机信息系统功能,使其不能正常运行。"不能正常运行",是指计算机信息系统失去功能,不能运行或者计算机信息系统功能不能按原来设计的要求运行。根据本款规定,"后果严重"是构成本罪的要件,没有造成严重后果的,不构成本罪。本款根据犯罪后果轻重,规定了两档处刑:一是"后果严重"的,处5年以下有期徒刑或者拘役;二是"后果特别严重"的,处5年以上有期徒刑。

第2款是关于故意破坏计算机信息系统的数据和应用程序的犯罪及其处刑的规定。根据本款规定,这一犯罪是指违反国家规定,对计算机信息系统中存储、处理或者传输的数据和应用程序进行删除、修改、增加的操作,后果严重的行为。这里的"违反国家规定",是指违反国家对计算机管理的有关规定,主要是指违反《中华人民共和国计算机信息系统安全保护条例》的规定;"计算机信息系统中存储、处理或者传输的数据",是指在计算机信息系统中实际处理的一切文字、符号、声音、图像等内容的有意义的组合;"计算机应用程序",是用户使用数据库的一种方式,是用户按数据库授予的子模式的逻辑结构,书写对数据进行操作和运算的程序;"删除操作",是指将计算机信息系统中存储、处理或者传输的数据和应用程序的全部或者一部删去;"修改操作",是指对上述数据和应用程序进行改动;"增加操作",是指在计算机信息系统中增加新的数据和应用程序。根据本款规定,行为人的行为"后果严重"的才构成犯罪,没有造成严重后果的不构成本罪。"依照前款的规定处罚",是指对本款规定的犯罪,处5年以下有期徒刑或者拘役;后果特别严重的,处5年以上有期徒刑。

根据《最高人民法院、最高人民检察院关于办理危害计算机信息系统安全刑事案件应用法律若干问题的解释》(法释〔2011〕19号)第4条的规定:"破坏计算机信息系统功能、数据或者应用程序,具有下列情形之一的,应当认定为刑法第二百八十六条第一款和第二款规定的'后果严重':(一)造成十台以上计算机信息系统的主要软件或者硬件不能正常运行的;(二)对二十台以上计算机信息系统中存储、处理或者传输的数据进行删除、修改、增加操作的;(三)违法所得五千元以上或者造成经济损失一万元以上的;(四)造成为一百台以上计算机信息系统提供域名解析、身份认证、计费等基础服务或者为一万以上用户提供服务的计算机信息系统不能正常运行累计一小时以上的;(五)造成其他严重后果的。实施前款规定行为,具有下列情形之一的,应当认定为破坏计算机信息系统'后果特别严重':(一)数量或者数额达到前款第(一)项至第(三)项规定标准五倍以上的;(二)造成为五百台以上计算机信息系统提供域名解析、身份认证、计费等基础服务或者为五万以上用户提供服务的计算机信息系统不能正常运行累计一小时以上的;(三)破坏国家机关或者金融、电信、交通、教育、医疗、能源等领域提供公共服务的计算机信息系统的功能、数据或者应用程序,致使生产、生活受到严重影响或者造成恶劣社会影响的;(四)造成其他特别严重后果的。"

第3款是关于故意制作、传播破坏性程序的犯罪及其处刑的规定。根据本款规定,这一犯罪是指故意制作、传播计算机病毒等破坏性程序,影响计算机系统正常运行,后果严重的行为。"计算机系统",是指具备自动处理数据功能的系统,包括计算机、网络设备、通信设备、自动化控制设备等。"故意制作",是指通过计算机,编制、设计针对计算机信息系统的破坏性程序的行为;"故意传播",是指通过计算机信息系统(含网络),直接输入、输出破坏性程序,或者将已输入破坏性程序的软件加以派送、散发、销售的行为。"计算机破坏性程序",是指隐藏在可执行程序中或数据文件中,在计算机内部运行的一种干扰程序,破坏性程序的典型是计算机病毒。"计算机病毒",是指在计算机中编制的或者在计算机程序中插入的破坏计算机功能或者毁坏数据,影响计算机使用,并能自我复制的一组计算机指令或者程序代码。计算机病毒具有可传播性、可激发性和可潜伏性,对于大、中、小、微型计算机和计算机网络都具有巨大的危害和破坏性,是计算机犯罪者对计算机进行攻击的最严重的方法,可能夺走大量的资金、人力和计算机资源,破坏各种文件及数据,使机器瘫痪,造成难以挽回的损失。计算机病毒同一般生物病毒一样,具有多样性和传染性,可以"繁殖"和传播,有些病毒传播很快,并且一旦侵入系统就马上摧毁系统,另一些病毒则有较长的潜伏期,在潜伏一段时间后才发作。根据《最高人民法院、最高人民检察院关于办理危害计算机信息系统安全刑事案件应用法律若干问题的解释》(法释〔2011〕19号)

第5条的规定:"具有下列情形之一的程序,应当认定为刑法第二百八十六条第三款规定的'计算机病毒等破坏性程序':(一)能够通过网络、存储介质、文件等媒介,将自身的部分、全部或者变种进行复制、传播,并破坏计算机系统功能、数据或者应用程序的;(二)能够在预先设定条件下自动触发,并破坏计算机系统功能、数据或者应用程序的;(三)其他专门设计用于破坏计算机系统功能、数据或者应用程序的程序。"所谓"影响计算机系统正常运行",是指计算机病毒等破坏性程序发作后,导致原有的计算机信息系统和应用程序不能正常运行。"后果严重"是构成本罪的要件。根据《最高人民法院、最高人民检察院关于办理危害计算机信息系统安全刑事案件应用法律若干问题的解释》(法释〔2011〕19号)第6条的规定:"故意制作、传播计算机病毒等破坏性程序,影响计算机系统正常运行,具有下列情形之一的,应当认定为刑法第二百八十六条第三款规定的'后果严重':(一)制作、提供、传输第五条第(一)项规定的程序,导致该程序通过网络、存储介质、文件等媒介传播的;(二)造成二十台以上计算机系统被植入第五条第(二)、(三)项规定的程序的;(三)提供计算机病毒等破坏性程序十人次以上的;(四)违法所得五千元以上或者造成经济损失一万元以上的;(五)造成其他严重后果的。实施前款规定行为,具有下列情形之一的,应当认定为破坏计算机信息系统'后果特别严重':(一)制作、提供、传输第五条第(一)项规定的程序,导致该程序通过网络、存储介质、文件等媒介传播,致使生产、生活受到严重影响或者造成恶劣社会影响的;(二)数量或者数额达到前款第(二)项至第(四)项规定标准五倍以上的;(三)造成其他特别严重后果的。""依照第一款的规定处罚",是指对本款规定的犯罪,处5年以下有期徒刑或者拘役;后果特别严重的,处5年以上有期徒刑。

第4款对单位犯前三款罪的作了规定。单位实施前三款规定的行为,根据本款规定构成单位犯罪,采取"双罚制",既要对单位判处罚金,又要对单位直接负责的主管人员和其他直接责任人员追究刑事责任,即后果严重的,处 5 年以下有期徒刑或者拘役;后果特别严重的,处 5 年以上有期徒刑。

【立法理由】

《刑法修正案(九)》通过之前,本条前三款规定的破坏计算机信息系统罪只规定了自然人犯罪,没有规定单位犯罪。实践中,存在单位实施以上犯罪的情况,单位实施以上犯罪往往影响范围更广、危害更为严重,除追究有关责任人员的刑事责任,还应当对单位给予经济制裁。将前三款犯罪增加规定单位犯罪,采取"双罚制",对单位判处罚金,使其不能通过犯罪得到非法利益,并对单位直接负责的主管人员和其他直接责任人员判处相应的刑罚,能够全面准确地体现罪刑相适应原则,对单位犯罪起到足够的警戒作用,有利于更好地预防、打击和惩治单位实施上述犯罪。因此,2015 年 8 月 29 日通过的《刑法修正案(九)》增加一款规定:"单位犯前三款罪的,对单位判处罚金,并对其直接负责的主管人员和其他直接责任人员,依照第一款的规定处罚。"

【相关规定】

《最高人民法院、最高人民检察院关于办理危害计算机信息系统安全刑事案件应用法律若干问题的解释》

第四条 破坏计算机信息系统功能、数据或者应用程序,具有下列情形之一的,应当认定为刑法第二百八十六条第一款和第二款规定的"后果严重":

(一)造成十台以上计算机信息系统的主要软件或者硬件不能正常运行的;

(二)对二十台以上计算机信息系统中存储、处理或者传输的数据进行删除、修改、增加操作的;

(三)违法所得五千元以上或者造成经济损失一万元以上的;

(四)造成为一百台以上计算机信息系统提供域名解析、身份认证、计费等基础服务或者为一万以上用户提供服务的计算机信息系统不能正常运行累计一小时以上的；

（五）造成其他严重后果的。

实施前款规定行为，具有下列情形之一的，应当认定为破坏计算机信息系统"后果特别严重"：

（一）数量或者数额达到前款第（一）项至第（三）项规定标准五倍以上的；

（二）造成为五百台以上计算机信息系统提供域名解析、身份认证、计费等基础服务或者为五万以上用户提供服务的计算机信息系统不能正常运行累计一小时以上的；

（三）破坏国家机关或者金融、电信、交通、教育、医疗、能源等领域提供公共服务的计算机信息系统的功能、数据或者应用程序，致使生产、生活受到严重影响或者造成恶劣社会影响的；

（四）造成其他特别严重后果的。

第五条　具有下列情形之一的程序，应当认定为刑法第二百八十六条第三款规定的"计算机病毒等破坏性程序"：

（一）能够通过网络、存储介质、文件等媒介，将自身的部分、全部或者变种进行复制、传播，并破坏计算机系统功能、数据或者应用程序的；

（二）能够在预先设定条件下自动触发，并破坏计算机系统功能、数据或者应用程序的；

（三）其他专门设计用于破坏计算机系统功能、数据或者应用程序的程序。

第六条　故意制作、传播计算机病毒等破坏性程序，影响计算机系统正常运行，具有下列情形之一的，应当认定为刑法第二百八十六条第三款规定的"后果严重"：

（一）制作、提供、传输第五条第（一）项规定的程序，导致该程序通过网络、存储介质、文件等媒介传播的；

（二）造成二十台以上计算机系统被植入第五条第（二）、（三）

项规定的程序的；

（三）提供计算机病毒等破坏性程序十人次以上的；

（四）违法所得五千元以上或者造成经济损失一万元以上的；

（五）造成其他严重后果的。

实施前款规定行为，具有下列情形之一的，应当认定为破坏计算机信息系统"后果特别严重"：

（一）制作、提供、传输第五条第（一）项规定的程序，导致该程序通过网络、存储介质、文件等媒介传播，致使生产、生活受到严重影响或者造成恶劣社会影响的；

（二）数量或者数额达到前款第（二）项至第（四）项规定标准五倍以上的；

（三）造成其他特别严重后果的。

二十八、在刑法第二百八十六条后增加一条，作为第二百八十六条之一："网络服务提供者不履行法律、行政法规规定的信息网络安全管理义务，经监管部门责令采取改正措施而拒不改正，有下列情形之一的，处三年以下有期徒刑、拘役或者管制，并处或者单处罚金：

"（一）致使违法信息大量传播的；

"（二）致使用户信息泄露，造成严重后果的；

"（三）致使刑事案件证据灭失，情节严重的；

"（四）有其他严重情节的。

"单位犯前款罪的，对单位判处罚金，并对其直接负责的主管人员和其他直接责任人员，依照前款的规定处罚。

"有前两款行为，同时构成其他犯罪的，依照处罚较重的规定定罪处罚。"

【说明】

本条共分3款。

第1款是关于对网络服务提供者不履行法律、行政法规规定的安全管理义务如何定罪处罚的规定。根据本款规定,不履行网络安全管理义务犯罪具有以下特征:

(1)犯罪的主体是网络服务提供者,包括通过计算机互联网、广播电视网、固定通信网、移动通信网等信息网络,向公众提供网络服务的机构和个人。根据其提供的服务内容,可以分为互联网接入服务提供者和互联网内容服务提供者。其中,互联网接入服务提供者为终端用户提供专线、拨号上网或者其他接入互联网的服务,包括物理网络提供商和网络接口提供商;互联网内容服务提供者向用户提供新闻、信息、资料、音视频等内容服务,如新浪、搜狐、163等国内知名互联网企业就是典型的互联网内容提供商。此外,按照服务对象和提供信息的不同,还可以进一步分为网上媒体运营商、数据库运营商、信息咨询商和信息发布代理商等。

(2)犯罪客观方面,需要具备下列条件:一是行为人不履行法律、行政法规规定的信息网络安全管理义务;二是行为人经监管部门责令改正而拒不改正;三是行为人拒不改正的行为导致特定危害后果的发生。

① 行为人不履行法律、行政法规规定的信息网络安全管理义务。根据本款规定,网络服务提供者不履行网络安全管理义务,是指不履行法律和行政法规规定的义务。司法实践中在认定行为人是否有不履行相关安全管理义务的行为时,需要结合相关法律、行政法规关于安全管理义务的具体规定和要求认定。这方面的法律、行政法规主要有《全国人民代表大会常务委员会关于加强网络信息保护的决定》《互联网信息服务管理办法》《计算机信息网络国际联网安全保护管理办法》《中华人民共和国电信条例》等。根据这些法律、行政法规的规定,网络服务提供者的安全管理义务主要有:一是落实信息网络安全管理制度和安全保护技术措施。互联网服务提供者应当

建立相应的管理制度,包括网站安全保障制度、信息安全保密管理制度、用户信息安全管理制度等。如《全国人民代表大会常务委员会关于加强网络信息保护的决定》要求网络服务提供者为用户办理网站接入服务,办理固定电话、移动电话等入网手续,或者为用户提供信息发布服务,应当在与用户签订协议或者确认提供服务时,要求用户提供真实身份信息。应当采取技术措施和其他必要措施,确保信息安全,防止在业务活动中收集的公民个人电子信息泄露、毁损、丢失。在发生或者可能发生信息泄露、毁损、丢失的情况时,应当立即采取补救措施。二是及时发现、处置违法信息。根据《中华人民共和国电信条例》《互联网信息服务管理办法》等规定,互联网信息服务提供者应当向上网用户提供良好的服务,并保证所提供的信息内容合法。任何单位和个人不得利用互联网制作、复制、查阅和传播违法信息,网络服务提供者发现上述信息,应当立即停止传输该信息,采取删除网络中含有上述内容的地址、目录或者关闭服务器等处置措施,同时保留有关原始记录,并向主管部门报告。三是网络服务提供者在提供服务过程中,应当对网上信息和网络日志信息记录进行备份和留存。如《互联网信息服务管理办法》要求从事新闻、出版以及电子公告等服务项目的互联网信息服务提供者,应当记录提供的信息内容及其发布时间、互联网地址或者域名;互联网接入服务提供者应当记录上网用户的上网时间、用户账号、互联网地址或者域名、主叫电话号码等信息。互联网信息服务提供者和互联网接入服务提供者的记录备份应当保存60日,并在国家有关机关依法查询时,予以提供。

②"经监管部门责令采取改正措施而拒不改正"。这里的监管部门是指依据法律、行政法规的规定对网络服务提供者负有监督管理职责的各个部门。由于信息网络安全涉及面较广,相关监管部门也涉及各个领域。如《互联网信息管理办法》第18条规定:"国务院信息产业主管部门和省、自治区、直辖市电信管理机构,依法对互联网信息服务实施监督管理。新闻、出版、教育、卫生、药品监督管理、工商行政管理和公安、国家安全等有关主管部门,在各自职责范围内

依法对互联网信息内容实施监督管理。"《国务院关于授权国家互联网信息办公室负责互联网信息内容管理工作的通知》授权国家互联网信息办公室负责全国互联网信息内容管理工作,并负责监督管理执法。《计算机信息网络国际联网安全保护管理办法》第3条中规定,公安部计算机管理监察机构负责计算机信息网络国际联网的安全保护管理工作。这里的"责令采取改正措施"应当是上述负有监督管理职责的部门,根据相关网络服务提供者在安全管理方面存在的问题,依法提出的改正错误,堵塞漏洞,加强防范等要求。即责令的主体,责令的方式和程序,都要有法律、行政法规的依据,符合依法行政的要求。至于监管部门"责令采取改正措施"的形式和内容,往往要视具体情况而定。有的是监管部门发现网络服务提供者安全防范措施不符合要求,要求其采取加强措施;有的是发现网络服务提供者没有严格执行相关安全管理制度,如对网上信息内容和网络日志信息记录备份不全或留存时间过短等;有的是在日常安全检查时发现网络上出现违法信息,要求网络服务提供者采取临时性补救措施,如监管部门发现传播违法信息的网址、目录或者服务器,通知网络服务提供者删除信息、关闭服务,防止信息进一步扩散;还有的是依法采取相关处罚措施,如责令停业整顿或者暂时关闭网站等。

③ 网络服务提供者被监管部门责令采取改正措施而拒不改正,并导致特定危害后果的发生。"拒不改正"是指明知而故意加以拒绝。实践中,认定网络服务提供者是否"拒不改正",应当考虑以下因素:一是网络服务提供者是否收到监管部门提出的责令采取改正措施的要求;相关责令整改要求是否明确、具体。二是网络服务提供者对监管部门提出的采取改正措施的要求,在主观上是否具有拖延或者拒绝执行的故意。三是网络服务提供者是否具有依照监管部门提出的要求,采取相应改正措施的能力。对于确实因为资源、技术等条件限制,没有或者一时难以达到监管部门要求的,不能认定为是本款规定的"拒不改正"。

根据本款的规定,网络服务提供者拒不采取改正措施,导致下列

危害后果发生的,才能追究其刑事责任:

第一,致使违法信息大量传播。违法信息是指其内容违反相关法律、法规规定的信息。如《中华人民共和国电信条例》第56条规定,"违法信息"是指含有反对宪法所确定的基本原则;危害国家安全,泄露国家秘密,颠覆国家政权,破坏国家统一;损害国家荣誉和利益;煽动民族仇恨、民族歧视,破坏民族团结;破坏国家宗教政策,宣扬邪教和封建迷信;散布谣言,扰乱社会秩序,破坏社会稳定;散布淫秽、色情、赌博、暴力、凶杀、恐怖或者教唆犯罪;侮辱或者诽谤他人,侵害他人合法权益;含有法律、行政法规禁止的其他内容等的信息。违法信息大量传播,会对公民的人身权利、财产权利以及国家安全、社会稳定等造成严重损害,因此,网络服务提供者拒不采取改正措施,致使发生违法信息大量传播的危害后果的,应当依照本款规定追究刑事责任。需要注意的是,造成违法信息大量传播本身就是其行为造成的危害后果,只要事实上造成了违法信息大量传播,即可构成本罪,而不是一定要发生具体的实害性的犯罪结果。认定违法信息大量传播,主要可根据违法信息的数量、被转载的次数、受众的人数以及传播的具体渠道等因素综合考量。

第二,致使用户信息泄露,造成严重后果的。这里的"用户信息"主要包括三类:一是关于用户基本情况信息,如网络服务提供者在服务的过程中收集的个人用户的姓名、出生日期、身份证件号码、住址、电话号码等,以及企业用户商业信息等。这类信息通常涉及用户个人隐私,也是法律保护的重点。二是用户的行为类信息,如用户购买服务或者产品的记录;与企业的联络记录;用户的消费行为、偏好、生活方式等相关信息。例如,电子商务网站记录的用户购买的商品、交易的时间、频率等;移动通讯公司记录的用户的通话时间、时长、呼叫号码、状态、通话频率等。三是与用户行为相关的,反映和影响用户行为和心理的相关信息,包括用户的满意度、忠诚度、对产品或服务的偏好、竞争对手行为,等等。上述用户信息有的涉及公民个人隐私,有的属于企业商业秘密,根据相关法律、行政法规的规定,网络服务提供者应当对其收集或者保存的用户信息采取保护措施,防止信息的泄露。"造成严重后果"包括:导致用户遭到人身伤害、名誉受到严重损害、受到较大经济损失、正常生活或者生产经营受到严重影响等。

第三,致使刑事案件证据灭失,情节严重的。主要是指网络服务提供者未按照要求保存用户信息或者采取其他安全防卫措施,导致相关刑事追诉活动因为重要证据灭失而遭受严重障碍。这里的"情节严重",主要可以根据所涉及的案件的重大程度、灭失的证据的重要性、证据灭失是否可补救、对刑事追诉活动的影响等因素综合考量。

第四,有其他严重情节的。这一规定是为了应对实践中可能出现的各种复杂情况,所作的一项兜底规定。司法实践中,在具体适用时可以参考本款前三项规定的情形中造成的社会危害程度,结合行为人拒不采取改正措施给公民合法权益,给社会公共利益以及国家利益造成的危害后果的具体情况认定。

对于本罪的刑罚,根据第1款的规定,网络服务提供者不履行安全管理义务,构成犯罪的,处3年以下有期徒刑、拘役或者管制,并处或者单处罚金。

第2款是关于单位不履行网络安全管理义务的处刑规定。实践中,网络服务提供者多数为互联网企业,现行法律、行政法规对互联网企业的安全管理义务都有明确具体的规定,只有互联网企业切实履行法律、行政法规赋予的安全管理义务,网络安全才能够真正落到实处,因此,本款对单位犯罪的处刑作了规定。根据本款规定,单位犯本罪的,实行双罚制,即对不履行网络安全管理义务的单位判处罚金,并对其直接负责的主管人员和其他直接责任人员,依照第1款的规定,处以3年以下有期徒刑、拘役或者管制,并处或者单处罚金。

第3款是关于有前两款行为,同时构成其他犯罪的,如何定罪处罚的规定。本条是对网络服务提供者拒不履行安全管理义务犯罪的专门规定。实践中网络服务提供者拒不履行安全管理义务的行为,根据其具体情况还可能构成刑法规定的其他犯罪,如《刑法》第120条之三规定的宣扬恐怖主义、极端主义、煽动实施恐怖活动罪,第364条规定的传播淫秽物品罪,第398条规定的故意或者过失泄露国家秘密罪,第307条规定的帮助毁灭、伪造证据罪,第311条规定的拒绝提供间谍犯罪证据罪等。根据本款的规定,对网络服务提供者不履行网络安全管理义务,构成其他犯罪的,依照处罚较重的规定定罪处罚,即从一重罪定罪处罚。

【立法理由】

随着信息技术的快速发展和在经济社会生活中的广泛应用,网络在给人们生活带来巨大便利的同时,网络安全问题也日益突出。为加强和规范网络安全技术防范工作,保障网络系统安全和网络信息安全,有关法律、行政法规对网络服务提供者规定了必要的网络安全管理义务。实践中,一些网络服务提供者不履行法律、行政法规规定的信息网络安全管理义务的情况比较常见,其中有的甚至造成了严重的危害后果。为此,《刑法修正案(九)》根据有关方面的意见,增加了本条规定,以促使网络服务提供者切实履行安全管理义务,保障网络安全和网络服务业的健康、有序发展。

互联网服务提供者不履行网络安全管理义务的社会危害性,主要体现在以下几个方面:一是为不法分子利用网络实施违法犯罪提供了条件。实践中,一些网络服务提供者因受利益驱动等原因,故意不落实法律、法规确定的安全管理义务,如有的对违法信息不采取屏蔽过滤措施、不审核查验接入网站主体资格;有的明知他人利用网络从事违法犯罪活动仍为其提供加密代理等服务,导致大量网络资源被用于违法犯罪活动。二是妨碍公安机关查处和打击网络违法犯罪行为。网络违法犯罪的证据多以电子数据的形式存在,电子数据具有难固定、难恢复、难提取、易删除、易篡改、易丢失的特点。网络服务提供者不按照规定对网上信息内容和网络日志信息记录进行备份和留存,使得相关证据缺失,影响公安机关依法查处网络违法犯罪。

还有的网络服务商非法为他人提供反侦查技术,如 VPN 代理(隐匿上网记录和登录 IP)、VPS(逃避网警追踪)和电话透传服务(修改或者冒用任何电话号码)等,使不法分子借以逃避追究和取证。三是危害公民的个人信息安全。网络服务提供者在为客户提供服务的过程中,收集、保存有大量的公民个人信息。按照有关法律、法规的规定,网络服务提供者有义务采取相应的保护措施,妥善保管这些信息,如果其不履行安全防范义务,就可能导致公民个人信息泄露,被不法分子用于实施诈骗等违法犯罪活动,危及公民人身和财产安全。

【相关规定】

《全国人民代表大会常务委员会关于加强网络信息保护的决定》

三、网络服务提供者和其他企业事业单位及其工作人员对在业务活动中收集的公民个人电子信息必须严格保密,不得泄露、篡改、毁损,不得出售或者非法向他人提供。

四、网络服务提供者和其他企业事业单位应当采取技术措施和其他必要措施,确保信息安全,防止在业务活动中收集的公民个人电子信息泄露、毁损、丢失。在发生或者可能发生信息泄露、毁损、丢失的情况时,应当立即采取补救措施。

五、网络服务提供者应当加强对其用户发布的信息的管理,发现法律、法规禁止发布或者传输的信息的,应当立即停止传输该信息,采取消除等处置措施,保存有关记录,并向有关主管部门报告。

六、网络服务提供者为用户办理网站接入服务,办理固定电话、移动电话等入网手续,或者为用户提供信息发布服务,应当在与用户签订协议或者确认提供服务时,要求用户提供真实身份信息。

十、有关主管部门应当在各自职权范围内依法履行职责,采取技术措施和其他必要措施,防范、制止和查处窃取或者以其他非法方式获取、出售或者非法向他人提供公民个人电子信息的违法犯罪行为以及其他网络信息违法犯罪行为。有关主管部门依法履行职责时,网络服务提供者应当予以配合,提供技术支持。

国家机关及其工作人员对在履行职责中知悉的公民个人电子信息应当予以保密,不得泄露、篡改、毁损,不得出售或者非法向他人提供。

十一、对有违反本决定行为的,依法给予警告、罚款、没收违法所得、吊销许可证或者取消备案、关闭网站、禁止有关责任人员从事网络服务业务等处罚,记入社会信用档案并予以公布;构成违反治安管理行为的,依法给予治安管理处罚。构成犯罪的,依法追究刑事责任。侵害他人民事权益的,依法承担民事责任。

《中华人民共和国电信条例》

第五十六条　任何组织或者个人不得利用电信网络制作、复制、发布、传播含有下列内容的信息:

(一)反对宪法所确定的基本原则的;

(二)危害国家安全,泄露国家秘密,颠覆国家政权,破坏国家统一的;

(三)损害国家荣誉和利益的;

(四)煽动民族仇恨、民族歧视,破坏民族团结的;

(五)破坏国家宗教政策,宣扬邪教和封建迷信的;

(六)散布谣言,扰乱社会秩序,破坏社会稳定的;

(七)散布淫秽、色情、赌博、暴力、凶杀、恐怖或者教唆犯罪的;

(八)侮辱或者诽谤他人,侵害他人合法权益的;

(九)含有法律、行政法规禁止的其他内容的。

《计算机信息网络国际联网安全保护管理办法》

第三条　公安部计算机管理监察机构负责计算机信息网络国际联网的安全保护管理工作。

公安机关计算机管理监察机构应当保护计算机信息网络国际联网的公共安全,维护从事国际联网业务的单位和个人的合法权益和公众利益。

第八条　从事国际联网业务的单位和个人应当接受公安机关的安全监督、检查和指导,如实向公安机关提供有关安全保护的信息、资料及数据文件,协助公安机关查处通过国际联网的计算机信息网络的违法犯罪行为。

第十八条 公安机关计算机管理监察机构发现含有本办法第五条所列内容的地址、目录或者服务器时,应当通知有关单位关闭或者删除。

《互联网信息服务管理办法》

第十八条 国务院信息产业主管部门和省、自治区、直辖市电信管理机构,依法对互联网信息服务实施监督管理。

新闻、出版、教育、卫生、药品监督管理、工商行政管理和公安、国家安全等有关主管部门,在各自职责范围内依法对互联网信息内容实施监督管理。

《国务院关于授权国家互联网信息办公室负责互联网信息内容管理工作的通知》

为促进互联网信息服务健康有序发展,保护公民、法人和其他组织的合法权益,维护国家安全和公共利益,授权重新组建的国家互联网信息办公室负责全国互联网信息内容管理工作,并负责监督管理执法。

二十九、在刑法第二百八十七条后增加二条,作为第二百八十七条之一、第二百八十七条之二:

"第二百八十七条之一 利用信息网络实施下列行为之一,情节严重的,处三年以下有期徒刑或者拘役,并处或者单处罚金:

"(一)设立用于实施诈骗、传授犯罪方法、制作或者销售违禁物品、管制物品等违法犯罪活动的网站、通讯群组的;

"(二)发布有关制作或者销售毒品、枪支、淫秽物品等违禁物品、管制物品或者其他违法犯罪信息的;

"(三)为实施诈骗等违法犯罪活动发布信息的。

"单位犯前款罪的,对单位判处罚金,并对其直接负责的主管人员和其他直接责任人员,依照第一款的规定处罚。

"有前两款行为,同时构成其他犯罪的,依照处罚较重的规定定罪处罚。

"第二百八十七条之二 明知他人利用信息网络实施犯罪,为其犯罪提供互联网接入、服务器托管、网络存储、通讯传输等技术支持,或者提供广告推广、支付结算等帮助,情节严重的,处三年以下有期徒刑或者拘役,并处或者单处罚金。

"单位犯前款罪的,对单位判处罚金,并对其直接负责的主管人员和其他直接责任人员,依照第一款的规定处罚。

"有前两款行为,同时构成其他犯罪的,依照处罚较重的规定定罪处罚。"

《刑法修正案(九)》第 29 条在《刑法》第 287 条后增加两条,作为第 287 条之一、第 287 条之二,分别说明如下:

1. 第二百八十七条之一 "利用信息网络实施下列行为之一,情节严重的,处三年以下有期徒刑或者拘役,并处或者单处罚金:

"(一)设立用于实施诈骗、传授犯罪方法、制作或者销售违禁物品、管制物品等违法犯罪活动的网站、通讯群组的;

"(二)发布有关制作或者销售毒品、枪支、淫秽物品等违禁物品、管制物品或者其他违法犯罪信息的;

"(三)为实施诈骗等违法犯罪活动发布信息的。

"单位犯前款罪的,对单位判处罚金,并对其直接负责的主管人员和其他直接责任人员,依照第一款的规定处罚。

"有前两款行为,同时构成其他犯罪的,依照处罚较重的规定定罪处罚。"

【说明】

本条共分 3 款。

第1款是关于在信息网络上设立用于实施违法犯罪活动的网站、通讯群组，以及发布违法犯罪信息，为实施违法犯罪而发布信息的犯罪规定。本款分为三项对本罪的行为方式作了规定。根据本款的规定，利用信息网络实施以下三类行为，且情节严重的，依法追究刑事责任：

（1）设立用于实施诈骗、传授犯罪方法、制作或者销售违禁物品、管制物品等违法犯罪活动的网站、通讯群组。"网站"是其设立者或者维护者制作的用于展示特定内容的相关网页的集合，便于使用者在其上发布信息或者获取信息；"通讯群组"是网上供具有相同需求的人群集合在一起进行交流的平台和工具，如QQ、微信等。网站和通讯群组为人们获取资讯、从事经济社会活动、相互通讯提供了极大便利，同时也成为一些违法犯罪人员纠集聚合、实施犯罪的工具和手段。实践中认定这类行为有以下几点需要注意：

一是行为人设立网站、通讯群组的目的是为了用于实施违法犯罪活动。如果行为人是出于发布合法信息，从事正常的社交或者网络经营行为等目的设立网站、通讯群组，事后被他人用于从事违法犯罪行为的，不属于本项规定的设立用于违法犯罪活动的网站、通讯群组。当然，如果行为人事后知道他人利用其设立的网站、通讯群组从事违法犯罪活动，而为其提供技术支持的，可以适用《刑法修正案（九）》增设的第287条之二关于帮助实施网络犯罪的规定追究刑事责任。此外，也不排除当事人设立网站或者通讯群组的初始目的是正当的，但在以后将这一网站或者通讯群组逐步演化为用以实施违法犯罪的信息平台的情况。这种情况，也属于本条第1款第（一）项规定的设立用于实施违法犯罪活动的网站、通讯群组。

二是行为人设立违法犯罪网站、通讯群组，主要是从事诈骗、传授犯罪方法、制作或者销售违禁物品、管制物品，但并不限于法律明确列举的这几类违法犯罪活动。司法实践中如果行为人设立网站是为了实施其他违法犯罪行为的，也可以构成本罪，刑法列举的是比较常见多发的几类违法犯罪活动。为实施诈骗而设立网站和通讯群组,是实践中最为常见的一种犯罪情形。典型的如设立"钓鱼网站",通过钓鱼网站窃取、记录用户网上银行账号、密码等数据,进而用于诈骗、窃取用户网银资金;假冒网上购物、在线支付网站,欺骗用户直接将钱打入专门账户;通过假冒产品和广告宣传获取用户信任,骗取用户财物;恶意团购网站或购物网站,假借"限时抢购""秒杀""团购"等噱头,骗取个人信息和银行账号等。设立传授犯罪方法的网站和通讯群组,如利用网站或者网络通讯工具传授杀人技巧、制造毒品技术等犯罪方法,有的甚至建立通讯群组专门买卖人体器官、交流奸淫猥亵幼女的经验等。这些违法犯罪网站使得很多犯罪技巧可以在网上轻易学到,从而降低了犯罪门槛,增加了公安机关侦查办案的难度。设立用于制作或者销售违禁物品、管制物品的网站和通讯群组,也是网络违法犯罪的常见类型。近年来,各地司法机关陆续办理了多起通过互联网论坛、博客、公共通讯群组或者专门建立的网站发布制作贩卖枪支弹药、毒品、迷幻剂、假币、爆炸物、管制刀具、窃听窃照器材等违禁物品或者管制物品的案件。这些行为,严重破坏了国家对相关物品的管制秩序,相关物品流入社会,成为不法分子从事违法犯罪活动的工具,对公民的人身财产安全、公共安全以及国家安全造成严重威胁。

(2)发布有关制作或者销售毒品、枪支、淫秽物品等违禁物品、管制物品或者其他违法犯罪信息。本款第(一)项对设立网站、通讯群组用于违法犯罪活动作了规定,本项则是对发布相关违法犯罪信息的行为作了规定。这里的违法犯罪信息主要是指制作、销售毒品、枪支、淫秽物品等违禁物品、管制物品的信息,但不限于这些信息,即还包括"其他违法犯罪信息"。实践中比较常见的发布"其他违法犯罪信息"的行为,有发布招嫖、销售假证、假发票、赌博、传销的信息等。此外,需要说明的是,与第(一)项不同,本项规定的发布违法犯罪信息,其发布途径更为广泛,即不仅包括在网站、通讯群组中发布违法犯罪信息,还包括通过广播、电视等其他信息网络发布信息。

（3）为实施诈骗等违法犯罪活动发布信息。从行为方式上看，本款第（二）项、第（三）项都是发布信息，不同之处在于，第（二）项中行为人发布的信息本身具有明显的违法犯罪性质，如制作、销售毒品、淫秽物品等信息，而本项中行为人发布的信息，从表面上看往往不具有违法性，但行为人发布信息的目的，是为了吸引他人关注，借以实施诈骗等违法犯罪活动，相关信息只是其从事犯罪的幌子。如通过发布低价机票、旅游产品、保健品等商品信息，吸引他人购买，进而实施诈骗、传销等违法犯罪行为。这样规定，主要是针对网络诈骗犯罪跨地域、受害者众多、取证难等问题，将诈骗等违法犯罪行为人为实施犯罪在网络上发布信息的行为单独作为犯罪加以明确规定，实际上是将刑法惩治犯罪的环节前移，便于司法机关有效打击网络诈骗等违法犯罪活动，及时切断犯罪链条，防止更为严重的危害后果发生。因此，司法实践中，办案部门在查办具体案件时，应当依据掌握的线索，尽力查明行为人线下实际实施的各种犯罪行为。对经过深入细致查证，有足够证据证明行为人实施了诈骗等犯罪的，应当依照《刑法》规定的诈骗罪等定罪处罚。如果经过深入工作，因为证据等原因，确实难以按照诈骗等犯罪追究的，可以根据本条规定，针对其所实际实施的为实施诈骗等犯罪而发布信息的行为，依法追究刑事责任。这样，才能做到罪责刑相适应，避免行为人因本条的规定而逃避诈骗等犯罪的追究。

根据本款规定，实施以上行为"情节严重"的，构成犯罪。关于"情节严重"的具体认定，可以结合行为人所发布信息的具体内容、数量、扩散范围、获取非法利益的数额、受害人的多少、造成的社会影响等因素综合考量。

关于本罪的刑罚，根据本款的规定，行为人构成犯罪的，对其处3年以下有期徒刑或者拘役，并处或者单处罚金。

第2款是关于单位实施第1款规定的犯罪的规定。根据本款的规定，对单位犯第1款规定之罪的实行双罚制，对单位判处罚金，并对其直接负责的主管人员和其他直接责任人员，依照第1款的规定，处3年以下有期徒刑或者拘役,并处或者单处罚金。

第3款是关于实施本条规定的行为,同时又构成其他犯罪的,如何定罪处罚的规定。本条规定的犯罪,是针对行为人为实施违法犯罪活动而设立网站、发布信息行为等行为所作的规定。只要行为人实施了本条规定的行为,达到情节严重程度的,即构成犯罪,并不要求行为人实际上已实现了其具体的犯罪目的。如果行为人设立网站、发布信息,并且实际实施了相关的犯罪行为,则还可能构成相关犯罪,如设立销售毒品的网站,发布销售毒品的信息,并且实际销售了毒品,则还构成贩卖毒品罪。在这种情况下,其设立销售毒品网站的行为成为其实施贩毒活动的途径或手段,对这种情况,根据本款规定,应当按照择一重罪论处的原则处理,即依照处罚较重的规定定罪处罚。

【立法理由】

随着互联网应用的普及,一些传统犯罪出现了网络时代的新特点,实践中打击网络犯罪在证据提取、事实认定、法律适用等方面,也面临着新的问题和困难,需要有针对性地对刑法相关规定作出调整和完善,以适应这种新的情况和变化。如由于互联网犯罪的跨地域性,行为人很容易在短时间内组织不特定人共同实施违法犯罪,或者针对不特定人群实施违法犯罪行为。大量案件仅能查实行为人在网络上实施联络或者其他活动,对于分布在不同地点的人员,在网络下实际实施的各种危害行为,很难一一查实、查全;同时,网络犯罪的被害人往往也分布比较分散,对被害人及其被害的具体情况,也难以一一查证。由于完全查清楚网络犯罪的全链条存在困难,司法实践中,有的案件被进行行政处理,相关犯罪人没有得到应有的刑事追究。

为解决这一问题,《最高人民法院、最高人民检察院关于办理诈骗刑事案件具体应用法律若干问题的解释》第5条第2款中规定,利用发送短信、拨打电话、互联网等电信技术手段对不特定多数人实施诈骗,诈骗数额难以查证,具有发送诈骗信息5000条以上、拨打诈骗电话500人次以上,诈骗手段恶劣、危害严重等情形的,应当认定为《刑法》第266条规定的"其他严重情节",以诈骗罪(未遂)定罪处罚。上述规定部分解决了网络诈骗犯罪中带有预备性质的行为如何处罚的问题,从网络违法犯罪的实际情况看,还有一些其他犯罪也存在类似问题,需要将刑法规制的环节前移,以适应惩治犯罪的需要。为此,《刑法修正案(九)》根据有关方面的建议,增设了第287条之一,对为实施犯罪设立网站、发布信息等行为作出专门规定。

【相关规定】

《最高人民法院、最高人民检察院关于办理利用信息网络实施诽谤等刑事案件适用法律若干问题的解释》

第十条 本解释所称信息网络,包括以计算机、电视机、固定电话机、移动电话机等电子设备为终端的计算机互联网、广播电视网、固定通信网、移动通信网等信息网络,以及向公众开放的局域网络。

《最高人民法院、最高人民检察院关于办理诈骗刑事案件具体应用法律若干问题的解释》

第五条 诈骗未遂,以数额巨大的财物为诈骗目标的,或者具有其他严重情节的,应当定罪处罚。

利用发送短信、拨打电话、互联网等电信技术手段对不特定多数人实施诈骗,诈骗数额难以查证,但具有下列情形之一的,应当认定为刑法第二百六十六条规定的"其他严重情节",以诈骗罪(未遂)定罪处罚:

(一)发送诈骗信息五千条以上的;

(二)拨打诈骗电话五百人次以上的;

(三)诈骗手段恶劣、危害严重的。

实施前款规定行为,数量达到前款第(一)、(二)项规定标准十倍以上的,或者诈骗手段特别恶劣、危害特别严重的,应当认定为刑法第二百六十六条规定的"其他特别严重情节",以诈骗罪(未遂)定罪处罚。

2. 第二百八十七条之二 "明知他人利用信息网络实施犯罪,为其犯罪提供互联网接入、服务器托管、网络存储、通讯传输等技术支持,或者提供广告推广、支付结算等帮助,情节严重的,处三年以下有期徒刑或者拘役,并处或者单处罚金。

"单位犯前款罪的,对单位判处罚金,并对其直接负责的主管人员和其他直接责任人员,依照第一款的规定处罚。

"有前两款行为,同时构成其他犯罪的,依照处罚较重的规定定罪处罚。"

【说明】

本条共分3款。

第1款是关于对为他人实施网络犯罪提供帮助如何定罪处罚的规定。根据第1款的规定,构成犯罪应当具备以下条件:

(1) 行为人主观上明知他人利用网络实施犯罪。如果行为人对他人利用自己所提供的产品、服务进行犯罪不知情的,则不能依据本款的规定追究刑事责任。司法实践中,认定行为人主观上是否"明知",可以结合其对他人所实际从事活动的认知情况,之间往来、联络的情况,收取费用的情况等证据,综合审查判断。如《最高人民法院、最高人民检察院、公安部关于办理网络赌博犯罪案件适用法律若干问题的意见》中规定,行为人收到行政主管机关书面等方式的告知后,仍然实施帮助行为的;为赌博网站提供互联网接入、服务器托管、网络存储空间、通讯传输通道、投放广告、软件开发、技术支持、资金支付结算等服务,收取服务费明显异常的;在执法人员调查时,通过销毁、修改数据、账本等方式故意规避调查或者向犯罪嫌疑人通风报信的,以及有其他证据证明行为人明知的行为的,即可认定行为人符合"明知"的主观条件。

(2) 行为人实施了帮助他人利用信息网络实施犯罪的行为。根据本款规定,帮助行为主要有以下几种具体形式:

一是为他人实施网络犯罪提供互联网接入、服务器托管、网络存储、通讯传输等技术支持。其中,"互联网接入"是指为他人提供访问互联网或者在互联网发布信息的通路。目前常用的互联网接入服务有电话线拨号接入、ADSL 接入、光纤宽带接入、无线网络等方式。用户只有通过这些特定的通信线路连接到互联网服务提供商,享受其提供的互联网入网连接和信息服务,才能连接使用互联网或者建立服务器发布消息。这一规定主要针对互联网接入服务提供商,如果其明知他人利用其接入服务实施犯罪,仍继续让对方使用,情节严重的,构成本款规定的犯罪。"服务器托管"是指将服务器及相关设备托管到具有专门数据中心的机房。托管的服务器一般由客户通过远程方式自行维护,由机房负责提供稳定的电源、带宽、温湿度等物理环境。"网络存储"通常是指通过网络存储、管理数据的载体空间,如常用的百度网盘、QQ 中转站等。"通讯传输"是指用户之间传输信息的通路。比如电信诈骗犯罪中犯罪分子常用的 VOIP 电话,这种技术能将语音信号经技术处理后通过互联网传输出去。另一种常用的通讯传输通道是 VPN(虚拟专用网络),该技术能在公用网络上建立专用网络,进行加密通讯。目前很多网络犯罪嫌疑人使用 VPN 技术隐藏其真实位置。此外,除上述明确列举的几种技术支持外,常见的为他人实施网络犯罪提供技术支持的行为方式还有销售赌博网站代码,为病毒、木马程序提供免杀服务,为网络盗窃、QQ 视频诈骗制作专用木马程序,为设立钓鱼网站等提供技术支持等行为。

二是为他人利用信息网络实施犯罪提供广告推广。这里的广告推广包括两种情况:一种情况是为利用网络实施犯罪的人做广告,拉客户;另一种情况是为他人设立的犯罪网站拉广告客户,帮助该犯罪网站获得广告收入,以支持犯罪网站的运营。打击此类行为,有利于切断犯罪网站收入来源。

三是为他人利用信息网络实施犯罪提供支付结算帮助。从实践情况看,网络犯罪大多是为了直接或者间接获取经济利益。由于网络自身的特点,网络犯罪行为人要最终获得犯罪收益,往往需要借助第三方支付等各种网络支付结算服务提供者,以完成收款、转账、取现等活动。实践中甚至有一些人员,专门为网络诈骗集团提供收付款、转账、结算、现金提取服务等帮助。《刑法修正案(九)》增加对为他人利用信息网络实施犯罪提供"支付结算帮助"的规定,就是针对的这种情况,这一规定有利于切断网络犯罪的资金流动。

根据第1款的规定,明知他人利用信息网络实施犯罪,而为其提供帮助,"情节严重"的,构成犯罪。对情节严重的认定,主要可结合行为人所帮助的具体网络犯罪的性质、危害后果,其帮助行为在相关网络犯罪中起到的实际作用,帮助行为非法获利的数额等情况综合考量。

第2款是关于单位犯罪的规定。从实践中的情况看,本罪很多是一些提供互联网服务的公司、企业,为了牟取非法利益而实施的,为此,本条对单位犯罪作了规定。根据本条第2款的规定,单位犯第1款规定之罪的,对单位判处罚金,并对其直接负责的主管人员和其他直接责任人员,依照第1款的规定处罚,即处3年以下有期徒刑或者拘役,并处或者单处罚金。

第3款是关于实施本条规定的犯罪,同时构成其他犯罪的,如何定罪处罚的规定。根据《刑法》的相关规定,行为人为他人实施网络犯罪提供帮助的行为,可能构成相关犯罪的共犯;同时,技术支持、广告推广或者支付结算等帮助行为,还可能构成《刑法》第285条规定的提供侵入、非法控制计算机信息系统程序、工具罪以及第191条规定的洗钱罪等其他犯罪。为此,本条第3款对这种情况下如何适用法律作出规定。根据本条第3款的规定,有前两款行为,同时构成其他犯罪的,依照处罚较重的规定定罪处罚,即按照从一重罪论处的原则处理。

【立法理由】

随着互联网技术的快速发展和在经济社会生活各领域的广泛应用,信息网络已经成为信息传递交流的主要方式和社会经济生活的重要平台。与信息网络快速发展相伴随,一些犯罪分子利用信息网络实施犯罪的情况也日益严重。由于网络自身的特性,网络犯罪与传统犯罪相比也呈现出很多不同特点,这些不同特点对犯罪追诉模式也带来了一定挑战,为此,需要根据情况的变化及时研究调整刑法惩处网络犯罪的策略。如实践中网络犯罪往往带有跨地域、跨领域整合信息和资源,以用于犯罪的特点。一些犯罪以利益链为脉络,逐渐形成比较完整的产业链,犯罪的实行行为被分为若干个环节,由不同人员完成,分工细致,相互紧密联系,又带有相对独立性,一定意义上不同于传统共犯的特征;从犯罪的组织结构看,网络犯罪的帮助行为相较于传统的帮助行为,其对于完成犯罪起着越来越大的决定性作用,社会危害性凸显,有的如果全案衡量,甚至超过实行行为。这种以互联网为纽带,分工配合实施犯罪的方式,大大降低了网络犯罪的门槛和成本。以钓鱼网站诈骗为例,从域名注册和服务器的租用、网站的制作与推广、盗取他人账户信息、销售盗取的信息、实施诈骗、冒名办理银行卡、赃款提取等,每个环节都是由不同群体的人员实施,之间往往互不相识。这种情况给依法打击犯罪带来很大困难。一方面,查处案件存在侦办难、取证难、打击成本高的问题。另一方面,法律适用方面也存在一些不同认识。如按照传统的认定诈骗罪的做法,需要对诈骗所得逐笔核对,且诈骗犯罪嫌疑人和被害人之间要一一对应,但网络诈骗往往不是传统的"一对一",而是"一对多""多对多",犯罪链条比较复杂,被害人也具有不特定性,有时很难对全案各个环节都查清楚。另外,网络诈骗虽然往往是多人分工实施,但要按照刑法共同犯罪规定追究,也存在困难,如按照共犯处理,一般需要查明帮助者的共同犯罪故意,但网络犯罪不同环节人员之间往往互不相识,没有明确的犯意联络。如窃取公民个人信息者,倒卖公民个人信息者,并不确切了解从其手中购买信息的人具体要实施诈骗、盗窃等犯罪行为,还是要发放小广告,很难按照诈骗、盗窃的共犯处理。还有一些搜索引擎公司、支付结算平台、互联网接入服务商等,常常以不知道他人实施犯罪为由逃避法律追究。同时,从行为的社会危害性看,很多网络诈骗的帮助者才是整个网络犯罪链条中获益最多的,在有的案件中犯罪所得数额惊人。

  针对实践中的突出问题,最高人民法院、最高人民检察院陆续出台了有关司法解释,部分解决了网络帮助行为的定罪量刑问题。如《最高人民法院、最高人民检察院、公安部关于办理网络赌博犯罪案件适用法律若干问题的意见》中规定,对明知是赌博网站,而为其提供互联网接入、服务器托管、网络存储空间、通讯传输通道、投放广告、发展会员、软件开发、技术支持等服务,或者资金支付结算、广告投放等帮助的,属于开设赌场罪的共同犯罪,依照《刑法》第 303 条第 2 款的规定处罚。在办理网络传播淫秽物品、网络诈骗案件的司法解释中也有类似规定。这些解释虽解决了对这类行为的定性问题,但在具体犯罪情节的认定、主犯的认定等问题上仍存在一定困难。在《刑法修正案(九)》草案研究修改过程中,有关方面建议在刑法中对各种网络犯罪帮助行为作出专门规定。经研究,在通过的《刑法修正案(九)》中增加了本条规定,以更准确、有效地打击各种网络犯罪帮助行为,保护公民人身权利、财产权利和社会公共利益,维护信息网络秩序,保障信息网络健康发展。

【相关规定】

  《最高人民法院、最高人民检察院、公安部关于办理网络赌博犯罪案件适用法律若干问题的意见》

  二、关于网上开设赌场共同犯罪的认定和处罚

  明知是赌博网站,而为其提供下列服务或者帮助的,属于开设赌场罪的共同犯罪,依照刑法第三百零三条第二款的规定处罚:

  (一)为赌博网站提供互联网接入、服务器托管、网络存储空间、通讯传输通道、投放广告、发展会员、软件开发、技术支持等服务,收取服务费数额在 2 万元以上的;

  (二)为赌博网站提供资金支付结算服务,收取服务费数额在 1 万元以上或者帮助收取赌资 20 万元以上的;

  (三)为 10 个以上赌博网站投放与网址、赔率等信息有关的广

告或者为赌博网站投放广告累计100条以上的。

实施前款规定的行为,数量或者数额达到前款规定标准5倍以上的,应当认定为刑法第三百零三条第二款规定的"情节严重"。

实施本条第一款规定的行为,具有下列情形之一的,应当认定行为人"明知",但是有证据证明确实不知道的除外:

(一)收到行政主管机关书面等方式的告知后,仍然实施上述行为的;

(二)为赌博网站提供互联网接入、服务器托管、网络存储空间、通讯传输通道、投放广告、软件开发、技术支持、资金支付结算等服务,收取服务费明显异常的;

(三)在执法人员调查时,通过销毁、修改数据、账本等方式故意规避调查或者向犯罪嫌疑人通风报信的;

(四)其他有证据证明行为人明知的。

如果有开设赌场的犯罪嫌疑人尚未到案,但是不影响对已到案共同犯罪嫌疑人、被告人的犯罪事实认定的,可以依法对已到案者定罪处罚。

三十、将刑法第二百八十八条第一款修改为:"违反国家规定,擅自设置、使用无线电台(站),或者擅自使用无线电频率,干扰无线电通讯秩序,情节严重的,处三年以下有期徒刑、拘役或者管制,并处或者单处罚金;情节特别严重的,处三年以上七年以下有期徒刑,并处罚金。"

【说明】

修改后的《刑法》第288条规定:"违反国家规定,擅自设置、使用无线电台(站),或者擅自使用无线电频率,干扰无线电通讯秩序,情节严重的,处三年以下有期徒刑、拘役或者管制,并处或者单处罚金;情节特别严重的,处三年以上七年以下有期徒刑,并处罚金。

单位犯前款罪的,对单位判处罚金,并对其直接负责的主管人员和其他直接责任人员,依照前款的规定处罚。"

修改后的《刑法》第288条共分两款。

第1款是关于扰乱无线电通讯管理秩序的犯罪及其处刑的规定。这里的"违反国家规定",是指违反法律、行政法规等有关无线电管理的规定。如《中华人民共和国军事设施保护法》《中华人民共和国民用航空法》等法律中都有关于无线电管理的规定。有关无线电管理的行政法规比较多,如《中华人民共和国电信条例》《中华人民共和国无线电管理条例》《中华人民共和国无线电管制规定》《民用机场管理条例》等都有关于无线电管理的规定。"擅自设置、使用无线电台(站)",是指行为人违反国家有关无线电站设置方面的管理规定,未经申请、未办理设置无线电台(站)的审批手续或者未领取电台执照而设置、使用无线电台(站)的行为。"擅自使用无线电频率",主要是指违反国家有关无线电使用的管理规定,未经批准获得使用权而使用无线电频率的行为。根据《中华人民共和国无线电管理条例》的规定,国家无线电管理机构对无线电频率实行统一划分和分配。行为人擅自使用无线电频率,包括行为人无线电台(站)本身属于未经批准而设置的;也包括行为人无线电台(站)虽经依法批准设立,但在使用过程中,违反国家有关无线电使用的管理规定,擅自改变主管部门为其指配的频率而非法使用其他频率的等情形。

根据本款规定,行为人擅自设置、使用无线电台(站)或者擅自使用无线电频率,干扰无线电通讯,情节严重的,构成犯罪,处3年以下有期徒刑、拘役或者管制,并处或者单处罚金;情节特别严重的,处3年以上7年以下有期徒刑,并处罚金。这里的"情节严重",可主要根据行为人擅自设置、使用无线电台(站),擅自使用无线电频率的行为,对无线电通讯秩序造成干扰的程度、范围、时间,被其干扰的无线电通讯活动的性质、领域、重要程度等因素综合判断。

第2款是关于对单位犯罪的处刑规定。根据本款规定,单位犯扰乱无线电通讯管理秩序犯罪的,对单位判处罚金,并对其直接负责的主管人员和其他直接责任人员,依照前款的规定处罚,即对单位直接负责的主管人员和其他直接责任人员,处3年以下有期徒刑、拘役或者管制,并处或者单处罚金。

【相关规定】

《中华人民共和国无线电管理条例》

第十一条 设置、使用无线电台(站)的单位和个人,必须提出书面申请,办理设台(站)审批手续,领取电台执照。

第十二条 设置、使用无线电台(站),应当具备下列条件:

(一)无线电设备符合国家技术标准;

(二)操作人员熟悉无线电管理的有关规定,并具有相应的业务技能和操作资格;

(三)必要的无线电网络设计符合经济合理的原则,工作环境安全可靠;

(四)设台(站)单位或者个人有相应的管理措施。

第二十条 无线电台(站)经批准使用后,应当按照核定的项目进行工作,不得发送和接收与工作无关的信号;确需变更项目的,必须向原批准机构办理变更手续。

无线电台(站)停用或者撤销时,应当及时向原批准机构办理有关手续。

第二十一条 使用无线电台(站)的单位或者个人,必须严格遵守国家有关保密规定。

第二十二条 国家无线电管理机构对无线电频率实行统一划分和分配。

国家无线电管理机构、地方无线电管理机构根据设台(站)审批权限对无线电频率进行指配。

国务院有关部门对分配给本系统使用的频段和频率进行指配,并同时抄送国家无线电管理机构或者有关的地方无线电管理机构备案。

第二十三条　指配和使用频率,必须遵守国家有关频率管理的规定。

业经指配的频率,原指配单位可以在与使用单位协商后调整或者收回。

频率使用期满,需要继续使用的,必须办理续用手续。

任何单位和个人未经国家无线电管理机构或者地方无线电管理机构批准,不得转让频率。禁止出租或者变相出租频率。

第二十四条　因国家安全和重大任务需要实行无线电管制时,管制区域内设有无线电发射设备和其他辐射无线电波设备的单位和个人,必须遵守有关管制的规定。

《中华人民共和国电信条例》

第五十三条　国家对电信终端设备、无线电通信设备和涉及网间互联的设备实行进网许可制度。

接入公用电信网的电信终端设备、无线电通信设备和涉及网间互联的设备,必须符合国家规定的标准并取得进网许可证。

实行进网许可制度的电信设备目录,由国务院信息产业主管部门会同国务院产品质量监督部门制定并公布施行。

《中华人民共和国民用航空法》

第八十八条　国务院民用航空主管部门应当依法对民用航空无线电台和分配给民用航空系统使用的专用频率实施管理。

任何单位或者个人使用的无线电台和其他仪器、装置,不得妨碍民用航空无线电专用频率的正常使用。对民用航空无线电专用频率造成有害干扰的,有关单位或者个人应当迅速排除干扰;未排除干扰前,应当停止使用该无线电台或者其他仪器、装置。

《中华人民共和国无线电管制规定》

第三条第一、二款　根据维护国家安全、保障国家重大任务、处置重大突发事件等需要,国家可以实施无线电管制。

在全国范围内或者跨省、自治区、直辖市实施无线电管制,由国务院和中央军事委员会决定。

第八条　无线电管制协调机构应当根据无线电管制命令发布无线电管制指令。

国家无线电管理机构和军队电磁频谱管理机构,省、自治区、直辖市无线电管理机构和军区电磁频谱管理机构,依照无线电管制指令,根据各自的管理职责,可以采取下列无线电管制措施:

（一）对无线电台（站）、无线电发射设备和辐射无线电波的非无线电设备进行清查、检测；

（二）对电磁环境进行监测,对无线电台（站）、无线电发射设备和辐射无线电波的非无线电设备的使用情况进行监督；

（三）采取电磁干扰等技术阻断措施；

（四）限制或者禁止无线电台（站）、无线电发射设备和辐射无线电波的非无线电设备的使用。

三十一、将刑法第二百九十条第一款修改为:"聚众扰乱社会秩序,情节严重,致使工作、生产、营业和教学、科研、医疗无法进行,造成严重损失的,对首要分子,处三年以上七年以下有期徒刑；对其他积极参加的,处三年以下有期徒刑、拘役、管制或者剥夺政治权利。"

增加二款作为第三款、第四款:"多次扰乱国家机关工作秩序,经行政处罚后仍不改正,造成严重后果的,处三年以下有期徒刑、拘役或者管制。

"多次组织、资助他人非法聚集,扰乱社会秩序,情节严重的,依照前款的规定处罚。"

【说明】

修改后的《刑法》第290条规定:"聚众扰乱社会秩序,情节严重,致使工作、生产、营业和教学、科研、医疗无法进行,造成严重损失的,对首要分子,处三年以上七年以下有期徒刑；对其他积极参加的,处三年以下有期徒刑、拘役、管制或者剥夺政治权利。

聚众冲击国家机关,致使国家机关工作无法进行,造成严重损失的,对首要分子,处五年以上十年以下有期徒刑;对其他积极参加的,处五年以下有期徒刑、拘役、管制或者剥夺政治权利。

多次扰乱国家机关工作秩序,经行政处罚后仍不改正,造成严重后果的,处三年以下有期徒刑、拘役或者管制。

多次组织、资助他人非法聚集,扰乱社会秩序,情节严重的,依照前款的规定处罚。"

修改后的《刑法》第290条共分4款。

第1款是关于聚众扰乱社会秩序的犯罪及其处刑的规定。根据本款规定,聚众扰乱社会秩序犯罪,是指聚众扰乱社会秩序,情节严重,致使工作、生产、营业和教学、科研、医疗无法进行,造成严重损失的行为。这里的"聚众扰乱社会秩序",是指纠集多人扰乱机关、企事业单位、人民团体及社会团体的工作、生产、营业、教学、科研、医疗秩序,如聚众侵入、占领机关、单位、团体的工作场所以及封闭其出入通道,进行纠缠、哄闹、辱骂等。全国人大常委会于2015年8月29日通过的《刑法修正案(九)》对本款作了修改,增加了有关扰乱医疗场所秩序,致使医疗无法进行的规定。这一规定是根据草案审议中的意见增加的规定,主要是针对实践中频繁发生扰乱医疗场所秩序的情况。需要特别说明的是,《刑法修正案(九)》对本条的修改并不是增加新的犯罪情形,只是对刑法原有规定作出进一步明确规定。这样规定,有利于增强法律的针对性,提高对扰乱医疗秩序犯罪的震慑力。单纯从法律适用来说,实践中所谓"医闹"等案件,是一种比较典型的聚众扰乱社会秩序的案件,对其中情节严重的,应当严格按照刑法的规定追究首要分子和积极参加者的刑事责任。对这一问题,司法机关和社会各方面的认识也是一致的,有关司法解释对具体法律适用问题也有明确规定,司法实践中也是这样处理的。如2014年4月22日发布的《最高人民法院、最高人民检察院、公安部、司法部、国家卫生和计划生育委员会关于依法惩处涉医违法犯罪维护正常医疗秩序的意见》中明确、细化地规定,对聚众实施的在医疗机构私设灵堂、摆放花圈、焚烧纸钱、悬挂横幅、堵塞大门或者以其他方式扰乱医疗秩序行为,造成严重损失或者扰乱其他公共秩序情节严重,以及在医疗机构的病房、抢救室、重症监护室等场所及医疗机构的公共开放区域违规停放尸体,情节严重,构成犯罪的,可以根据聚众扰乱社会秩序罪,聚众扰乱公共场所秩序、交通秩序罪,寻衅滋事罪等追究刑事责任。

本款规定的"情节严重",一般表现为扰乱的时间长、次数多、纠集的人数多,扰乱重要的工作、生产、营业和教学、科研、医疗活动,造成的影响比较恶劣,等等。"造成严重损失",主要是指使经济建设、教学、科研、医疗等受到严重的破坏和损失。在这里,情节严重,致使机关、单位、团体的工作、生产、营业和教学、科研、医疗无法进行,造成严重损失,都是构成本罪的要件,缺一不可。对于一般违法行为,情节较轻,没有造成严重损失,危害不大的,不构成本罪,可以依照《中华人民共和国治安管理处罚法》的规定处理。

根据本款规定,犯本款规定之罪的,对首要分子处3年以上7年以下有期徒刑;对其他积极参加的,处3年以下有期徒刑、拘役、管制或者剥夺政治权利。这里所谓的"首要分子",主要是指在聚众犯罪中起组织、策划、指挥作用的犯罪分子;"其他积极参加的",是指在共同犯罪中,积极、主动参加的或者在共同犯罪中起重要作用的犯罪分子。

第2款是关于聚众冲击国家机关的犯罪及其处刑的规定。根据本款规定,聚众冲击国家机关的犯罪,是指聚众冲击国家机关,致使国家机关工作无法进行,造成严重损失的行为。这里规定的"国家机关",是指管理国家某一方面事务的具体工作部门,包括各级国家权力机关、党政机关、司法机关和军事机关。"聚众冲击国家机关",主要是指聚集多人强行包围、堵塞、冲入各级国家机关的行为。"致使国家机关工作无法进行",是指国家机关及其工作人员行使管理职权、执行职务的活动,因受到聚众冲击而被迫中断或者停止。"造成严重损失",是指造成的社会影响恶劣,严重损害国家机关权威的;致使国家机关长时间无法行使管理职能,严重影响工作秩序的;给国家、集体和个人造成严重经济损失的;等等。根据本款规定,犯本款规定之罪的,对首要分子处 5 年以上 10 年以下有期徒刑;对其他积极参加的,处 5 年以下有期徒刑、拘役、管制或者剥夺政治权利。

第 3 款是关于多次扰乱国家机关工作秩序,经行政处罚后仍不改正,造成严重后果的犯罪及其处刑的规定。《刑法修正案(九)》增加本款规定,主要是针对实践中时有发生的,行为人没有采取聚集众人的方式,而是个人以各种极端方式冲击、扰乱国家机关工作秩序的情况作出的规定。在草案审议过程中,有意见提出,从实践中发生的一些个案的情况看,个人采取极端方式制造事端,扰乱国家机关工作秩序,造成严重后果的,仅予以治安管理处罚,惩戒、震慑效果有限,有的人被多次处罚仍继续实施扰乱国家机关工作秩序的行为,建议在刑法中增加相应规定。需要注意的是,构成本罪需要同时具备多次扰乱国家机关工作秩序、经行政处罚后仍不改正、造成严重后果三个方面的要件。根据本款规定,构成本罪的,处 3 年以下有期徒刑、拘役或者管制。

第 4 款是关于多次组织、资助他人非法聚集,扰乱社会秩序的规定,本款也是《刑法修正案(九)》新增的规定。这里的"组织",是指组织、策划、指挥、协调非法聚集活动的行为。"资助"是指筹集、提供活动经费、物资以及其他物质便利的行为。"非法聚集",是指未经批准在公共场所集会、集结的行为。本款规定的扰乱社会秩序,是指造成社会秩序混乱,致使工作、生产、营业和教学、科研、医疗等活动受到严重干扰,甚至无法进行的情况。如致使机场、车站、码头、商场、影剧院、运动场馆等人员密集场所秩序混乱,影响航空器、列车、船舶等大型客运交通工具正常运行的,致使国家机关、学校、医院、厂矿企业等单位的工作、生产、经营、教学、科研、医疗等活动中断等。根据本款规定,对多次组织、资助他人非法聚集,扰乱社会秩序,情节严重的,处 3 年以下有期徒刑、拘役或者管制。

【立法理由】

本条在刑法原规定的聚众扰乱社会秩序、聚众冲击国家机关的基础上作了进一步修改完善。主要修改之处：一是在第1款聚众扰乱社会秩序保护范围的规定中增加了"医疗"，将致使"工作、生产、营业和教学、科研"无法进行，修改为致使"工作、生产、营业和教学、科研、医疗"无法进行。这是针对当前扰乱医疗单位案件多发的实际情况增加的一个明确法律适用的规定。二是增加了多次扰乱国家机关工作秩序，经行政处罚后仍不改正，造成严重后果的，追究刑事责任。这是针对当前扰乱国家机关工作秩序方面出现的新情况和特点作出的专门规定。三是增加了多次组织、资助他人非法聚集，扰乱社会秩序，情节严重的，追究刑事责任的规定。这主要是针对当前扰乱社会管理秩序方面出现的新情况和特点作出的有针对性的专门规定。

【相关规定】

《中华人民共和国集会游行示威法》

第二十九条　举行集会、游行、示威，有犯罪行为的，依照刑法有关规定追究刑事责任。

携带武器、管制刀具或者爆炸物的，依照刑法有关规定追究刑事责任。

未依照本法规定申请或者申请未获许可，或者未按照主管机关许可的起止时间、地点、路线进行，又拒不服从解散命令，严重破坏社会秩序的，对集会、游行、示威的负责人和直接责任人员依照刑法有关规定追究刑事责任。

包围、冲击国家机关，致使国家机关的公务活动或者国事活动不能正常进行的，对集会、游行、示威的负责人和直接责任人员依照刑法有关规定追究刑事责任。

占领公共场所、拦截车辆行人或者聚众堵塞交通，严重破坏公共场所秩序、交通秩序的，对集会、游行、示威的负责人和直接责任人员依照刑法有关规定追究刑事责任。

《最高人民法院、最高人民检察院、公安部、司法部、国家卫生和计划生育委员会关于依法惩处涉医违法犯罪维护正常医疗秩序的意见》

二、严格依法惩处涉医违法犯罪

对涉医违法犯罪行为,要依法严肃追究、坚决打击。公安机关要加大对暴力杀医、伤医、扰乱医疗秩序等违法犯罪活动的查处力度,接到报警后应当及时出警、快速处置,需要追究刑事责任的,及时立案侦查,全面、客观地收集、调取证据,确保侦查质量。人民检察院应当及时依法批捕、起诉,对于重大涉医犯罪案件要加强法律监督,必要时可以对收集证据、适用法律提出意见。人民法院应当加快审理进度,在全面查明案件事实的基础上依法准确定罪量刑,对于犯罪手段残忍、主观恶性深、人身危险性大的被告人或者社会影响恶劣的涉医犯罪行为,要依法从严惩处。

(一)在医疗机构内殴打医务人员或者故意伤害医务人员身体、故意损毁公私财物,尚未造成严重后果的,分别依照治安管理处罚法第四十三条、第四十九条的规定处罚;故意杀害医务人员,或者故意伤害医务人员造成轻伤以上严重后果,或者随意殴打医务人员情节恶劣、任意损毁公私财物情节严重,构成故意杀人罪、故意伤害罪、故意毁坏财物罪、寻衅滋事罪的,依照刑法的有关规定定罪处罚。

(二)在医疗机构私设灵堂、摆放花圈、焚烧纸钱、悬挂横幅、堵塞大门或者以其他方式扰乱医疗秩序,尚未造成严重损失,经劝说、警告无效的,要依法驱散,对拒不服从的人员要依法带离现场,依照治安管理处罚法第二十三条的规定处罚;聚众实施的,对首要分子和其他积极参加者依法予以治安处罚;造成严重损失或者扰乱其他公共秩序情节严重,构成寻衅滋事罪、聚众扰乱社会秩序罪、聚众扰乱公共场所秩序、交通秩序罪的,依照刑法的有关规定定罪处罚。

在医疗机构的病房、抢救室、重症监护室等场所及医疗机构的公共开放区域违规停放尸体,影响医疗秩序,经劝说、警告无效的,依照治安管理处罚法第六十五条的规定处罚;严重扰乱医疗秩序或者其他公共秩序,构成犯罪的,依照前款的规定定罪处罚。

(三)以不准离开工作场所等方式非法限制医务人员人身自由的,依照治安管理处罚法第四十条的规定处罚;构成非法拘禁罪的,依照刑法的有关规定定罪处罚。

(四)公然侮辱、恐吓医务人员的,依照治安管理处罚法第四十二条的规定处罚;采取暴力或者其他方法公然侮辱、恐吓医务人员情节严重(恶劣),构成侮辱罪、寻衅滋事罪的,依照刑法的有关规定定罪处罚。

(五)非法携带枪支、弹药、管制器具或者爆炸性、放射性、毒害性、腐蚀性物品进入医疗机构的,依照治安管理处罚法第三十条、第三十二条的规定处罚;危及公共安全情节严重,构成非法携带枪支、弹药、管制刀具、危险物品危及公共安全罪的,依照刑法的有关规定定罪处罚。

(六)对于故意扩大事态,教唆他人实施针对医疗机构或者医务人员的违法犯罪行为,或者以受他人委托处理医疗纠纷为名实施敲诈勒索、寻衅滋事等行为的,依照治安管理处罚法和刑法的有关规定从严惩处。

三十二、在刑法第二百九十一条之一中增加一款作为第二款:"编造虚假的险情、疫情、灾情、警情,在信息网络或者其他媒体上传播,或者明知是上述虚假信息,故意在信息网络或者其他媒体上传播,严重扰乱社会秩序的,处三年以下有期徒刑、拘役或者管制;造成严重后果的,处三年以上七年以下有期徒刑。"

【说明】

修改后的《刑法》第291条之一规定:"投放虚假的爆炸性、毒害性、放射性、传染病病原体等物质,或者编造爆炸威胁、生化威胁、放射威胁等恐怖信息,或者明知是编造的恐怖信息而故意传播,严重扰乱社会秩序的,处五年以下有期徒刑、拘役或者管制;造成严重后果的,处五年以上有期徒刑。

编造虚假的险情、疫情、灾情、警情,在信息网络或者其他媒体上传播,或者明知是上述虚假信息,故意在信息网络或者其他媒体上传播,严重扰乱社会秩序的,处三年以下有期徒刑、拘役或者管制;造成严重后果的,处三年以上七年以下有期徒刑。"

修改后的《刑法》第291条之一共分两款。

第1款是关于投放虚假危险物质罪,编造、故意传播虚假恐怖信息罪的规定。根据本条第1款的规定,构成本罪应当同时具备以下两个方面的条件:

(1) 行为人实施了投放虚假的爆炸性、毒害性、放射性、传染病病原体等物质,或者编造爆炸威胁、生化威胁、放射威胁等恐怖信息,或者明知是编造的恐怖信息而故意传播的行为。本款列举了三种犯罪行为,只要实施其中一种即可。其中投放虚假的爆炸性、毒害性、放射性、传染病病原体等物质,是指以邮寄、放置、丢弃等方式将假的类似于爆炸性、毒害性、放射性、传染病病原体等物质的物品置于他人或者公众面前或者周围;编造爆炸威胁、生化威胁、放射威胁等恐怖信息,是指行为人编造假的要发生爆炸、生物化学物品泄漏、放射性物品泄漏以及使用生化、放射性武器等信息;明知是编造的恐怖信息而故意传播的行为,是指明知该恐怖信息出于他人编造,是假的信息,而故意向他人传播的行为。关于恐怖信息的范围,2013年9月18日发布的《最高人民法院关于审理编造、故意传播虚假恐怖信息刑事案件适用法律若干问题的解释》作了进一步的细化。根据该解释第6条的规定,虚假恐怖信息包括以发生爆炸威胁、生化威胁、放射威胁、劫持航空器威胁、重大灾情、重大疫情等严重威胁公共安全的事件为内容,可能引起社会恐慌或者公共安全危机的不真实信息。

(2) 行为人的行为严重扰乱了社会秩序。"严重扰乱社会秩序",主要是指该行为造成社会恐慌,严重影响生产、工作和社会生活的正常进行。关于严重扰乱社会秩序的具体认定,《最高人民法院关于审理编造、故意传播虚假恐怖信息刑事案件适用法律若干问题的解释》第2条中作了明确列举,即:"(一)致使机场、车站、码头、商场、影剧院、运动场馆等人员密集场所秩序混乱,或者采取紧急疏散措施的;(二)影响航空器、列车、船舶等大型客运交通工具正常运行的;(三)致使国家机关、学校、医院、厂矿企业等单位的工作、生产、经营、教学、科研等活动中断的;(四)造成行政村或者社区居民生活秩序严重混乱的;(五)致使公安、武警、消防、卫生检疫等职能部门采取紧急应对措施的;(六)其他严重扰乱社会秩序的。"

本款规定的犯罪为故意犯罪,行为人只要故意实施本款规定的行为,且严重扰乱社会秩序的,即构成本罪。实践中,行为人实施本款规定行为的动机和目的是多方面的,有的是为了报复某个人,有的是对社会不满,有的甚至是搞恶作剧,无论动机如何,都不影响本罪的成立。

根据情节的轻重,本款规定了两档刑罚:构成犯罪的,判处5年以下有期徒刑、拘役或者管制;造成严重后果的,处5年以上有期徒刑。其中"造成严重后果",主要是指该行为给公民、集体、国家造成重大经济损失、造成重大社会影响或由于恐慌而造成人员伤亡等情况。

第2款是关于编造虚假的险情、疫情、灾情、警情,在信息网络或者其他媒体上传播,或者明知是上述虚假信息,故意在信息网络或者其他媒体上传播的犯罪的规定。本款是《刑法修正案(九)》增加的规定。对散布谣言,谎报险情、疫情、警情或者以其他方法故意扰乱公共秩序的,《中华人民共和国治安管理处罚法》有相应规定,可处5日以上10日以下拘留,可以并处500元以下罚款;情节较轻的,处5日以下拘留或者500元以下罚款。由于信息网络以及广播、报纸等媒体传播信息速度快、范围广、影响大,用以散布虚假信息,其危害也会成倍放大。近年来,此类案件时有发生,危害严重。如某地化工厂爆炸谣言引发群众大逃亡,致4人遇难;某地地震谣言使得数百万人

街头"避难"。对这些案件如仅予以治安管理处罚,处罚力度过轻,不足以起到惩戒作用。对本款规定需要注意如下几个方面的内容:

一是虚假信息的范围包括险情、疫情、灾情、警情。"险情"包括突发可能造成重大人员伤亡或者财产损失的情况以及其他危险情况;"疫情"包括疫病尤其是传染病的发生、发展等情况;"灾情"包括火灾、水灾、地质灾害等灾害情况;"警情"包括有违法犯罪行为发生需要出警等情况。

二是行为方式上包括编造虚假信息后传播和明知是虚假信息故意传播两种情况。所谓"编造"是指出于各种目的故意虚构并不存在的险情、疫情、灾情、警情的情况。"传播"虚假信息,是对编造的虚假信息在信息网络上发布、转发、转帖,在其他媒体上登载、刊发等情况。

三是传播方式为在信息网络或者其他媒体发布或者传播。关于信息网络,2013年9月6日发布的《最高人民法院、最高人民检察院关于办理利用信息网络实施诽谤等刑事案件适用法律若干问题的解释》第10条有具体界定,包括以计算机、电视机、固定电话机、移动电话机等电子设备为终端的计算机互联网、广播电视网、固定通信网、移动通信网等信息网络,以及向公众开放的局域网络。其他媒体,是指除了信息网络之外的报纸等传统媒体。

四是本款规定的为故意犯罪。对行为人确实无法辨别信息真伪,主观上认为是真实的信息而误传播的,不是本罪的适用范围。实践中,有的是出于吸引他人关注的动机而编造虚假信息,有的是为了恶意中伤、诽谤他人或者单位,还有的是出于经济目的而编造虚假信息。何种动机通常并不影响本罪的定性。

五是构成本罪需要达到"严重扰乱社会秩序"的程度。严重扰乱社会秩序,是指造成社会秩序严重混乱,致使工作、生产、营业和教学、科研、医疗等活动受到严重干扰甚至无法进行的情况。如致使车站、码头等人员密集场所秩序严重混乱或采取紧急疏散措施,影响航空器、列车、船舶等大型客运交通工具正常运行,致使厂矿企业等单位的生产、经营活动中断,造成人民群众生活秩序严重混乱等。

实践中,对本款规定的传播虚假的险情、疫情、灾情、警情的犯罪,应注意区分明知是虚构或者编造的信息而传播和因为误听、误信而传播的界限。有的情况下,信息真伪确实难以辨别,行为人主观上认为是真实的信息而传播;有的时候还存在被传播的信息开始被辟谣,事后被证实为真的情况。根据本款规定,只有故意编造并且将自己编造的相关信息在网络或其他媒体上传播的行为,以及明知是他人编造的信息而故意在网络或其他媒体上传播的,才构成犯罪。确实不知相关信息为谣言而误传播的,不构成犯罪。

【立法理由】

本条是全国人大常委会于 2001 年 12 月 29 日通过的《刑法修正案(三)》增加的规定(即本条第 1 款)。2015 年 8 月 29 日,全国人大常委会通过的《刑法修正案(九)》又在本条中增加了第 2 款关于传播虚假的险情、疫情、灾情、警情的规定。

"9·11"事件后,在美国出现了投放炭疽杆菌病毒的恐怖活动,继而出现以假的炭疽杆菌病毒制造恐慌的事件。这种投放假炭疽杆菌病毒的行为虽然不能造成炭疽病的传播,但会造成一定范围内的恐慌,严重扰乱了社会秩序,特别是在恐怖分子投放的炭疽杆菌的情况下,这种投放假炭疽杆菌的行为,会使人们难辨真假,危害更大,应当予以刑事处罚。由于这种行为不可能实际造成传染病的传播,不构成危害公共安全方面投放危险物质的犯罪,难以适用刑法相应的规定追究刑事责任,因此,《刑法修正案(三)》在刑法中增加了对这种犯罪的规定。

近年来,随着信息技术的快速发展,尤其是微博、微信等自媒体的兴起,极大改变了原来的信息传播渠道和方式。网络传播信息速度快、范围广、影响大,利用信息网络散布虚假信息,其危害也会成倍放大,轻则损害他人人格和名誉,重则造成人民群众生命财产损失、引发公众恐慌和社会秩序混乱甚至影响社会稳定,为此,《刑法修正案(九)》增加了相应规定。

【相关规定】

《最高人民法院、最高人民检察院关于办理妨害预防、控制突发传染病疫情等灾害的刑事案件具体应用法律若干问题的解释》

第十条　编造与突发传染病疫情等灾害有关的恐怖信息，或者明知是编造的此类恐怖信息而故意传播，严重扰乱社会秩序的，依照刑法第二百九十一条之一的规定，以编造、故意传播虚假恐怖信息罪定罪处罚。

利用突发传染病疫情等灾害，制造、传播谣言，煽动分裂国家、破坏国家统一，或者煽动颠覆国家政权、推翻社会主义制度的，依照刑法第一百零三条第二款、第一百零五条第二款的规定，以煽动分裂国家罪或者煽动颠覆国家政权罪定罪处罚。

《最高人民法院关于审理编造、故意传播虚假恐怖信息刑事案件适用法律若干问题的解释》

第六条　本解释所称的"虚假恐怖信息"，是指以发生爆炸威胁、生化威胁、放射威胁、劫持航空器威胁、重大灾情、重大疫情等严重威胁公共安全的事件为内容，可能引起社会恐慌或者公共安全危机的不真实信息。

《最高人民法院、最高人民检察院关于办理利用信息网络实施诽谤等刑事案件适用法律若干问题的解释》

第十条　本解释所称信息网络，包括以计算机、电视机、固定电话机、移动电话机等电子设备为终端的计算机互联网、广播电视网、固定通信网、移动通信网等信息网络，以及向公众开放的局域网络。

三十三、将刑法第三百条修改为："组织、利用会道门、邪教组织或者利用迷信破坏国家法律、行政法规实施的，处三年以上七年以下有期徒刑，并处罚金；情节特别严重的，处七年以上有期徒

刑或者无期徒刑,并处罚金或者没收财产;情节较轻的,处三年以下有期徒刑、拘役、管制或者剥夺政治权利,并处或者单处罚金。

"组织、利用会道门、邪教组织或者利用迷信蒙骗他人,致人重伤、死亡的,依照前款的规定处罚。

"犯第一款罪又有奸淫妇女、诈骗财物等犯罪行为的,依照数罪并罚的规定处罚。"

【说明】

本条共分3款。

第1款是关于组织、利用会道门、邪教组织或者利用迷信破坏国家法律、行政法规实施的犯罪及其处刑的规定。所谓"组织、利用会道门、邪教组织",是指建立或者借助会道门、邪教组织进行违法犯罪活动的行为。其中"会道门",是封建迷信活动组织的总称,如我国历史上曾经出现的一贯道、九宫道、哥老会、先天道、后天道等组织。这些带有封建迷信色彩或者反社会性质的会道门组织,新中国成立后曾经被彻底取缔,但近些年来在有些地方又死灰复燃,秘密进行一些破坏社会秩序的活动。"邪教组织",是指冒用宗教的名义而建立的、利用迷信等手段迷惑、蒙骗他人,实施危害社会行为的非法组织。与正常宗教组织相比较,因其无固定活动场所、经典和信仰,往往只是以一些异端邪说作为发展控制组织成员的工具、手段,实则进行破坏法律、违反道德的行为,故称之为邪教组织。近几年,邪教组织对社会的破坏和影响在一些国家中已成为不容忽视的一个问题。在我国也不例外,一些人打着宗教或练气功的"幌子",大肆传播封建迷信思想、煽动反社会情绪,蛊惑人心,蒙骗群众,严重扰乱了社会秩序,并给人民群众的生命财产造成严重损害。1999年10月30日通过的《全国人民代表大会常务委员会关于取缔邪教组织、防范和惩治邪教活动的决定》对于冒用宗教、气功等名义严重扰乱社会秩序的邪教组织和邪教活动,规定"必须依法取缔,坚决惩治","对组织和利用邪教组织破坏国家法律、行政法规的实施,聚众闹事,扰乱社会秩序,以迷信邪说蒙骗他人,致人死亡,或者奸淫妇女、诈骗财物等犯罪活动,依法予以严惩"。同时,考虑到邪教组织的蒙骗性较大,为了争取教育广大群众,集中打击一小撮犯罪分子,《全国人民代表大会常务委员会关于取缔邪教组织、防范和惩治邪教活动的决定》规定:"坚持教育与惩罚相结合,团结、教育绝大多数被蒙骗的群众,依法严惩极少数犯罪分子。在依法处理邪教组织的工作中,要把不明真相参与邪教活动的人同组织和利用邪教组织进行非法活动、蓄意破坏社会稳定的犯罪分子区别开来。对受蒙骗的群众不予追究。对构成犯罪的组织者、策划者、指挥者和骨干分子,坚决依法追究刑事责任;对于自首或者有立功表现的,可以依法从轻、减轻或者免除处罚。"所谓"迷信",是在生产力低下、文化落后、群众缺乏知识的情况下,作为科学的对立物出现的一种信奉鬼神的唯心主义的宿命论,其信仰、崇拜和活动形式带有浓厚的封建色彩。这里应注意的是,组织、利用会道门、邪教组织的活动,往往也带有迷信色彩的内容,但其更主要的特征是建立会道门或邪教组织或利用会道门和邪教组织进行活动。而本条规定的"利用迷信"是指通过会道门、邪教组织以外的其他利用迷信的活动。需要注意的是,《刑法修正案(九)》将本款原来规定的"组织和利用",修改为"组织、利用",在表述上更为严谨。

这里的"破坏国家法律、行政法规实施"的行为有两种方式:一种是组织、利用会道门、邪教组织,蛊惑、煽动、欺骗群众破坏国家法律、行政法规的实施。根据这类犯罪的特点及司法实践,组织、利用邪教组织破坏国家法律、行政法规实施的犯罪行为,主要有以下几种情况:一是聚众围攻、冲击国家机关、企事业单位,扰乱国家机关、企事业单位的工作、生产、经营、教学和科研秩序的;二是非法举行集会、游行、示威,煽动、欺骗、组织其成员或者其他人聚众围攻、冲击、强占、哄闹公共场所及宗教活动场所,扰乱社会秩序的;三是抗拒有关部门取缔或者已经被有关部门取缔,又恢复或者另行建立邪教组织,或者继续进行邪教活动的;四是煽动、欺骗、组织其成员或者其他人不履行法定义务,情节严重的;五是出版、印刷、复制、发行宣扬邪教内容出版物,以及印制邪教组织标识等。另一种是利用迷信破坏国家法律、行政法规实施,主要是利用占卜、算命、看星象等形式,散布迷信谣言,制造混乱,煽动群众抗拒、破坏国家法律、行政法规的实施。

本款根据情节轻重,规定了三档处刑:犯本款规定之罪的,处3年以上7年以下有期徒刑,并处罚金;情节特别严重的,处7年以上有期徒刑或者无期徒刑,并处罚金或者没收财产;情节较轻的,处3年以下有期徒刑、拘役、管制或者剥夺政治权利,并处或者单处罚金。根据1999年10月通过的《最高人民法院、最高人民检察院关于办理组织和利用邪教组织犯罪案件具体应用法律若干问题的解释》第2条第2款的规定,这里的"情节特别严重"包括:"(一)跨省、自治区、直辖市建立组织机构或者发展成员的;(二)勾结境外机构、组织、人员进行邪教活动的;(三)出版、印刷、复制、发行宣扬邪教内容出版物以及印制邪教组织标识,数量或者数额巨大的;(四)煽动、欺骗、组织其成员或者其他人破坏国家法律、行政法规实施,造成严重后果的。"此外,2001年6月11日施行的《最高人民法院、最高人民检察院关于办理组织和利用邪教组织犯罪案件具体应用法律若干问题的解释(二)》对定罪量刑的具体标准也作了规定,该解释第1条规定:"制作、传播邪教宣传品,宣扬邪教,破坏法律、行政法规实施,具有下列情形之一的,依照刑法第三百条第一款的规定,以组织、利用邪教组织破坏法律实施罪定罪处罚:(一)制作、传播邪教传单、图片、标语、报纸300份以上,书刊100册以上,光盘100张以上,录音、录像带100盒以上的;(二)制作、传播宣扬邪教的DVD、VCD、CD母盘的;(三)利用互联网制作、传播邪教组织信息的;(四)在公共场所悬挂横幅、条幅,或者以书写、喷涂标语等方式宣扬邪教,造成严重社会影响的;(五)因制作、传播邪教宣传品受过刑事处罚或者行政处罚又制作、传播的;(六)其他制作、传播邪教宣传品,情节严重的。制作、传播邪教宣传品数量达到第(一)项规定的标准五倍以上,或者虽未达到五倍,但造成特别严重社会危害的,属于刑法第三百条第一款规定的'情节特别严重'。"如果是组织和利用邪教组织,组织、策划、实施、煽动分裂国家、破坏国家统一或者颠覆国家政权、推翻社会主义制度的,则应当分别按照《刑法》第103条、第105条、第113条的规定定罪处罚。

第2款是关于组织、利用会道门、邪教组织或者利用迷信蒙骗他人,致人重伤、死亡的犯罪及其处刑的规定。根据本款规定,对组织、利用会道门、邪教组织或者利用迷信蒙骗他人,致人重伤、死亡的,应当依照本条第1款的规定处罚。这里所说的"组织、利用会道门、邪教组织或者利用迷信蒙骗他人",是指组织、利用会道门、邪教组织或者利用迷信,愚弄、欺骗他人,如散布"世界末日来临""死后可以升天"等。"致人重伤、死亡",这里主要是指他人因受到会道门、邪教组织或者迷信的蒙骗,进行拒绝接受医疗救治、绝食、自杀、自焚等行为,造成重伤、死亡后果的。"依照前款的规定处罚",是指对组织、利用会道门、邪教组织或者利用迷信蒙骗他人,致人死亡的犯罪,根据案件的具体情况,适用本条第1款的刑罚幅度处罚。本条第1款规定的刑罚幅度有三档,即构成犯罪的,处3年以上7年以下有期徒刑,并处罚金;情节特别严重的,处7年以上有期徒刑或者无期徒刑,并处罚金或者没收财产;情节较轻的,处3年以下有期徒刑、拘役、管制或者剥夺政治权利,并处或者单处罚金。司法实践中具体适用哪一档刑罚,需要根据案件的情况确定。关于"情节特别严重"的具体认定,《最高人民法院、最高人民检察院关于办理组织和利用邪教组织犯罪案件具体应用法律若干问题的解释》第3条第2款明确规定:"具有下列情形之一的,属于'情节特别严重':(一)造成3人以上死亡的;(二)造成死亡人数不满3人,但造成多人重伤的;(三)曾因邪教活动受过刑事或者行政处罚,又组织和利用邪教组织蒙骗他人,致人死亡的;(四)造成其他特别严重后果的。"

需要特别说明的是,实践中,有些人利用某些邪教组织成员对邪教的深信不疑,直接组织、策划、煽动、教唆、帮助邪教组织人员自杀、自残的,其性质就与前述有些人因愚昧无知、受蒙骗而自己进行绝食等自杀行为不同。对此应当依照《刑法》第232条、第234条规定的故意杀人罪、故意伤害罪定罪处罚。

第3款是关于犯组织、利用会道门、邪教组织或者利用迷信破坏国家法律实施罪,又有奸淫妇女、诈骗财物等犯罪行为的,如何适用法律的规定。从实践中的情况看,组织、利用会道门、邪教组织或者利用迷信破坏国家法律实施犯罪中,往往又伴随各种骗财、骗色、强制猥亵他人、非法拘禁、聚众扰乱社会秩序等违法犯罪活动。根据本款规定,犯第1款罪又有奸淫妇女、诈骗财物等犯罪行为的,依照数罪并罚的规定处罚,即按照组织、利用会道门、邪教组织、利用迷信破坏法律实施罪和《刑法》第236条强奸罪、第266条诈骗罪以及其他相关犯罪的规定数罪并罚。

【立法理由】

近年来,在打击处理组织、利用会道门、邪教组织或者利用迷信破坏国家法律、行政法规实施犯罪中,出现了一些新的情况:一是实践中出现了一些情节特别严重,造成了特别严重后果的案件,针对这种情况,需要进一步提高该罪的法定最高刑。二是实践中也有一些案件,情节相对较轻,需要在该罪法定最低刑3年有期徒刑之下,再增设一档较轻的刑罚,以适应处理不同案件的需要,体现罪责刑相适应原则。此外,实践中还有一些法律适用问题需要进一步明确。为此,有关方面提出了修改《刑法》第300条的建议。2015年8月29日通过的《刑法修正案(九)》对《刑法》第300条有关会道门、邪教组织犯罪的规定作了以下修改补充:一是增加了一档情节较轻的,处3年以下有期徒刑、拘役、管制或者剥夺政治权利,并处或者单处罚金的规定。二是将法定最高刑由15年有期徒刑提高到无期徒刑,并增加了罚金刑和没收财产刑。三是明确了组织、利用会道门、邪教组织或者利用迷信蒙骗他人,致人重伤的,依照该罪处罚。四是明确了组织、利用会道门、邪教组织或者利用迷信破坏法律实施,又有奸淫妇女、诈骗财物等犯罪行为的,依法实行数罪并罚。

【相关规定】

《全国人民代表大会常务委员会关于取缔邪教组织、防范和惩治邪教活动的决定》

一、坚决依法取缔邪教组织,严厉惩治邪教组织的各种犯罪活动。邪教组织冒用宗教、气功或者其他名义,采用各种手段扰乱社会秩序,危害人民群众生命财产安全和经济发展,必须依法取缔,坚决惩治。人民法院、人民检察院和公安、国家安全、司法行政机关要各司其职,共同做好这项工作。对组织和利用邪教组织破坏国家法律、行政法规实施,聚众闹事,扰乱社会秩序,以迷信邪说蒙骗他人,致人死亡,或者奸淫妇女、诈骗财物等犯罪活动,依法予以严惩。

二、坚持教育与惩罚相结合,团结、教育绝大多数被蒙骗的群众,依法严惩极少数犯罪分子。在依法处理邪教组织的工作中,要把不明真相参与邪教活动的人同组织和利用邪教组织进行非法活动、蓄意破坏社会稳定的犯罪分子区别开来。对受蒙骗的群众不予追究。对构成犯罪的组织者、策划者、指挥者和骨干分子,坚决依法追究刑事责任;对于自首或者有立功表现的,可以依法从轻、减轻或者免除处罚。

《最高人民法院、最高人民检察院关于办理组织和利用邪教组织犯罪案件具体应用法律若干问题的解释》

第一条 刑法第三百条中的"邪教组织",是指冒用宗教、气功或者其他名义建立,神化首要分子,利用制造、散布迷信邪说等手段蛊惑、蒙骗他人,发展、控制成员,危害社会的非法组织。

第二条 组织和利用邪教组织并具有下列情形之一的,依照刑法第三百条第一款的规定定罪处罚:

(一)聚众围攻、冲击国家机关、企业事业单位,扰乱国家机关、企业事业单位的工作、生产、经营、教学和科研秩序的;

(二)非法举行集会、游行、示威,煽动、欺骗、组织其成员或者其他人聚众围攻、冲击、强占、哄闹公共场所及宗教活动场所,扰乱社会秩序的;

（三）抗拒有关部门取缔或者已经被有关部门取缔，又恢复或者另行建立邪教组织，或者继续进行邪教活动的；

（四）煽动、欺骗、组织其成员或者其他人不履行法定义务，情节严重的；

（五）出版、印刷、复制、发行宣扬邪教内容出版物，以及印制邪教组织标识的；

（六）其他破坏国家法律、行政法规实施行为的。

实施前款所列行为，并具有下列情形之一的，属于"情节特别严重"：

（一）跨省、自治区、直辖市建立组织机构或者发展成员的；

（二）勾结境外机构、组织、人员进行邪教活动的；

（三）出版、印刷、复制、发行宣扬邪教内容出版物以及印制邪教组织标识，数量或者数额巨大的；

（四）煽动、欺骗、组织其成员或者其他人破坏国家法律、行政法规实施，造成严重后果的。

第三条 刑法第三百条第二款规定的组织和利用邪教组织蒙骗他人，致人死亡，是指组织和利用邪教组织制造、散布迷信邪说，蒙骗其成员或者其他人实施绝食、自残、自虐等行为，或者阻止病人进行正常治疗，致人死亡的情形。

具有下列情形之一的，属于"情节特别严重"：

（一）造成3人以上死亡的；

（二）造成死亡人数不满3人，但造成多人重伤的；

（三）曾因邪教活动受过刑事或者行政处罚，又组织和利用邪教组织蒙骗他人，致人死亡的；

（四）造成其他特别严重后果的。

第九条 对组织和利用邪教组织进行犯罪活动的组织、策划、指挥者和屡教不改的积极参加者，依照刑法和本解释的规定追究刑事责任；对有自首、立功表现的，可以依法从轻、减轻或者免除处罚。

对于受蒙蔽、胁迫参加邪教组织并已退出和不再参加邪教组织活动的人员，不作为犯罪处理。

《最高人民法院、最高人民检察院关于办理组织和利用邪教组织犯罪案件具体应用法律若干问题的解释(二)》

第一条 制作、传播邪教宣传品,宣扬邪教,破坏法律、行政法规实施,具有下列情形之一的,依照刑法第三百条第一款的规定,以组织、利用邪教组织破坏法律实施罪定罪处罚:

(一)制作、传播邪教传单、图片、标语、报纸300份以上,书刊100册以上,光盘100张以上,录音、录像带100盒以上的;

(二)制作、传播宣扬邪教的DVD、VCD、CD母盘的;

(三)利用互联网制作、传播邪教组织信息的;

(四)在公共场所悬挂横幅、条幅,或者以书写、喷涂标语等方式宣扬邪教,造成严重社会影响的;

(五)因制作、传播邪教宣传品受过刑事处罚或者行政处罚又制作、传播的;

(六)其他制作、传播邪教宣传品,情节严重的。

制作、传播邪教宣传品数量达到前款第(一)项规定的标准五倍以上,或者虽未达到五倍,但造成特别严重社会危害的,属于刑法第三百条第一款规定的"情节特别严重"。

第五条 邪教组织被取缔后,仍聚集滋事、公开进行邪教活动,或者聚众冲击国家机关、新闻机构等单位,人数达到20人以上的,或者虽未达到20人,但具有其他严重情节的,对于组织者、策划者、指挥者和屡教不改的积极参加者,依照刑法第三百条第一款的规定,以组织、利用邪教组织破坏法律实施罪定罪处罚。

第十二条 人民法院审理邪教案件,对于有悔罪表现,不致再危害社会的被告人,可以依法从轻处罚;依法可以判处管制、拘役或者符合适用缓刑条件的,可以判处管制、拘役或者适用缓刑;对于犯罪情节轻微不需要判处刑罚的,可以免予刑事处罚。

第十三条 本规定下列用语的含义是:

(一)"宣传品",是指传单、标语、喷图、图片、书籍、报刊、录音带、录像带、光盘及其母盘或者其他有宣传作用的物品。

(二)"制作",是指编写、印制、复制、绘画、出版、录制、摄制、洗印等行为。

(三)"传播",是指散发、张贴、邮寄、上载、播放以及发送电子信息等行为。

三十四、将刑法第三百零二条修改为:"盗窃、侮辱、故意毁坏尸体、尸骨、骨灰的,处三年以下有期徒刑、拘役或者管制。"

【说明】

本条包含以下几层意思:

第一,犯罪对象是尸体、尸骨、骨灰。"尸体"是指人死亡后遗留的躯体,尚未死亡的被害人的身体,不是尸体。"尸骨"是指人死后留下的遗骨。"骨灰"是指人的尸体焚烧后骨骼化成的灰。由于受传统观念的影响,各种传统的丧葬习俗依然延续至今,人们对死者的遗留物,特别是对人死后的尸体、尸骨、骨灰最大限度地予以保护。人死后的尸体、尸骨、骨灰虽然只是人们保存能够代表死者人体遗留物方式的不同选择,这其中也蕴含着对死者的尊重及死者的亲属作为寄托哀思和祭拜的对象。因此,无论是完整的尸身,还是尸骨或者尸身的局部,抑或是骨灰,这三者在人们心中的地位是一样的,需要予以同等保护。

第二,行为人实施了盗窃、侮辱、故意毁坏尸体、尸骨、骨灰的行为。这里的"盗窃",是指行为人秘密窃取尸体、尸骨、骨灰的行为,也就是采取不被他人知晓的方法将尸体、尸骨、骨灰置于行为人自己实际控制支配之下,如从墓地、停尸房或其他场所秘密窃取尸体、尸骨、骨灰等。"侮辱",主要是指直接对死者尸体、尸骨、骨灰进行奸淫、猥亵、鞭打、遗弃、抛撒等凌辱行为。这里的侮辱行为应当是直接针对尸体、尸骨、骨灰实施的,如果只是以书面、文字或言词等侮辱贬损死者名誉的,不应适用本罪。"故意毁坏",主要是指对尸体、尸骨、骨灰予以物理上或者化学性的损伤或破坏,既包括对整个尸体、尸骨、骨灰的毁损或破坏,也包括对尸体、尸骨、骨灰的一部分的损坏,如肢解、割裂或非法解剖尸体,毁损死者的面容等。

第三,行为人主观上应当是故意的。即行为人不仅认识到其行为侵害的对象是尸体、尸骨、骨灰,而且具有窃取、侮辱、毁坏之故意,如果行为人由于过失而损坏或玷污尸体、尸骨、骨灰则不构成本罪。盗窃、侮辱、故意毁坏尸体、尸骨、骨灰的行为,其社会危害性的实质在于行为人的行为损害了社会风气和公序良俗,贬损了死者的形象,侵害了死者亲属的情感,扰乱了社会公共秩序。实践中,行为人实施上述行为,动机可能是多种多样的,有的是出于泄愤报复,有的则是为盗窃财物或者出卖尸体,有的盗走尸骨制成标本,有的出于变态心理以泄淫欲等,但这只是量刑的酌定情节,不影响本罪的构成。判断是否侮辱、故意毁坏尸体的犯罪,主要是看行为人主观上是否有侮辱、故意毁坏尸体的故意,如医务人员、司法工作人员因履行职责依法对尸体进行解剖,殡仪馆工作人员按照规定火化尸体等,主观上没有侮辱、故意毁坏尸体的故意,不能认为是侮辱、故意毁坏尸体。

根据本条规定,盗窃、侮辱、故意毁坏尸体、尸骨、骨灰的,处3年以下有期徒刑、拘役或者管制。司法实践中对行为人进行处罚时,应综合全案情节具体对待,即从行为人的一贯表现、主观恶性、行为手段、方式、社会影响等各方面综合认定。对于行为人多次实施盗窃尸体、尸骨、骨灰行为;侮辱尸体、尸骨、骨灰行为的手段恶劣,民愤极大;或者盗窃后又侮辱或故意毁坏的;等等,可以视情节在法定刑幅度内从重处罚;而对于初犯、偶犯、行为不恶劣、行为人认罪态度较好的等情形,可以在法定刑幅度内从轻处罚。

实践中应当注意的是:

第一,本罪是选择性罪名,只要实施盗窃、侮辱、故意毁坏行为之一的,即构成本罪。同时实施盗窃、侮辱、故意毁坏两种或两种以上行为,比如行为人窃取尸体之后进行奸尸的,或者盗窃骨灰后抛撒的,也只能定一罪,不能实行数罪并罚。

第二,盗窃尸体、尸骨罪与盗窃罪和盗掘古文化遗址、古墓葬罪的界限。三种罪主观上都是以非法占有为目的,客观上都采取秘密窃取的方法。区别主要在于犯罪对象不同,盗窃尸体、尸骨罪的犯罪对象是尸体、尸骨;盗窃罪的犯罪对象是他人的财物;盗掘古文化遗址、古墓葬罪的犯罪对象是具有历史、艺术、科学价值的古文化遗址、古墓葬,比如从墓葬中盗窃明代女尸,则不能以盗窃尸体罪论处,而应以盗掘古文化遗址、古墓葬罪定罪处罚。

第三,侮辱尸体、尸骨罪与侮辱罪和侮辱妇女罪的界限。三种罪在主观上都具有侮辱的故意,行为方式上也具有一定的相似性。三种罪的主要区别是:首先,对象不同。侮辱尸体、尸骨罪的犯罪对象是尸体、尸骨;侮辱罪的犯罪对象是他人的人格和名誉;侮辱妇女罪的犯罪对象是妇女。其次,犯罪的客观表现不同。侮辱尸体、尸骨罪不要求公然性,但必须是直接对尸体、尸骨加以侮辱,尸体、尸骨不在场难以构成本罪;侮辱罪必须具有公然性,使不特定人或多数人得以听见、看见的方式进行侮辱,被害人不在场,不影响本罪的成立;侮辱妇女罪必须以暴力、胁迫或者其他方法,违背妇女意愿,以偷剪妇女发辫、衣服,向妇女身上泼洒腐蚀物,故意向妇女显露生殖器,追逐、堵截妇女等手段实施侮辱行为,且被害妇女也应在现场。

【立法理由】

尸体是人死后留下的躯体,虽然死者已经逝去,但尸体也蕴含着人们的情感,既包括对死者的尊重,也表达着家属敬爱、追忆之情。让死者入土为安、不受打扰成为社会的共识。保护尸体,不仅在于保护尸体本身,也在于保护死者的尊严,对尸体的侵害,不仅是对死者的人格尊严的亵渎,也会给死者的亲属带来极大的痛苦和伤害,损害整个社会的公序良俗,影响生者的正常生活,破坏社会善良的民俗习惯和民族传统,扰乱社会的公共秩序,还可能引发人们的纷争,激化民族矛盾,诱发其他犯罪,严重破坏社会和谐,具有较大的社会危害性。为此,1997年修订《刑法》时,规定了盗窃、侮辱尸体的犯罪。

2015年8月29日第十二届全国人大常委会第十六次会议通过的《刑法修正案(九)》对盗窃、侮辱尸体罪作了两处修改:

一是增加了故意毁坏的行为。由于实践中对"侮辱"尸体的行为存在不同认识,有的认为侮辱应当是直接对尸体施加凌辱等方式,如猥亵尸体、玷污尸体、遗弃尸体等行为,但不包括毁损尸体的行为;而有人则认为,故意毁损尸体也属于侮辱尸体的行为。这次修改《刑法》,为进一步明确法律适用,增强可操作性,增加了故意毁坏尸体、尸骨、骨灰的行为。

二是在犯罪对象中增加了尸骨、骨灰。一直以来,对于尸体的内涵和外延有不同的理解,主要有三种观点:第一种观点认为,尸体应当是已死之人的完整躯体,与完整的尸体相分离的身体的部分,或者尸体已经腐烂成为尸骨则不属于尸体的范畴。第二种观点认为,尸体并不限于躯体完整无缺,尸体的一部分属于尸体,尸体腐烂后成为尸骨也属于尸体,但不应包括骨灰,因为尸体经过火化这一化学反应而形成骨灰,其性质上已经发生了变化,骨灰不能视同尸体。第三种观点认为,尸体既包括死者的完整躯体,也包括尸体的一部分和腐烂后形成的尸骨,还包括尸体火化后遗留的骨灰。由于理论界和实务界对此认识不同,导致司法实践中对案件的认定也不同。2002年9月18日发布的《最高人民检察院研究室关于盗窃骨灰行为如何处理问题的答复》明确规定,"骨灰"不属于《刑法》第302条规定的"尸体",对于盗窃骨灰的行为不能以《刑法》第302条的规定追究刑事责任。之后,在司法实践中,对于盗窃骨灰或者倾洒骨灰的行为,一般按照治安案件处理,对故意破坏、污损他人坟墓或者毁坏、丢弃他人尸骨、骨灰的,依照《中华人民共和国治安管理处罚法》第65条的规定,处5日以上10日以下拘留;情节严重的,处10日以上15日以下拘留,可以并处1000元以下罚款。有的专家和实务部门提出,一些不法分子利用人们对已故亲人怀念、敬仰之情和崇敬祖先的观念,盗取他人骨灰,或威胁利诱,敲诈钱财,牟取非法利益;或毁损、侮辱,泄愤报复,在社会上造成了极坏的影响,诱发了新的不安定因素。骨灰在人们心目中分量同尸体一样重要，是人们祭奠亡灵、寄托哀思的重要对象，理应受到法律的保护。如果处理不好，极易引发社会冲突和社会矛盾，导致社会的不稳定，尤其在一些少数民族地区，可能会被认为是严重的挑衅和极大的侮辱，激起民族矛盾和社会纷争，严重破坏正常的社会秩序，具有极大的社会危害性。对盗取骨灰的行为，如果只是以一般违法行为处理，不仅处罚过轻而不能达到打击的效果，也不能有效保护人们正常的丧葬、祭祀活动，维护社会秩序的正常运行。因此，应当将尸骨、骨灰与尸体同等保护。

【相关规定】

《中华人民共和国刑法》

第二百三十四条之一第三款　违背本人生前意愿摘取其尸体器官，或者本人生前未表示同意，违反国家规定，违背其近亲属意愿摘取其尸体器官的，依照本法第三百零二条的规定定罪处罚。

《中华人民共和国治安管理处罚法》

第六十五条　有下列行为之一的，处五日以上十日以下拘留；情节严重的，处十日以上十五日以下拘留，可以并处一千元以下罚款：

（一）故意破坏、污损他人坟墓或者毁坏、丢弃他人尸骨、骨灰的；

（二）在公共场所停放尸体或者因停放尸体影响他人正常生活、工作秩序，不听劝阻的。

《最高人民检察院研究室关于盗窃骨灰行为如何处理问题的答复》（〔2002〕高检研发第14号）

"骨灰"不属于刑法第三百零二条规定的"尸体"。对于盗窃骨灰的行为不能以刑法第三百零二条的规定追究刑事责任。

三十五、在刑法第三百零七条后增加一条，作为第三百零七条之一："以捏造的事实提起民事诉讼，妨害司法秩序或者严重侵害他人合法权益的,处三年以下有期徒刑、拘役或者管制,并处或者单处罚金;情节严重的,处三年以上七年以下有期徒刑,并处罚金。

"单位犯前款罪的,对单位判处罚金,并对其直接负责的主管人员和其他直接责任人员,依照前款的规定处罚。

"有第一款行为,非法占有他人财产或者逃避合法债务,又构成其他犯罪的,依照处罚较重的规定定罪从重处罚。

"司法工作人员利用职权,与他人共同实施前三款行为的,从重处罚;同时构成其他犯罪的,依照处罚较重的规定定罪从重处罚。"

【说明】

本条共分4款。

第1款是关于虚假诉讼犯罪构成和处罚的规定。本罪的主体是一般主体,包括个人和单位。本罪侵犯的客体是国家司法秩序和他人的财产权等合法权益。本罪的主观方面是故意犯罪,行为人具有提起虚假的民事诉讼,欺骗国家司法机关,通过获得司法机关的裁判文书实现其非法目的的主观故意。《刑法修正案(九)》草案一审稿在本条中曾规定了"为谋取不正当利益"的主观条件。在草案审议和征求意见过程中,有的常委会委员和有关方面提出,增加规定虚假诉讼犯罪的目的是为了维护司法秩序,不论行为人的具体动机与目的如何,以捏造的事实提起虚假的民事诉讼的行为,就是严重妨害司法秩序的行为。如果再增加规定"为谋取不正当利益"的主观条件,不利于追诉和惩治虚假诉讼犯罪。根据上述意见,草案二审稿删除了"为谋取不正当利益"的规定。

根据本款规定,构成虚假诉讼犯罪在客观方面必须具备以下条件:

一是以捏造的事实提起民事诉讼。提起民事诉讼,是指依照《中华人民共和国民事诉讼法》(以下简称《民事诉讼法》)的规定向法院提起诉讼。在刑事自诉、行政诉讼等领域也可能存在行为人以捏造的事实向法院提起虚假诉讼的情况,对此,可以依照诬告陷害罪等规定处罚,或者作为妨害诉讼活动处理,不适用本条规定。"捏造的事实",是指凭空编造的不存在的事实。如根本不存在的债权债务关系,从未发生过的商标侵权行为等。如果民事纠纷客观存在,行为人对具体数额、期限等事实作夸大、隐瞒或虚假陈述的,不属于"捏造"。以捏造的事实提起民事诉讼,是指通过伪造书证、物证、恶意串通、指使证人作假证言等手段,以凭空捏造的根本不存在的事实为基础,向法院提出诉讼请求,要求法院作出裁判。

二是妨害司法秩序或者严重侵害他人合法权益。这是构成本罪的结果条件。妨害司法秩序是指对国家司法机关进行审判活动、履行法定职责的正常秩序造成妨害,包括导致司法机关作出错误判决造成司法权威和司法公信力的损害,也包括提起虚假诉讼占用了司法资源,影响了司法机关的正常司法活动等。严重侵害他人合法权益,是指虚假诉讼活动给被害人的财产权等合法权益造成严重损害。如司法机关执行错误判决或者因行为人提起诉讼采取保全措施造成被害人财产的严重损失,被害人一定数额的合法债权得不到及时清偿等。从这一规定看,只要虚假诉讼行为妨害司法秩序或者严重侵害他人合法权益,就可以构成本条规定的犯罪,并不一定要求诉讼程序已经完结,司法机关已经实际完成了裁判文书的制作、送达,裁判文书完全符合行为人的意愿等。

本款对虚假诉讼犯罪规定了两档法定刑。第一档法定刑是3年以下有期徒刑、拘役或者管制,并处或者单处罚金。第二档法定刑是对情节严重的,处3年以上7年以下有期徒刑,并处罚金。本款规定的"情节严重"是指虚假诉讼对司法秩序造成严重妨害,或者对他人合法权益造成特别重大损害。如虚假诉讼标的数额巨大,多次提起虚假诉讼,伪造证据的情节恶劣,损害善意当事人的合法权益造成严重后果等,具体标准可由司法机关根据实际情况作出司法解释确定。

第2款是关于单位犯虚假诉讼罪的处罚规定。本款对犯虚假诉讼罪的单位采取双罚制。既对单位判处罚金,又对其直接负责的主管人员和其他直接责任人员,依照第 1 款的规定处罚,即处 3 年以下有期徒刑、拘役或者管制,并处或者单处罚金;情节严重的,处 3 年以上 7 年以下有期徒刑,并处罚金。

第 3 款是关于犯虚假诉讼罪同时构成其他犯罪时如何处理的规定。从实践中的情况看,以骗取财物为目的的虚假诉讼行为,在构成本条规定的犯罪的同时,往往还构成《刑法》规定的其他侵财类犯罪。针对这种同一行为构成《刑法》多个条文规定的犯罪的情况,有必要明确如何适用法律。本款对这一问题作了明确规定,即从一重罪从重处罚。本款的规定也有一个修改完善的过程。《刑法修正案(九)》草案曾经规定,有虚假诉讼行为,侵占他人财产或者逃避合法债务的,依照《刑法》第 266 条的规定从重处罚,即认定为诈骗罪并从重处罚。在草案审议中,有意见指出,这种情况通常会同时构成诈骗罪,但也有可能构成其他犯罪。如国家工作人员利用职务便利,与他人串通通过虚假诉讼侵占公共财产的,可能构成贪污罪;公司、企业或者其他单位的工作人员利用职务便利,与他人串通通过虚假诉讼侵占单位财产的,可能构成职务侵占罪;一律规定按诈骗罪处理不尽合理。为此,草案二审稿对有关规定作了修改,形成了本款规定。本款规定的适用范围是"有第一款行为,非法占有他人财产或者逃避合法债务,又构成其他犯罪的",如果虚假诉讼的目的不是非法占有他人财产或者逃避合法债务,则不适用本款规定。对于本款规定的同一行为构成数个犯罪的情形,本款规定"依照处罚较重的规定定罪从重处罚"。首先,要比较本条规定的刑罚和《刑法》其他条文规定的刑罚,适用处刑较重的条文。本条和《刑法》有关诈骗罪、贪污罪、职务侵占罪等犯罪的条文,规定了多个量刑幅度,对此,在适用时要根据案件事实和各条的规定,确定适用于某一犯罪的具体量刑幅度,再进行比较选择处罚较重的规定定罪。同时,还要根据确定适用的规定和量刑幅度从重处罚。这样规定体现了对虚假诉讼行为从严惩处的立法精神。

第 4 款是关于对司法工作人员利用职权实施虚假诉讼行为如何处理的规定。从实践中的情况看,在有的虚假诉讼案件中,一些司法工作人员与当事人勾结,通过其职务行为或者影响力,为虚假诉讼目的的达成创造条件,有的甚至直接参与作出裁判。这类行为不仅损害他人的合法权益,而且严重损害了国家司法机关的公信力和司法权威,应当从严惩处。本款规定有两层意思:一是司法工作人员利用职权,与他人共同实施前三款规定的虚假诉讼行为的,从重处罚。二是司法工作人员利用职权,与他人共同实施前三款规定的虚假诉讼行为,同时构成其他犯罪的,依照处罚较重的规定定罪从重处罚。司法工作人员利用职权,与他人共同实施虚假诉讼行为,在构成本条规定的犯罪的同时,还可能构成民事枉法裁判、滥用职权等犯罪。依照本款规定,这种情况下应当依照处罚较重的规定定罪从重处罚。这样规定,同样体现了对司法工作人员执法犯法、参与虚假诉讼行为严厉惩处的精神。

在执行本条规定的过程中,要注意把握好罪与非罪的界限。本条规定的是以凭空捏造的事实提起民事诉讼,妨害司法秩序或者严重侵害他人合法权益的犯罪。对于提起诉讼的基本事实是真实的,但在一些证据材料上弄虚作假,企图欺骗司法机关,获取有利于自己的裁判的行为,不适用本条规定。对这类行为,可以按照《民事诉讼法》的有关规定予以罚款、拘留。构成妨害作证罪和帮助毁灭、伪造证据罪等其他犯罪的,应当按照《刑法》有关规定追究刑事责任。

【立法理由】

公民、法人或其他组织之间发生民事纠纷时,向人民法院提起民事诉讼,是解决争议、维护自身合法权益的重要途径。近年来,随着市场经济的发展和人民群众法律意识的提高,人民法院受理的民事诉讼案件数量大幅增加。与此同时,司法实践中也出现了虚假诉讼的情况。一些个人和单位捏造虚假的事实,向人民法院提起借贷、房屋买卖、离婚析产、继承、商标侵权、破产等诉讼,骗取人民法院裁判文书以实现各种非法目的。

从具体目的来看，这种虚假诉讼行为可以分为两类：一类是骗财类虚假诉讼，企图通过诉讼侵占他人财产或者逃避合法债务。如通过伪造借款协议，骗取人民法院裁判要求他人"还款"；通过订立虚假的抵押合同以取得优先受偿的权利，侵害其他合法债权人的受偿权利等。另一类是出于谋财以外的其他目的的虚假诉讼。如为了使商标被认定为驰名商标，虚构商标权被侵犯的事实，让他人冒充侵权人并承认侵权事实，通过人民法院的判决，间接达到涉案商标被认定为驰名商标的目的；虚构借贷关系，通过诉讼以汽车抵债的方式规避一些城市的机动车限购政策等。

从虚假诉讼当事人之间的关系看，也可以分为两类：一类是一方当事人提起虚假诉讼，企图侵犯另一方当事人合法权益的案件，双方当事人之间存在实质的利益对抗关系。另一类是双方当事人恶意串通进行虚假诉讼，企图侵犯案外第三人合法权益，损害国家、公共利益，或者企图逃避履行法定义务，规避相关管理规定等，双方当事人之间不存在实质对抗关系，而是互相串通共同捏造事实、伪造证据，骗取人民法院的裁判。有的虚假诉讼案件还有司法工作人员参与其中。

虚假诉讼行为具有严重的社会危害性。首先，虚假诉讼妨害了正常的司法秩序。行为人捏造事实、伪造证据材料，欺骗国家司法机关，获取法院的裁判文书，使国家公权力成为其实现非法目的的工具，严重损害了司法公信力和法律权威。有的被执行人为逃避执行，与他人恶意串通，通过虚假诉讼骗取新的裁判文书，逃避履行原裁判文书确定的义务，使司法公信力受到二次伤害。这些虚假的诉讼还浪费了国家司法资源，加剧了一些基层司法机关案多人少的矛盾。其次，虚假诉讼侵犯他人合法权益。虚假诉讼不仅骗取国家司法机关裁判文书，扰乱了司法秩序，而且行为人还利用错误的裁判文书和强制执行程序，侵占、剥夺受害人的财产或者其他权利，严重损害他人的合法权益。

从法律规定看，1997年《刑法》对于虚假诉讼行为没有专门的规定,实践中对于虚假诉讼一般是根据案件的具体情况,适用《刑法》的相关规定作相应处理。如《刑法》第307条规定了以暴力、威胁、贿买等方法阻止证人作证,指使他人作伪证,以及帮助当事人毁灭、伪造证据的犯罪;第280条第2款规定了伪造公司、企业、事业单位、人民团体印章的犯罪。此外,对有的尚不构成犯罪的,根据《民事诉讼法》关于妨害诉讼活动的规定,由人民法院予以罚款、拘留。2012年修改《民事诉讼法》时,根据司法实践中出现的虚假诉讼的情况,对这种行为作了专门规定,即在第112条、第113条增加规定,对于当事人之间恶意串通,企图通过诉讼、调解等方式侵害他人合法权益的,以及被执行人与他人恶意串通,通过诉讼、调解等方式逃避履行法律文书确定的义务的,人民法院应当根据情节轻重予以罚款、拘留;构成犯罪的,依法追究刑事责任。

在《刑法修正案(九)》草案研究、审议过程中,有关司法机关、人大代表和专家学者多次建议在现行法律规定的基础上,在《刑法》中增加有关虚假诉讼犯罪的专门规定,更有针对性地打击利用虚假诉讼妨害司法秩序、侵害他人合法权益的行为。在研究过程中,对于虚假诉讼行为的定性和有关法律规定的修改完善,主要有两种观点:一种观点认为,虚假诉讼行为符合诈骗罪的犯罪构成,应当认定为诈骗罪,建议在《刑法》中新增指引性的规定或者作出法律解释,明确将虚假诉讼行为认定为诈骗罪。主要理由是,虚假诉讼的行为人通过伪造书证、指使他人作伪证等方式虚构事实、隐瞒真相,欺骗对有关财产有裁判权的司法机关,使司法机关产生错误认识,作出错误的裁判文书,本质上是诈骗犯罪。国外也有将诉讼诈骗行为依照诈骗罪的规定定罪处罚的案例。另一种观点认为,虚假诉讼行为与传统的诈骗罪的行为特征不同,建议新增关于虚假诉讼犯罪的专门规定。主要理由是,诈骗罪欺骗的对象是受害人,受害人是基于受欺骗而"自愿"将财产交给他人;虚假诉讼欺骗的是人民法院,被害人是明知权利被侵害而被强迫交出财产。另外,虚假诉讼侵犯的是复杂客体,虽然在实践中多为骗取财物,但也不限于骗取财物。从国外立法例看,有的国家法律规定了专门的诉讼欺诈犯罪。

经研究认为,虚假诉讼既妨害了国家司法秩序,又侵害了他人财产权和其他合法权益,为维护司法权威和社会诚信,惩治利用国家司法机关的审判活动达到非法目的的行为,在《刑法》中增加虚假诉讼犯罪的专门规定是必要的。为此,《刑法修正案(九)》在《刑法》第307条后增加一条,对虚假诉讼犯罪的犯罪构成和量刑,单位犯罪的处罚,犯本罪同时构成其他犯罪时的处理,以及司法工作人员利用职权犯本罪的处理作了规定。

关于本条的时间效力,最高人民法院2015年10月29日发布的《关于〈中华人民共和国刑法修正案(九)〉时间效力问题的解释》第7条规定:"对于2015年10月31日以前以捏造的事实提起民事诉讼,妨害司法秩序或者严重侵害他人合法权益,根据修正前刑法应当以伪造公司、企业、事业单位、人民团体印章罪或者妨害作证罪等追究刑事责任的,适用修正前刑法的有关规定。但是,根据修正后刑法第三百零七条之一的规定处刑较轻的,适用修正后刑法的有关规定。实施第一款行为,非法占有他人财产或者逃避合法债务,根据修正前刑法应当以诈骗罪、职务侵占罪或者贪污罪等追究刑事责任的,适用修正前刑法的有关规定。"

【相关规定】

《中华人民共和国民事诉讼法》

第一百一十一条 诉讼参与人或者其他人有下列行为之一的,人民法院可以根据情节轻重予以罚款、拘留;构成犯罪的,依法追究刑事责任:

(一)伪造、毁灭重要证据,妨碍人民法院审理案件的;

(二)以暴力、威胁、贿买方法阻止证人作证或者指使、贿买、胁迫他人作伪证的;

(三)隐藏、转移、变卖、毁损已被查封、扣押的财产,或者已被清点并责令其保管的财产,转移已被冻结的财产的;

（四）对司法工作人员、诉讼参加人、证人、翻译人员、鉴定人、勘验人、协助执行的人，进行侮辱、诽谤、诬陷、殴打或者打击报复的；

（五）以暴力、威胁或者其他方法阻碍司法工作人员执行职务的；

（六）拒不履行人民法院已经发生法律效力的判决、裁定的。

人民法院对有前款规定的行为之一的单位，可以对其主要负责人或者直接责任人员予以罚款、拘留；构成犯罪的，依法追究刑事责任。

第一百一十二条　当事人之间恶意串通，企图通过诉讼、调解等方式侵害他人合法权益的，人民法院应当驳回其请求，并根据情节轻重予以罚款、拘留；构成犯罪的，依法追究刑事责任。

第一百一十三条　被执行人与他人恶意串通，通过诉讼、仲裁、调解等方式逃避履行法律文书确定的义务的，人民法院应当根据情节轻重予以罚款、拘留；构成犯罪的，依法追究刑事责任。

三十六、在刑法第三百零八条后增加一条，作为第三百零八条之一："司法工作人员、辩护人、诉讼代理人或者其他诉讼参与人，泄露依法不公开审理的案件中不应当公开的信息，造成信息公开传播或者其他严重后果的，处三年以下有期徒刑、拘役或者管制，并处或者单处罚金。

"有前款行为，泄露国家秘密的，依照本法第三百九十八条的规定定罪处罚。

"公开披露、报道第一款规定的案件信息，情节严重的，依照第一款的规定处罚。

"单位犯前款罪的，对单位判处罚金，并对其直接负责的主管人员和其他直接责任人员，依照第一款的规定处罚。"

【说明】

本条共分4款。

第1款是关于泄露不公开审理的案件信息犯罪的构成和处罚的规定。本罪的主体是司法工作人员、辩护人、诉讼代理人或者其他诉讼参与人,即参与不公开审理案件的诉讼活动,知悉不应当公开的案件信息的人。"司法工作人员",在刑事诉讼中,包括侦查人员、检察人员、审判人员和有监管职责的人员,在民事诉讼、行政诉讼中主要是审判人员。"辩护人",是指在刑事诉讼中接受犯罪嫌疑人、被告人的委托或者法律援助机构的指派,为犯罪嫌疑人、被告人提供法律帮助的人,包括律师、人民团体或者犯罪嫌疑人、被告人所在单位推荐的人和犯罪嫌疑人、被告人的监护人、亲友。"诉讼代理人",是指接受刑事公诉案件被害人及其法定代理人或者近亲属、自诉案件自诉人及其法定代理人、刑事附带民事诉讼案件当事人及其法定代理人、民事诉讼案件当事人及其法定代理人、行政诉讼案件当事人及其法定代理人的委托,代为参加诉讼和提供法律帮助的人,包括律师、基层法律服务工作者、当事人的近亲属或者工作人员、当事人所在社区、单位以及有关社会团体推荐的公民等。"其他诉讼参与人",是指除司法工作人员、辩护人、诉讼代理人之外其他参加诉讼的人员,包括证人、鉴定人、出庭的有专门知识的人、记录人、翻译人等。本罪的主观方面包括故意和过失,即故意泄露和过失泄露案件信息都可能构成本罪。

根据本条规定,构成泄露不公开审理的案件信息犯罪在客观方面必须具备以下条件:

一是泄露依法不公开审理的案件中不应当公开的信息。依法不公开审理的案件,是指依照《刑事诉讼法》《民事诉讼法》《中华人民共和国行政诉讼法》(以下简称《行政诉讼法》)《中华人民共和国未成年人保护法》(以下简称《未成年人保护法》)等法律的规定,应当不公开审理或者经当事人提出申请,人民法院决定不公开审理的案件。不应当公开的信息,是指公开以后可能对国家安全和利益、当事人受法律保护的隐私权、商业秘密造成损害,以及对涉案未成年人的身心健康造成不利影响的信息。包括案件涉及的国家秘密、个人隐私、商业秘密本身,也包括其他与案件有关不宜为诉讼参与人以外人员知悉的信息,如案件事实的细节、诉讼参与人在参加庭审时发表言论的具体内容、被性侵犯的被害人的个人信息等。对于未成年人犯罪案件,未成年犯罪嫌疑人、被告人的姓名、住所、照片、图像以及可能推断出该未成年人的资料,都属于不应当公开的信息。由于行为人的故意或者过失,造成不应当知悉有关案件信息的人员知悉有关案件信息的,即属于泄露该信息的行为。

二是造成信息公开传播或者其他严重后果。这是构成本罪的结果条件。信息公开传播是指信息在一定数量的公众中广泛传播。如果泄露的案件信息只是为个别人私下知悉,没有公开传播的,不构成本罪。信息的公开传播使对不公开审理制度所保护的法益的损害扩大,是严重的危害后果。"其他严重后果"是指信息公开传播以外的其他严重的危害后果,如造成被害人不堪受辱而自杀,造成审判活动被干扰导致无法顺利进行等。

本款对泄露不公开审理的案件信息犯罪规定了一档法定刑,即处 3 年以下有期徒刑、拘役或者管制,并处或者单处罚金。

第 2 款是关于有泄露不公开审理的案件信息的行为,同时泄露国家秘密的如何处理的规定。根据《刑事诉讼法》《民事诉讼法》和《行政诉讼法》的规定,涉及国家秘密的案件实行不公开审理,这类案件中的国家秘密属于不应当公开的案件信息。《刑法》第 398 条规定了故意或者过失泄露国家秘密犯罪。行为人泄露不公开审理案件中的国家秘密的,同时构成本条和第 398 条的犯罪,需要明确如何处理。考虑到《刑法》第 398 条是针对泄露国家秘密犯罪的专门规定,其规定的法定刑也较本条第 1 款规定更重,对泄露不公开审理的案件中的国家秘密的行为依照第 398 条规定定罪处罚,更能体现对泄露国家秘密犯罪从严惩处的精神。本款规定,有本条第 1 款规定的泄露不公开审理的案件信息的行为,泄露国家秘密的,依照《刑法》第 398 条的规定定罪处罚。

第 3 款是关于公开披露、报道不公开审理的案件信息的犯罪和处罚的规定。有的个人和媒体、网站等单位,虽然不是泄露不公开审理的案件信息的行为人,但通过各种渠道获得不公开审理的案件信息后,公开披露、报道,甚至大肆炒作,有的造成严重后果,对司法秩序和有关当事人的合法权益造成严重损害。这种行为与泄露不公开审理的案件信息具有同样的社会危害性,应当追究刑事责任,本款对此作了规定。"公开披露"是指通过各种途径向他人和公众发布有关案件信息。"报道"主要是指报刊、广播、电视、网站等媒体向公众公开传播有关案件信息。在网络自媒体发达的今天,公开披露和媒体报道有关信息,都会使得相关信息被广泛传播,从而损害当事人的合法权益。本款规定的"情节严重",是公开披露、报道第 1 款规定的案件信息行为构成犯罪的条件,其具体含义可以参照第 1 款的规定,主要是造成信息大量公开传播、为公众所知悉、给司法秩序和当事人合法权益造成严重损害,以及其他与此类似的严重后果。根据本款规定,公开披露、报道第 1 款规定的案件信息,情节严重的,依照第 1 款的规定处罚,即处 3 年以下有期徒刑、拘役或者管制,并处或者单处罚金。

第 4 款是关于单位犯公开披露、报道不公开审理的案件信息犯罪的规定。本款对犯公开披露、报道不公开审理的案件信息犯罪的单位采取双罚制。既对单位判处罚金,又对其直接负责的主管人员和其他直接责任人员,依照第 1 款的规定处罚,即处 3 年以下有期徒刑、拘役或者管制,并处或者单处罚金。

在《刑法修正案(九)》草案审议和征求意见过程中,有的意见指出,本条规定可能会对辩护、代理律师正常的执业活动,以及新闻媒体对案件进行正常报道和舆论监督造成负面影响,建议慎重考虑是否增加本条规定。经对这方面意见认真研究,考虑到本条规定是为了保障人民法院依法独立公正行使审判权,保护当事人的合法权益,本罪的主体是包括司法工作人员在内的所有诉讼参与人,不是专门针对某个特定群体的。律师对于在执业活动中知悉的不公开审理的案件中不应当公开的信息,负有保密义务,对此《中华人民共和国律师法》第 38 条已有明确规定,本条是在《中华人民共和国律师法》规定的行政责任基础上进一步规定了刑事责任,严格了有关保密义务。良好的司法环境对于辩护、代理律师发挥执业才能,维护当事人的合法权益也是有利的。律师的正常执业活动不会因本条规定受到不利影响。同时,法律对于不公开审理的案件范围的规定是明确的,新闻媒体对于涉及这类案件的新闻线索,应当谨慎处理,避免触及法律红线。新闻媒体对案件的正常报道和舆论监督活动,也不会因为本条规定受到负面影响。

【立法理由】

《中华人民共和国宪法》第 125 条规定:人民法院审理案件,除法律规定的特别情况外,一律公开进行。这一规定确立了公开审判这一诉讼的基本原则。实行公开审判,是为了便于人民群众了解和监督司法活动,保障诉讼参与人的诉讼权利,促进司法机关严格按照法定程序公正审理案件,并通过公开的审理活动,彰显司法权威和司法公信,对人民群众进行法制宣传和教育。公开审判既包括对群众公开,允许群众到法庭旁听审理,也包括对新闻媒体公开,允许新闻媒体公开披露和报道案件审理的情况。可以说,公开审判作为现代诉讼活动的基本原则,是由司法活动规律和审判活动的性质、特点决定的。同时,在坚持公开审判为原则的前提下,也有一些案件因为特殊情况,如果公开审理,可能会对国家利益、公共利益或者当事人的合法权益造成不利影响时,对这些案件,实行不公开审理更有利于维护各方面权益,更符合法治的要求。但是,不公开审理是公开审判原则的例外,应当由法律作出明确规定。《刑事诉讼法》《民事诉讼法》《行政诉讼法》都在明确规定公开审判原则的同时,作了一些例外规定。《刑事诉讼法》第 183 条规定:"人民法院审判第一审案件应当公开进行。但是有关国家秘密或者个人隐私的案件,不公开审理;涉及商业秘密的案件,当事人申请不公开审理的,可以不公开审理。"第 274 条规定:"审判的时候被告人不满十八周岁的案件,不公开审理。

但是,经未成年被告人及其法定代理人同意,未成年被告人所在学校和未成年人保护组织可以派代表到场。"《民事诉讼法》第134条规定:"人民法院审理民事案件,除涉及国家秘密、个人隐私或者法律另有规定的以外,应当公开进行。离婚案件,涉及商业秘密的案件,当事人申请不公开审理的,可以不公开审理。"《行政诉讼法》第54条规定:"人民法院公开审理行政案件,但涉及国家秘密、个人隐私和法律另有规定的除外。涉及商业秘密的案件,当事人申请不公开审理的,可以不公开审理。"此外,《未成年人保护法》第58条还对未成年人犯罪案件作出了专门规定,要求新闻报道、影视节目、公开出版物、网络等不得披露该未成年人的姓名、住所、照片、图像以及可能推断出该未成年人的资料。这些法律规定不公开审理的案件主要有以下几类:一是涉及国家秘密的案件。国家秘密是关系国家的安全和利益,依照法定程序确定,在一定时间内只限一定范围人员知悉的事项。涉及国家秘密的案件不公开审理,是为了维护国家的安全和利益。二是涉及个人隐私的案件。这类案件不公开审理,是为了保护个人的隐私权,不使其人格尊严、名誉和个人生活安宁因为案件的公开审理受到不利影响。三是未成年人犯罪的案件。未成年人身心还不成熟,为有利于未成年被告人成长,体现教育、感化、挽救的方针,对这类案件不公开审理。四是涉及商业秘密的案件。为防止商业秘密泄露给当事人造成损失,这类案件经当事人申请,也可以不公开审理。

不公开审理包括两方面的含义:一是审理不公开进行,开庭审判时未经法庭允许的人员不得旁听。二是诉讼参与人不得公开传播诉讼中知悉的不应当公开的信息,否则审理的不公开也就失去了意义。

近年来,法律关于公开审判及其例外的规定执行的情况总体上是好的。最高人民法院制定了《关于严格执行公开审判制度的若干规定》,对落实公开审判原则作出了具体规定。对于依法应当不公开审理的案件,特别是未成年人犯罪案件、性侵犯未成年人的案件等,也都作出专门的司法解释或者规定,要求诉讼参与人对案件中不应当公开的信息予以保密。但实践中也出现了一些依法不公开审理的案件的诉讼参与人,泄露或者借助媒体、自媒体公开传播案件中不应当公开的信息的情况。有的司法工作人员违反保密纪律,向他人或者媒体泄露正在不公开审理的案件信息。有的当事人、辩护人、诉讼代理人或者当事人的亲属,为向司法机关和对方当事人施加压力,公开传播涉及当事人隐私和犯罪细节的信息,制造舆论,企图影响司法机关的裁判结果。有的新闻媒体为追求轰动效应,对依法不公开审理的案件内容公开报道,深挖所谓内幕、细节信息,有时甚至形成舆论关注的热点。

这类泄露和公开传播依法不公开审理的案件中不应当公开的信息的行为具有严重的社会危害性。第一,泄露不公开审理的案件信息的行为对人民法院依法独立公正行使审判权造成不利影响。不公开审理的案件信息一旦泄露并公开传播,往往形成舆论热点,使办理案件的司法机关成为舆论的焦点,对其依法独立公正审判造成干扰。特别是有的当事人一方有选择性地泄露部分案件信息,制造有利于自己的舆论。有时一方当事人制造了舆论,对方当事人为应对不得不公开发声回应,不可避免地进一步泄露了案件信息,甚至形成舆论对垒,给审判机关带来更大压力。这种通过泄露案件信息炒作,把打官司变成打"舆论战"的做法,对于维护司法公信力和司法权威,推进严格执法、公正司法、全民守法的法治国家和法治社会建设也是不利的。第二,泄露不公开审理的案件信息的行为损害了当事人的合法权益。法律规定有关案件实行不公开审理,就是为了保护有关当事人的个人隐私、商业秘密、人格尊严和身心健康等合法权益。案件信息被泄露甚至公开传播势必损害当事人的合法权益。有的性侵犯未成年人案件的犯罪细节被公开披露并在媒体上传播,给未成年被害人带来严重的二次伤害。有的媒体对犯罪的未成年人指名道姓报道,使《刑法》《刑事诉讼法》有关未成年人犯罪免除前科报告义务、犯罪记录封存的规定落空。如果泄露的案件信息属于国家秘密,更是会给国家的安全和利益带来损害。

从法律的规定看,《刑法》对这类泄露案件信息的行为没有作专门规定,有的可以根据具体情况,适用《刑法》关于泄露国家秘密、侵犯商业秘密等犯罪的规定处理。对于法官、检察官泄露审判、检察工作秘密的,还可以依据《中华人民共和国法官法》《中华人民共和国检察官法》的规定给予处分。《刑法修正案(九)》草案研究起草过程中,各方面普遍认为,应当根据全面推进依法治国的要求,完善惩戒妨碍司法机关依法行使职权的违法犯罪行为的法律规定,以有利于维护司法权威。有关方面建议在《刑法》中增加泄露不公开审理的案件信息的犯罪。为保障人民法院依法独立公正行使审判权,维护有关当事人的合法权益,《刑法修正案(九)》在《刑法》第308条后增加一条,对泄露不公开审理的案件信息犯罪的犯罪构成和量刑,犯该罪同时泄露国家秘密的行为的处理,公开披露、报道不公开审理的案件信息的犯罪和量刑,以及单位犯罪的处罚作了规定。

【相关规定】

《中华人民共和国刑事诉讼法》

第一百八十三条 人民法院审判第一审案件应当公开进行。但是有关国家秘密或者个人隐私的案件,不公开审理;涉及商业秘密的案件,当事人申请不公开审理的,可以不公开审理。

不公开审理的案件,应当当庭宣布不公开审理的理由。

第二百七十四条 审判的时候被告人不满十八周岁的案件,不公开审理。但是,经未成年被告人及其法定代理人同意,未成年被告人所在学校和未成年人保护组织可以派代表到场。

《中华人民共和国民事诉讼法》

第一百三十四条 人民法院审理民事案件,除涉及国家秘密、个人隐私或者法律另有规定的以外,应当公开进行。

离婚案件,涉及商业秘密的案件,当事人申请不公开审理的,可以不公开审理。

《中华人民共和国行政诉讼法》

第五十四条 人民法院公开审理行政案件,但涉及国家秘密、个人隐私和法律另有规定的除外。

涉及商业秘密的案件,当事人申请不公开审理的,可以不公开审理。

《中华人民共和国未成年人保护法》

第五十八条 对未成年人犯罪案件,新闻报道、影视节目、公开出版物、网络等不得披露该未成年人的姓名、住所、照片、图像以及可能推断出该未成年人的资料。

《中华人民共和国律师法》

第三十八条 律师应当保守在执业活动中知悉的国家秘密、商业秘密,不得泄露当事人的隐私。

律师对在执业活动中知悉的委托人和其他人不愿泄露的有关情况和信息,应当予以保密。但是,委托人或者其他人准备或者正在实施危害国家安全、公共安全以及严重危害他人人身安全的犯罪事实和信息除外。

第四十八条 律师有下列行为之一的,由设区的市级或者直辖市的区人民政府司法行政部门给予警告,可以处一万元以下的罚款;有违法所得的,没收违法所得;情节严重的,给予停止执业三个月以上六个月以下的处罚:

(一)私自接受委托、收取费用,接受委托人财物或者其他利益的;

(二)接受委托后,无正当理由,拒绝辩护或者代理,不按时出庭参加诉讼或者仲裁的;

(三)利用提供法律服务的便利牟取当事人争议的权益的;

(四)泄露商业秘密或者个人隐私的。

《最高人民法院、最高人民检察院、公安部、司法部关于依法惩治性侵害未成年人犯罪的意见》

5. 办理性侵害未成年人犯罪案件,对于涉及未成年被害人、未成年犯罪嫌疑人和未成年被告人的身份信息及可能推断出其身份信息的资料和涉及性侵害的细节等内容,审判人员、检察人员、侦查人员、律师及其他诉讼参与人应当予以保密。

对外公开的诉讼文书,不得披露未成年被害人的身份信息及可能推断出其身份信息的其他资料,对性侵害的事实注意以适当的方式叙述。

三十七、将刑法第三百零九条修改为:"有下列扰乱法庭秩序情形之一的,处三年以下有期徒刑、拘役、管制或者罚金:

"(一)聚众哄闹、冲击法庭的;

"(二)殴打司法工作人员或者诉讼参与人的;

"(三)侮辱、诽谤、威胁司法工作人员或者诉讼参与人,不听法庭制止,严重扰乱法庭秩序的;

"(四)有毁坏法庭设施,抢夺、损毁诉讼文书、证据等扰乱法庭秩序行为,情节严重的。"

【说明】

本条主要规定了扰乱法庭秩序犯罪的构成和处罚。

本罪的主体主要是参加法庭审判活动的人员,包括当事人、辩护人、诉讼代理人、鉴定人等,也包括法庭上的旁听人员和非法进入法庭的人员。本罪的主观方面是故意犯罪。根据本条规定,本罪行为的本质特征是扰乱法庭秩序,即破坏了作为审判活动场所的法庭的正常秩序,对审判活动的正常进行造成妨害。本条分4项规定了4种扰乱法庭秩序的行为。

第(一)项是聚众哄闹、冲击法庭的行为。"聚众"一般是指纠集3人以上共同实施。聚众哄闹法庭,是指纠集众人在法庭上以喧哗、叫嚷、吹口哨等方式起哄捣乱,干扰诉讼活动正常进行的行为。聚众冲击法庭,是指纠集众人,在未得到法庭许可的情况下进入法庭,甚至冲上审判台,致使法庭秩序混乱的行为。本条未规定对聚众哄闹、冲击法庭的只对首要分子进行处罚,但在司法实践中,应当主要对首要分子和在犯罪中起主要作用的人员进行处罚,对于被裹挟参与了哄闹、冲击法庭行为,情节显著轻微的人员,可以不作为犯罪处理。

第(二)项是殴打司法工作人员或者诉讼参与人的。本项在1997年《刑法》"殴打司法工作人员"规定的基础上,增加了殴打诉讼参与人的规定。对审判人员、公诉人、法警等司法工作人员,以及其他当事人、辩护或者代理律师等诉讼参与人实施殴打行为的,都构成本条规定的犯罪。这一规定,在进一步强化对法庭秩序的维护的同时,也加强了对诉讼参与人人身权利的保护。

第(三)项是侮辱、诽谤、威胁司法工作人员或者诉讼参与人,不听法庭制止,严重扰乱法庭秩序的。本项是《刑法修正案(九)》增加的规定,也是与《刑事诉讼法》第194条、《民事诉讼法》第110条衔接的规定。"侮辱"是指公然诋毁他人人格、破坏他人名誉的行为。"诽谤"是指故意捏造事实,损害他人人格和名誉的行为。"威胁"是指以做出对他人人身、名誉或者社会公共利益不利的行为进行胁迫的行为。根据本项的规定,实施侮辱、诽谤、威胁司法工作人员或者诉讼参与人的行为,且不听法庭制止,严重扰乱法庭秩序的,才构成本条规定的犯罪。如果在法庭上因为一时控制不住情绪言辞激烈,经过法庭制止及时停止的,或者没有严重扰乱法庭秩序的,都不构成本条规定的犯罪。"严重扰乱法庭秩序"是指对法庭审判活动的正常进行造成严重妨害,致使审判活动难以进行或者无法进行。如造成司法工作人员难以或者无法继续履行职责、使庭审陷入双方当事人"骂战"无法正常进行等。

第(四)项是有毁坏法庭设施,抢夺、损毁诉讼文书、证据等扰乱法庭秩序行为,情节严重的。本项也是《刑法修正案(九)》增加的规定。法庭设施是公共财产,也是人民法院审判活动的重要物质保障,诉讼文书、证据则是诉讼活动中重要的文件材料。故意打砸、损坏法庭设施以发泄不满,抢夺、损毁诉讼文书、证据等行为,都是实践中常见的损害司法权威、妨害诉讼活动正常进行的扰乱法庭秩序的行为。

为此,本项将有上述行为,情节严重的规定为犯罪。这里规定的"情节严重",也是指对法庭秩序造成严重破坏,如毁坏法庭重要设施造成严重损失,损毁重要诉讼文书造成诉讼活动严重困难等。

本条对扰乱法庭秩序的犯罪规定了一档法定刑,即处3年以下有期徒刑、拘役、管制或者罚金。这是1997年《刑法》的规定,《刑法修正案(九)》未作修改。

本条规定有一个修改完善的过程。在《刑法修正案(九)》草案提请审议和公开征求意见过程中,有意见指出第(三)项"侮辱、诽谤、威胁司法工作人员或者诉讼参与人"的规定,第(四)项"有其他严重扰乱法庭秩序行为"的规定,罪与非罪的界限不清楚,在执行中容易导致扩大化而滥用,有的担心该规定可能成为对律师进行打击报复的工具,造成律师执业环境恶化,不利于维护当事人的合法权益和司法公正,建议不作规定。经研究认为,第(三)项的规定与《刑事诉讼法》《民事诉讼法》的有关规定是一致的,属于衔接性规定。从实践中的情况看,辩护、代理律师被殴打和侮辱、诽谤、威胁的情况也屡见不鲜,第(三)项的规定有利于维护法庭秩序,是对包括辩护、代理律师在内的所有诉讼参与人的保护,所有诉讼参与人也都应当严格遵守该规定。第(四)项规定的"其他严重扰乱法庭秩序行为"也是维护法庭秩序和司法权威的必要规范,同时,为进一步明确罪与非罪的界限,防止适用扩大化,将第(四)项修改为"有毁坏法庭设施,抢夺、损毁诉讼文书、证据等扰乱法庭秩序行为,情节严重的",形成了最终的修正案文本。

还有两个需要说明的问题。

一是关于本罪的追诉程序。根据《刑事诉讼法》关于案件管辖等规定,《刑法》第309条规定的扰乱法庭秩序罪,由公安机关负责侦查,检察机关向人民法院提起公诉。在研究起草《刑法修正案(九)》的过程中,有意见提出,扰乱法庭秩序的犯罪是"法官眼前的犯罪",应当参照有些国家追究藐视法庭罪的程序,由人民法院直接审理作出判决,不要和其他普通刑事犯罪案件一样,经过公安机关侦查、检察机关审查起诉的程序。经过认真研究,考虑到人民法院、人民检察院和公安机关办理刑事案件分工负责、互相配合、互相制约,是《中华人民共和国宪法》和《刑事诉讼法》规定的基本原则。扰乱法庭秩序的犯罪虽然发生在"法官眼前",但如果由人民法院直接审理、径行判决,在程序上制约不充分,不利于提高司法公信力。因此,对本罪的追诉程序未作修改。即扰乱法庭秩序的犯罪仍然由公安机关立案侦查,检察机关提起公诉,这有利于从诉讼程序上防止本条规定被滥用。

二是关于本条规定适用的场所。本条规定的是扰乱法庭秩序的犯罪,这类犯罪发生的地点应该是在进行审判活动的法庭之内。在《刑法修正案(九)》研究起草和审议修改过程中,也有意见指出将本罪修改为"扰乱审判秩序罪",将扰乱人民法院除开庭审理案件以外的审判工作秩序的行为纳入本条规定的犯罪。经研究认为,法庭是国家进行审判活动的庄严场所,刑法对法庭秩序给予特别严格的保护,对于保障司法机关依法独立公正行使审判权具有重要意义。本条规定还是应当集中惩治在庭审过程中扰乱司法秩序的行为。对于在庭审以外的人民法院履行职责的活动中扰乱秩序的行为,如聚众冲击人民法院,在参加庭审以外的诉讼活动时殴打、侮辱、诽谤、威胁司法工作人员或者诉讼参与人等,可以根据《刑法》《中华人民共和国治安管理处罚法》关于聚众冲击国家机关、妨害公务等规定予以处罚。

【立法理由】

法庭是人民法院代表国家行使审判权,审理诉讼案件、进行诉讼活动的场所,是极其庄严的地方。良好的法庭秩序,体现了法律的权威和尊严,是审判人员依法公正履行审判职责和其他诉讼参与人充分行使诉讼权利的保障。《中华人民共和国人民法院法庭规则》规定,出庭的诉讼参与人和旁听人员应当严格遵守法庭规则,共同维护良好的法庭秩序。为惩治严重扰乱法庭秩序的行为,1997年《刑法》

第309条规定了扰乱法庭秩序罪。该条规定："聚众哄闹、冲击法庭，或者殴打司法工作人员，严重扰乱法庭秩序的，处三年以下有期徒刑、拘役、管制或者罚金。"根据这一规定，对于有聚众哄闹法庭、聚众冲击法庭、殴打司法工作人员，严重扰乱法庭秩序的，应当依法追究刑事责任。《刑事诉讼法》《民事诉讼法》也对严重扰乱法庭秩序的行为规定了处罚措施。《刑事诉讼法》第194条第2款规定："对聚众哄闹、冲击法庭或者侮辱、诽谤、威胁、殴打司法工作人员或者诉讼参与人，严重扰乱法庭秩序，构成犯罪的，依法追究刑事责任。"《民事诉讼法》第110条第3款规定："人民法院对哄闹、冲击法庭，侮辱、诽谤、威胁、殴打审判人员，严重扰乱法庭秩序的人，依法追究刑事责任；情节较轻的，予以罚款、拘留。"这些规定对于依法惩治严重扰乱法庭秩序的行为，保障审判活动的顺利进行，发挥了积极的作用。

近年来，人民法院开庭审理的案件数量大幅增长，扰乱法庭秩序的行为也出现了新的情况和特点：一是形式多样，除1997年《刑法》第309条规定的三种行为外，还有殴打司法工作人员以外的其他诉讼参与人，对司法工作人员或者其他诉讼参与人进行侮辱、诽谤、威胁，毁坏法庭的设施，抢夺、损毁诉讼文书、证据等。二是有些行为程度比较激烈，有的当庭殴打对方当事人及律师；有的诉讼参与人和旁听人员串谋，一起在法庭上起哄闹事、打砸法庭设施。从动机上看，有的行为人是因为与诉讼对方矛盾激化，或者因为亲人被害情绪难以控制，在法庭上作出严重扰乱法庭秩序的行为；也有的人是蓄意通过在法庭上制造事端，形成轰动效应，向审判机关施加压力，企图获得有利于己方的裁判结果，甚至以此显示自己的"能力"，作为承揽案件、获取经济利益的资本。这些严重扰乱法庭秩序的行为时有发生，成为妨害司法秩序，损害司法权威的突出问题。为此，有必要完善惩戒妨碍司法机关依法行使职权、藐视法庭权威的违法犯罪行为的法律规定。在《刑法修正案（九）》草案研究起草过程中，有关司法机关和人大代表也多次建议对《刑法》有关规定进行修改完善，以适应新形势下惩治严重扰乱法庭秩序犯罪的要求。经研究认为，《刑法》关于扰乱法庭秩序罪的规定,与《刑事诉讼法》《民事诉讼法》有关维护法庭秩序的规定精神是一致的。为惩治藐视法庭权威、严重扰乱法庭秩序的行为,保障司法机关依法独立公正行使审判权,对《刑法》有关扰乱法庭秩序罪的规定进行修改完善是必要的。为此,《刑法修正案(九)》对1997年《刑法》第309条进行了修改,增加规定了多种扰乱法庭秩序的犯罪行为,并对原条文的表述进行了完善:一是增加了殴打诉讼参与人的行为;二是增加了侮辱、诽谤、威胁司法工作人员或者诉讼参与人的行为;三是增加了毁坏法庭设施,抢夺诉讼文书、证据等行为。

【相关规定】

《中华人民共和国刑事诉讼法》

第一百九十四条　在法庭审判过程中,如果诉讼参与人或者旁听人员违反法庭秩序,审判长应当警告制止。对不听制止的,可以强行带出法庭;情节严重的,处以一千元以下的罚款或者十五日以下的拘留。罚款、拘留必须经院长批准。被处罚人对罚款、拘留的决定不服的,可以向上一级人民法院申请复议。复议期间不停止执行。

对聚众哄闹、冲击法庭或者侮辱、诽谤、威胁、殴打司法工作人员或者诉讼参与人,严重扰乱法庭秩序,构成犯罪的,依法追究刑事责任。

《中华人民共和国民事诉讼法》

第一百一十条　诉讼参与人和其他人应当遵守法庭规则。

人民法院对违反法庭规则的人,可以予以训诫,责令退出法庭或者予以罚款、拘留。

人民法院对哄闹、冲击法庭,侮辱、诽谤、威胁、殴打审判人员,严重扰乱法庭秩序的人,依法追究刑事责任;情节较轻的,予以罚款、拘留。

《中华人民共和国人民法院法庭规则》

第十七条第一、二款　全体人员在庭审活动中应当服从审判长或

独任审判员的指挥,尊重司法礼仪,遵守法庭纪律,不得实施下列行为:

(一) 鼓掌、喧哗;

(二) 吸烟、进食;

(三) 拨打或接听电话;

(四) 对庭审活动进行录音、录像、拍照或使用移动通信工具等传播庭审活动;

(五) 其他危害法庭安全或妨害法庭秩序的行为。

检察人员、诉讼参与人发言或提问,应当经审判长或独任审判员许可。

第十九条第一款 审判长或独任审判员对违反法庭纪律的人员应当予以警告;对不听警告的,予以训诫;对训诫无效的,责令其退出法庭;对拒不退出法庭的,指令司法警察将其强行带出法庭。

第二十条 行为人实施下列行为之一,危及法庭安全或扰乱法庭秩序的,根据相关法律规定,予以罚款、拘留;构成犯罪的,依法追究其刑事责任:

(一) 非法携带枪支、弹药、管制刀具或者爆炸性、易燃性、放射性、毒害性、腐蚀性物品以及传染病病原体进入法庭;

(二) 哄闹、冲击法庭;

(三) 侮辱、诽谤、威胁、殴打司法工作人员或诉讼参与人;

(四) 毁坏法庭设施,抢夺、损毁诉讼文书、证据;

(五) 其他危害法庭安全或扰乱法庭秩序的行为。

第二十一条第一款 司法警察依照审判长或独任审判员的指令维持法庭秩序。

三十八、将刑法第三百一十一条修改为:"明知他人有间谍犯罪或者恐怖主义、极端主义犯罪行为,在司法机关向其调查有关情况、收集有关证据时,拒绝提供,情节严重的,处三年以下有期徒刑、拘役或者管制。"

【说明】

修改后的《刑法》第311条规定的犯罪,需要符合以下条件:

第一,行为人必须明知他人有间谍犯罪或者恐怖主义、极端主义犯罪行为。"明知他人有间谍犯罪或者恐怖主义、极端主义犯罪行为"是构成本罪的主观要件。这里的"明知",是指行为人主观上知道或者应当知道,既包括知道他人实施间谍犯罪或者恐怖主义、极端主义犯罪行为的全部情况,也包括知道部分情况。行为人的主观动机可能是多种多样的,有的是怕影响自己的名声,有的是怕将来遭到打击报复,有的是怕麻烦等,无论动机是什么,都不影响本罪的成立。这里的"他人",是指实施间谍犯罪或者恐怖主义、极端主义犯罪行为的人。

"间谍犯罪行为",主要是指《中华人民共和国反间谍法》(以下简称《反间谍法》)第38条规定的构成犯罪的间谍行为,包括:一是间谍组织及其代理人实施或者指使、资助他人实施,或者境内外机构、组织、个人与其相勾结实施的危害中华人民共和国国家安全的活动;二是参加间谍组织或者接受间谍组织及其代理人的任务的;三是间谍组织及其代理人以外的其他境外机构、组织、个人实施或者指使、资助他人实施,或者境内机构、组织、个人与其相勾结实施的窃取、刺探、收买或者非法提供国家秘密或者情报,或者策动、引诱、收买国家工作人员叛变的活动;四是为敌人指示攻击目标的;五是进行其他间谍活动的。

"恐怖主义犯罪行为",主要是指通过暴力、破坏、恐吓等手段,制造社会恐慌、危害公共安全、侵犯人身财产等犯罪行为,包括组织、策划、实施放火、爆炸、杀人、绑架等造成或者意图造成人员伤亡、重大财产损失、公共设施损坏、社会秩序混乱等严重社会危害的;组织、领导、参加恐怖活动组织的;为恐怖活动组织或者人员提供信息、资金、物资设备或者技术、场所等支持、协助、便利的;为实施恐怖活动准备凶器、危险物品或者其他工具的;组织恐怖活动培训或者积极参加恐怖活动培训的;为实施恐怖活动与境外恐怖活动组织或者人员联络的；为实施恐怖活动进行策划或者其他准备；以制作、散发宣扬恐怖主义的图书、音频视频资料或者其他物品，或者通过讲授、发布信息等方式宣扬恐怖主义的；煽动实施恐怖活动的；明知是宣扬恐怖主义的图书、音频视频资料或者其他物品而非法持有等犯罪行为。

"极端主义犯罪行为"，主要是指以歪曲宗教教义或者其他方法煽动仇恨、煽动歧视、崇尚暴力等极端主义，构成犯罪的行为，包括以制作、散发宣扬极端主义的图书、音频视频资料或者其他物品，或者通过讲授、发布信息等方式宣扬极端主义的；利用极端主义煽动、胁迫群众破坏国家法律确立的婚姻、司法、教育、社会管理等制度实施的；以暴力、胁迫等方式强制他人在公共场所穿着、佩戴宣扬极端主义服饰、标志的；明知是宣扬极端主义的图书、音频视频资料或者其他物品而非法持有等犯罪行为。

第二，行为人实施了在司法机关向其调查有关情况、收集有关证据时，拒绝提供的行为。根据《反间谍法》第3条第1款的规定："国家安全机关是反间谍的主管机关。"《刑事诉讼法》第3条规定，对刑事案件的侦查、拘留、执行逮捕、预审，由公安机关负责。检察、批准逮捕、提起公诉，由人民检察院负责。审判由人民法院负责。根据上述规定，这里的"司法机关"，主要是指负有侦查、检察、审判职责的机关，即国家安全机关、公安机关、人民检察院、人民法院。

"调查有关情况"，主要是指司法机关调查了解间谍犯罪或者恐怖主义、极端主义犯罪及其有关情况，不仅包括间谍犯罪或者恐怖主义、极端主义犯罪行为本身的情况，还包括参加犯罪活动的人、线索以及方法、手段、时间、地点等情况。这种调查既包括立案前的一般调查，也包括立案后的调查询问。

"收集有关证据"，主要是指侦查人员根据《刑事诉讼法》所规定的侦查程序收集有关间谍犯罪或者恐怖主义、极端主义犯罪的证据材料，既包括能够证明间谍犯罪或者恐怖主义、极端主义犯罪真实情况的证人证言，也包括有关书证、物证，如犯罪活动的工具、密写信、活动方案、组织名单等，以及视听资料、电子数据等。证据是司法机关正确认定案情，准确适用法律的前提、根据和保证。保证依法及时、客观、全面地收集证据，是司法机关的一项重要任务，司法机关有责任收集能够证明行为人实施间谍犯罪或者恐怖主义、极端主义犯罪的各种证据，包括有罪、罪重的证据，也包括罪轻、无罪的证据。然而，司法机关只靠自己收集证据是不够的，必须向了解案件真实情况的有关人员和组织调查取证，才能摸清情况，查明案件事实，有效打击间谍犯罪或者恐怖主义、极端主义犯罪活动，保证国家安全和人民的利益安全。因此，有关人员和组织不能以任何借口拒绝提供。

"拒绝提供"，包括拒绝向司法机关讲述其了解的相关情况，拒绝向司法机关提交有关证据。拒绝提供的表现形式是多种多样的，有的表现为推诿、躲避；有的表现为装糊涂；有的表现为只陈述枝节问题，而隐匿关键情节；还有的甚至直接拒绝等。但就拒绝的方式而言有两种：一种是明示拒绝，即知情人对知道的情况明确表示不知道或不说；另一种是暗示的拒绝，即知情人虽未明确表示拒绝，但对应该提供的情况采取推诿、躲避、装糊涂、故意隐瞒关键情节等方式，使司法机关无法了解和掌握有关情况和证据等。需要特别说明的是，这里规定的拒绝提供犯罪情况、证据的行为，是指行为人在司法机关向其调查间谍犯罪或者恐怖主义、极端主义犯罪有关情况、收集证据的时候，其明知而拒不提供的。如果司法机关未向其了解情况、收集证据，即使其明知他人有间谍犯罪或者恐怖主义、极端主义犯罪行为，而未主动向司法机关检举、揭发、提供有关情况或证据的，不能依照本条规定追究刑事责任。

第三，构成本罪必须达到"情节严重"的程度，即拒绝提供间谍犯罪或者恐怖主义、极端主义犯罪有关情况、证据的行为，必须是情节严重的才能构成本罪。"情节严重"，包括行为人在司法机关要求提供证据时进行暴力抗拒的；或者行为人拒不提供证据手段恶劣的；或者由于行为人的不配合而延误对间谍犯罪或者恐怖主义、极端主义犯罪案件的侦破，致使犯罪分子逃避法律追究或致使国家安全、利益遭受损害的；或者妨害了司法机关执行维护国家安全任务等情形。

如果行为人虽然实施了拒绝提供证据的行为，但没有影响到司法机关的正常活动，没有造成危害国家安全或恐怖活动，没有使犯罪分子逃避法律制裁等严重后果的，则不构成本罪。

根据修改后的《刑法》第311条的规定，明知他人有间谍犯罪或者恐怖主义、极端主义犯罪行为，在司法机关向其调查有关情况、收集有关证据时，拒绝提供，情节严重的，处3年以下有期徒刑、拘役或者管制。

实践中应当注意的是，本罪与《刑法》规定的窝藏、包庇罪的区别。两罪虽然在实际后果上都可能导致犯罪人逃避刑事追究，但行为人的行为方式是完全不同的。拒绝提供证据罪，其客观行为表现是一种消极的不作为，即行为人明知他人有间谍犯罪或者恐怖主义、极端主义犯罪行为，但在司法机关向其调查情况、收集证据时，拒绝提供。而窝藏、包庇罪，其客观行为表现是一种积极的作为，即行为人明知道他人是犯罪的人，还为其提供隐藏处所、财物，帮助其逃匿，或者帮助其作假证明逃避追究。因此，《刑法》对两罪设定的刑罚也是不同的，拒绝提供证据罪是消极地不配合司法机关工作，其法定最高刑为3年有期徒刑；而窝藏、包庇罪是积极地干扰司法机关工作，情节更为恶劣，其法定最高刑为10年有期徒刑。

【立法理由】

反间谍工作关系国家安全，依法防范、制止间谍行为，不仅是国家安全机关的职责，也是公民的义务。对此，《中华人民共和国宪法》第54条规定："中华人民共和国公民有维护祖国的安全、荣誉和利益的义务，不得有危害祖国的安全、荣誉和利益的行为。"为了保障反间谍工作的顺利进行，有效打击间谍犯罪行为，每个公民都有义务向国家安全机关如实提供有关间谍犯罪的情况和证据。1979年《刑法》对拒绝向国家安全机关提供间谍犯罪的情况和证据没有规定刑事责任。考虑到改革开放以后，我国国民经济快速增长，人民生活水平不断提高，但与此同时，境外间谍情报机关和其他各种敌对势力对我国实施的间谍和破坏活动不仅没有停止，范围还不断扩大，除国家安全领域外，还涉及经济建设以及社会生活的其他领域。各种间谍犯罪的日益突出，给国家安全带来了更大的危害，打击间谍犯罪行为，不仅是国家安全机关的职责，也必须依靠人民群众，向了解案件真实情况的证人调查取证。虽然我国《刑事诉讼法》第 60 条第 1 款规定了"凡是知道案件情况的人，都有作证的义务"，但实践中，由于我国是一个由血缘关系相互连结的熟人社会，加之中国几千年来传统的儒家思想，致使民众中"涉讼为耻"的传统观念根深蒂固，民间人情观念浓厚，普遍讲究"以和为贵"，怕得罪人，既不愿意打官司，更不愿意指控他人犯罪，且许多人害怕作证后遭到打击报复，往往不愿意指证他人，在国家安全机关侦查间谍犯罪过程中，拒绝提供间谍犯罪的有关情况和证据时有发生，由于间谍犯罪隐蔽性强，致使侦破难度加大。为了有效防范和惩治间谍犯罪行为，维护国家安全、社会稳定，保障我国改革开放和经济建设事业的顺利进行，1993 年制定《中华人民共和国国家安全法》时在第 26 条明确规定："明知他人有间谍犯罪行为，在国家安全机关向其调查有关情况、收集有关证据时，拒绝提供的，由其所在单位或者上级主管部门予以行政处分，或者由国家安全机关处十五日以下拘留；情节严重的，比照刑法第一百六十二条的规定处罚。"1979 年《刑法》第 162 条第 1、2 款规定："窝藏或者作假证明包庇反革命分子的，处三年以下有期徒刑、拘役或者管制；情节严重的，处三年以上十年以下有期徒刑。窝藏或者作假证明包庇其他犯罪分子的，处二年以下有期徒刑、拘役或者管制；情节严重的，处二年以上七年以下有期徒刑。"根据上述规定，对于拒绝提供间谍犯罪情况和证据，情节严重的，可以比照窝藏、包庇罪定罪处罚。

  1997 年修改《刑法》时，根据反间谍工作的特殊需要，明确规定了拒绝提供间谍犯罪证据罪。该法第 311 条规定："明知他人有间谍犯罪行为，在国家安全机关向其调查有关情况、收集有关证据时，拒绝提供，情节严重的，处三年以下有期徒刑、拘役或者管制。"这一规定，是对个人和组织在国家安全机关侦查有关间谍活动中如何履行作证义务的要求,也提出了较之其他犯罪更为严格的提供相关情况和证据的责任。2014年11月,根据总体国家安全观的要求,在制定《中华人民共和国反间谍法》时,考虑到维护国家安全,防范、制止和惩治间谍行为,不仅要靠国家安全机关等专门机关开展工作,更重要的是要依靠全社会和广大人民群众的大力支持和协助,因此专章规定了公民和组织在反间谍工作中的义务和权利。其中第22条规定:"在国家安全机关调查了解有关间谍行为的情况、收集有关证据时,有关组织和个人应当如实提供,不得拒绝。"并进一步明确拒绝提供的,由其所在单位或者上级主管部门予以处分,或者由国家安全机关处15日以下行政拘留,构成犯罪的,依法追究刑事责任。

针对实践中出现的新情况、新问题,2015年8月29日第十二届全国人大常委会第十六次会议通过的《刑法修正案(九)》对本条作了两处修改:

一是扩大了本条的适用范围,增加了"恐怖主义、极端主义犯罪行为"。近年来,恐怖主义、极端主义犯罪已成为影响世界和平与发展的重要因素,在这一背景下,针对我国的暴力恐怖活动和宗教极端事件呈多发频发态势,对国家安全、政治稳定、经济社会发展、民族团结和人民生命安全构成了严重威胁。为打击恐怖主义、极端主义犯罪行为,《刑法》《刑事诉讼法》《中华人民共和国反洗钱法》《中华人民共和国人民武装警察法》等法律,对恐怖活动犯罪的刑事责任、惩治恐怖活动犯罪的诉讼程序、涉恐资金监控等作了规定。此外,我国还缔结、参加了一系列国际反恐怖主义条约,如《上海合作组织反恐怖主义公约》《制止核恐怖主义行为国际公约》《制止向恐怖主义提供资助的国际公约》《制止恐怖主义爆炸的国际公约》《打击恐怖主义、分裂主义和极端主义上海公约》等,充分表明我国反对一切形式的恐怖主义,对于任何组织、策划、实施恐怖活动,宣扬恐怖主义,煽动、教唆实施恐怖活动,组织、领导、参加恐怖活动组织,为恐怖活动组织或者人员提供帮助的,都要依法追究法律责任。同时,我国也反对一切形式的歪曲宗教教义或者以其他方法煽动仇恨、煽动歧视、崇尚暴力等极端主义。这次修改《刑法》，考虑到恐怖主义、极端主义犯罪严重危害国家安全和人民群众生命财产安全，且具有较强的隐蔽性，为有效打击恐怖主义、极端主义犯罪行为，需要了解情况的人和有关组织在司法机关向其调查取证时提供所知悉的情况和证据，不得以各种借口拒绝，对于拒绝提供有关情况和证据的，增加规定了刑事责任。

二是相应将"国家安全机关"改为"司法机关"。根据《刑事诉讼法》第3条的规定，对刑事案件的侦查、拘留、执行逮捕、预审，由公安机关负责。检察、批准逮捕、提起公诉，由人民检察院负责。审判由人民法院负责。第4条中规定，国家安全机关办理危害国家安全的刑事案件。根据上述规定，间谍犯罪是由国家安全机关侦查的，而恐怖主义、极端主义犯罪一般由公安机关侦查，同时还考虑到人民检察院在批准逮捕、提起公诉以及人民法院在审判间谍犯罪或者恐怖主义、极端主义犯罪时，也都需要了解有关情况和证据。因此，有必要将"国家安全机关"扩大到"司法机关"。

【相关规定】

《中华人民共和国宪法》

第五十四条　中华人民共和国公民有维护祖国的安全、荣誉和利益的义务，不得有危害祖国的安全、荣誉和利益的行为。

《中华人民共和国刑事诉讼法》

第六十条第一款　凡是知道案件情况的人，都有作证的义务。

《中华人民共和国反间谍法》

第二十二条　在国家安全机关调查了解有关间谍行为的情况、收集有关证据时，有关组织和个人应当如实提供，不得拒绝。

第二十九条　明知他人有间谍犯罪行为，在国家安全机关向其调查有关情况、收集有关证据时，拒绝提供的，由其所在单位或者上级主管部门予以处分，或者由国家安全机关处十五日以下行政拘留；构成犯罪的，依法追究刑事责任。

第三十八条　本法所称间谍行为,是指下列行为:

（一）间谍组织及其代理人实施或者指使、资助他人实施,或者境内外机构、组织、个人与其相勾结实施的危害中华人民共和国国家安全的活动；

（二）参加间谍组织或者接受间谍组织及其代理人的任务的；

（三）间谍组织及其代理人以外的其他境外机构、组织、个人实施或者指使、资助他人实施,或者境内机构、组织、个人与其相勾结实施的窃取、刺探、收买或者非法提供国家秘密或者情报,或者策动、引诱、收买国家工作人员叛变的活动；

（四）为敌人指示攻击目标的；

（五）进行其他间谍活动的。

三十九、将刑法第三百一十三条修改为:"对人民法院的判决、裁定有能力执行而拒不执行,情节严重的,处三年以下有期徒刑、拘役或者罚金;情节特别严重的,处三年以上七年以下有期徒刑,并处罚金。

"单位犯前款罪的,对单位判处罚金,并对其直接负责的主管人员和其他直接责任人员,依照前款的规定处罚。"

【说明】

本条共分两款。

第1款是关于拒不执行判决、裁定罪及其处罚的规定。根据本款规定,拒不执行判决、裁定罪,是指对人民法院的判决、裁定有能力执行而拒不执行,情节严重的行为。实践中认定本罪,要注意从以下几个方面掌握:

一是本罪拒不执行的对象是人民法院的判决、裁定。根据《全国人民代表大会常务委员会关于〈中华人民共和国刑法〉第三百一十三条的解释》的规定,本条规定的"人民法院的判决、裁定",是指人民法院依法作出的具有执行内容并已发生法律效力的判决、裁定。人民法院为依法执行支付令、生效的调解书、仲裁裁决、公证债权文书所作的裁定属于本条规定的裁定。人民法院的判决是人民法院经过审理就案件的实体问题作出的决定；裁定是人民法院在诉讼或者判决执行过程中，对诉讼程序和部分实体问题所作的决定。对于人民法院的生效判决、裁定确定的执行内容，有关当事人应当按照要求及时履行。所谓生效判决、裁定，包括已经超过法定上诉、抗诉期限而没有上诉、抗诉的判决、裁定以及人民法院终审的判决、裁定等。没有发生法律效力的判决、裁定，因为不具备依法执行的条件，自然不会出现拒不执行的问题。需要注意的是，虽然实践中作为本罪拒不执行对象的判决和裁定，主要是人民法院审理民事案件所作的判决和裁定。但从法律规定上讲，刑事案件、行政案件的判决和裁定也属于本条规定的"判决、裁定"。《刑法修正案（九）》还在《刑法》第37条之一中专门明确，违反人民法院作出的禁止从事相关职业的决定，情节严重的，依照《刑法》第313条的规定定罪处罚。

二是要有能力执行。所谓有能力执行，是指根据人民法院查实的证据证明负有执行人民法院判决、裁定义务的人有可供执行的财产或者具有履行特定行为义务的能力。倘若没有能力执行，比如执行义务人没有可供执行的财产而无法履行判决、裁定确定的义务的，不能构成本罪。对于实践中经常发生的，行为人为逃避义务，采取隐瞒、转移、变卖、赠送、毁损自己财产等方式而造成无法执行的，仍属于有能力执行，构成犯罪的，应以本罪处罚。

三是要有拒不执行的行为。所谓拒不执行，是指对人民法院的生效判决、裁定所确定的义务采取各种手段拒绝执行。既可以采取积极的作为，如转移、变卖、损毁执行标的等，也可以是消极的不作为，如对人民法院的判决、裁定置之不理；既可以是公开拒绝执行，也可以是暗地里拒绝执行。不论其方式如何，只要有能力执行而拒不执行，情节严重的，即可构成本罪。

四是必须达到情节严重的程度。情节尚不严重的，不能以犯罪处罚。根据《全国人民代表大会常务委员会关于〈中华人民共和国刑法〉第三百一十三条的解释》的规定:"下列情形属于刑法第三百一十三条规定的'有能力执行而拒不执行,情节严重'的情形:(一)被执行人隐藏、转移、故意毁损财产或者无偿转让财产、以明显不合理的低价转让财产,致使判决、裁定无法执行的;(二)担保人或者被执行人隐藏、转移、故意毁损或者转让已向人民法院提供担保的财产,致使判决、裁定无法执行的;(三)协助执行义务人接到人民法院协助执行通知书后,拒不协助执行,致使判决、裁定无法执行的;(四)被执行人、担保人、协助执行义务人与国家机关工作人员通谋,利用国家机关工作人员的职权妨害执行,致使判决、裁定无法执行的;(五)其他有能力执行而拒不执行,情节严重的情形。"2015年7月20日发布的《最高人民法院关于审理拒不执行判决、裁定刑事案件适用法律若干问题的解释》第2条对上述立法解释中"其他有能力执行而拒不执行,情节严重的情形"进一步作了明确,规定:"负有执行义务的人有能力执行而实施下列行为之一的,应当认定为全国人民代表大会常务委员会关于刑法第三百一十三条的解释中规定的'其他有能力执行而拒不执行,情节严重的情形':(一)具有拒绝报告或者虚假报告财产情况、违反人民法院限制高消费及有关消费令等拒不执行行为,经采取罚款或者拘留等强制措施后仍拒不执行的;(二)伪造、毁灭有关被执行人履行能力的重要证据,以暴力、威胁、贿买方法阻止他人作证或者指使、贿买、胁迫他人作伪证,妨碍人民法院查明被执行人财产情况,致使判决、裁定无法执行的;(三)拒不交付法律文书指定交付的财物、票证或者拒不迁出房屋、退出土地,致使判决、裁定无法执行的;(四)与他人串通,通过虚假诉讼、虚假仲裁、虚假和解等方式妨害执行,致使判决、裁定无法执行的;(五)以暴力、威胁方法阻碍执行人员进入执行现场或者聚众哄闹、冲击执行现场,致使执行工作无法进行的;(六)对执行人员进行侮辱、围攻、扣押、殴打,致使执行工作无法进行的;(七)毁损、抢夺执行案件材料、执行公务车辆和其他执行器械、执行人员服装以及执行公务证件,致使执行工作无法进行的;(八)拒不执行法院判决、裁定,致使债权人遭受重大损失的。"

五是本罪是特殊主体,主要是指有义务执行人民法院判决、裁定的当事人。根据《民事诉讼法》的有关规定,对判决、裁定负有协助执行义务的个人和单位,也可以成为本罪的主体。

关于国家机关工作人员利用职权妨害执行,致使判决、裁定无法执行的情形,根据《全国人民代表大会常务委员会关于〈中华人民共和国刑法〉第三百一十三条的解释》的规定,国家机关工作人员有利用职权妨害执行,致使判决、裁定无法执行的行为的,以拒不执行判决、裁定罪的共犯追究刑事责任。国家机关工作人员收受贿赂或者滥用职权,有上述行为的,同时又构成《刑法》第385条、第397条规定之罪的,依照处罚较重的规定定罪处罚。

本款对拒不执行判决、裁定罪规定了两档刑罚,即情节严重的,处3年以下有期徒刑、拘役或者罚金;情节特别严重的,处3年以上7年以下有期徒刑,并处罚金。

第2款是关于单位犯罪的规定。这里规定的"单位",包括公司、企业、事业单位、机关、团体。根据本款规定,单位对人民法院的判决、裁定有能力执行而拒不执行,情节严重,构成犯罪的,对单位判处罚金,并对单位直接负责的主管人员和其他直接责任人员,依照第1款的规定处罚。

【立法理由】

为了维护人民法院的正常工作秩序和国家司法权的权威和严肃性,保证人民法院的判决、裁定的执行,本条规定了拒不执行判决、裁定罪。目前经济生活中欠债不还的现象较为突出,有些债务人有能力还债而赖账不还,甚至经人民法院判决、裁定,仍采取转移财产等方式拒不履行法院判决、裁定所确定的义务,严重妨害司法秩序,损害债权人的合法权益,扰乱社会主义市场经济秩序。由于在司法实践中,一些部门对《刑法》原第313条的认识不一致,对有些国家机关工作人员搞部门和地方保护主义,利用职权严重干扰人民法院的执行工作,致使人民法院的判决、裁定不能执行的行为,需要作出进一步明确规定,2002年8月29日第九届全国人民代表大会常务委员会第二十九次会议对《刑法》原第313条作出立法解释。明确了本条规定的"人民法院的判决、裁定"和"有能力执行而拒不执行,情节严重"的含义,并对国家机关工作人员利用职权妨害执行,致使判决、裁定无法执行的情形如何追究刑事责任作了具体规定。

在《刑法修正案(九)》的研究过程中,有关部门、一些全国人大代表和专家学者提出,《刑法》第313条关于拒不执行人民法院的判决、裁定犯罪的规定在实践中执行的效果不够理想,"执行难"问题尚未根本解决,不仅不利于对债权人合法权益的保护,而且不利于司法权威的树立和维护。建议加大对拒不执行判决、裁定罪的处罚力度,增强刑法的威慑力。同时,根据实践中出现的对单位犯本罪在刑法上无处罚依据的问题,建议在本条中增加单位犯罪的相关规定。经反复研究,《刑法修正案(九)》对本条作了两处修改:一是增加了一档法定刑,规定"情节特别严重的,处三年以上七年以下有期徒刑,并处罚金"。二是增加了一款,作为第2款,对单位犯罪及其处罚作了明确,规定:"单位犯前款罪的,对单位判处罚金,并对其直接负责的主管人员和其他直接责任人员,依照前款的规定处罚。"

【相关规定】

《全国人民代表大会常务委员会关于〈中华人民共和国刑法〉第三百一十三条的解释》

全国人民代表大会常务委员会讨论了刑法第三百一十三条规定的"对人民法院的判决、裁定有能力执行而拒不执行,情节严重"的含义问题,解释如下:

刑法第三百一十三条规定的"人民法院的判决、裁定",是指人民法院依法作出的具有执行内容并已发生法律效力的判决、裁定。人民法院为依法执行支付令、生效的调解书、仲裁裁决、公证债权文书等所作的裁定属于该条规定的裁定。

下列情形属于刑法第三百一十三条规定的"有能力执行而拒不执行,情节严重"的情形:

(一)被执行人隐藏、转移、故意毁损财产或者无偿转让财产、以明显不合理的低价转让财产,致使判决、裁定无法执行的;

(二)担保人或者被执行人隐藏、转移、故意毁损或者转让已向人民法院提供担保的财产,致使判决、裁定无法执行的;

(三)协助执行义务人接到人民法院协助执行通知书后,拒不协助执行,致使判决、裁定无法执行的;

(四)被执行人、担保人、协助执行义务人与国家机关工作人员通谋,利用国家机关工作人员的职权妨害执行,致使判决、裁定无法执行的;

(五)其他有能力执行而拒不执行,情节严重的情形。

国家机关工作人员有上述第四项行为的,以拒不执行判决、裁定罪的共犯追究刑事责任。国家机关工作人员收受贿赂或者滥用职权,有上述第四项行为的,同时又构成刑法第三百八十五条、第三百九十七条规定之罪的,依照处罚较重的规定定罪处罚。

《最高人民法院关于审理拒不执行判决、裁定刑事案件适用法律若干问题的解释》

为依法惩治拒不执行判决、裁定犯罪,确保人民法院判决、裁定依法执行,切实维护当事人合法权益,根据《中华人民共和国刑法》《中华人民共和国刑事诉讼法》《中华人民共和国民事诉讼法》等法律规定,就审理拒不执行判决、裁定刑事案件适用法律若干问题,解释如下:

第一条 被执行人、协助执行义务人、担保人等负有执行义务的人对人民法院的判决、裁定有能力执行而拒不执行,情节严重的,应当依照刑法第三百一十三条的规定,以拒不执行判决、裁定罪处罚。

第二条 负有执行义务的人有能力执行而实施下列行为之一的,应当认定为全国人民代表大会常务委员会关于刑法第三百一十

三条的解释中规定的"其他有能力执行而拒不执行,情节严重的情形":

(一)具有拒绝报告或者虚假报告财产情况、违反人民法院限制高消费及有关消费令等拒不执行行为,经采取罚款或者拘留等强制措施后仍拒不执行的;

(二)伪造、毁灭有关被执行人履行能力的重要证据,以暴力、威胁、贿买方法阻止他人作证或者指使、贿买、胁迫他人作伪证,妨碍人民法院查明被执行人财产情况,致使判决、裁定无法执行的;

(三)拒不交付法律文书指定交付的财物、票证或者拒不迁出房屋、退出土地,致使判决、裁定无法执行的;

(四)与他人串通,通过虚假诉讼、虚假仲裁、虚假和解等方式妨害执行,致使判决、裁定无法执行的;

(五)以暴力、威胁方法阻碍执行人员进入执行现场或者聚众哄闹、冲击执行现场,致使执行工作无法进行的;

(六)对执行人员进行侮辱、围攻、扣押、殴打,致使执行工作无法进行的;

(七)毁损、抢夺执行案件材料、执行公务车辆和其他执行器械、执行人员服装以及执行公务证件,致使执行工作无法进行的;

(八)拒不执行法院判决、裁定,致使债权人遭受重大损失的。

第三条 申请执行人有证据证明同时具有下列情形,人民法院认为符合刑事诉讼法第二百零四条第三项规定的,以自诉案件立案审理:

(一)负有执行义务的人拒不执行判决、裁定,侵犯了申请执行人的人身、财产权利,应当依法追究刑事责任的;

(二)申请执行人曾经提出控告,而公安机关或者人民检察院对负有执行义务的人不予追究刑事责任的。

第四条 本解释第三条规定的自诉案件,依照刑事诉讼法第二百零六条的规定,自诉人在宣告判决前,可以同被告人自行和解或者撤回自诉。

第五条 拒不执行判决、裁定刑事案件,一般由执行法院所在地人民法院管辖。

第六条 拒不执行判决、裁定的被告人在一审宣告判决前,履行全部或部分执行义务的,可以酌情从宽处罚。

第七条 拒不执行支付赡养费、扶养费、抚育费、抚恤金、医疗费用、劳动报酬等判决、裁定的,可以酌情从重处罚。

第八条 本解释自发布之日起施行。此前发布的司法解释和规范性文件与本解释不一致的,以本解释为准。

四十、将刑法第三百二十二条修改为:"违反国(边)境管理法规,偷越国(边)境,情节严重的,处一年以下有期徒刑、拘役或者管制,并处罚金;为参加恐怖活动组织、接受恐怖活动培训或者实施恐怖活动,偷越国(边)境的,处一年以上三年以下有期徒刑,并处罚金。"

【说明】

根据修改后的《刑法》第322条的规定,偷越国(边)境罪,是指违反国(边)境管理法律、法规,偷越国(边)境,情节严重的行为。构成本罪的主要条件是:

(1) 构成本罪的犯罪主体,既可以是中国公民,也可以是外国人。

(2) 本罪在主观方面表现为故意,即行为人明知自己违反国(边)境管理法规,仍然偷越国(边)境的。这里所说的"违反国(边)境管理法规",是指违反我国关于出入境管理的法律、法规规定。为了加强边境和出入境管理,我国制定了《中华人民共和国出境入境管理法》《中国公民因私事往来香港地区或者澳门地区的暂行管理办法》《中华人民共和国出境入境边防检查条例》《中华人民共和国外国人入境出境管理条例》等一系列法律、法规。同时,根据《中华人民共和国出境入境管理法》第90条的规定,同毗邻国家接壤的省、自治区,在经国务院批准后,也会根据中国与有关国家签订的边界管理协定制定地方性法规,对两国边境接壤地区的居民往来作出规定。没有按照这些法律、法规规定的条件、程序出入境,就会违反我国出入境管理的法律、法规。实施本罪的动机多种多样,不同的动机可能会影响其行为是否构成"情节严重",同时也是确定刑罚轻重的一个因素。如果行为人不知道是我国国(边)境,没有偷越国(边)境的意图,而误出或者误入国(边)境的,不构成本罪。

(3)本罪的客观方面表现为"偷越国(边)境",即行为人违反国(边)境管理法律、法规,非法出入我国国(边)境的行为。实践中,偷越国(边)境的手段和方法多种多样,有的是没有出入境证件在边防检查站蒙混过关,有的是在陆上、海上没有设立边防检查站的地方靠车马、步行或者用船非法穿越国(边)境线,有的是藏在进出国(边)境的飞机、船只、汽车或者集装箱、行李箱中穿越国(边)境,有的是使用伪造、变造、涂改的出入境证件或者冒用他人的出入境证件,有的是以虚假的出入境事由、隐瞒真实身份、冒用他人身份证件等方式骗取出入境证件或者用其他蒙骗方法和手段蒙混过关。这里所说的"国(边)境",不能仅从地理意义上进行理解,国(边)境不仅限于两国接壤的区域,还包括能够出入境的机场、港口等。

(4)情节严重的行为。这里的"情节严重"是构成本罪的必要条件。对于偷越国(边)境的行为是否属于情节严重,应当根据行为人的主观意图、客观手段、危害后果等综合判断。2012年12月12日发布了《最高人民法院、最高人民检察院关于办理妨害国(边)境管理刑事案件应用法律若干问题的解释》,根据该解释第5条的规定:"偷越国(边)境,具有下列情形之一的,应当认定为刑法第三百二十二条规定的'情节严重':(一)在境外实施损害国家利益行为的;(二)偷越国(边)境三次以上或者三人以上结伙偷越国(边)境的;(三)拉拢、引诱他人一起偷越国(边)境的;(四)勾结境外组织、人员偷越国(边)境的;(五)因偷越国(边)境被行政处罚后一年内又偷越国(边)境的;(六)其他情节严重的情形。"其他情节严重的情形,可以根据犯罪的具体情况确定,比如伪造证件的、在出入境过程中行凶殴打或者威胁边防执勤人员的等。如果偷越国(边)境情节不严重的,不按照犯罪处理,应当依照《中华人民共和国出境入境管理法》及其他相关法律、法规予以相应的处罚。

根据本条规定,违反国(边)境管理法规,偷越国(边)境,情节严重的,处1年以下有期徒刑、拘役或者管制,并处罚金;为参加恐怖活动组织、接受恐怖活动培训或者实施恐怖活动,偷越国(边)境的,处1年以上3年以下有期徒刑,并处罚金。根据2015年12月27日第十二届全国人大常委会第十八次会议通过的《中华人民共和国反恐怖主义法》第3条第2、3款的规定,恐怖活动是指恐怖主义性质的下列行为:"(一)组织、策划、准备实施、实施造成或者意图造成人员伤亡、重大财产损失、公共设施损坏、社会秩序混乱等严重社会危害的活动的;(二)宣扬恐怖主义,煽动实施恐怖活动,或者非法持有宣扬恐怖主义的物品,强制他人在公共场所穿戴宣扬恐怖主义的服饰、标志的;(三)组织、领导、参加恐怖活动组织的;(四)为恐怖活动组织、恐怖活动人员、实施恐怖活动或者恐怖活动培训提供信息、资金、物资、劳务、技术、场所等支持、协助、便利的;(五)其他恐怖活动。"恐怖活动组织,是指3人以上为实施恐怖活动而组成的犯罪组织。这里所说的"接受恐怖活动培训",是指到境外学习恐怖主义思想、主张,接受心理、体能、实战训练或者培训制造工具、武器、炸弹等方面的犯罪技能和方法等。根据本条规定,为参加恐怖活动组织、接受恐怖活动培训或者实施恐怖活动,偷越国(边)境的,本身就是"情节严重"的行为,且应当判处更为严厉的第二档刑。

【立法理由】

1997年《刑法》第322条规定:"违反国(边)境管理法规,偷越国(边)境,情节严重的,处一年以下有期徒刑、拘役或者管制,并处罚金。"这一规定,对于打击一般的偷越国(边)境行为,维护国家安全和边境管理秩序,发挥了重要作用。从实践情况看,对于惩治传统的为外出定居、非法务工等原因而偷越国(边)境的犯罪活动,其刑罚的设置也是适当的。但近年来,随着恐怖主义、分裂主义和极端主义的日益猖獗,偷越国(边)境犯罪与恐怖活动犯罪的联系也越来越突出,对国(边)境管理带来一些新的情况和问题。司法实践表明,在我国一些地区,出境参加恐怖活动组织、接受恐怖活动培训、实施恐怖活动的人数不断增多,甚至出现国外或者境外恐怖活动组织向我国境内招募恐怖活动人员、进行恐怖主义宣传煽动、进行恐怖活动培训等情形。很多人在无法合法出入境的情况下,采用偷越国(边)境的方式,给国界和边境管控造成很大的压力。这些人偷越国(边)境的目的与一般的偷越国(边)境有很大的不同,他们偷渡出去的目的不是为了定居或者务工,而是为实施参加恐怖活动组织或者进行恐怖活动等严重的犯罪行为,其中有的人是为了通过接受培训等提高自己实施恐怖活动的技术和能力,以便回国实施恐怖活动犯罪,造成更大的社会影响和危害后果。从某种意义上说,这些行为已经带有恐怖活动的性质,比一般的偷越国(边)境行为具有更大的社会危害性。对这些人,依照1997年《刑法》的规定进行打击处理,实践中遇到一些新的问题:一是《刑法》对偷越国(边)境的行为,规定情节严重的才追究刑事责任。如果按照一般偷越国(边)境犯罪的标准进行认定,对于只进行过一次偷越国(边)境且未遂的行为,一般不能认定为犯罪,而只能予以行政处罚。二是这些人主观恶性很大,从罪责刑相适应的原则出发,《刑法》所规定的最高刑为1年有期徒刑的刑罚,难以有效地起到惩罚、威慑和预防的作用。很多人在接受处罚、缴纳罚款或者短暂拘留后,会再次实施偷越国(边)境的行为。在偷越国(边)境一再受阻的情况下,甚至会就地实施爆炸、杀人等暴力恐怖活动,给社会治安和社会稳定造成很大的压力。对于这些行为,《刑法》所规定的刑罚也难以起到阻止其继续犯罪,防止发生社会危害的作用。考虑到当前恐怖活动犯罪出现的上述新情况,《刑法修正案(九)》有针对性地作出规定,对为参加恐怖活动组织、接受恐怖活动培训或者实施恐怖活动而偷越国(边)境的,将法定最高刑提高到3年。

【相关规定】

《中华人民共和国出境入境管理法》

第九条 中国公民出境入境,应当依法申请办理护照或者其他旅行证件。

中国公民前往其他国家或者地区,还需要取得前往国签证或者其他入境许可证明。但是,中国政府与其他国家政府签订互免签证协议或者公安部、外交部另有规定的除外。

中国公民以海员身份出境入境和在国外船舶上从事工作的,应当依法申请办理海员证。

第十条 中国公民往来内地与香港特别行政区、澳门特别行政区,中国公民往来大陆与台湾地区,应当依法申请办理通行证件,并遵守本法有关规定。具体管理办法由国务院规定。

第十一条第一款 中国公民出境入境,应当向出入境边防检查机关交验本人的护照或者其他旅行证件等出境入境证件,履行规定的手续,经查验准许,方可出境入境。

第十二条 中国公民有下列情形之一的,不准出境:

(一)未持有效出境入境证件或者拒绝、逃避接受边防检查的;

(二)被判处刑罚尚未执行完毕或者属于刑事案件被告人、犯罪嫌疑人的;

(三)有未了结的民事案件,人民法院决定不准出境的;

(四)因妨害国(边)境管理受到刑事处罚或者因非法出境、非法居留、非法就业被其他国家或者地区遣返,未满不准出境规定年限的;

(五)可能危害国家安全和利益,国务院有关主管部门决定不准出境的;

(六)法律、行政法规规定不准出境的其他情形。

第二十一条 外国人有下列情形之一的,不予签发签证:

(一)被处驱逐出境或者被决定遣送出境,未满不准入境规定年限的;

（二）患有严重精神障碍、传染性肺结核病或者有可能对公共卫生造成重大危害的其他传染病的；

（三）可能危害中国国家安全和利益、破坏社会公共秩序或者从事其他违法犯罪活动的；

（四）在申请签证过程中弄虚作假或者不能保障在中国境内期间所需费用的；

（五）不能提交签证机关要求提交的相关材料的；

（六）签证机关认为不宜签发签证的其他情形。

对不予签发签证的，签证机关可以不说明理由。

第二十二条　外国人有下列情形之一的，可以免办签证：

（一）根据中国政府与其他国家政府签订的互免签证协议，属于免办签证人员的；

（二）持有效的外国人居留证件的；

（三）持联程客票搭乘国际航行的航空器、船舶、列车从中国过境前往第三国或者地区，在中国境内停留不超过二十四小时且不离开口岸，或者在国务院批准的特定区域内停留不超过规定时限的；

（四）国务院规定的可以免办签证的其他情形。

第二十三条　有下列情形之一的外国人需要临时入境的，应当向出入境边防检查机关申请办理临时入境手续：

（一）外国船员及其随行家属登陆港口所在城市的；

（二）本法第二十二条第三项规定的人员需要离开口岸的；

（三）因不可抗力或者其他紧急原因需要临时入境的。

临时入境的期限不得超过十五日。

对申请办理临时入境手续的外国人，出入境边防检查机关可以要求外国人本人、载运其入境的交通运输工具的负责人或者交通运输工具出境入境业务代理单位提供必要的保证措施。

第二十四条　外国人入境，应当向出入境边防检查机关交验本人的护照或者其他国际旅行证件、签证或者其他入境许可证明，履行规定的手续，经查验准许，方可入境。

第二十五条 外国人有下列情形之一的,不准入境:
(一) 未持有效出境入境证件或者拒绝、逃避接受边防检查的;
(二) 具有本法第二十一条第一款第一项至第四项规定情形的;
(三) 入境后可能从事与签证种类不符的活动的;
(四) 法律、行政法规规定不准入境的其他情形。
对不准入境的,出入境边防检查机关可以不说明理由。

第二十六条 对未被准许入境的外国人,出入境边防检查机关应当责令其返回;对拒不返回的,强制其返回。外国人等待返回期间,不得离开限定的区域。

第二十七条 外国人出境,应当向出入境边防检查机关交验本人的护照或者其他国际旅行证件等出境入境证件,履行规定的手续,经查验准许,方可出境。

第二十八条 外国人有下列情形之一的,不准出境:
(一) 被判处刑罚尚未执行完毕或者属于刑事案件被告人、犯罪嫌疑人的,但是按照中国与外国签订的有关协议,移管被判刑人的除外;
(二) 有未了结的民事案件,人民法院决定不准出境的;
(三) 拖欠劳动者的劳动报酬,经国务院有关部门或者省、自治区、直辖市人民政府决定不准出境的;
(四) 法律、行政法规规定不准出境的其他情形。

《最高人民法院、最高人民检察院关于办理妨害国(边)境管理刑事案件应用法律若干问题的解释》

第五条 偷越国(边)境,具有下列情形之一的,应当认定为刑法第三百二十二条规定的"情节严重":
(一) 在境外实施损害国家利益行为的;
(二) 偷越国(边)境三次以上或者三人以上结伙偷越国(边)境的;
(三) 拉拢、引诱他人一起偷越国(边)境的;
(四) 勾结境外组织、人员偷越国(边)境的;

（五）因偷越国（边）境被行政处罚后一年内又偷越国（边）境的；

（六）其他情节严重的情形。

第六条 具有下列情形之一的，应当认定为刑法第六章第三节规定的"偷越国（边）境"行为：

（一）没有出入境证件出入国（边）境或者逃避接受边防检查的；

（二）使用伪造、变造、无效的出入境证件出入国（边）境的；

（三）使用他人出入境证件出入国（边）境的；

（四）使用以虚假的出入境事由、隐瞒真实身份、冒用他人身份证件等方式骗取的出入境证件出入国（边）境的；

（五）采用其他方式非法出入国（边）境的。

四十一、将刑法第三百五十条第一款、第二款修改为："违反国家规定，非法生产、买卖、运输醋酸酐、乙醚、三氯甲烷或者其他用于制造毒品的原料、配剂，或者携带上述物品进出境，情节较重的，处三年以下有期徒刑、拘役或者管制，并处罚金；情节严重的，处三年以上七年以下有期徒刑，并处罚金；情节特别严重的，处七年以上有期徒刑，并处罚金或者没收财产。

"明知他人制造毒品而为其生产、买卖、运输前款规定的物品的，以制造毒品罪的共犯论处。"

【说明】

修改后的《刑法》第350条规定："违反国家规定，非法生产、买卖、运输醋酸酐、乙醚、三氯甲烷或者其他用于制造毒品的原料、配剂，或者携带上述物品进出境，情节较重的，处三年以下有期徒刑、拘役或者管制，并处罚金；情节严重的，处三年以上七年以下有期徒刑，并处罚金；情节特别严重的，处七年以上有期徒刑，并处罚金或者没收财产。

明知他人制造毒品而为其生产、买卖、运输前款规定的物品的，以制造毒品罪的共犯论处。

单位犯前两款罪的，对单位判处罚金，并对其直接负责的主管人员和其他直接责任人员，依照前两款的规定处罚。"

修改后的《刑法》第350条共分3款。

第1款是关于违反国家规定，非法生产、买卖、运输醋酸酐、乙醚、三氯甲烷或者其他用于制造毒品的原料、配剂，或者携带上述物品进出境的犯罪及其刑事处罚的规定。"用于制造毒品的原料、配剂"，是指提炼、分解毒品使用的原材料及辅助性配料。本条列举了醋酸酐、乙醚、三氯甲烷等制毒物品。醋酸酐是乙酰化试剂，是制造海洛因的关键化学品；乙醚、三氯甲烷是溶剂，广泛使用于海洛因、冰毒、氯胺酮等各种毒品制造过程中。这几种物品，既是医药和工农业生产原料，又是制造毒品必不可少的配剂。《联合国禁止非法贩运麻醉药品和精神药物公约》中列举了几种可用于制造药品的化学物品，醋酸酐、乙醚都被明确规定在这几种物品之列。公约还规定，明知用于制造毒品而为其生产、销售上述物品的行为是犯罪行为。1988年10月10日发布的《卫生部、对外经济贸易部、公安部、海关总署关于对三种特殊化学品实行出口准许证管理的通知》规定，对醋酸酐、乙醚、三氯甲烷三种物品实行出口准许证制度。当前在司法实践中，制毒物品犯罪涉及的主要是麻黄素(冰毒前体)、羟亚胺(氯胺酮前体)、邻酮(羟亚胺前体)等，这三种物质属于制造毒品的原料。需要指出的是，还有些原料本身就是毒品，如提炼海洛因的鸦片、黄皮、吗啡，如果非法生产、买卖、运输、携带进出境的是这些本身属于毒品的原料，则应以走私、贩卖、运输、制造毒品罪定罪处罚。根据有关司法解释，制毒物品的具体品种范围按照国家关于易制毒化学品管理的规定确定。2005年国务院颁布了《易制毒化学品管理条例》，根据该条例第2条第2、3款的规定，易制毒化学品分为三类：第一类是可以用于制毒的主要原料，包括1-苯基-2-丙酮等；第二类是可以用于制毒的化学配剂，包括苯乙酸等；第三类也是可以用于制毒的化学配剂，包括甲苯等。易制毒化学品的分类和品种需要调整的,由国务院公安部门会同国务院食品药品监督管理部门、安全生产监督管理部门、商务主管部门、卫生主管部门和海关总署提出方案,报国务院批准。

"违反国家规定,非法生产、买卖、运输醋酸酐、乙醚、三氯甲烷或者其他用于制造毒品的原料、配剂,或者携带上述物品进出境",是指除了依照国家规定,经过法定审批手续的以外,非法生产、买卖、运输以及携带这些物品进出境的行为。国家对易制毒化学品的生产、经营、购买、运输和进口、出口实行分类管理和许可制度。《中华人民共和国禁毒法》第21条第2、3款规定:"国家对易制毒化学品的生产、经营、购买、运输实行许可制度。禁止非法生产、买卖、运输、储存、提供、持有、使用麻醉药品、精神药品和易制毒化学品。"第22条规定:"国家对麻醉药品、精神药品和易制毒化学品的进口、出口实行许可制度。国务院有关部门应当按照规定的职责,对进口、出口麻醉药品、精神药品和易制毒化学品依法进行管理。禁止走私麻醉药品、精神药品和易制毒化学品。"根据《中华人民共和国禁毒法》和国务院有关规定,生产、买卖、运输、进出口易制毒化学品的,应当履行相关手续。这里所规定的"生产",包括制造、加工、提炼等不同环节。需要注意的是,有些易制毒化学品一般同时具有正常的生产、生活、医药等用途,对于为生产、生活需要,但在生产、运输等过程中违反有关规定的,如具有生产药用麻黄素资质的合法企业,未按照要求履行批准手续,或者超过批准数量、品种要求而生产的,个人未办理许可证明或者备案证明而购买高锰酸钾等易制毒化学品的等,在追究刑事责任的过程中,需要划清罪与非罪的界限。《最高人民法院、最高人民检察院、公安部关于办理制毒物品犯罪案件适用法律若干问题的意见》中规定,易制毒化学品生产、经营、使用单位或者个人未办理许可证明或者备案证明,购买、销售易制毒化学品,如果有证据证明确实用于合法生产、生活需要,依法能够办理只是未及时办理许可证明或者备案证明,且未造成严重社会危害的,可不以非法买卖制毒物品罪论处。《刑法修正案(九)》在对本条作出修改时,在入罪条件中增加了"情节较重"的规定,目的是为了划清罪与非罪的界限。

本款对违反国家规定,非法生产、买卖、运输醋酸酐、乙醚、三氯甲烷或者其他用于制造毒品的原料、配剂,或者携带上述物品进出境的犯罪规定了三档刑罚,即情节较重的,处3年以下有期徒刑、拘役或者管制,并处罚金;情节严重的,处3年以上7年以下有期徒刑,并处罚金;情节特别严重的,处7年以上有期徒刑,并处罚金或者没收财产。本条在7年以上有期徒刑的量刑档次中规定可以并处没收财产,是为了严厉惩治涉毒犯罪,对于犯罪分子反侦查意识强,难以将其实质上非法获得的财产认定为违法所得的,可以适用没收财产刑,让其得不到好处,摧毁其再次犯罪的物质基础,有效惩治和预防这类犯罪。

第2款是对明知他人制造毒品而为其生产、买卖、运输制造毒品所需原料或者配剂的,以制造毒品罪的共犯论处的规定。本款是关于构成制造毒品罪共犯的提示性规定,对于有证据证明行为人明知他人实施制造毒品犯罪,而为其生产、运输、买卖制毒物品的,其行为是整个制造毒品犯罪过程中的一个环节,应当依照《刑法》总则有关共同犯罪的规定,适用《刑法》第347条的规定定罪处罚,而不能以违反国家规定,非法生产、买卖、运输制毒物品的犯罪定罪处罚,避免重罪轻罚。这里的"明知",是指行为人知道他人所需要的原料及配剂是用于制造毒品,但仍然为其生产、买卖、运输这种物品的。明知他人制造毒品而为其走私制毒物品的,也应当以制造毒品罪的共犯处理。

第3款是对单位犯罪刑事责任的规定。"单位犯前两款罪的",是指单位违反国家规定,非法生产、买卖、运输、携带制毒物品进出境的;明知他人制造毒品而为其生产、买卖、运输制毒物品的行为。单位犯前两款罪的,对单位判处罚金。"直接负责的主管人员和其他直接责任人员",是指对违反国家规定,非法生产、买卖、运输、携带制毒物品进出境,或者明知他人制造毒品而为其生产、买卖、运输制毒物品的犯罪行为负有直接责任的领导人员和具体执行者。"依照前两款的规定处罚",是指单位实施前两款行为,构成犯罪的,对其直接负责的主管人员和其他直接责任人员,依照前两款关于违反国家规定,非法生产、买卖、运输、携带制毒物品进出境犯罪和关于制造毒品罪的规定定罪处罚。

【立法理由】

《刑法修正案（九）》对本条的修改主要包括：

一是增加规定了非法生产、运输制毒物品的犯罪。近年来，毒品形势发生了很大的变化，采用化学合成方法非法生产和运输麻黄碱、羟亚胺、邻酮等制毒物品的违法犯罪案件大量发生，社会危害严重，有关方面建议对此明确规定为犯罪。考虑到上述情况，针对当前毒品犯罪形势严峻的实际情况和惩治犯罪的需要，落实中央《关于加强禁毒工作的意见》的要求，《刑法修正案（九）》增加了非法生产、运输制毒物品的犯罪，加大了对这类犯罪的惩治力度。

二是修改了本条的刑罚规定，将最高刑由 10 年有期徒刑提高至 15 年有期徒刑，并增加了并处没收财产的规定。本条修改前对走私、非法买卖制毒物品罪规定了 3 年以下有期徒刑和 3 年以上 10 年以下有期徒刑两档刑罚。有关方面提出，目前我国禁毒形势严峻，非法生产、买卖、运输制毒物品犯罪的社会危害性严重，随着工艺技术的发展，现在有些制毒物品与毒品在成分上接近，转化率很高，如麻黄碱、羟亚胺等；同时，非法生产、买卖、运输制毒物品犯罪获利大，为有效遏制和预防犯罪，应当加大财产处罚力度，建议适当提高非法生产、买卖、运输制毒物品以及携带制毒物品进出境犯罪的刑期，并增加规定没收财产刑。没有制毒物品就没有毒品，严厉打击非法生产、买卖、运输制毒物品犯罪，有利于更有效地打击毒品犯罪。考虑到上述情况，为严厉惩治涉毒犯罪，加大处罚力度，《刑法修正案（九）》提高了本条规定的法定刑，并增加了没收财产的规定。

三是将第 2 款关于以共犯论处的情形作了更为明确具体的规定。根据第 1 款的修改，相应将"明知他人制造毒品而为其提供前款规定的物品"修改为"明知他人制造毒品而为其生产、买卖、运输前款规定的物品"。

【相关规定】

《中华人民共和国禁毒法》

第二十一条　国家对麻醉药品和精神药品实行管制,对麻醉药品和精神药品的实验研究、生产、经营、使用、储存、运输实行许可和查验制度。

国家对易制毒化学品的生产、经营、购买、运输实行许可制度。

禁止非法生产、买卖、运输、储存、提供、持有、使用麻醉药品、精神药品和易制毒化学品。

第二十二条　国家对麻醉药品、精神药品和易制毒化学品的进口、出口实行许可制度。国务院有关部门应当按照规定的职责,对进口、出口麻醉药品、精神药品和易制毒化学品依法进行管理。禁止走私麻醉药品、精神药品和易制毒化学品。

《最高人民法院、最高人民检察院、公安部关于办理制毒物品犯罪案件适用法律若干问题的意见》

一、关于制毒物品犯罪的认定

(一)本意见中的"制毒物品",是指刑法第三百五十条第一款规定的醋酸酐、乙醚、三氯甲烷或者其他用于制造毒品的原料或者配剂,具体品种范围按照国家关于易制毒化学品管理的规定确定。

(二)违反国家规定,实施下列行为之一的,认定为刑法第三百五十条规定的非法买卖制毒物品行为:

1. 未经许可或者备案,擅自购买、销售易制毒化学品的;

2. 超出许可证明或者备案证明的品种、数量范围购买、销售易制毒化学品的;

3. 使用他人的或者伪造、变造、失效的许可证明或者备案证明购买、销售易制毒化学品的;

4. 经营单位违反规定,向无购买许可证明、备案证明的单位、个人销售易制毒化学品的,或者明知购买者使用他人的或者伪造、变造、失效的购买许可证明、备案证明,向其销售易制毒化学品的;

5. 以其他方式非法买卖易制毒化学品的。

（三）易制毒化学品生产、经营、使用单位或者个人未办理许可证明或者备案证明，购买、销售易制毒化学品，如果有证据证明确实用于合法生产、生活需要，依法能够办理只是未及时办理许可证明或者备案证明，且未造成严重社会危害的，可不以非法买卖制毒物品罪论处。

（四）为了制造毒品或者走私、非法买卖制毒物品犯罪而采用生产、加工、提炼等方法非法制造易制毒化学品的，根据刑法第二十二条的规定，按照其制造易制毒化学品的不同目的，分别以制造毒品、走私制毒物品、非法买卖制毒物品的预备行为论处。

（五）明知他人实施走私或者非法买卖制毒物品犯罪，而为其运输、储存、代理进出口或者以其他方式提供便利的，以走私或者非法买卖制毒物品罪的共犯论处。

（六）走私、非法买卖制毒物品行为同时构成其他犯罪的，依照处罚较重的规定定罪处罚。

《易制毒化学品管理条例》

第二条 国家对易制毒化学品的生产、经营、购买、运输和进口、出口实行分类管理和许可制度。

易制毒化学品分为三类。第一类是可以用于制毒的主要原料，第二类、第三类是可以用于制毒的化学配剂。易制毒化学品的具体分类和品种，由本条例附表列示。

易制毒化学品的分类和品种需要调整的，由国务院公安部门会同国务院食品药品监督管理部门、安全生产监督管理部门、商务主管部门、卫生主管部门和海关总署提出方案，报国务院批准。

省、自治区、直辖市人民政府认为有必要在本行政区域内调整分类或者增加本条例规定以外的品种的，应当向国务院公安部门提出，由国务院公安部门会同国务院有关行政主管部门提出方案，报国务院批准。

《最高人民法院关于审理毒品犯罪案件适用法律若干问题的解释》

第七条 违反国家规定，非法生产、买卖、运输制毒物品、走私制毒物品，达到下列数量标准的，应当认定为刑法第三百五十条第一款

规定的"情节较重":

（一）麻黄碱（麻黄素）、伪麻黄碱（伪麻黄素）、消旋麻黄碱（消旋麻黄素）一千克以上不满五千克；

（二）1-苯基-2-丙酮、1-苯基-2-溴-1-丙酮、3,4-亚甲基二氧苯基-2-丙酮、羟亚胺二千克以上不满十千克；

（三）3-氧-2-苯基丁腈、邻氯苯基环戊酮、去甲麻黄碱（去甲麻黄素）、甲基麻黄碱（甲基麻黄素）四千克以上不满二十千克；

（四）醋酸酐十千克以上不满五十千克；

（五）麻黄浸膏、麻黄浸膏粉、胡椒醛、黄樟素、黄樟油、异黄樟素、麦角酸、麦角胺、麦角新碱、苯乙酸二十千克以上不满一百千克；

（六）N-乙酰邻氨基苯酸、邻氨基苯甲酸、三氯甲烷、乙醚、哌啶五十千克以上不满二百五十千克；

（七）甲苯、丙酮、甲基乙基酮、高锰酸钾、硫酸、盐酸一百千克以上不满五百千克；

（八）其他制毒物品数量相当的。

违反国家规定，非法生产、买卖、运输制毒物品、走私制毒物品，达到前款规定的数量标准最低值的百分之五十，且具有下列情形之一的，应当认定为刑法第三百五十条第一款规定的"情节较重"：

（一）曾因非法生产、买卖、运输制毒物品、走私制毒物品受过刑事处罚的；

（二）二年内曾因非法生产、买卖、运输制毒物品、走私制毒物品受过行政处罚的；

（三）一次组织五人以上或者多次非法生产、买卖、运输制毒物品、走私制毒物品，或者在多个地点非法生产制毒物品的；

（四）利用、教唆未成年人非法生产、买卖、运输制毒物品、走私制毒物品的；

（五）国家工作人员非法生产、买卖、运输制毒物品、走私制毒物品的；

（六）严重影响群众正常生产、生活秩序的；

（七）其他情节较重的情形。

易制毒化学品生产、经营、购买、运输单位或者个人未办理许可证明或者备案证明，生产、销售、购买、运输易制毒化学品，确实用于合法生产、生活需要的，不以制毒物品犯罪论处。

第八条 违反国家规定，非法生产、买卖、运输制毒物品、走私制毒物品，具有下列情形之一的，应当认定为刑法第三百五十条第一款规定的"情节严重"：

（一）制毒物品数量在本解释第七条第一款规定的最高数量标准以上，不满最高数量标准五倍的；

（二）达到本解释第七条第一款规定的数量标准，且具有本解释第七条第二款第三项至第六项规定的情形之一的；

（三）其他情节严重的情形。

违反国家规定，非法生产、买卖、运输制毒物品、走私制毒物品，具有下列情形之一的，应当认定为刑法第三百五十条第一款规定的"情节特别严重"：

（一）制毒物品数量在本解释第七条第一款规定的最高数量标准五倍以上的；

（二）达到前款第一项规定的数量标准，且具有本解释第七条第二款第三项至第六项规定的情形之一的；

（三）其他情节特别严重的情形。

四十二、将刑法第三百五十八条修改为："组织、强迫他人卖淫的，处五年以上十年以下有期徒刑，并处罚金；情节严重的，处十年以上有期徒刑或者无期徒刑，并处罚金或者没收财产。

"组织、强迫未成年人卖淫的，依照前款的规定从重处罚。

"犯前两款罪，并有杀害、伤害、强奸、绑架等犯罪行为的，依照数罪并罚的规定处罚。

"为组织卖淫的人招募、运送人员或者有其他协助组织他人卖淫行为的,处五年以下有期徒刑,并处罚金;情节严重的,处五年以上十年以下有期徒刑,并处罚金。"

【说明】

本条共分4款。

第1款是关于组织、强迫他人卖淫的犯罪及刑事处罚的规定。"组织他人卖淫",主要是指通过纠集、控制一些卖淫的人员进行卖淫,或者以雇佣、招募、容留等手段,组织、诱骗他人卖淫,从中牟利的行为。组织他人卖淫罪,主要具有以下几个特征:

第一,本罪的犯罪主体必须是卖淫活动的组织者,也就是那些开设卖淫场所的"老鸨"或者以其他方式组织他人卖淫的人,可以是几个人,也可以是一个人,关键要看其在卖淫活动中是否起组织者的作用。这里所说的组织者,有的是犯罪集团的首要分子,有的是临时纠合在一起进行组织卖淫活动的不法分子,有的是纠集、控制几个卖淫人员从事卖淫活动的个人。

第二,行为人必须实施了组织卖淫的行为,至于其本人是否参与卖淫、嫖娼,并不影响本罪的构成。这里所说的"组织",通常表现为以下两种形式:一是行为人设置卖淫场所,或者以发廊、旅店、饭店、按摩房、出租屋等为名设置变相卖淫场所,招募一些卖淫人员在此进行卖淫活动。二是行为人自己没有开设固定的场所,但组织、操纵他所控制的卖淫人员有组织地进行卖淫活动。例如,一些按摩院、发廊、酒店的老板,公然唆使服务人员同顾客到店外进行卖淫、嫖娼活动,从中收取钱财;或者以提供服务为名,向顾客提供各种名义的陪伴女郎,实际上是提供卖淫妇女进行卖淫活动。无论以上哪种形式,行为人均构成组织他人卖淫罪。

第三,组织他人卖淫罪是故意犯罪,行为人组织他人卖淫的行为必须是出于故意。

第四,组织的对象必须是多人,而不是一个人,如果是一个人则不能构成组织他人卖淫罪。这里所规定的"他人",既包括妇女,也包括男性。

"强迫他人卖淫",主要是指行为人采取暴力、威胁或者其他手段,违背他人意志,迫使他人卖淫的行为。这里所说的"强迫",既包括直接使用暴力手段或者以暴力相威胁,也包括使用其他非暴力的逼迫手段,如以揭发他人隐私或者以可能使他人某种利害关系遭受损失相威胁,或者通过使用某种手段和方法,形成精神上的强制,在别无出路的情况下,违背自己的意愿从事卖淫活动。无论行为人采取哪一种强迫手段,都构成强迫他人卖淫罪。这里所规定的"他人",既包括妇女,也包括男性。强迫的对象,既可以是没有卖淫习性的人,也可以是由于某种原因不愿卖淫的有卖淫恶习的人。

根据本款规定,组织、强迫他人卖淫的,处5年以上10年以下有期徒刑,并处罚金;情节严重的,处10年以上有期徒刑或者无期徒刑,并处罚金或者没收财产。这里的"情节严重的",主要是指长期组织他人卖淫,或卖淫集团的首要分子,或组织较多人员卖淫的;强迫未成年人卖淫,情节恶劣的;强迫多人卖淫或者多次强迫他人卖淫的;造成被强迫卖淫的人自残、自杀或其他严重后果的等情形。

第2款是关于组织、强迫未成年人卖淫从重处罚的规定。"未成年人",是指不满18周岁的人。未成年人正处在成长发育时期,强迫其从事卖淫活动,对其生理发育和身心健康无疑是极大的摧残,而且未成年人也缺少必要的自我保护意识和自我控制能力,特别容易受到侵害。因此,法律上必须给予特殊保护。根据本款规定,组织、强迫未成年人卖淫的,从重处罚。

第3款是关于犯组织卖淫罪、强迫卖淫罪又有其他相关犯罪行为应当如何处罚的规定。根据本条规定,犯前两款罪,并有杀害、伤害、强奸、绑架等犯罪行为的,依照数罪并罚的规定处罚。也就是说,如果组织、强迫他人卖淫的犯罪分子,同时又对被组织、强迫卖淫的人实施了杀害、伤害、强奸、绑架等犯罪行为,应当分别按照组织卖淫罪、强迫卖淫罪、故意杀人罪、故意伤害罪、强奸罪、绑架罪等分别定罪判刑,然后再依照《刑法》总则第69条的规定实行数罪并罚。

第4款是关于协助组织他人卖淫的犯罪及其刑罚的规定。"协助组织他人卖淫",是指为组织卖淫的人招募、运送人员或者有其他协助行为的。这里所规定的"招募",是指协助组织卖淫者招雇、征招、招聘、募集人员,但本身并不参与组织卖淫活动的行为;"运送",是指为组织卖淫者通过提供交通工具接送、输送所招募的人员的行为。为组织卖淫者招募、运送人员,在有的情况下,招募、运送者可能只拿到几百元、上千元的所谓"人头费""介绍费",但正是这些招募、运送行为,为卖淫场所输送了大量的卖淫人员,使这种非法活动得以发展延续。"其他协助组织他人卖淫行为",是指在组织他人卖淫的活动中,起协助、帮助作用的其他行为,如为"老鸨"充当保镖、打手,为组织卖淫活动看门放哨或者管账等。协助组织他人卖淫的活动,也是组织他人卖淫活动的一个环节,但其行为的性质、所起的作用与组织卖淫者具有很大的不同,不宜笼统地以组织卖淫罪的共犯处理。本款对为组织卖淫的人招募、运送人员或者有其他协助组织他人卖淫行为的犯罪行为单独规定了刑罚,即处5年以下有期徒刑,并处罚金;情节严重的,处5年以上10年以下有期徒刑,并处罚金。

【立法理由】

卖淫嫖娼是一种社会丑恶现象,新中国成立后,国家采取有力措施,开展禁娼运动,取得很好的效果,卖淫嫖娼活动基本绝迹。20世纪70年代末80年代初,随着我国经济建设和社会的开放、发展,卖淫嫖娼现象最初在我国东南沿海的大中城市死灰复燃并急剧增多,并逐渐向全国内陆各大中城市发展,再由城市向农村乡镇蔓延。一些不法分子利用暴力、胁迫等手段强迫妇女卖淫的情况也很严重。强迫妇女卖淫的行为不仅严重侵犯公民的人身自由权利和性自由权利,而且往往还造成被害人身体的伤害和精神上巨大的创伤,具有极大的社会危害性。因此,1979年制定《刑法》时规定了强迫妇女卖淫罪,即"强迫妇女卖淫的,处三年以上十年以下有期徒刑"。由于当时组织他人卖淫的现象并不多见,也不突出,未规定组织他人卖淫的犯罪。随着改革开放的进一步深入，各类犯罪活动大幅度上升，为适应严惩严重刑事犯罪，维护社会治安的需要，1983年9月2日，第六届全国人大常委会通过的《全国人民代表大会常务委员会关于严惩严重危害社会治安的犯罪分子的决定》规定，强迫妇女卖淫，情况特别严重的，可以在刑法规定的最高刑以上处刑，直至判处死刑。执行中，由于法定刑从3年以上有期徒刑直至死刑，量刑幅度过大，又没有具体的量刑情节，实践中较难把握，适用中易出现偏差，而且实践中又出现了"男妓"现象，强迫男子从事有偿性行为也时有发生。当时卖淫嫖娼活动在许多地方呈现泛滥之势，为严厉打击卖淫嫖娼活动，1991年9月4日第七届全国人大常委会通过的《关于严禁卖淫嫖娼的决定》规定了强迫他人卖淫的犯罪，并对判处10年以上刑罚具体列举了情形，同时还规定了组织他人卖淫和协助组织他人卖淫的犯罪。1997年修订《刑法》时，将上述规定经修改后纳入《刑法》。

2011年2月25日，第十一届全国人大常委会第十九次会议审议通过的《刑法修正案（八）》对本条第3款协助组织他人卖淫的犯罪的规定作了修改。总体上看，《刑法》关于组织卖淫罪、强迫卖淫罪和协助组织卖淫罪的规定是符合实际和可行的，反映了我国打击卖淫活动，保护妇女合法权益的一贯态度，对于遏制卖淫嫖娼等社会丑恶现象，净化社会风气，加强社会主义精神文明建设，发挥了重要的作用，取得了明显的效果。但在执行中也出现了一些问题，主要是《刑法》关于协助组织卖淫罪的规定比较原则，对于为组织卖淫的人招募、运送人员等行为未明确规定，实践中对于这些行为是否应当追究刑事责任以及如何追究刑事责任的认识模糊。同时，2009年12月26日，第十一届全国人大常委会第十二次会议决定加入了《联合国打击跨国有组织犯罪公约关于预防、禁止和惩治贩运人口特别是妇女和儿童行为的补充议定书》。该补充议定书规定，"人口贩运"系指为剥削目的而通过暴力威胁或使用暴力手段，或通过其他形式的胁迫，通过诱拐、欺诈、欺骗、滥用权力或滥用脆弱境况，或通过授受酬金或利益取得对另一人有控制权的某人的同意等手段招募、运送、转移、窝藏或接收人员;剥削应至少包括利用他人卖淫进行剥削或其他形式的性剥削、强迫劳动或服务、奴役或类似奴役的做法、劳役或切除器官。同时要求,各缔约国均应采取必要的立法和其他措施,将上述行为规定为刑事犯罪。为完善刑法有关规定,与补充议定书的规定相衔接,打击为进行卖淫等性剥削招募、运送、转移、接收人员的犯罪,《刑法修正案(八)》进一步明确列出为组织卖淫的人招募、运送人员这两种协助组织他人卖淫的行为。

2015年8月29日,第十二届全国人大常委会第十六次会议通过的《刑法修正案(九)》对本条作了以下几处修改:

一是取消了组织卖淫罪、强迫卖淫罪的死刑。根据完善死刑法律规定,逐步减少适用死刑的罪名的要求,在总结我国一贯坚持的既保留死刑,又严格控制和慎重适用死刑的做法,同时考虑到2011年出台的《刑法修正案(八)》取消的13个经济性非暴力犯罪的死刑以来,我国社会治安形势总体稳定可控,一些严重犯罪稳中有降。实践表明,取消13个罪名的死刑,没有对社会治安形势形成负面影响,社会各方面对减少死刑罪名反应正面。这次取消组织卖淫罪、强迫卖淫罪的死刑,但最高还可以判处无期徒刑,这两个罪名取消死刑后通过加强执法,该严厉惩处的依法严厉惩处,可以做到整体惩处力度不减,以确保社会治安整体形势稳定。

二是将判处10年以上刑罚的具体列举的五项情形修改为"情节严重的"。这一修改,对组织、强迫他人卖淫可能判处10年以上刑罚的适用范围更宽了。

三是增加组织、强迫未成年人卖淫的,从重处罚的规定。原来只有强迫不满14周岁的幼女卖淫的,才可能判处10年以上刑罚,而对于强迫15周岁以上不满18周岁的未成年人卖淫,情节恶劣的,即无法判处10年以上刑罚,这次修改进一步加强了对未成年人的保护,加大了对组织、强迫未成年人卖淫的打击力度。

四是增加规定对组织、强迫他人卖淫的,并有杀害、伤害、强奸、绑架等犯罪行为的,依照数罪并罚的规定处罚。主要是考虑到组织、强迫他人卖淫的行为,往往伴随着杀害、伤害、强奸、绑架等犯罪行为,实践中也是按照数罪并罚的规定处理的,为进一步明确法律适用,严厉惩处这类犯罪行为,在本条中增加了这一规定。

【相关规定】

《中华人民共和国刑法》

第二百三十二条　故意杀人的,处死刑、无期徒刑或者十年以上有期徒刑;情节较轻的,处三年以上十年以下有期徒刑。

第二百三十四条　故意伤害他人身体的,处三年以下有期徒刑、拘役或者管制。

犯前款罪,致人重伤的,处三年以上十年以下有期徒刑;致人死亡或者以特别残忍手段致人重伤造成严重残疾的,处十年以上有期徒刑、无期徒刑或者死刑。本法另有规定的,依照规定。

第二百三十六条　以暴力、胁迫或者其他手段强奸妇女的,处三年以上十年以下有期徒刑。

奸淫不满十四周岁的幼女的,以强奸论,从重处罚。

强奸妇女、奸淫幼女,有下列情形之一的,处十年以上有期徒刑、无期徒刑或者死刑:

(一)强奸妇女、奸淫幼女情节恶劣的;

(二)强奸妇女、奸淫幼女多人的;

(三)在公共场所当众强奸妇女的;

(四)二人以上轮奸的;

(五)致使被害人重伤、死亡或者造成其他严重后果的。

第二百三十九条　以勒索财物为目的绑架他人的,或者绑架他人作为人质的,处十年以上有期徒刑或者无期徒刑,并处罚金或者没收财产;情节较轻的,处五年以上十年以下有期徒刑,并处罚金。

犯前款罪,杀害被绑架人的,或者故意伤害被绑架人,致人重伤、死亡的,处无期徒刑或者死刑,并处没收财产。

以勒索财物为目的偷盗婴幼儿的,依照前两款的规定处罚。

四十三、删去刑法第三百六十条第二款。

【说明】

修改后的《刑法》第 360 条规定:"明知自己患有梅毒、淋病等严重性病卖淫、嫖娼的,处五年以下有期徒刑、拘役或者管制,并处罚金。"

修改后的《刑法》第 360 条包含三层意思:

第一,行为人必须是患有梅毒、淋病等严重性病的。这里所称的"性病",亦称为"性传染疾病",过去被称为"花柳病",主要是通过性接触、性行为传播的疾病,包括艾滋病、梅毒、淋病、软下疳、性病性淋巴肉芽肿、生殖道沙眼衣原体感染、尖锐湿疣、生殖器疱疹、腹股沟肉芽肿、生殖器念珠菌病、阴道毛滴虫病、细菌性阴道病、阴虱病等。"严重性病",主要是指对人体健康危害较重或者传染性较强,发病率较高的性病。本条列举了梅毒、淋病两种严重性病,至于其他严重性病,未作明确规定。在司法实践中,司法机关应在《中华人民共和国传染病防治法》中规定的性病和卫生部规定实行性病监测的性病范围内从严掌握,不能将普通性病都作为严重性病,防止扩大打击面。也就是说,该性病必须是与梅毒、淋病的危害特点相当的性病。

第二,行为人主观上必须是"明知",即行为人清楚地知道自己患有严重性病,从事卖淫、嫖娼活动会造成性病被传播的后果,而放任或希望这种危害后果的发生。因此,这种犯罪是故意犯罪。如果行为人不明知自己患有严重性病,即便实施了卖淫、嫖娼行为,也不构成犯罪。"明知"是划分罪与非罪的主要界限。根据有关司法解释的规定,下列情形可以认定为"明知":一是有证据证明行为人曾到医院就医被诊断为患有严重性病的;二是根据本人的知识和经验,能够知道自己患有严重性病的;三是通过其他方式能够证明行为人是"明知"的,如行为人的朋友曾告诉过行为人其病症极有可能是严重性病而其本人也真的怀疑过自己患上性病的,或行为人曾告诉过别人自己患有严重性病的,等等。

第三,行为人实施了卖淫、嫖娼的行为。这里的"卖淫",是指以获取金钱、财物为目的而把自己的肉体提供给他人以淫乱的行为。"嫖娼",是指以支付报酬为代价与卖淫者发生性交的行为。这里的卖淫、嫖娼行为不仅限于性交方式,还包括手淫、口淫或者其他与性接触有关的行为。

根据修改后的《刑法》第360条的规定,对明知自己患有梅毒、淋病等严重性病卖淫、嫖娼的,处5年以下有期徒刑、拘役或者管制,并处罚金。

【立法理由】

《刑法》原第360条规定:"明知自己患有梅毒、淋病等严重性病卖淫、嫖娼的,处五年以下有期徒刑、拘役或者管制,并处罚金。""嫖宿不满十四周岁的幼女的,处五年以上有期徒刑,并处罚金。"

性病主要是通过性接触传染,通过性行为传播的疾病。性病的传播危害极大,不仅严重摧残人体健康,而且危及子孙后代,关系到国家民族的兴衰。新中国成立后,党和政府十分重视性病的防治工作,娼妓制度被彻底取消,性病也得到有效控制。但是,进入20世纪80年代以来,随着改革开放的深入发展,与国外的交往增多,旅游业、商业活动也不断增加,卖淫、嫖娼活动从沿海到内地、从城市到农村逐渐蔓延,性病也随之死灰复燃,并开始在社会上流传。其中,一些不法分子明知自己患有性病,仍置他人健康于不顾,肆无忌惮地进行卖淫、嫖娼活动,引起性病的大量传播,尤其是艾滋病、淋病、梅毒等严重性病的传播,对社会公众健康造成了严重威胁,社会危害严重。为了制止和打击这种严重危害社会的行为,有力查禁卖淫、嫖娼活动,减少和防止性病的传播,1991年9月4日全国人大常委会通过了《关于严禁卖淫嫖娼的决定》,将明知自己患有梅毒、淋病等严重性病,又从事卖淫、嫖娼的行为规定为犯罪。同时,考虑到嫖宿幼女的行为,极大地损害幼女的身心健康和正常发育,为严厉打击这一犯罪行为,对嫖宿幼女的行为规定了刑事处罚。

近年来，嫖宿幼女罪的存废问题引发了社会的广泛关注和讨论。尤其自2009年贵州习水公职人员嫖宿幼女案件起，多起类似案件见诸报端，引发了社会争论，对嫖宿幼女罪的存废问题，社会上主要有两种观点：

一种观点认为，应当废除嫖宿幼女罪。主要理由：一是认为嫖宿幼女罪给被害幼女贴上卖淫女标签，是对其进行污名化和二次伤害；二是认为嫖宿幼女罪间接承认了卖淫幼女有性自主的权利，与强奸罪不认为幼女有性自主权的立法原则相悖；三是认为嫖宿幼女罪没有设置无期徒刑和死刑，处刑太低。

另一种观点认为，应当保留嫖宿幼女罪。主要理由：

一是关于污名化问题。嫖宿幼女、幼女卖淫是一种客观存在的社会丑恶现象，"雏妓"及幼女卖淫的现象是世界各国都存在的，《儿童权利公约》也有禁止利用"儿童卖淫"的表述。幼女卖淫的现象和概念不是因法律规定而产生，也不会因法律不规定而消亡。刑法打击的是组织、强迫、引诱幼女卖淫的行为人和嫖宿幼女的行为人，并未将卖淫幼女作为处罚对象，而是作为被害人，不存在给卖淫幼女贴标签的问题。我国《刑法》《刑事诉讼法》是将卖淫幼女作为被害人保护的，《刑事诉讼法》明确规定这一类案件应当不公开审理，就是防止嫖宿幼女案件的被害人遭到社会歧视。事实上是一些案件的当事人家属为了达到重判行为人等种种目的，主动公开被害人情况等不应公开的案情，社会上一些人出于各种目的炒作案情，造成了对被害人的二次伤害。

二是关于性自主权问题。性自主权主要是一些女性主义者、女权主义者提出和倡导的，其代表观点主要见于国际性学会的《性权宣言》。《刑法》规定无论以何种方式奸淫幼女的都以犯罪论处，就是认为未满14周岁的幼女没有性自主权。从立法上看，嫖宿幼女罪是为了明确打击犯罪，从奸淫幼女犯罪中分离出的罪名，根据《刑法》规定，只要实施嫖宿幼女行为即构成犯罪，也表明法律并未认为被嫖宿的幼女有性自主权。如果认为幼女有性自主权，《刑法》就不可能将嫖宿幼女的行为规定为犯罪。

三是关于刑罚轻的问题。将嫖宿幼女罪与强奸罪相比，不能简单作出嫖宿幼女罪刑罚轻的结论。根据原《刑法》第360条的规定，嫖宿幼女可处5—15年有期徒刑，即起点刑为5年，在5年至15年之间没有任何限定条件。对于任何嫖宿幼女罪行严重的，原则上都可判处到15年有期徒刑。而强奸罪虽最高刑可判处死刑，但起点刑为3年，一般犯罪只能判处3—10年有期徒刑，只有具有法律明确规定的"情节恶劣""强奸妇女、奸淫幼女多人""在公共场所当众强奸妇女""二人以上轮奸"以及"致使被害人重伤、死亡或者造成其他严重后果"情节的，才能在10年以上判处刑罚。实践中，因奸淫幼女被判处10年有期徒刑以上刑罚的并不多。上述情况表明，在实际执行中嫖宿幼女罪的打击力度更大、更为严厉。取消嫖宿幼女罪，以强奸罪论处，可能会减轻打击力度，而且目前尚无案例表明嫖宿幼女罪15年有期徒刑的处罚尚不足以惩罚犯罪。

立法工作机构在研究这一问题时，调取分析了全国法院近几年的判决数据，赴有关省市实地调研，调阅了大量有关判决书，进行逐案剖析，并对嫖宿幼女罪设立的立法背景、实施情况以及如何完善等问题，进行了深入研究。1991年全国人大常委会专门通过了《关于严禁卖淫嫖娼的决定》，对组织卖淫、强迫卖淫、引诱容留介绍卖淫以及嫖宿幼女等行为规定了严厉和严格的刑罚，其中，明确规定，嫖宿不满14周岁的幼女的，依照《刑法》关于强奸罪的规定处罚。1997年修订《刑法》时，对于上述规定，根据司法实践经验进一步研究完善后纳入《刑法》中。其中，专门将"强迫不满十四周岁的幼女卖淫"作为强迫卖淫罪刑罚的加重情节，规定了严厉的刑罚；对"引诱不满十四周岁的幼女卖淫"的行为单独规定了严厉的刑罚。同时，为解决实际执行中有些地方将嫖宿幼女的行为仅作为一般嫖娼处理，未追究刑事责任的问题，结合刑法罪刑法定原则关于对犯罪行为的规定应当尽可能具体、明确的要求，将嫖宿幼女行为从奸淫幼女罪中分离出来，规定为独立罪名，并规定了比一般奸淫幼女犯罪更为严厉的刑罚,即"嫖宿不满十四周岁的幼女的,处五年以上有期徒刑,并处罚金"。上述规定对于惩治和铲除利用幼女卖淫这一社会丑恶现象构成了综合、多方位打击的法律规范,不仅有利于对社会秩序的维护,也是对幼女的切实保护。但司法实践中,嫖宿幼女罪普遍适用较轻的刑罚。根据《刑法》规定,嫖宿幼女的,应当判处5年至15年有期徒刑。实践中,在起点刑附近判处5年至7年有期徒刑的情况较多,判处7年以上10年以下有期徒刑的较少,而判处10年以上有期徒刑的更少。还有一些案件在法定刑以下判处,有的罪犯被判处3年至5年有期徒刑,甚至还有判处3年以下有期徒刑的。

立法工作机构在深入调查研究的同时,又多次召开座谈会,广泛听取有关部门、专家学者和社会各方面的意见。在征求意见中,一些专家认为,《刑法》设立嫖宿幼女罪有其合理性。嫖宿幼女罪与强奸罪在行为方式、危害后果和主观恶性等方面存在一定的差异,单独规定为犯罪并无不妥,且更能起到警示作用。嫖宿幼女罪的法定刑在5年至15年之间,已经相当重了,体现了对这类犯罪行为严厉打击的立法意图,并要求立法机关冷静、理智应对社会关注,如果认为立法是正确的就应坚持,以树立立法的权威。专家们认为,嫖宿幼女罪存在的问题主要是,在执法中,有些案件嫖宿幼女与奸淫幼女的行为界限较难区分。主要表现在,嫖宿幼女需要给付幼女钱财,而在奸淫幼女中,以钱财引诱幼女也是犯罪人的主要手段之一,两者有时难以区分。但由于嫖宿幼女罪是从奸淫幼女罪中分离出的罪名,两罪都规定了较重刑罚,因此,不会使罪犯逃避打击。这一问题,由司法解释予以明确即可解决。因此,大多数法学专家赞成保留嫖宿幼女罪。其中,有些专家还担心如果简单取消嫖宿幼女罪可能引发以下问题:一是《刑法》关于惩治利用幼女卖淫的规定和惩治嫖宿幼女的规定是一个法律组合,如果取消嫖宿幼女罪,还需要同时研究是否取消《刑法》关于组织、强迫幼女卖淫犯罪,引诱幼女卖淫犯罪等相关规定。在实际执行中,如果将嫖宿幼女行为按照强奸罪处罚,对组织、强迫幼女卖淫犯罪,引诱、介绍、容留幼女卖淫犯罪的行为也要以强奸罪的共犯处理。这样,实际上是利用幼女卖淫的社会丑恶现象还存在,但《刑法》却缺失了有针对性的打击锋芒,也不利于对社会的警示。是否取消嫖宿幼女罪还是应当从是否有利于维护社会主义的精神文明、社会文明和社会秩序角度通盘考虑。二是在研究网络等媒体关于取消嫖宿幼女罪的舆论中,一部分人是在借嫖宿幼女罪发泄对社会的不满。他们将这一罪名斥为"恶法",认为嫖宿幼女罪是"为权贵强奸下一代专设的免死通道"。利用一些社会公众对司法公正的忧虑,对个案判决的不认同,对官员腐败的痛恨,将对嫖宿幼女罪存废的探讨引发为对嫖宿幼女罪这一所谓"恶法"的声讨。在此种舆论的裹挟下,取消嫖宿幼女罪,是否有利于维护立法和法律的权威,以及如何调处舆情与立法的关系,需要慎重考虑。

在征求意见中,也有一些意见认为,不应取消嫖宿幼女罪。主要理由是:一是嫖宿幼女罪与强奸罪是不同的犯罪,嫖宿幼女罪的对象是那些具有卖淫习性、以此为业的"问题少女",行为人也给付了钱财,与一般的奸淫幼女在社会危害性上存在差异。特别是,随着经济、社会、科技的发展,一些少女身体发育成熟、性观念早熟,接触网络上的不良信息,主动提出性交易要求,行为人与这些幼女发生性关系的,无论从行为人的主观恶性来看,还是从对少女的身心健康损害来看,最高可判处15年有期徒刑已属于较重刑罚,体现了罪刑相适应原则。二是司法实践中对于一般情节的奸淫幼女的,判处的刑罚多数在5年以下,判处无期徒刑、死刑的极少。比较强奸罪与嫖宿幼女罪的法定刑,不能只比较静态的法定最高刑,而要考虑司法实践中实际判处刑罚的情况,将嫖宿幼女罪废除,以强奸罪论处,很可能的结果是最后减轻了对嫖宿幼女行为的处罚,不利于真正严厉打击此类行为。三是嫖宿幼女罪规定了比强奸罪更高的起点刑,体现了立法本意严厉打击的态度。即使认为个别情节极其严重的嫖宿幼女犯罪应该判处无期徒刑、死刑,也可以运用法律竞合的原理处理。可通过司法解释明确,强奸罪与嫖宿幼女罪存在竞合关系,应当从一重罪处罚,对于嫖宿幼女多人多次、情节恶劣或者造成严重后果的,可以按强奸罪定罪处罚,没有必要取消嫖宿幼女罪。

也有一些意见认为,应当取消嫖宿幼女罪,对嫖宿幼女行为以强奸论处。主要理由:一是与强奸罪相比,嫖宿幼女罪最高刑只有15年有期徒刑,难以严惩犯罪分子。二是嫖宿幼女罪与强奸罪不好区分,执法中对如何区分嫖宿幼女罪和强奸罪也有困惑,一些案件难以把握,在幼女自愿、被告人又给付一些财物的情况下,到底如何定性,执法上认识不一致,存在一定混乱。三是规定嫖宿幼女罪等于认为幼女具有同意性行为的意思表示能力,不妥当。四是嫖宿幼女罪是对幼女贴标签,将幼女认定为卖淫女,不利于幼女的成长。五是嫖宿幼女罪规定在《刑法》第六章"妨害社会管理秩序罪"中,定位不准确,应当规定在第四章"侵犯公民人身权利、民主权利罪"中。六是面对社会舆论呼声,取消嫖宿幼女罪,可以更好地回应社会关切的问题。

2015年8月29日,第十二届全国人民代表大会常务委员会第十六次会议通过的《刑法修正案(九)》取消了嫖宿幼女罪。主要是考虑到近年来这方面的违法犯罪出现了一些新的情况,执法环节也存在一些问题,因此取消了嫖宿幼女罪,对这类行为可以适用《刑法》第236条关于奸淫幼女的以强奸论、从重处罚的规定,不再作出专门规定。

【相关规定】

《中华人民共和国刑法》

第二百三十六条 以暴力、胁迫或者其他手段强奸妇女的,处三年以上十年以下有期徒刑。

奸淫不满十四周岁的幼女的,以强奸论,从重处罚。

强奸妇女、奸淫幼女,有下列情形之一的,处十年以上有期徒刑、无期徒刑或者死刑:

(一)强奸妇女、奸淫幼女情节恶劣的;

(二)强奸妇女、奸淫幼女多人的;

(三)在公共场所当众强奸妇女的;

（四）二人以上轮奸的；

（五）致使被害人重伤、死亡或者造成其他严重后果的。

第三百五十九条 引诱、容留、介绍他人卖淫的，处五年以下有期徒刑、拘役或者管制，并处罚金；情节严重的，处五年以上有期徒刑，并处罚金。

引诱不满十四周岁的幼女卖淫的，处五年以上有期徒刑，并处罚金。

《全国人民代表大会常务委员会关于严禁卖淫嫖娼的决定》

四、卖淫、嫖娼的，依照《中华人民共和国治安管理处罚法》的规定处罚。

对卖淫、嫖娼的，可以由公安机关会同有关部门强制集中进行法律、道德教育和生产劳动，使之改掉恶习。期限为六个月至二年。具体办法由国务院规定。

……

对卖淫、嫖娼的，一律强制进行性病检查。对患有性病的，进行强制治疗。

《中华人民共和国治安管理处罚法》

第六十六条 卖淫、嫖娼的，处十日以上十五日以下拘留，可以并处五千元以下罚款；情节较轻的，处五日以下拘留或者五百元以下罚款。

在公共场所拉客招嫖的，处五日以下拘留或者五百元以下罚款。

《最高人民检察院、公安部关于公安机关管辖的刑事案件立案追诉标准的规定（一）》

第八十条 ［传播性病案（刑法第三百六十条第一款）］明知自己患有梅毒、淋病等严重性病卖淫、嫖娼的，应予立案追诉。

具有下列情形之一的，可以认定为本条规定的"明知"：

（一）有证据证明曾到医疗机构就医，被诊断为患有严重性病的；

（二）根据本人的知识和经验，能够知道自己患有严重性病的；

（三）通过其他方法能够证明是"明知"的。

四十四、将刑法第三百八十三条修改为:"对犯贪污罪的,根据情节轻重,分别依照下列规定处罚:

"(一)贪污数额较大或者有其他较重情节的,处三年以下有期徒刑或者拘役,并处罚金。

"(二)贪污数额巨大或者有其他严重情节的,处三年以上十年以下有期徒刑,并处罚金或者没收财产。

"(三)贪污数额特别巨大或者有其他特别严重情节的,处十年以上有期徒刑或者无期徒刑,并处罚金或者没收财产;数额特别巨大,并使国家和人民利益遭受特别重大损失的,处无期徒刑或者死刑,并处没收财产。

"对多次贪污未经处理的,按照累计贪污数额处罚。

"犯第一款罪,在提起公诉前如实供述自己罪行、真诚悔罪、积极退赃,避免、减少损害结果的发生,有第一项规定情形的,可以从轻、减轻或者免除处罚;有第二项、第三项规定情形的,可以从轻处罚。

"犯第一款罪,有第三项规定情形被判处死刑缓期执行的,人民法院根据犯罪情节等情况可以同时决定在其死刑缓期执行二年期满依法减为无期徒刑后,终身监禁,不得减刑、假释。"

【说明】

本条共分 4 款:

第 1 款规定了贪污罪的具体量刑标准,将贪污数额和情节综合作为定罪量刑标准,其中规定了三个量刑档次,即贪污数额较大或者有其他较重情节、贪污数额巨大或者有其他严重情节、贪污数额特别巨大或者有其他特别严重情节。根据本款规定,行为人贪污数额较大应定贪污罪,追究其相应的刑事责任,行为人贪污数额虽没有达到较大的标准,但有其他较重情节的也应定罪判刑。本款规定的数额和情节,需要司法机关根据处理贪污犯罪的实际情况,在总结司法实践的基础上作出具体规定。可以从贪污款项的性质、贪污数额的大小、贪污犯罪行为的次数、贪污犯罪使国家和人民利益遭受损失的大小、犯罪行为所采用的手段以及犯罪后的表现等方面进行综合考虑,作出具体规定,指导司法实践。考虑到贪污犯罪是一种以非法占有为目的的财产性职务犯罪,行为人利用职务上的便利实施犯罪,侵犯了职务的廉洁性,同时与盗窃、诈骗等侵犯财产罪一样,具有贪利性,为不使行为人在经济上得利,本款在对贪污犯罪量刑相对较轻的档次中增加规定了罚金刑,使贪污罪犯在依法被判处自由刑的同时,还要被判处财产刑。

第2款对多次贪污未经处理的如何计算贪污数额作了规定。多次贪污未经处理,是指两次以上的贪污行为,以前既没有受过刑事处罚,也没有受过行政处理,追究其刑事责任时,应当累计计算贪污数额。

第3款对贪污犯罪可以从宽处理的情形作了规定。对贪污犯罪从宽处理必须同时符合以下条件:一是在提起公诉前。"提起公诉"是人民检察院对公安机关移送起诉或者人民检察院自行侦查终结认为应当起诉的案件,经全面审查,对事实清楚,证据确实充分,依法应当判处刑罚的,提交人民法院审判的诉讼活动。二是行为人必须如实供述自己罪行、真诚悔罪、积极退赃。如实供述自己罪行,是指犯罪分子对于自己所犯的罪行,无论司法机关是否掌握,都要如实、全部、无保留地向司法机关供述。需要指出的是,"如实供述自己罪行、真诚悔罪、积极退赃"是并列条件,要求全部具备。实践中,有些犯罪分子虽然如实供述了自己的罪行,但没有积极退赃的表现,有的甚至将所贪污的财产转移,企图出狱后自己和家人仍继续享受这些财产,这种行为表明其不具有真诚悔罪的表现,不符合从宽处理的条件。三是避免、减少损害结果的发生。犯罪分子真诚悔罪、积极退赃的表现,必须要达到避免或者减少损害结果发生的实际效果。在同时具备以上前提的条件下,本款根据贪污的不同情形,规定可以从宽处罚。根据本款的规定,对贪污数额较大或者有其他较重情节的,可以从轻、减轻或者免除处罚;对贪污数额巨大或者有其他严重情节以及对贪污数额特别巨大或者有其他特别严重情节的,可以从轻处罚。这是针对贪污受贿犯罪所作的特别规定,与《刑法》总则关于自首从宽处理的规定基本一致。

第4款是关于终身监禁,不得减刑、假释的规定。特别需要明确的是,"终身监禁"不是独立的刑种,它是对罪当判处死刑的贪污受贿犯罪分子的一种不执行死刑的刑罚执行措施。从这个意义上讲,也可以说是对死刑的一种替代性措施。因此,与无期徒刑不同,无期徒刑是《刑法》总则规定的一个独立刑种。同时,在执行中,对被判处无期徒刑的罪犯,根据该罪犯接受教育改造、悔罪表现等情况,满足一定条件的可以减刑、假释。根据本款规定,"终身监禁"只适用于贪污数额特别巨大,并使国家和人民利益遭受特别重大损失,被判处死刑缓期执行的犯罪分子,特别是其中本应当判处死刑的,根据慎用死刑的刑事政策,结合案件的具体情况,对其判处死刑缓期两年执行的犯罪分子。需要指出的是,本款规定只是明确了可以适用"终身监禁"的人员的范围,并不是所有贪污受贿犯罪被判处死刑缓期执行的都要"终身监禁",是否"终身监禁",应由人民法院根据其所实施犯罪的具体情节等情况综合考虑。这里规定的"同时",是指被判处死刑缓期执行的同时,不是在死刑缓期执行两年期满以后减刑的"同时"。根据《刑事诉讼法》第254条的规定,可以暂予监外执行的对象是被判处有期徒刑和拘役的罪犯,因此,终身监禁的罪犯,不得减刑、假释,也不得暂予监外执行。

【立法理由】

《刑法修正案(九)》对《刑法》原第383条作了三处重要修改:一是修改了贪污犯罪的定罪量刑标准,取消了《刑法》原第383条对贪污犯罪定罪量刑的具体数额标准,采用数额加情节的标准,同时增加了罚金刑。二是进一步明确、严格了对贪污犯罪从轻、减轻、免除处罚的条件。三是增加一款规定,对犯贪污罪被判处死刑缓期执行的,人民法院根据犯罪情节等情况可以同时决定在其死刑缓期执行两年期满依法减为无期徒刑后,终身监禁,不得减刑、假释。

关于贪污犯罪的定罪量刑标准。1979年《刑法》没有规定具体的定罪量刑数额标准,在执行中,司法机关反映不够具体,各地在实践中不好掌握,标准不一。1988年全国人大常委会通过了《关于惩治贪污罪贿赂罪的补充规定》,根据当时惩治贪污贿赂犯罪的实际需要和司法机关的要求,总结司法实践经验并结合当时社会经济发展水平,对贪污罪根据不同数额,规定了四个处罚档次。即:第一,个人贪污数额在5万元以上的,处10年以上有期徒刑或者无期徒刑,可以并处没收财产;情节特别严重的,处死刑,并处没收财产。第二,个人贪污数额在1万元以上不满5万元的,处5年以上有期徒刑,可以并处没收财产;情节特别严重的,处无期徒刑,并处没收财产。第三,个人贪污数额在2 000元以上不满1万元的,处1年以上7年以下有期徒刑;情节严重的,处7年以上10年以下有期徒刑。个人贪污数额在2 000元以上不满5 000元,犯罪后自首、立功或者有悔改表现、积极退赃的,可以减轻处罚,或者免予刑事处罚,由其所在单位或者上级主管机关给予行政处分。第四,个人贪污数额不满2 000元,情节较重的,处两年以下有期徒刑或者拘役;情节较轻的,由其所在单位或者上级主管机关酌情给予行政处分。1997年修改《刑法》时,根据当时的社会经济发展状况以及司法实践情况,为了维护法律的严肃性和可执行性,对上述数额标准作了调整,规定了"不满五千元""五千元以上不满五万元""五万元以上不满十万元"和"十万元以上"四个档次的数额标准及相应处罚。这一规定为打击贪污犯罪提供了具体明确的数额标准,解决了司法机关执法的实际需要,有利于法制的统一,避免了法律适用上的随意性。但是,这种明确规定数额标准的法定刑设定方式在具体适用上也暴露出了一些问题。从司法实践的情况看,规定具体数额标准虽然明确,便于执行,对防止司法擅断具有积极意义,但这类犯罪情况复杂,情节差别很大,单纯考虑数额,难以全面反映具体个罪的社会危害性。贪污犯罪的社会危害性不仅仅体现在数额的大小,其社会危害性,除了取决于贪污数额大小以外，还表现在国家工作人员滥用权力的情况或者给国家利益造成重大损失等情节。在有些案件中，行为人个人虽然贪污数额可能不大，但给国家和人民利益造成的损害、恶劣的社会影响等其他情节的危害远远大于其贪污数额的危害。同时，数额规定过死，有时难以根据案件的不同情况做到罪刑相适应，在一定程度上影响了惩治和预防贪污犯罪的成效。司法实践中较为突出地体现在贪污数额在10万元以上的犯罪，由于原《刑法》第383条明确规定个人贪污数额在10万元以上的即处10年以上有期徒刑或者无期徒刑，对于犯罪数额为一二十万元的案件和一两百万元甚至更多的案件，往往只能判处刑期相近的10年以上有期徒刑，造成量刑不平衡，甚至失衡，无法做到罪责刑相适应，很容易在社会上造成贪污数额大的犯罪分子占便宜的印象，违反了刑法罪刑相适应的原则，严重影响了惩治贪污犯罪的法律效果和社会效果。1997年修改《刑法》至今，我国的经济社会生活发生了巨大变化，近年来，一些人大代表、政协委员、专家学者不断建议对贪污犯罪的法定刑设置作出调整，取消贪污犯罪定罪量刑的具体数额标准，社会各方面更是广泛关注。为解决司法实践中存在的上述问题，《刑法修正案（九）》将贪污犯罪单一依据具体数额进行定罪量刑，修改为依据数额加情节进行定罪量刑，即原则规定数额较大或者情节较重、数额巨大或者情节严重、数额特别巨大或者情节特别严重三种情况，相应规定了三档刑罚，并对数额特别巨大，并使国家和人民利益遭受特别重大损失的，保留适用死刑。至于具体数额、情节标准，司法机关可以根据案件的具体情况掌握，可以由最高人民法院、最高人民检察院通过制定司法解释予以确定，指导实践。

关于进一步明确、严格对贪污犯罪从轻、减轻、免除处罚的条件。《刑法》原第383条第1款第（三）项规定，个人贪污数额在5 000元以上不满1万元，犯罪后有悔改表现、积极退赃的，可以减轻处罚或者免予刑事处罚，由其所在单位或者上级主管机关给予行政处分。在《刑法修正案（九）》草案起草和审议过程中，有意见认为，给予行政处分的内容不是《刑法》调整的范围，将行政处分写入《刑法》，不利于对贪污犯罪的打击，建议删除。同时，也有意见建议将对贪污犯罪从宽处罚的条件作更为严格的限定，并单独作出规定，以体现从严惩处的精神。考虑到本次修正案对贪污犯罪定罪量刑标准作了调整，根据反腐斗争的实际需要，本条对贪污犯罪从宽处罚的条件作了更为严格的限制，并单独规定一款，对犯贪污罪，如实供述自己罪行、真诚悔罪、积极退赃，避免、减少损害结果发生的，可以从宽处罚。这一规定体现了宽严相济的刑事政策，有利于教育、改造贪污犯罪分子，集中惩处罪行严重的贪污犯罪。

关于终身监禁。《刑法修正案（九）》在本条中增加规定，对犯贪污罪被判处死刑缓期执行的，人民法院根据犯罪情节等情况可以同时决定在其死刑缓期执行两年期满依法减为无期徒刑后，终身监禁，不得减刑、假释。这一规定，是按照党的十八届三中全会对加强反腐败工作，完善惩治腐败法律规定的要求，加大惩处腐败犯罪力度的精神作出的。随着反腐斗争的深入，特别是一些大案要案的出现，需要对《刑法》的相关规定作进一步完善，为严厉惩治贪污犯罪提供法律支持。为体现我国对罪犯实行惩治与改造相结合，给罪犯改造出路的刑罚执行政策，《刑法》规定了对判处无期徒刑、死刑缓期执行的罪犯，满足一定条件的，可以予以减刑、假释。是否减刑、假释需要根据罪犯接受教育改造、悔罪表现等情况确定。司法实践中对判处无期徒刑、死缓的罪犯，绝大部分都适用了减刑，个别的还适用了假释，很少有终身关押的情况。但是，在执行中也出现了一些问题，如一些司法机关对减刑条件把握过宽，减刑频率过快、次数过多，假释条件过于宽松，致使一些因严重犯罪被判处死缓或者无期徒刑的罪犯实际执行刑期过短，存在被判处无期徒刑、死缓的犯罪分子实际执行期较短，与被判处死刑立即执行的犯罪分子相比，法律后果相差太大的情况。特别是贪污类犯罪，有的犯罪分子利用过去拥有的权力、影响、金钱和社会关系网，通过减刑、保外就医等途径，实际在狱内服刑期较短，严重妨碍了司法公正，社会反映强烈，在一定程度上影响了惩治这类犯罪的法律效果和社会效果。针对上述司法实践中出现的问题,2011年《刑法修正案(八)》对无期徒刑、死刑缓期执行的执行刑期作了调整。一是将死刑缓期执行减为有期徒刑的刑期提高为"二十五年";二是规定对死刑缓期执行的限制减刑制度。对一些因严重犯罪、累犯被判处死刑缓期执行的犯罪分子,人民法院可以决定对其限制减刑,对死刑缓期执行期满后依法减为无期徒刑的,实际服刑最低不能少于25年,依法减为25年有期徒刑的,实际服刑最低不能少于20年;三是将无期徒刑罪犯减刑、假释后实际执行的最低刑期由10年提高到13年。最高人民法院在2012年还发布了《关于办理减刑、假释案件具体应用法律若干问题的规定》、2014年发布了《关于减刑、假释案件审理程序的规定》对减刑、假释案件的适用条件、减刑幅度、减刑间隔以及审理程序等方面进一步作了严格规范。《刑法修正案(九)》在此基础上,对贪污数额特别巨大、情节特别严重被判处死刑缓期执行的犯罪分子作了进一步严格规定,对贪污数额特别巨大、情节特别严重的犯罪分子,特别是其中本应当判处死刑的,根据慎用死刑的刑事政策,结合案件的具体情况,对其判处死刑缓期两年执行依法减为无期徒刑后,采取终身监禁的措施,不得减刑、假释。在立法上保留死刑的同时,司法实践中严格控制和慎重适用死刑的情况下,这一规定有利于体现罪刑相适应的刑法原则、维护司法公正,符合宽严相济的刑事政策。

事实上,我国《刑法》规定的无期徒刑的本意即有终身监禁的含义,与国外规定的终身监禁大体相当。考虑到反腐斗争的实际需要和解决司法实践中存在的问题,加大惩治腐败的力度,《刑法修正案(九)》对一些重特大贪污犯罪分子,罪行特别严重,又没有判处死刑立即执行的,在判处死刑缓期执行两年期满依法减为无期徒刑后,明确予以终身监禁,不得减刑、假释。

【相关规定】

《最高人民法院、最高人民检察院关于办理贪污贿赂刑事案件适用法律若干问题的解释》

第一条　贪污或者受贿数额在三万元以上不满二十万元的,应当认定为刑法第三百八十三条第一款规定的"数额较大",依法判处三年以下有期徒刑或者拘役,并处罚金。

贪污数额在一万元以上不满三万元,具有下列情形之一的,应当认定为刑法第三百八十三条第一款规定的"其他较重情节",依法判处三年以下有期徒刑或者拘役,并处罚金:

(一)贪污救灾、抢险、防汛、优抚、扶贫、移民、救济、防疫、社会捐助等特定款物的;

(二)曾因贪污、受贿、挪用公款受过党纪、行政处分的;

(三)曾因故意犯罪受过刑事追究的;

(四)赃款赃物用于非法活动的;

(五)拒不交待赃款赃物去向或者拒不配合追缴工作,致使无法追缴的;

(六)造成恶劣影响或者其他严重后果的。

受贿数额在一万元以上不满三万元,具有前款第二项至第六项规定的情形之一,或者具有下列情形之一的,应当认定为刑法第三百八十三条第一款规定的"其他较重情节",依法判处三年以下有期徒刑或者拘役,并处罚金:

(一)多次索贿的;

(二)为他人谋取不正当利益,致使公共财产、国家和人民利益遭受损失的;

(三)为他人谋取职务提拔、调整的。

第二条　贪污或者受贿数额在二十万元以上不满三百万元的,应当认定为刑法第三百八十三条第一款规定的"数额巨大",依法判处三年以上十年以下有期徒刑,并处罚金或者没收财产。

贪污数额在十万元以上不满二十万元,具有本解释第一条第二款规定的情形之一的,应当认定为刑法第三百八十三条第一款规定的"其他严重情节",依法判处三年以上十年以下有期徒刑,并处罚金或者没收财产。

受贿数额在十万元以上不满二十万元,具有本解释第一条第三款规定的情形之一的,应当认定为刑法第三百八十三条第一款规定的"其他严重情节",依法判处三年以上十年以下有期徒刑,并处罚金或者没收财产。

第三条 贪污或者受贿数额在三百万元以上的,应当认定为刑法第三百八十三条第一款规定的"数额特别巨大",依法判处十年以上有期徒刑、无期徒刑或者死刑,并处罚金或者没收财产。

贪污数额在一百五十万元以上不满三百万元,具有本解释第一条第二款规定的情形之一的,应当认定为刑法第三百八十三条第一款规定的"其他特别严重情节",依法判处十年以上有期徒刑、无期徒刑或者死刑,并处罚金或者没收财产。

受贿数额在一百五十万元以上不满三百万元,具有本解释第一条第三款规定的情形之一的,应当认定为刑法第三百八十三条第一款规定的"其他特别严重情节",依法判处十年以上有期徒刑、无期徒刑或者死刑,并处罚金或者没收财产。

第四条 贪污、受贿数额特别巨大,犯罪情节特别严重、社会影响特别恶劣、给国家和人民利益造成特别重大损失的,可以判处死刑。

符合前款规定的情形,但具有自首,立功,如实供述自己罪行、真诚悔罪、积极退赃,或者避免、减少损害结果的发生等情节,不是必须立即执行的,可以判处死刑缓期二年执行。

符合第一款规定情形的,根据犯罪情节等情况可以判处死刑缓期二年执行,同时裁判决定在其死刑缓期执行二年期满依法减为无期徒刑后,终身监禁,不得减刑、假释。

第十六条 国家工作人员出于贪污、受贿的故意,非法占有公共财物、收受他人财物之后,将赃款赃物用于单位公务支出或者社会捐赠的,不影响贪污罪、受贿罪的认定,但量刑时可以酌情考虑。

特定关系人索取、收受他人财物,国家工作人员知道后未退还或者上交的,应当认定国家工作人员具有受贿故意。

第十九条第一款　对贪污罪、受贿罪判处三年以下有期徒刑或者拘役的,应当并处十万元以上五十万元以下的罚金;判处三年以上十年以下有期徒刑的,应当并处二十万元以上犯罪数额二倍以下的罚金或者没收财产;判处十年以上有期徒刑或者无期徒刑的,应当并处五十万元以上犯罪数额二倍以下的罚金或者没收财产。

四十五、将刑法第三百九十条修改为:"对犯行贿罪的,处五年以下有期徒刑或者拘役,并处罚金;因行贿谋取不正当利益,情节严重的,或者使国家利益遭受重大损失的,处五年以上十年以下有期徒刑,并处罚金;情节特别严重的,或者使国家利益遭受特别重大损失的,处十年以上有期徒刑或者无期徒刑,并处罚金或者没收财产。

"行贿人在被追诉前主动交待行贿行为的,可以从轻或者减轻处罚。其中,犯罪较轻的,对侦破重大案件起关键作用的,或者有重大立功表现的,可以减轻或者免除处罚。"

【说明】

本条共分两款。

第1款是关于行贿罪量刑标准的规定。本款规定了三个量刑档次:一是对犯一般行贿罪的,处5年以下有期徒刑或者拘役,并处罚金;二是因行贿谋取不正当利益,情节严重的,或者使国家利益遭受重大损失的,处5年以上10年以下有期徒刑,并处罚金;三是情节特别严重的,或者使国家利益遭受特别重大损失的,处10年以上有期徒刑或者无期徒刑,并处罚金或者没收财产。关于"谋取不正当利益",2012年12月26日发布的《最高人民法院、最高人民检察院关于办理行贿刑事案件具体应用法律若干问题的解释》第12条规定,"谋取不正当利益",是指行贿人谋取的利益违反法律、法规、规章、政策规定,或者要求国家工作人员违反法律、法规、规章、政策、行业规范的规定,为自己提供帮助或者方便条件。违背公平、公正原则,在经济、组织人事管理等活动中,谋取竞争优势的,应当认定为"谋取不正当利益"。关于"情节严重""情节特别严重"的标准,以及对"使国家利益遭受重大损失""使国家利益遭受特别重大损失"的认定,《最高人民法院、最高人民检察院关于办理行贿刑事案件具体应用法律若干问题的解释》对此作了规定。该解释第1条规定:"为谋取不正当利益,向国家工作人员行贿,数额在一万元以上的,应当依照刑法第三百九十条的规定追究刑事责任。"第2条规定:"因行贿谋取不正当利益,具有下列情形之一的,应当认定为刑法第三百九十条第一款规定的'情节严重':(一)行贿数额在二十万元以上不满一百万元的;(二)行贿数额在十万元以上不满二十万元,并具有下列情形之一的:1.向三人以上行贿的;2.将违法所得用于行贿的;3.为实施违法犯罪活动,向负有食品、药品、安全生产、环境保护等监督管理职责的国家工作人员行贿,严重危害民生、侵犯公众生命财产安全的;4.向行政执法机关、司法机关的国家工作人员行贿,影响行政执法和司法公正的;(三)其他情节严重的情形。"第3条规定:"因行贿谋取不正当利益,造成直接经济损失数额在一百万元以上的,应当认定为刑法第三百九十条第一款规定的'使国家利益遭受重大损失'。"第4条规定:"因行贿谋取不正当利益,具有下列情形之一的,应当认定为刑法第三百九十条第一款规定的'情节特别严重':(一)行贿数额在一百万元以上的;(二)行贿数额在五十万元以上不满一百万元,并具有下列情形之一的:1.向三人以上行贿的;2.将违法所得用于行贿的;3.为实施违法犯罪活动,向负有食品、药品、安全生产、环境保护等监督管理职责的国家工作人员行贿,严重危害民生、侵犯公众生命财产安全的;4.向行政执法机关、司法机关的国家工作人员行贿,影响行政执法和司法公正的;(三)造成直接经济损失数额在五百万元以上的;(四)其他情节特别严重的情形。"

第2款是对行贿人主动交待行贿行为从宽处理的特别规定。为了分化瓦解贿赂犯罪分子,严厉惩治受贿犯罪,本款对行贿人主动交待行贿行为从宽处理的条件作了特别规定:"行贿人在被追诉前主动交待行贿行为的,可以从轻或者减轻处罚。其中,犯罪较轻的,对侦破重大案件起关键作用的,或者有重大立功表现的,可以减轻或者免除处罚。"由于贿赂犯罪隐蔽性很强,取证难度较大,行贿人主动交待行贿行为,实际上是对受贿人的揭发检举,属于立功表现。根据本款规定,只要行贿人在被追诉前主动交待行贿行为的,就可以从轻或者减轻处罚。这一规定与《刑法》第 68 条关于犯罪分子有揭发他人犯罪行为,查证属实的,或者提供重要线索,从而得以侦破其他案件等立功表现的,可以从轻或者减轻处罚的规定基本一致。这里所说的"被追诉前",是指检察机关对行贿人的行贿行为刑事立案前。根据本款规定,可以对行贿人减轻或者免除处罚的首要条件是行贿人在被追诉前主动交待行贿行为,在此前提下,符合以下三个条件之一的,即可以对行贿人减轻或者免除处罚:一是犯罪情节较轻的。如犯罪数额较少,行贿行为没有造成严重后果,偶犯、初犯等。二是对侦破重大案件起关键作用的。实践中,揭发检举他人的犯罪行为或者提供重要线索,使得其他案件得以破获的才算立功。但行贿犯罪有自己的特点,行贿人主动交待行贿行为,实际与立功的作用相近,所以,这里明确,只要是行贿人主动交待行贿行为,并且对侦破重大案件起关键作用的,就可以对行贿人减轻或者免除处罚。但执行中什么是关键作用、哪些属于重大案件,司法机关应严格掌握,可以在总结实践经验的基础上,通过司法解释明确,防止放纵行贿人,造成新的对行贿犯罪惩治不力的情况。三是有重大立功表现的。这里所说的"重大立功表现",是指《刑法》第 78 条所列的重大立功表现之一,即阻止他人重大犯罪活动的;检举监狱内外重大犯罪活动,经查证属实的;有发明创造或者重大技术革新的;在日常生产、生活中舍己救人的;在抗御自然灾害或者排除重大事故中,有突出表现的;对国家和社会有其他重大贡献的。

在《刑法修正案(九)》草案的起草和征求意见过程中,也有人担心,本条对《刑法》第 390 条第 2 款规定的修改,会增加对受贿等职务犯罪的侦办难度,甚至会促使行贿人与受贿人达成攻守同盟,不利于惩治腐败犯罪。考虑到为减少和遏制行贿犯罪,推进惩治和预防腐败体系建设,有必要加大对行贿犯罪的惩处力度,解决司法实践中出现的对行贿犯罪失之于宽的情况;且本条第2款对行贿人从宽处理的规定与《刑法》总则关于自首、立功的规定相比,适用的条件宽,可以起到分化瓦解贿赂犯罪分子的作用。同时,实践中,办案机关应逐步提高侦破能力,以改变目前侦破受贿犯罪主要依靠行贿人揭发的侦破模式。根据《刑事诉讼法》第148条第2款的规定,检察机关对重大的贪污贿赂案件,可以根据侦查案件的实际需要,经过严格的批准手续,采取技术侦查措施。《刑事诉讼法》的这一规定,可在一定程度上改善侦破重大贿赂案件手段不足的问题。

【立法理由】

《刑法修正案(九)》对《刑法》原第390条作了两处重要修改:一是对行贿罪增加规定罚金刑;二是进一步严格对行贿罪从宽处罚的条件,将《刑法》原第390条规定的"可以减轻处罚或者免除处罚"修改为"行贿人在被追诉前主动交待行贿行为的,可以从轻或者减轻处罚。其中,犯罪较轻的,对侦破重大案件起关键作用的,或者有重大立功表现的,可以减轻或者免除处罚"。

随着反腐斗争的深入,社会上,特别是专家学者和司法实践部门对行贿犯罪危害的认识不断加深,认为以受贿犯罪作为惩治贿赂犯罪重点是必要的,但从防止滋生、助长腐败犯罪的角度考虑,也不能忽视对行贿犯罪的惩治。司法实践中一些地方存在对行贿犯罪处罚偏轻的情况,不利于惩治腐败犯罪,要求适度加大对行贿犯罪惩治力度的呼声也越来越高。党的十八大以来,党中央进一步加大反腐败力度,并对严惩行贿犯罪作出明确部署和要求,从源头上遏制和预防贿赂犯罪。行贿犯罪败坏社会风气,侵蚀干部队伍,严重破坏市场经济秩序,妨碍公平竞争,加大对行贿犯罪的惩治力度,是加大惩治和预防腐败犯罪,维护广大人民群众切身利益的需要。

1997年《刑法》第390条规定了对行贿犯罪的处罚,但在司法实践中遇到一些问题:一是对行贿案件追究刑事责任的偏少。贿赂犯罪人员属对合犯,既有受贿犯罪必有行贿行为。但与受贿案件相比,行贿案件的刑事追诉数量较少。二是对行贿犯罪人员适用免予刑事处罚和缓刑的比例较高。三是对行贿犯罪人员适用重刑的比例很小。

各方面认为,产生这些问题的主要原因是:

第一,对行贿违法犯罪的危害性缺乏深刻认识。受不正之风的影响,行贿现象大量存在,已成为一些单位、个人办理业务或争取权益时的潜规则、润滑剂。社会公众对这种现象普遍反感,但往往只痛恨官员受贿,忽视行贿的危害,甚至认为行贿者本人也是受害者。实践中,一些办案机关也是把工作重点放在惩治受贿犯罪上,相对忽视了对行贿案件的追究,以致《刑法》规定的惩治行贿犯罪的手段没有用足,影响了对行贿犯罪的惩治力度。

第二,为重点惩治受贿犯罪,对行贿犯罪从宽处理。实践中,办案机关为了获取受贿案件的证据,往往重点从行贿者方面获取证词,为了突破案件,通常依据原《刑法》第390条第2款关于"行贿人在被追诉前主动交待行贿行为的,可以减轻处罚或者免除处罚"的规定作出从轻处理的承诺,解除行贿人的后顾之忧,以得到受贿人犯罪的证据。很多行贿人因为主动揭发受贿犯罪,被免予刑事处罚或适用缓刑。这也在一定程度上影响了对行贿行为的惩处。

第三,行贿案件调查取证较为困难。贿赂犯罪通常是"一对一"进行,较为隐蔽,物证、书证少,实践中,办案机关往往倚重口供等言词证据。由于言词证据具有易变、不稳定的特点,如果当事人的口供发生变化,又没有其他证据予以证明的情况下,就很难再追究其刑事责任。而行贿人流动性大,难以查找和控制,也加大了行贿案件的调查取证难度。

第四,《刑法》规定行贿罪以"谋取不正当利益"为构成要件,实践中如何认定,存在不同认识,影响对行贿犯罪的惩处,需要统一认识。有人认为,《刑法》第389条第1款规定:"为谋取不正当利益,给予国家工作人员以财物的,是行贿罪。"这样规定,充分考虑了实际情况,有利于缩小打击面,也有利于分化瓦解贿赂犯罪分子,重点惩治受贿犯罪活动。但是,对于"不正当利益"的含义、范围一直存在争议。实践中不断出现新的行贿方式,如没有明确请托事项的送礼、长期的"感情投资"等,因无法查证行贿人是否"为谋取不正当利益"而无法定罪处罚,影响了对行贿罪的定性和追究。

第五,《刑法》对行贿罪规定的财产刑需要进一步完善。《刑法》第390条只对犯行贿罪,"情节特别严重的"规定可以并处没收财产,对其他行贿犯罪,没有规定财产刑。

针对司法实践中存在的上述问题,《刑法修正案(九)》对《刑法》第390条作出修改。考虑到实践中行贿人行贿多是为了谋取经济上的好处,但《刑法》对行贿罪的处罚中缺乏经济方面的制裁,《刑法修正案(九)》完善了行贿犯罪财产刑的规定,对行贿罪增加规定罚金刑,形成对行贿犯罪惩处的综合手段,不使行贿犯罪分子在经济上得到好处,从而剥夺其再犯罪的经济能力;从严掌握对行贿罪的从宽处罚条件,将《刑法》第390条第2款关于行贿人在被追诉前主动交待行贿行为的,可以减轻处罚或者免除处罚,修改为"行贿人在被追诉前主动交待行贿行为的,可以从轻或者减轻处罚。其中,犯罪较轻的,对侦破重大案件起关键作用的,或者有重大立功表现的,可以减轻或者免除处罚",以纠正实践中出现的对行贿犯罪免予刑事处罚和缓刑比例过高等问题,切实加强对行贿犯罪的惩治力度。

【相关规定】

《最高人民法院、最高人民检察院关于办理贪污贿赂刑事案件适用法律若干问题的解释》

第七条 为谋取不正当利益,向国家工作人员行贿,数额在三万元以上的,应当依照刑法第三百九十条的规定以行贿罪追究刑事责任。

行贿数额在一万元以上不满三万元,具有下列情形之一的,应当依照刑法第三百九十条的规定以行贿罪追究刑事责任:

(一)向三人以上行贿的;

(二)将违法所得用于行贿的;

(三)通过行贿谋取职务提拔、调整的;

(四)向负有食品、药品、安全生产、环境保护等监督管理职责的国家工作人员行贿,实施非法活动的;

(五)向司法工作人员行贿,影响司法公正的;

(六)造成经济损失数额在五十万元以上不满一百万元的。

第八条　犯行贿罪,具有下列情形之一的,应当认定为刑法第三百九十条第一款规定的"情节严重":

(一)行贿数额在一百万元以上不满五百万元的;

(二)行贿数额在五十万元以上不满一百万元,并具有本解释第七条第二款第一项至第五项规定的情形之一的;

(三)其他严重的情节。

为谋取不正当利益,向国家工作人员行贿,造成经济损失数额在一百万元以上不满五百万元的,应当认定为刑法第三百九十条第一款规定的"使国家利益遭受重大损失"。

第九条　犯行贿罪,具有下列情形之一的,应当认定为刑法第三百九十条第一款规定的"情节特别严重":

(一)行贿数额在五百万元以上的;

(二)行贿数额在二百五十万元以上不满五百万元,并具有本解释第七条第二款第一项至第五项规定的情形之一的;

(三)其他特别严重的情节。

为谋取不正当利益,向国家工作人员行贿,造成经济损失数额在五百万元以上的,应当认定为刑法第三百九十条第一款规定的"使国家利益遭受特别重大损失"。

第十四条　根据行贿犯罪的事实、情节,可能被判处三年有期徒刑以下刑罚的,可以认定为刑法第三百九十条第二款规定的"犯罪较轻"。

根据犯罪的事实、情节,已经或者可能被判处十年有期徒刑以上刑罚的,或者案件在本省、自治区、直辖市或者全国范围内有较大影响的,可以认定为刑法第三百九十条第二款规定的"重大案件"。

具有下列情形之一的,可以认定为刑法第三百九十条第二款规定的"对侦破重大案件起关键作用":

(一)主动交待办案机关未掌握的重大案件线索的;

(二)主动交待的犯罪线索不属于重大案件的线索,但该线索对于重大案件侦破有重要作用的;

(三)主动交待行贿事实,对于重大案件的证据收集有重要作用的;

(四)主动交待行贿事实,对于重大案件的追逃、追赃有重要作用的。

《最高人民法院、最高人民检察院关于办理行贿刑事案件具体应用法律若干问题的解释》

第十三条 刑法第三百九十条第二款规定的"被追诉前",是指检察机关对行贿人的行贿行为刑事立案前。

四十六、在刑法第三百九十条后增加一条,作为第三百九十条之一:"为谋取不正当利益,向国家工作人员的近亲属或者其他与该国家工作人员关系密切的人,或者向离职的国家工作人员或者其近亲属以及其他与其关系密切的人行贿的,处三年以下有期徒刑或者拘役,并处罚金;情节严重的,或者使国家利益遭受重大损失的,处三年以上七年以下有期徒刑,并处罚金;情节特别严重的,或者使国家利益遭受特别重大损失的,处七年以上十年以下有期徒刑,并处罚金。

"单位犯前款罪的,对单位判处罚金,并对其直接负责的主管人员和其他直接责任人员,处三年以下有期徒刑或者拘役,并处罚金。"

【说明】

本条共分两款。

第1款是关于向国家工作人员的近亲属及其关系密切的等有影响力的人行贿及其处罚的规定。本款规定的行贿犯罪主体是一般主体，行贿的对象有五类：第一类是国家工作人员的近亲属；第二类是与该国家工作人员关系密切的人；第三类是离职的国家工作人员；第四类是离职的国家工作人员的近亲属；第五类是其他与离职的国家工作人员关系密切的人。将向这五类人员行贿增加规定为犯罪，主要考虑到他们与国家工作人员有着血缘关系、亲属关系，虽然有的不是亲属关系，但彼此是同学、战友、老部下、老上级或是有着某种共同的利益关系，或是过从甚密，具有足够的影响力。所以，向上述人员行贿的行为应当受到刑事处罚。这里所说的"近亲属"主要是指夫、妻、父、母、子、女、同胞兄弟姐妹、祖父母、外祖父母、孙子女、外孙子女。这里所说的"谋取不正当利益"，是指根据法律及有关政策规定不应得到的利益。这里所说的"离职的国家工作人员"，是指曾经是国家工作人员，但目前的状态是已离开工作岗位，包括离休、退休、辞职、辞退等情况。至于"关系密切的人"具体指哪些人，可由司法机关根据案件的具体情况确定，也可由司法机关依法作出司法解释。本款规定的犯罪是行为犯，根据本款规定，为谋取不正当利益，向上述人员行贿的，处3年以下有期徒刑或者拘役，并处罚金；对于情节严重的或者使国家利益遭受重大损失的，处3年以上7年以下有期徒刑，并处罚金；对于情节特别严重或者使国家利益遭受特别重大损失的，处7年以上10年以下有期徒刑，并处罚金。对于本款规定的"情节严重的，或者使国家利益遭受重大损失的"和"情节特别严重的，或者使国家利益遭受特别重大损失的"，是两个条件具备其中之一即可分别构成第二档和第三档刑罚。

第2款是关于单位向第1款所规定的人员行贿的犯罪及其处罚的规定。

本款规定的"单位"包括任何形式的单位。根据本款规定，单位犯前款罪的,对单位判处罚金,并对其直接负责的主管人员和其他直接责任人员,处3年以下有期徒刑或者拘役,并处罚金。

需要注意的是,《刑法修正案(九)》已对《刑法》第390条规定的行贿犯罪作了修改。在对行贿犯罪给予严厉惩处的同时,对行贿人在被追诉前主动交待行贿行为的,规定可以从轻或者减轻处罚。其中,犯罪较轻的,对侦破重大案件起关键作用的,或者有重大立功表现的,可以减轻或者免除处罚。这一规定是对一般行贿犯罪的规定,因此,也应考虑适用《刑法》第390条第2款的从宽处罚的规定精神,以体现我国宽严相济的刑事政策。

【立法理由】

2009年《刑法修正案(七)》根据全国人大代表和有关部门的意见,针对我国司法实践中出现的新情况及《联合国反腐败公约》的要求,为加强党风廉政建议,严惩腐败行为,将利用影响力受贿行为增加规定为犯罪。在《刑法》第388条后增加了一条即第388条之一,将利用影响力受贿的行为规定为犯罪,而没有规定与其相对应的行贿罪。当时考虑到利用影响力受贿行为是一种新的犯罪,无论是司法机关还是社会公众,对这一犯罪需要有一个认识过程,实践中,司法机关对于利用影响力受贿罪所对应的行贿行为,是否要追究刑事责任以及如何追究也有不同的认识,故当时未对这种犯罪所对应的行贿行为作出明确规定。

行贿犯罪既是一种腐败现象,也是违法犯罪行为,是产生受贿犯罪的直接根源,腐蚀性、危害性极大。打击行贿犯罪是国家法律赋予司法机关的重要职责,也是惩治腐败,维护社会主义市场经济秩序和国家机关正常活动、维护我国社会政治稳定的需要。党和政府一贯非常重视对国家工作人员的监督和对职务犯罪的打击和处罚。特别是党的十八大以来,以习近平为总书记的党中央,以刮骨疗毒、壮士断腕的勇气,不断加大反腐败力度,建设廉洁政治。按照党中央的指示精神,司法机关在严肃查处贪污贿赂犯罪的同时,没有放松对行贿行为的查处和打击,查办了一批大肆拉拢、严重腐蚀国家工作人员的行贿犯罪案件,取得了良好的社会效果。但是,当前行贿犯罪现象在一些地方仍然比较严重,各地司法机关打击行贿犯罪的工作开展的也不平衡,有的行贿人没有受到应有的追究和惩处,有些地方对行贿犯罪的危害认识不足,存在有案不立、久侦不结、起诉率较低等问题,还有的以党纪政纪处理代替对行贿犯罪的刑事处罚,在一定程度上存在对行贿犯罪打击不力或者说重打击受贿、轻打击行贿的现象。

近年来,有关部门、人大代表和学者多次提出,有些个人和单位为谋取不正当利益,想方设法拉拢腐蚀在职或者离职的国家工作人员的近亲属或者与国家工作人员关系密切的人,通过国家工作人员的影响力达到自己的非法目的的情况较为严重,这种行为同样败坏党风、政风和社会风气,社会影响比较恶劣。由于《刑法》中对此行为没有规定为犯罪,实践中难以追究,建议将其规定为犯罪。

为全面落实党中央反腐败工作部署,严密惩治行贿犯罪的法网,从源头上遏制和预防贿赂犯罪,依法严肃惩处行贿犯罪,进一步加大对行贿犯罪分子的惩处力度,《刑法修正案(九)》增加了本条,即规定为利用国家工作人员的影响力谋取不正当利益,向在职或者离职的国家工作人员的近亲属及其关系密切的人行贿的犯罪和单位向上述人员行贿的犯罪规定。其主要理由有以下几点:一是根据党的十八届三中全会加强反腐败工作,完善惩治腐败法律规定的要求。二是与《联合国反腐败公约》相衔接。我国已加入和批准的《联合国反腐败公约》第18条规定:"各缔约国均应当考虑采取必要的立法和其他措施,将下列故意实施的行为规定为犯罪:(一)直接或间接向公职人员或者其他任何人员许诺给予、提议给予或者实际给予任何不正当好处,以使其滥用本人的实际影响力或者被认为具有的影响力,为该行为的造意人或者其他任何人从缔约国的行政部门或者公共机关获得不正当好处……"三是行贿和受贿是对合犯罪的交易双方,由于《刑法》第388条之一规定了利用影响力受贿罪,所以本条相应增加了向特定关系人行贿犯罪。将利用影响力受贿的对应行贿行为规定为犯罪,符合我国的实际情况,对严厉惩处受贿行为,遏制贿赂行为的发生,具有重要意义。

【相关规定】

《联合国反腐败公约》

第十八条 影响力交易

各缔约国均应当考虑采取必要的立法和其他措施,将下列故意实施的行为规定为犯罪:

(一)直接或间接向公职人员或者其他任何人员许诺给予、提议给予或者实际给予任何不正当好处,以使其滥用本人的实际影响力或者被认为具有的影响力,为该行为的造意人或者其他任何人从缔约国的行政部门或者公共机关获得不正当好处;

……

《中华人民共和国刑法》

第三百九十条第二款 行贿人在被追诉前主动交待行贿行为的,可以从轻或者减轻处罚。其中,犯罪较轻的,对侦破重大案件起关键作用的,或者有重大立功表现的,可以减轻或者免除处罚。

四十七、将刑法第三百九十一条第一款修改为:"为谋取不正当利益,给予国家机关、国有公司、企业、事业单位、人民团体以财物的,或者在经济往来中,违反国家规定,给予各种名义的回扣、手续费的,处三年以下有期徒刑或者拘役,并处罚金。"

【说明】

修改后的《刑法》第391条规定:"为谋取不正当利益,给予国家机关、国有公司、企业、事业单位、人民团体以财物的,或者在经济往来中,违反国家规定,给予各种名义的回扣、手续费的,处三年以下有期徒刑或者拘役,并处罚金。

单位犯前款罪的,对单位判处罚金,并对其直接负责的主管人员和其他直接责任人员,依照前款的规定处罚。"

修改后的《刑法》第391条共分两款。

第1款是关于个人向单位行贿或给予回扣、手续费及其处罚的规定。

根据本款规定,行贿的对象仅限于国家机关、国有公司、企业、事业单位、人民团体。本款规定的是行为犯,只要行为人实施了向单位行贿或给予回扣、手续费的行为,就构成本罪,处3年以下有期徒刑或者拘役,并处罚金。本款原来没有罚金的规定,此次修改《刑法》增加了这一规定,是在原来处罚的基础上,并处罚金,比原来的处罚更严厉了。为更准确地适用法律,2000年最高人民检察院对关于对单位犯罪的立案标准作了规定。《最高人民检察院关于行贿罪立案标准的规定》"二、对单位行贿案(刑法第三百九十一条)"中规定:"涉嫌下列情形之一的,应予立案:1.个人行贿数额在十万元以上、单位行贿数额在二十万元以上的;2.个人行贿数额不满十万元、单位行贿数额在十万元以上不满二十万元,但具有下列情形之一的:(1)为谋取非法利益而行贿的;(2)向三个以上单位行贿的;(3)向党政机关、司法机关、行政执法机关行贿的;(4)致使国家或者社会利益遭受重大损失的。"

第2款是关于单位行贿罪及其处罚的规定。这里规定的单位包括任何所有制形式的单位。依照本款的规定,单位向国家机关、国有公司、企业、事业单位、人民团体行贿的,对单位判处罚金,并对其直接负责的主管人员和其他直接责任人员,依照前款的规定处3年以下有期徒刑或者拘役,并处罚金。本款虽然在《刑法修正案(九)》中未明确修改,但修改了第1款,增加了"并处罚金"的规定,按照第2款的表述"依照前款的规定处罚",就意味着第2款也作了修改。也就是说,对单位犯罪的个人除判处自由刑外,还要并处罚金,同样,比原来规定的处罚更严厉。

【立法理由】

《刑法修正案(九)》对《刑法》第391条第1款作了修改,即增加了"并处罚金"的规定。《刑法》第391条是1997年修改《刑法》时增加的规定,当时没有对本罪规定罚金刑。近几年,一些人大代表、有关部门和学者提出,贿赂犯罪既是职务性犯罪,也是一种图利性犯罪,在对这类犯罪分子给予惩处的同时,也要给予经济处罚,建议完善财产刑的规定。本条既对个人向单位行贿规定为犯罪,也对单位向单位行贿规定为犯罪,并且都规定了罚金刑,体现了对个人犯罪和单位犯罪惩罚并重的原则。

【相关规定】

《最高人民检察院关于行贿罪立案标准的规定》

二、对单位行贿案(刑法第三百九十一条)

……

涉嫌下列情形之一的,应予立案:

1. 个人行贿数额在十万元以上、单位行贿数额在二十万元以上的;

2. 个人行贿数额不满十万元、单位行贿数额在十万元以上不满二十万元,但具有下列情形之一的:

(1) 为谋取非法利益而行贿的;

(2) 向三个以上单位行贿的;

(3) 向党政机关、司法机关、行政执法机关行贿的;

(4) 致使国家或者社会利益遭受重大损失的。

四十八、将刑法第三百九十二条第一款修改为:"向国家工作人员介绍贿赂,情节严重的,处三年以下有期徒刑或者拘役,并处罚金。"

【说明】

修改后的《刑法》第 392 条规定:"向国家工作人员介绍贿赂,情节严重的,处三年以下有期徒刑或者拘役,并处罚金。

介绍贿赂人在被追诉前主动交待介绍贿赂行为的,可以减轻处罚或者免除处罚。"

修改后的《刑法》第 392 条共分两款。

第 1 款是关于介绍贿赂罪及其刑罚的规定。介绍贿赂罪是指在行贿人和受贿人之间进行联系、沟通、促使贿赂得以实现的犯罪行为。首先,行贿人主观上应当具有向国家工作人员介绍贿赂的故意。如果行为人主观上没有介绍贿赂的故意,即不知道请托人有给付国家工作人员财物的意图,而从中帮忙联系的,即使请托人事实上暗中给予了国家工作人员财物的,该介绍人也不构成介绍贿赂罪。其次,行为人在客观上具有介绍行贿人与受贿人沟通关系,促使行贿实现的行为。构成介绍贿赂罪,必须达到"情节严重"的条件,根据本条规定,构成犯罪的,处 3 年以下有期徒刑或者拘役,并处罚金。为了更准确地适用法律,1999 年最高人民检察院对介绍贿赂犯罪的立案标准作了规定。《最高人民检察院关于人民检察院直接受理立案侦查案件立案标准的规定(试行)》"(七)介绍贿赂案(第三百九十二条)"中规定:"'介绍贿赂'是指在行贿人与受贿人之间沟通关系、撮合条件,使贿赂行为得以实现的行为。涉嫌下列情形之一的,应予立案:1. 介绍个人向国家工作人员行贿,数额在 2 万元以上的;介绍单位向国家工作人员行贿,数额在 20 万元以上的;2. 介绍贿赂数额不满上述标准,但具有下列情形之一的:(1)为使行贿人获取非法利益而介绍贿赂的;(2)3 次以上或者为 3 人以上介绍贿赂的;(3)向党政领导、司法工作人员、行政执法人员介绍贿赂的;(4)致使国家或者社会利益遭受重大损失的。"

第 2 款是对介绍贿赂人在被追诉前主动交待介绍贿赂行为,可以减轻或者免除处罚的规定。介绍贿赂人在被追诉前主动交待介绍贿赂犯罪行为,实际上也检举、揭发了行贿、受贿双方的犯罪行为,对于司法机关收集证据,查明贿赂犯罪事实,惩处贿赂犯罪将起到很重要的作用。因此,本款规定,介绍贿赂人在被追诉前主动交待介绍贿赂行为的,可以减轻处罚或者免除处罚。这里所说的"被追诉前",根据《最高人民法院、最高人民检察院关于办理行贿刑事案件具体应用法律若干问题的解释》第13条的规定是指检察机关对行贿人的行贿行为刑事立案前。本款对介绍贿赂犯罪的从宽处罚规定比《刑法》[第390条第2款即《刑法修正案(九)》第45条第2款]关于行贿犯罪的从宽处罚规定还要宽,也就是说,介绍贿赂人在被追诉前主动交待介绍贿赂行为的,就可以依法减轻或者免除处罚,不需要受其他犯罪较轻等情节的限制。由于介绍贿赂是介于受贿和行贿二者之间的行为,属于牵线搭桥的人,其社会危害性较之直接行贿人轻,所以,法律对介绍贿赂犯罪的处罚规定比行贿犯罪的处罚规定轻。这一规定有利于固定贿赂犯罪的证据链和查处贿赂犯罪,也给介绍贿赂人一个从宽处罚和改过自新的机会。

【立法理由】

《刑法修正案(九)》对《刑法》第392条第1款的修改是增加了"并处罚金"的规定。由于受贿、行贿和介绍贿赂是一个贿赂犯罪链条,行贿犯罪此次增加了并处罚金的规定,介绍贿赂同样需要增加并处罚金。1979年《刑法》第185条将受贿、行贿和介绍贿赂在一条中作了规定,为了有利于法律的执行和对犯罪行为的惩处,1997年修订《刑法》时将受贿、行贿和介绍贿赂分别各条作了规定。当时考虑到介绍贿赂也是形成受贿罪的一个环节,犯罪人在追诉前能够主动交待其他犯罪行为,有利于查处受贿犯罪,所以,增加了一款介绍贿赂人在被追诉前主动交待介绍贿赂行为的,可以减轻处罚或者免除处罚的规定。这样规定,既可以及时惩处受贿犯罪,也给介绍贿赂人改过自新的机会,是我国宽严相济刑事政策的一种体现。

【相关规定】

《最高人民检察院关于人民检察院直接受理立案侦查案件立案标准的规定(试行)》

(七) 介绍贿赂案(第392条)

……

"介绍贿赂"是指在行贿人与受贿人之间沟通关系、撮合条件,使贿赂行为得以实现的行为。

涉嫌下列情形之一的,应予立案:

1. 介绍个人向国家工作人员行贿,数额在2万元以上的;介绍单位向国家工作人员行贿,数额在20万元以上的;

2. 介绍贿赂数额不满上述标准,但具有下列情形之一的:

(1) 为使行贿人获取非法利益而介绍贿赂的;

(2) 3次以上或者为3人以上介绍贿赂的;

(3) 向党政领导、司法工作人员、行政执法人员介绍贿赂的;

(4) 致使国家或者社会利益遭受重大损失的。

《最高人民法院、最高人民检察院关于办理行贿刑事案件具体应用法律若干问题的解释》

第十三条 刑法第三百九十条第二款规定的"被追诉前",是指检察机关对行贿人的行贿行为刑事立案前。

四十九、将刑法第三百九十三条修改为:"单位为谋取不正当利益而行贿,或者违反国家规定,给予国家工作人员以回扣、手续费,情节严重的,对单位判处罚金,并对其直接负责的主管人员和其他直接责任人员,处五年以下有期徒刑或者拘役,并处罚金。因行贿取得的违法所得归个人所有的,依照本法第三百八十九条、第三百九十条的规定定罪处罚。"

【说明】

本条有两层意思：

第一层意思是关于单位犯行贿罪的如何处罚。根据本条的规定,这一犯罪的主体是单位,具体包括公司、企业、事业单位、机关、团体。在行为上主要表现为单位为谋取不正当利益而行贿,或者违反国家规定,给予国家工作人员以回扣、手续费,情节严重的行为。这里所说的"违反国家规定"给予回扣、手续费,是指故意违反国家有关主管机关的禁止性规定或规章制度在账外暗中给予回扣、手续费。"情节严重"主要是指行贿或者给予回扣、手续费多次多人或数额较大,或者给国家利益造成严重损失等。

考虑到单位行贿的直接责任人员是为单位利益或者受单位指使,实施了行贿行为,获得的不正当利益也未归其本人所有,因此,对其规定了相对自然人行贿较轻的刑罚。本条规定的"情节严重"是构成本罪的必要条件。根据本条规定,单位犯行贿罪的,对单位判处罚金,并对其直接负责的主管人员和其他直接责任人员,处5年以下有期徒刑或者拘役,并处罚金。为了更准确地适用法律,2000年最高人民检察院对单位行贿犯罪的立案标准作了规定。《最高人民检察院关于行贿罪立案标准的规定》"三、单位行贿案（刑法第三百九十三条）"中规定:"涉嫌下列情形之一的,应予立案:1. 单位行贿数额在二十万元以上的;2. 单位为谋取不正当利益而行贿,数额在十万元以上不满二十万元,但具有下列情形之一的:（1）为谋取非法利益而行贿的;（2）向三人以上行贿的;（3）向党政领导、司法工作人员、行政执法人员行贿的;（4）致使国家或者社会利益遭受重大损失的。因行贿取得的违法所得归个人所有的,依照本规定关于个人行贿的规定立案,追究其刑事责任。"

第二层意思是如果单位行贿的直接负责的主管人员和其他直接责任人员将单位行贿而获得的违法所得归个人所有的,即以单位名义行贿,实际上将得到的不正当利益中饱私囊的,实质上就是个人行贿行为,根据本条规定,应对直接负责的主管人员和其他直接责任人员依照《刑法》第389条、第390条有关行贿罪的规定定罪处罚。对直接负责的主管人员和其他直接责任人员不是按单位犯罪处罚,而是按个人行贿罪处罚,即最高法定刑可处无期徒刑。

【立法理由】

本条规定是1988年《全国人民代表大会常务委员会关于惩治贪污罪贿赂罪的补充规定》中规定的内容,1997年修改《刑法》略作修改后将其纳入《刑法》。《刑法修正案(九)》对本条的修改是增加了"并处罚金"的规定。此次修改《刑法》对个人行贿犯罪和单位行贿犯罪以及介绍贿赂犯罪都增加并处罚金的规定,加大了对行贿犯罪的惩处力度,使犯罪分子在受到人身处罚的同时,在经济上也得不到好处,对于遏制贿赂犯罪的发生和惩处贿赂犯罪具有重要意义。既符合中央反腐败的精神,也符合我国的实际情况,同时也是民众意愿在法律中的充分体现。

【相关规定】

《最高人民检察院关于行贿罪立案标准的规定》

三、单位行贿案(刑法第三百九十三条)

……

涉嫌下列情形之一的,应予立案:

1. 单位行贿数额在二十万元以上的;

2. 单位为谋取不正当利益而行贿,数额在十万元以上不满二十万元,但具有下列情形之一的:

(1)为谋取非法利益而行贿的;

(2)向三人以上行贿的;

(3)向党政领导、司法工作人员、行政执法人员行贿的;

(4)致使国家或者社会利益遭受重大损失的。

因行贿取得的违法所得归个人所有的,依照本规定关于个人行贿的规定立案,追究其刑事责任。

五十、将刑法第四百二十六条修改为:"**以暴力、威胁方法,阻碍指挥人员或者值班、值勤人员执行职务的,处五年以下有期徒刑或者拘役;情节严重的,处五年以上十年以下有期徒刑;情节特别严重的,处十年以上有期徒刑或者无期徒刑。战时从重处罚。**"

【说明】

构成本条规定的犯罪应当具备以下条件:

(1)行为人实施了阻碍指挥人员或者值班、值勤人员执行职务的行为。本条中规定的"阻碍执行职务",是指行为人故意以暴力或者威胁的方法阻挠、妨碍指挥人员或者值班、值勤人员依法执行职务的行为。"执行职务"应是指挥、值班、执勤人员正在履行的特定职责。指挥人员和值班、值勤人员一般都负有重要、专门的职责,保证他们能正常执行职务,对于国防建设、国防安全都是非常重要的。阻碍指挥人员或者值班、值勤人员执行职务,不仅侵害了他们的人身权利,更重要的是使他们无法正常执行职务,对国家的国防利益和军事利益造成危害。

(2)必须是以暴力或者威胁的方法阻碍执行职务。这里规定的"暴力",是指对指挥人员或者值班、值勤人员实施殴打、捆绑等严重人身侵害行为。这里规定的"威胁",是指以将要对指挥人员或者值班、值勤人员的人身、财产等切身利益造成危害的方法,影响、迫使指挥人员或者值班、值勤人员形成精神方面的强制,使其不能也不敢正常执行职务的行为。

根据本条的规定,对于以暴力、威胁方法,阻碍指挥人员或者值班、值勤人员执行职务的,处5年以下有期徒刑或者拘役;情节严重的,处5年以上10年以下有期徒刑;情节特别严重的,处10年以上有期徒刑或者无期徒刑。这里规定的"情节严重",是指使用武器阻碍指挥人员或者值班、值勤人员执行职务的,纠集多人阻碍执行职务的,以及其阻碍执行职务的行为给军事利益造成重大损失的等情况。这里规定的"情节特别严重的",是指阻碍执行职务造成军事利益重大损失的,聚众使用武器暴力阻碍执行职务的等情况。

　　本条规定对战时犯本罪的,从重处罚。在战时,阻碍指挥人员或者值班、值勤人员执行职务的行为的危害性比平时相对要大,对军事利益造成的危害也相对较大,必须从重处罚。

【立法理由】

　　《刑法修正案(九)》对《刑法》原第426条作了修改,主要是取消了阻碍执行军事职务罪的死刑。党的十八届三中全会提出,"逐步减少适用死刑罪名"。中央关于深化司法体制和社会体制改革的任务也要求,完善死刑法律规定,逐步减少适用死刑的罪名。这次取消阻碍执行军事职务罪死刑,主要是考虑到:一是本罪与《刑法》第368条规定的阻碍军人执行职务罪、阻碍军事行动罪相比没有本质上的区别,而刑罚设置上相差太大,不够平衡。从犯罪对象上看,本罪与阻碍军人执行职务罪没有本质区别,后者侵犯的是军人执行职务的行为;与阻碍军事行动罪相比,本罪侵犯的是指挥、值班、值勤秩序,后者侵犯的是部队的军事行动,略有不同,但性质相近。从刑罚设置上看,阻碍军人执行职务罪的最高法定刑为3年有期徒刑,阻碍军事行动罪的最高法定刑为5年有期徒刑,而本罪的最高法定刑为死刑,差距明显过大。二是本罪与《刑法》第十章"军人违反职责罪"中规定的许多犯罪相比,不具有罪行极其严重应当适用死刑的程度。《刑法》第十章规定的许多犯罪都可能直接或间接导致作战失利,本罪的目的是阻碍执行军事职务,并不是积极追求作战失利,造成的后果是指挥人员或值班、值勤人员无法正常履行职责。在健全的军事指挥体系和值班制度下,因阻碍执行职务直接导致作战失利的情形难以出现,即使间接导致作战失利,其罪责也达不到必须适用死刑的程度。此外,阻碍执行军事职务罪,实践中极少适用死刑,取消死刑后,最高可以判处无期徒刑。取消了以暴力方法阻碍执行军事职务并造成人身伤亡犯罪的死刑,仍保留了故意杀人罪、故意伤害罪的死刑。实践中,如有暴力阻碍执行军事职务,情节特别恶劣,确需判处死刑的,还可以根据案件情况,依照《刑法》故意杀人罪、故意伤害罪的规定判处。

【相关规定】

《军人违反职责罪案件立案标准的规定》

第七条　阻碍执行军事职务案(刑法第四百二十六条)

阻碍执行军事职务罪是指以暴力、威胁方法,阻碍指挥人员或者值班、值勤人员执行职务的行为。

凡涉嫌阻碍执行军事职务的,应予立案。

五十一、将刑法第四百三十三条修改为:"战时造谣惑众,动摇军心的,处三年以下有期徒刑;情节严重的,处三年以上十年以下有期徒刑;情节特别严重的,处十年以上有期徒刑或者无期徒刑。"

【说明】

构成本条规定的犯罪应当具备下列条件:

(1)行为人实施了造谣惑众、动摇军心的行为。这里规定的"造谣惑众",是指在战时,行为人捏造事实,制造谎言,并在部队中散布谣言以迷惑他人的行为。这里规定的"动摇军心",是指行为人通过造谣惑众,造成部队情绪恐慌、士气不振、军心涣散、思想不稳定的行为。散布谣言的方式,可以是在公开场合散布,也可以是在私下向多人传播,可以是口头散布,也可以通过文字、图像、计算机网络或其他途径散布。

(2)这种行为必须发生在战时。何时为"战时",《刑法》第451条进行了规定。战时造谣惑众、动摇军心的行为,在客观上起着帮助敌人,削弱我军战斗力的作用,影响部队的作战,严重危害军事利益,必须依法惩处。

(3)行为人造谣惑众的行为足以动摇军心或者已造成军心动

摇。对于在部队中发牢骚、讲怪话,甚至也散布了谎言,但没有动摇军心,也不足以动摇军心的,不能构成本罪,应当加以批评制止。

根据本条规定,战时造谣惑众,动摇军心的,处3年以下有期徒刑;情节严重的,处3年以上10年以下有期徒刑;情节特别严重的,处10年以上有期徒刑或者无期徒刑。这里规定的"情节严重",主要是指谣言煽动性大,对作战或者军事行动造成危害的,在紧急关头或者危急时刻造谣惑众的等情况。这里规定的"情节特别严重",主要是指造谣惑众造成部队军心涣散,部队怯战、厌战或者引起其他严重后果等情况。

【立法理由】

《刑法修正案(九)》对《刑法》原第433条作了修改,主要是取消了战时造谣惑众罪的死刑。考虑到战时造谣惑众罪适用死刑的条件是勾结敌人造谣惑众,而战时勾结敌人造谣惑众,动摇军心的性质是投敌叛变,行为人主观上有投敌变节的故意,客观上实施了为敌效劳的叛变行为,可以《刑法》第108条投敌叛变罪论处。此外,取消死刑后,本罪的最高刑罚为无期徒刑,与《刑法》第378条规定的战时造谣扰乱军心罪最高刑罚为10年有期徒刑相比,仍能够体现军法从严的精神。

【相关规定】

《军人违反职责罪案件立案标准的规定》

第十六条　战时造谣惑众案(刑法第四百三十三条)

战时造谣惑众罪是指在战时造谣惑众,动摇军心的行为。

造谣惑众,动摇军心,是指故意编造、散布谣言,煽动怯战、厌战或者恐怖情绪,蛊惑官兵,造成或者足以造成部队情绪恐慌、士气不振、军心涣散的行为。

凡战时涉嫌造谣惑众,动摇军心的,应予立案。

五十二、本修正案自 2015 年 11 月 1 日起施行。

【说明】

根据本条规定,《刑法修正案(九)》自 2015 年 11 月 1 日起施行。《刑法修正案(九)》是 2015 年 8 月 29 日由十二届全国人民代表大会常务委员会第十六次会议通过的,其施行时间为 2015 年 11 月 1 日。在司法实践中,对于《刑法修正案(九)》所涉及的条文,应当依照《刑法》第 12 条关于刑法溯及力的规定和相关条文的修改生效日期来确定法律适用问题。

2015 年 10 月 29 日,最高人民法院颁布了《关于〈中华人民共和国刑法修正案(九)〉时间效力问题的解释》,就人民法院 2015 年 11 月 1 日以后审理刑事案件具体适用刑法的有关问题作了具体的规定,根据该解释:

(1) 对于 2015 年 10 月 31 日以前因利用职业便利实施犯罪,或者实施违背职业要求的特定义务的犯罪的,不适用修正后《刑法》第 37 条之一第 1 款的规定。其他法律、行政法规另有规定的,从其规定。

(2) 对于被判处死刑缓期执行的犯罪分子,在死刑缓期执行期间,且在 2015 年 10 月 31 日以前故意犯罪的,适用修正后《刑法》第 50 条第 1 款的规定。

(3) 对于 2015 年 10 月 31 日以前一人犯数罪,数罪中有判处有期徒刑和拘役,有期徒刑和管制,或者拘役和管制,予以数罪并罚的,适用修正后《刑法》第 69 条第 2 款的规定。

(4) 对于 2015 年 10 月 31 日以前通过信息网络实施的《刑法》第 246 条第 1 款规定的侮辱、诽谤行为,被害人向人民法院告诉,但提供证据确有困难的,适用修正后《刑法》第 246 条第 3 款的规定。

(5) 对于 2015 年 10 月 31 日以前实施的《刑法》第 260 条第 1 款规定的虐待行为,被害人没有能力告诉,或者因受到强制、威吓无法告诉的,适用修正后《刑法》第 260 条第 3 款的规定。

（6）对于 2015 年 10 月 31 日以前组织考试作弊，为他人组织考试作弊提供作弊器材或者其他帮助，以及非法向他人出售或者提供考试试题、答案，根据修正前《刑法》应当以非法获取国家秘密罪、非法生产、销售间谍专用器材罪或者故意泄露国家秘密罪等追究刑事责任的，适用修正前《刑法》的有关规定。但是，根据修正后《刑法》第 284 条之一的规定处刑较轻的，适用修正后《刑法》的有关规定。

（7）对于 2015 年 10 月 31 日以前以捏造的事实提起民事诉讼，妨害司法秩序或者严重侵害他人合法权益，根据修正前《刑法》应当以伪造公司、企业、事业单位、人民团体印章罪或者妨害作证罪等追究刑事责任的，适用修正前《刑法》的有关规定。但是，根据修正后《刑法》第 307 条之一的规定处刑较轻的，适用修正后《刑法》的有关规定。

实施前述行为，非法占有他人财产或者逃避合法债务，根据修正前《刑法》应当以诈骗罪、职务侵占罪或者贪污罪等追究刑事责任的，适用修正前《刑法》的有关规定。

（8）对于 2015 年 10 月 31 日以前实施贪污、受贿行为，罪行极其严重，根据修正前《刑法》判处死刑缓期执行不能体现罪刑相适应原则，而根据修正后《刑法》判处死刑缓期执行同时决定在其死刑缓期执行两年期满依法减为无期徒刑后，终身监禁，不得减刑、假释可以罚当其罪的，适用修正后《刑法》第 383 条第 4 款的规定。根据修正前《刑法》判处死刑缓期执行足以罚当其罪的，不适用修正后《刑法》第 383 条第 4 款的规定。

人民法院审判案件，涉及《刑法修正案（九）》的时间效力问题，应当严格依照《刑法》和司法解释的规定执行。

【立法理由】

1997 年第八届全国人民代表大会第五次会议修订《刑法》后，全国人民代表大会常务委员会又通过了《关于惩治骗购外汇、逃汇和非法买卖外汇犯罪的决定》和九个刑法修正案。其中《关于惩治骗购外汇、逃汇和非法买卖外汇犯罪的决定》和前七个刑法修正案均规定该决定和修正案自公布之日起施行。2011年2月25日通过的《刑法修正案（八）》规定,该修正案自2011年5月1日起施行。《刑法修正案（九）》延续了《刑法修正案（八）》的做法,规定修正案自通过一段时间后才施行。之所以这样规定,主要是考虑到《刑法修正案（九）》涉及的内容较多,一些内容是对《刑法》总则规定的修改,一些内容是新增加的规定或者是对原规定作出的比较重大的修改,在《刑法修正案（九）》通过以后,规定经过一定期限后开始施行,一方面有利于最高人民法院、最高人民检察院、公安部等部门相应修改相关司法解释或者规范性文件,培训司法工作人员和执法人员,为《刑法修正案（九）》的施行做好必要的准备;另一方面也有利于对《刑法修正案（九）》的内容进行宣传教育,使广大人民群众在《刑法修正案（九）》施行前对其内容有必要的了解。因此,《刑法修正案（九）》延续了《刑法修正案（八）》的做法,未规定该修正案自公布之日起施行,而是自通过之日起经过两个多月后才生效。

附　　录

《中华人民共和国刑法修正案(九)》

（2015年8月29日第十二届全国人民代表大会常务委员会第十六次会议通过　2015年8月29日中华人民共和国主席令第三十号公布）

一、在刑法第三十七条后增加一条，作为第三十七条之一："因利用职业便利实施犯罪，或者实施违背职业要求的特定义务的犯罪被判处刑罚的，人民法院可以根据犯罪情况和预防再犯罪的需要，禁止其自刑罚执行完毕之日或者假释之日起从事相关职业，期限为三年至五年。

"被禁止从事相关职业的人违反人民法院依照前款规定作出的决定的，由公安机关依法给予处罚；情节严重的，依照本法第三百一十三条的规定定罪处罚。

"其他法律、行政法规对其从事相关职业另有禁止或者限制性规定的，从其规定。"

二、将刑法第五十条第一款修改为："判处死刑缓期执行的，在死刑缓期执行期间，如果没有故意犯罪，二年期满以后，减为无期徒刑；如果确有重大立功表现，二年期满以后，减为二十五年有期徒刑；如果故意犯罪，情节恶劣的，报请最高人民法院核准后执行死刑；对于故意犯罪未执行死刑的，死刑缓期执行的期间重新计算，并报最高人民法院备案。"

三、将刑法第五十三条修改为:"罚金在判决指定的期限内一次或者分期缴纳。期满不缴纳的,强制缴纳。对于不能全部缴纳罚金的,人民法院在任何时候发现被执行人有可以执行的财产,应当随时追缴。

"由于遭遇不能抗拒的灾祸等原因缴纳确实有困难的,经人民法院裁定,可以延期缴纳、酌情减少或者免除。"

四、在刑法第六十九条中增加一款作为第二款:"数罪中有判处有期徒刑和拘役的,执行有期徒刑。数罪中有判处有期徒刑和管制,或者拘役和管制的,有期徒刑、拘役执行完毕后,管制仍须执行。"

原第二款作为第三款。

五、将刑法第一百二十条修改为:"组织、领导恐怖活动组织的,处十年以上有期徒刑或者无期徒刑,并处没收财产;积极参加的,处三年以上十年以下有期徒刑,并处罚金;其他参加的,处三年以下有期徒刑、拘役、管制或者剥夺政治权利,可以并处罚金。

"犯前款罪并实施杀人、爆炸、绑架等犯罪的,依照数罪并罚的规定处罚。"

六、将刑法第一百二十条之一修改为:"资助恐怖活动组织、实施恐怖活动的个人的,或者资助恐怖活动培训的,处五年以下有期徒刑、拘役、管制或者剥夺政治权利,并处罚金;情节严重的,处五年以上有期徒刑,并处罚金或者没收财产。

"为恐怖活动组织、实施恐怖活动或者恐怖活动培训招募、运送人员的,依照前款的规定处罚。

"单位犯前两款罪的,对单位判处罚金,并对其直接负责的主管人员和其他直接责任人员,依照第一款的规定处罚。"

七、在刑法第一百二十条之一后增加五条,作为第一百二十条之二、第一百二十条之三、第一百二十条之四、第一百二十条之五、第一百二十条之六:

"第一百二十条之二 有下列情形之一的,处五年以下有期徒刑、拘役、管制或者剥夺政治权利,并处罚金;情节严重的,处五年以

上有期徒刑,并处罚金或者没收财产:

"(一)为实施恐怖活动准备凶器、危险物品或者其他工具的;

"(二)组织恐怖活动培训或者积极参加恐怖活动培训的;

"(三)为实施恐怖活动与境外恐怖活动组织或者人员联络的;

"(四)为实施恐怖活动进行策划或者其他准备的。

"有前款行为,同时构成其他犯罪的,依照处罚较重的规定定罪处罚。

"第一百二十条之三 以制作、散发宣扬恐怖主义、极端主义的图书、音频视频资料或者其他物品,或者通过讲授、发布信息等方式宣扬恐怖主义、极端主义的,或者煽动实施恐怖活动的,处五年以下有期徒刑、拘役、管制或者剥夺政治权利,并处罚金;情节严重的,处五年以上有期徒刑,并处罚金或者没收财产。

"第一百二十条之四 利用极端主义煽动、胁迫群众破坏国家法律确立的婚姻、司法、教育、社会管理等制度实施的,处三年以下有期徒刑、拘役或者管制,并处罚金;情节严重的,处三年以上七年以下有期徒刑,并处罚金;情节特别严重的,处七年以上有期徒刑,并处罚金或者没收财产。

"第一百二十条之五 以暴力、胁迫等方式强制他人在公共场所穿着、佩戴宣扬恐怖主义、极端主义服饰、标志的,处三年以下有期徒刑、拘役或者管制,并处罚金。

"第一百二十条之六 明知是宣扬恐怖主义、极端主义的图书、音频视频资料或者其他物品而非法持有,情节严重的,处三年以下有期徒刑、拘役或者管制,并处或者单处罚金。"

八、将刑法第一百三十三条之一修改为:"在道路上驾驶机动车,有下列情形之一的,处拘役,并处罚金:

"(一)追逐竞驶,情节恶劣的;

"(二)醉酒驾驶机动车的;

"(三)从事校车业务或者旅客运输,严重超过额定乘员载客,或者严重超过规定时速行驶的;

"（四）违反危险化学品安全管理规定运输危险化学品，危及公共安全的。

"机动车所有人、管理人对前款第三项、第四项行为负有直接责任的，依照前款的规定处罚。

"有前两款行为，同时构成其他犯罪的，依照处罚较重的规定定罪处罚。"

九、将刑法第一百五十一条第一款修改为："走私武器、弹药、核材料或者伪造的货币的，处七年以上有期徒刑，并处罚金或者没收财产；情节特别严重的，处无期徒刑，并处没收财产；情节较轻的，处三年以上七年以下有期徒刑，并处罚金。"

十、将刑法第一百六十四条第一款修改为："为谋取不正当利益，给予公司、企业或者其他单位的工作人员以财物，数额较大的，处三年以下有期徒刑或者拘役，并处罚金；数额巨大的，处三年以上十年以下有期徒刑，并处罚金。"

十一、将刑法第一百七十条修改为："伪造货币的，处三年以上十年以下有期徒刑，并处罚金；有下列情形之一的，处十年以上有期徒刑或者无期徒刑，并处罚金或者没收财产：

"（一）伪造货币集团的首要分子；

"（二）伪造货币数额特别巨大的；

"（三）有其他特别严重情节的。"

十二、删去刑法第一百九十九条。

十三、将刑法第二百三十七条修改为："以暴力、胁迫或者其他方法强制猥亵他人或者侮辱妇女的，处五年以下有期徒刑或者拘役。

"聚众或者在公共场所当众犯前款罪的，或者有其他恶劣情节的，处五年以上有期徒刑。

"猥亵儿童的，依照前两款的规定从重处罚。"

十四、将刑法第二百三十九条第二款修改为："犯前款罪，杀害被绑架人的，或者故意伤害被绑架人，致人重伤、死亡的，处无期徒刑或者死刑，并处没收财产。"

十五、将刑法第二百四十一条第六款修改为:"收买被拐卖的妇女、儿童,对被买儿童没有虐待行为,不阻碍对其进行解救的,可以从轻处罚;按照被买妇女的意愿,不阻碍其返回原居住地的,可以从轻或者减轻处罚。"

十六、在刑法第二百四十六条中增加一款作为第三款:"通过信息网络实施第一款规定的行为,被害人向人民法院告诉,但提供证据确有困难的,人民法院可以要求公安机关提供协助。"

十七、将刑法第二百五十三条之一修改为:"违反国家有关规定,向他人出售或者提供公民个人信息,情节严重的,处三年以下有期徒刑或者拘役,并处或者单处罚金;情节特别严重的,处三年以上七年以下有期徒刑,并处罚金。

"违反国家有关规定,将在履行职责或者提供服务过程中获得的公民个人信息,出售或者提供给他人的,依照前款的规定从重处罚。

"窃取或者以其他方法非法获取公民个人信息的,依照第一款的规定处罚。

"单位犯前三款罪的,对单位判处罚金,并对其直接负责的主管人员和其他直接责任人员,依照各该款的规定处罚。"

十八、将刑法第二百六十条第三款修改为:"第一款罪,告诉的才处理,但被害人没有能力告诉,或者因受到强制、威吓无法告诉的除外。"

十九、在刑法第二百六十条后增加一条,作为第二百六十条之一:"对未成年人、老年人、患病的人、残疾人等负有监护、看护职责的人虐待被监护、看护的人,情节恶劣的,处三年以下有期徒刑或者拘役。

"单位犯前款罪的,对单位判处罚金,并对其直接负责的主管人员和其他直接责任人员,依照前款的规定处罚。

"有第一款行为,同时构成其他犯罪的,依照处罚较重的规定定罪处罚。"

二十、将刑法第二百六十七条第一款修改为:"抢夺公私财物,数额较大的,或者多次抢夺的,处三年以下有期徒刑、拘役或者管制,并处或者单处罚金;数额巨大或者有其他严重情节的,处三年以上十年以下有期徒刑,并处罚金;数额特别巨大或者有其他特别严重情节的,处十年以上有期徒刑或者无期徒刑,并处罚金或者没收财产。"

二十一、在刑法第二百七十七条中增加一款作为第五款:"暴力袭击正在依法执行职务的人民警察的,依照第一款的规定从重处罚。"

二十二、将刑法第二百八十条修改为:"伪造、变造、买卖或者盗窃、抢夺、毁灭国家机关的公文、证件、印章的,处三年以下有期徒刑、拘役、管制或者剥夺政治权利,并处罚金;情节严重的,处三年以上十年以下有期徒刑,并处罚金。

"伪造公司、企业、事业单位、人民团体的印章的,处三年以下有期徒刑、拘役、管制或者剥夺政治权利,并处罚金。

"伪造、变造、买卖居民身份证、护照、社会保障卡、驾驶证等依法可以用于证明身份的证件的,处三年以下有期徒刑、拘役、管制或者剥夺政治权利,并处罚金;情节严重的,处三年以上七年以下有期徒刑,并处罚金。"

二十三、在刑法第二百八十条后增加一条作为第二百八十条之一:"在依照国家规定应当提供身份证明的活动中,使用伪造、变造的或者盗用他人的居民身份证、护照、社会保障卡、驾驶证等依法可以用于证明身份的证件,情节严重的,处拘役或者管制,并处或者单处罚金。

"有前款行为,同时构成其他犯罪的,依照处罚较重的规定定罪处罚。"

二十四、将刑法第二百八十三条修改为:"非法生产、销售专用间谍器材或者窃听、窃照专用器材的,处三年以下有期徒刑、拘役或者管制,并处或者单处罚金;情节严重的,处三年以上七年以下有期徒刑,并处罚金。

"单位犯前款罪的,对单位判处罚金,并对其直接负责的主管人员和其他直接责任人员,依照前款的规定处罚。"

二十五、在刑法第二百八十四条后增加一条,作为第二百八十四条之一:"在法律规定的国家考试中,组织作弊的,处三年以下有期徒刑或者拘役,并处或者单处罚金;情节严重的,处三年以上七年以下有期徒刑,并处罚金。

"为他人实施前款犯罪提供作弊器材或者其他帮助的,依照前款的规定处罚。

"为实施考试作弊行为,向他人非法出售或者提供第一款规定的考试的试题、答案的,依照第一款的规定处罚。

"代替他人或者让他人代替自己参加第一款规定的考试的,处拘役或者管制,并处或者单处罚金。"

二十六、在刑法第二百八十五条中增加一款作为第四款:"单位犯前三款罪的,对单位判处罚金,并对其直接负责的主管人员和其他直接责任人员,依照各该款的规定处罚。"

二十七、在刑法第二百八十六条中增加一款作为第四款:"单位犯前三款罪的,对单位判处罚金,并对其直接负责的主管人员和其他直接责任人员,依照第一款的规定处罚。"

二十八、在刑法第二百八十六条后增加一条,作为第二百八十六条之一:"网络服务提供者不履行法律、行政法规规定的信息网络安全管理义务,经监管部门责令采取改正措施而拒不改正,有下列情形之一的,处三年以下有期徒刑、拘役或者管制,并处或者单处罚金:

"(一)致使违法信息大量传播的;

"(二)致使用户信息泄露,造成严重后果的;

"(三)致使刑事案件证据灭失,情节严重的;

"(四)有其他严重情节的。

"单位犯前款罪的,对单位判处罚金,并对其直接负责的主管人员和其他直接责任人员,依照前款的规定处罚。

"有前两款行为,同时构成其他犯罪的,依照处罚较重的规定定罪处罚。"

二十九、在刑法第二百八十七条后增加二条,作为第二百八十七条之一、第二百八十七条之二:

"第二百八十七条之一 利用信息网络实施下列行为之一,情节严重的,处三年以下有期徒刑或者拘役,并处或者单处罚金:

"(一)设立用于实施诈骗、传授犯罪方法、制作或者销售违禁物品、管制物品等违法犯罪活动的网站、通讯群组的;

"(二)发布有关制作或者销售毒品、枪支、淫秽物品等违禁物品、管制物品或者其他违法犯罪信息的;

"(三)为实施诈骗等违法犯罪活动发布信息的。

"单位犯前款罪的,对单位判处罚金,并对其直接负责的主管人员和其他直接责任人员,依照第一款的规定处罚。

"有前两款行为,同时构成其他犯罪的,依照处罚较重的规定定罪处罚。

"第二百八十七条之二 明知他人利用信息网络实施犯罪,为其犯罪提供互联网接入、服务器托管、网络存储、通讯传输等技术支持,或者提供广告推广、支付结算等帮助,情节严重的,处三年以下有期徒刑或者拘役,并处或者单处罚金。

"单位犯前款罪的,对单位判处罚金,并对其直接负责的主管人员和其他直接责任人员,依照第一款的规定处罚。

"有前两款行为,同时构成其他犯罪的,依照处罚较重的规定定罪处罚。"

三十、将刑法第二百八十八条第一款修改为:"违反国家规定,擅自设置、使用无线电台(站),或者擅自使用无线电频率,干扰无线电通讯秩序,情节严重的,处三年以下有期徒刑、拘役或者管制,并处或者单处罚金;情节特别严重的,处三年以上七年以下有期徒刑,并处罚金。"

三十一、将刑法第二百九十条第一款修改为:"聚众扰乱社会秩序,情节严重,致使工作、生产、营业和教学、科研、医疗无法进行,造成严重损失的,对首要分子,处三年以上七年以下有期徒刑;对其他积极参加的,处三年以下有期徒刑、拘役、管制或者剥夺政治权利。"

增加二款作为第三款、第四款:"多次扰乱国家机关工作秩序,经行政处罚后仍不改正,造成严重后果的,处三年以下有期徒刑、拘役或者管制。

"多次组织、资助他人非法聚集,扰乱社会秩序,情节严重的,依照前款的规定处罚。"

三十二、在刑法第二百九十一条之一中增加一款作为第二款:"编造虚假的险情、疫情、灾情、警情,在信息网络或者其他媒体上传播,或者明知是上述虚假信息,故意在信息网络或者其他媒体上传播,严重扰乱社会秩序的,处三年以下有期徒刑、拘役或者管制;造成严重后果的,处三年以上七年以下有期徒刑。"

三十三、将刑法第三百条修改为:"组织、利用会道门、邪教组织或者利用迷信破坏国家法律、行政法规实施的,处三年以上七年以下有期徒刑,并处罚金;情节特别严重的,处七年以上有期徒刑或者无期徒刑,并处罚金或者没收财产;情节较轻的,处三年以下有期徒刑、拘役、管制或者剥夺政治权利,并处或者单处罚金。

"组织、利用会道门、邪教组织或者利用迷信蒙骗他人,致人重伤、死亡的,依照前款的规定处罚。

"犯第一款罪又有奸淫妇女、诈骗财物等犯罪行为的,依照数罪并罚的规定处罚。"

三十四、将刑法第三百零二条修改为:"盗窃、侮辱、故意毁坏尸体、尸骨、骨灰的,处三年以下有期徒刑、拘役或者管制。"

三十五、在刑法第三百零七条后增加一条,作为第三百零七条之一:"以捏造的事实提起民事诉讼,妨害司法秩序或者严重侵害他人合法权益的,处三年以下有期徒刑、拘役或者管制,并处或者单处罚金;情节严重的,处三年以上七年以下有期徒刑,并处罚金。

"单位犯前款罪的,对单位判处罚金,并对其直接负责的主管人员和其他直接责任人员,依照前款的规定处罚。

"有第一款行为,非法占有他人财产或者逃避合法债务,又构成其他犯罪的,依照处罚较重的规定定罪从重处罚。

"司法工作人员利用职权,与他人共同实施前三款行为的,从重处罚;同时构成其他犯罪的,依照处罚较重的规定定罪从重处罚。"

三十六、在刑法第三百零八条后增加一条,作为第三百零八条之一:"司法工作人员、辩护人、诉讼代理人或者其他诉讼参与人,泄露依法不公开审理的案件中不应当公开的信息,造成信息公开传播或者其他严重后果的,处三年以下有期徒刑、拘役或者管制,并处或者单处罚金。

"有前款行为,泄露国家秘密的,依照本法第三百九十八条的规定定罪处罚。

"公开披露、报道第一款规定的案件信息,情节严重的,依照第一款的规定处罚。

"单位犯前款罪的,对单位判处罚金,并对其直接负责的主管人员和其他直接责任人员,依照第一款的规定处罚。"

三十七、将刑法第三百零九条修改为:"有下列扰乱法庭秩序情形之一的,处三年以下有期徒刑、拘役、管制或者罚金:

"(一)聚众哄闹、冲击法庭的;

"(二)殴打司法工作人员或者诉讼参与人的;

"(三)侮辱、诽谤、威胁司法工作人员或者诉讼参与人,不听法庭制止,严重扰乱法庭秩序的;

"(四)有毁坏法庭设施,抢夺、损毁诉讼文书、证据等扰乱法庭秩序行为,情节严重的。"

三十八、将刑法第三百一十一条修改为:"明知他人有间谍犯罪或者恐怖主义、极端主义犯罪行为,在司法机关向其调查有关情况、收集有关证据时,拒绝提供,情节严重的,处三年以下有期徒刑、拘役或者管制。"

三十九、将刑法第三百一十三条修改为:"对人民法院的判决、裁定有能力执行而拒不执行,情节严重的,处三年以下有期徒刑、拘役或者罚金;情节特别严重的,处三年以上七年以下有期徒刑,并处罚金。

"单位犯前款罪的,对单位判处罚金,并对其直接负责的主管人员和其他直接责任人员,依照前款的规定处罚。"

四十、将刑法第三百二十二条修改为:"违反国(边)境管理法规,偷越国(边)境,情节严重的,处一年以下有期徒刑、拘役或者管制,并处罚金;为参加恐怖活动组织、接受恐怖活动培训或者实施恐怖活动,偷越国(边)境的,处一年以上三年以下有期徒刑,并处罚金。"

四十一、将刑法第三百五十条第一款、第二款修改为:"违反国家规定,非法生产、买卖、运输醋酸酐、乙醚、三氯甲烷或者其他用于制造毒品的原料、配剂,或者携带上述物品进出境,情节较重的,处三年以下有期徒刑、拘役或者管制,并处罚金;情节严重的,处三年以上七年以下有期徒刑,并处罚金;情节特别严重的,处七年以上有期徒刑,并处罚金或者没收财产。

"明知他人制造毒品而为其生产、买卖、运输前款规定的物品的,以制造毒品罪的共犯论处。"

四十二、将刑法第三百五十八条修改为:"组织、强迫他人卖淫的,处五年以上十年以下有期徒刑,并处罚金;情节严重的,处十年以上有期徒刑或者无期徒刑,并处罚金或者没收财产。

"组织、强迫未成年人卖淫的,依照前款的规定从重处罚。

"犯前两款罪,并有杀害、伤害、强奸、绑架等犯罪行为的,依照数罪并罚的规定处罚。

"为组织卖淫的人招募、运送人员或者有其他协助组织他人卖淫行为的,处五年以下有期徒刑,并处罚金;情节严重的,处五年以上十年以下有期徒刑,并处罚金。"

四十三、删去刑法第三百六十条第二款。

四十四、将刑法第三百八十三条修改为:"对犯贪污罪的,根据情节轻重,分别依照下列规定处罚:

"(一) 贪污数额较大或者有其他较重情节的,处三年以下有期徒刑或者拘役,并处罚金。

"(二) 贪污数额巨大或者有其他严重情节的,处三年以上十年以下有期徒刑,并处罚金或者没收财产。

"(三) 贪污数额特别巨大或者有其他特别严重情节的,处十年以上有期徒刑或者无期徒刑,并处罚金或者没收财产;数额特别巨大,并使国家和人民利益遭受特别重大损失的,处无期徒刑或者死刑,并处没收财产。

"对多次贪污未经处理的,按照累计贪污数额处罚。

"犯第一款罪,在提起公诉前如实供述自己罪行、真诚悔罪、积极退赃,避免、减少损害结果的发生,有第一项规定情形的,可以从轻、减轻或者免除处罚;有第二项、第三项规定情形的,可以从轻处罚。

"犯第一款罪,有第三项规定情形被判处死刑缓期执行的,人民法院根据犯罪情节等情况可以同时决定在其死刑缓期执行二年期满依法减为无期徒刑后,终身监禁,不得减刑、假释。"

四十五、将刑法第三百九十条修改为:"对犯行贿罪的,处五年以下有期徒刑或者拘役,并处罚金;因行贿谋取不正当利益,情节严重的,或者使国家利益遭受重大损失的,处五年以上十年以下有期徒刑,并处罚金;情节特别严重的,或者使国家利益遭受特别重大损失的,处十年以上有期徒刑或者无期徒刑,并处罚金或者没收财产。

"行贿人在被追诉前主动交待行贿行为的,可以从轻或者减轻处罚。其中,犯罪较轻的,对侦破重大案件起关键作用的,或者有重大立功表现的,可以减轻或者免除处罚。"

四十六、在刑法第三百九十条后增加一条,作为第三百九十条之一:"为谋取不正当利益,向国家工作人员的近亲属或者其他与该国家工作人员关系密切的人,或者向离职的国家工作人员或者其近亲属以及其他与其关系密切的人行贿的,处三年以下有期徒刑或者拘役,并处罚金;情节严重的,或者使国家利益遭受重大损失的,处三年以上七年以下有期徒刑,并处罚金;情节特别严重的,或者使国家利益遭受特别重大损失的,处七年以上十年以下有期徒刑,并处罚金。

"单位犯前款罪的,对单位判处罚金,并对其直接负责的主管人员和其他直接责任人员,处三年以下有期徒刑或者拘役,并处罚金。"

四十七、将刑法第三百九十一条第一款修改为:"为谋取不正当利益,给予国家机关、国有公司、企业、事业单位、人民团体以财物的,或者在经济往来中,违反国家规定,给予各种名义的回扣、手续费的,处三年以下有期徒刑或者拘役,并处罚金。"

四十八、将刑法第三百九十二条第一款修改为:"向国家工作人员介绍贿赂,情节严重的,处三年以下有期徒刑或者拘役,并处罚金。"

四十九、将刑法第三百九十三条修改为:"单位为谋取不正当利益而行贿,或者违反国家规定,给予国家工作人员以回扣、手续费,情节严重的,对单位判处罚金,并对其直接负责的主管人员和其他直接责任人员,处五年以下有期徒刑或者拘役,并处罚金。因行贿取得的违法所得归个人所有的,依照本法第三百八十九条、第三百九十条的规定定罪处罚。"

五十、将刑法第四百二十六条修改为:"以暴力、威胁方法,阻碍指挥人员或者值班、值勤人员执行职务的,处五年以下有期徒刑或者拘役;情节严重的,处五年以上十年以下有期徒刑;情节特别严重的,处十年以上有期徒刑或者无期徒刑。战时从重处罚。"

五十一、将刑法第四百三十三条修改为:"战时造谣惑众,动摇军心的,处三年以下有期徒刑;情节严重的,处三年以上十年以下有期徒刑;情节特别严重的,处十年以上有期徒刑或者无期徒刑。"

五十二、本修正案自 2015 年 11 月 1 日起施行。

最高人民法院《关于〈中华人民共和国刑法修正案（九）〉时间效力问题的解释》

（2015年10月19日最高人民法院审判委员会第1664次会议通过　自2015年11月1日起施行）

为正确适用《中华人民共和国刑法修正案（九）》，根据《中华人民共和国刑法》第十二条规定，现就人民法院2015年11月1日以后审理的刑事案件，具体适用修正前后刑法的有关问题规定如下：

第一条　对于2015年10月31日以前因利用职业便利实施犯罪，或者实施违背职业要求的特定义务的犯罪的，不适用修正后刑法第三十七条之一第一款的规定。其他法律、行政法规另有规定的，从其规定。

第二条　对于被判处死刑缓期执行的犯罪分子，在死刑缓期执行期间，且在2015年10月31日以前故意犯罪的，适用修正后刑法第五十条第一款的规定。

第三条　对于2015年10月31日以前一人犯数罪，数罪中有判处有期徒刑和拘役，有期徒刑和管制，或者拘役和管制，予以数罪并罚的，适用修正后刑法第六十九条第二款的规定。

第四条　对于2015年10月31日以前通过信息网络实施的刑法第二百四十六条第一款规定的侮辱、诽谤行为，被害人向人民法院告诉，但提供证据确有困难的，适用修正后刑法第二百四十六条第三款的规定。

第五条　对于2015年10月31日以前实施的刑法第二百六十条第一款规定的虐待行为，被害人没有能力告诉，或者因受到强制、威吓无法告诉的,适用修正后刑法第二百六十条第三款的规定。

第六条 对于2015年10月31日以前组织考试作弊,为他人组织考试作弊提供作弊器材或者其他帮助,以及非法向他人出售或者提供考试试题、答案,根据修正前刑法应当以非法获取国家秘密罪、非法生产、销售间谍专用器材罪或者故意泄露国家秘密罪等追究刑事责任的,适用修正前刑法的有关规定。但是,根据修正后刑法第二百八十四条之一的规定处刑较轻的,适用修正后刑法的有关规定。

第七条 对于2015年10月31日以前以捏造的事实提起民事诉讼,妨害司法秩序或者严重侵害他人合法权益,根据修正前刑法应当以伪造公司、企业、事业单位、人民团体印章罪或者妨害作证罪等追究刑事责任的,适用修正前刑法的有关规定。但是,根据修正后刑法第三百零七条之一的规定处刑较轻的,适用修正后刑法的有关规定。

实施第一款行为,非法占有他人财产或者逃避合法债务,根据修正前刑法应当以诈骗罪、职务侵占罪或者贪污罪等追究刑事责任的,适用修正前刑法的有关规定。

第八条 对于2015年10月31日以前实施贪污、受贿行为,罪行极其严重,根据修正前刑法判处死刑缓期执行不能体现罪刑相适应原则,而根据修正后刑法判处死刑缓期执行同时决定在其死刑缓期执行二年期满依法减为无期徒刑后,终身监禁,不得减刑、假释可以罚当其罪的,适用修正后刑法第三百八十三条第四款的规定。根据修正前刑法判处死刑缓期执行足以罚当其罪的,不适用修正后刑法第三百八十三条第四款的规定。

第九条 本解释自2015年11月1日起施行。

最高人民法院、最高人民检察院《关于执行〈中华人民共和国刑法〉确定罪名的补充规定(六)》

(2015年10月19日最高人民法院审判委员会第1664次会议、2015年10月21日最高人民检察院第十二届检察委员会第42次会议通过 自2015年11月1日起施行)

根据《中华人民共和国刑法修正案(九)》(以下简称《刑法修正案(九)》)和《全国人民代表大会常务委员会关于修改部分法律的决定》的有关规定,现对最高人民法院《关于执行〈中华人民共和国刑法〉确定罪名的规定》、最高人民检察院《关于适用刑法分则规定的犯罪的罪名的意见》作如下补充、修改:

刑法条文	罪　名
第一百二十条之一 (《刑法修正案(九)》第六条)	帮助恐怖活动罪 (取消资助恐怖活动罪罪名)
第一百二十条之二 (《刑法修正案(九)》第七条)	准备实施恐怖活动罪
第一百二十条之三 (《刑法修正案(九)》第七条)	宣扬恐怖主义、极端主义、煽动实施恐怖活动罪
第一百二十条之四 (《刑法修正案(九)》第七条)	利用极端主义破坏法律实施罪
第一百二十条之五 (《刑法修正案(九)》第七条)	强制穿戴宣扬恐怖主义、极端主义服饰、标志罪
第一百二十条之六 (《刑法修正案(九)》第七条)	非法持有宣扬恐怖主义、极端主义物品罪

(续表)

刑法条文	罪　名
第二百三十七条第一款、第二款 (《刑法修正案(九)》第十三条第一款、第二款)	强制猥亵、侮辱罪 (取消强制猥亵、侮辱妇女罪罪名)
第二百五十三条之一 (《刑法修正案(九)》第十七条)	侵犯公民个人信息罪 (取消出售、非法提供公民个人信息罪和非法获取公民个人信息罪罪名)
第二百六十条之一 (《刑法修正案(九)》第十九条)	虐待被监护、看护人罪
第二百八十条第三款 (《刑法修正案(九)》第二十二条第三款)	伪造、变造、买卖身份证件罪 (取消伪造、变造居民身份证罪罪名)
第二百八十条之一 (《刑法修正案(九)》第二十三条)	使用虚假身份证件、盗用身份证件罪
第二百八十三条 (《刑法修正案(九)》第二十四条)	非法生产、销售专用间谍器材、窃听、窃照专用器材罪 (取消非法生产、销售间谍专用器材罪罪名)
第二百八十四条之一第一款、第二款 (《刑法修正案(九)》第二十五条第一款、第二款)	组织考试作弊罪
第二百八十四条之一第三款 (《刑法修正案(九)》第二十五条第三款)	非法出售、提供试题、答案罪
第二百八十四条之一第四款 (《刑法修正案(九)》第二十五条第四款)	代替考试罪
第二百八十六条之一 (《刑法修正案(九)》第二十八条)	拒不履行信息网络安全管理义务罪
第二百八十七条之一 (《刑法修正案(九)》第二十九条)	非法利用信息网络罪
第二百八十七条之二 (《刑法修正案(九)》第二十九条)	帮助信息网络犯罪活动罪
第二百九十条第三款 (《刑法修正案(九)》第三十一条第二款)	扰乱国家机关工作秩序罪
第二百九十条第四款 (《刑法修正案(九)》第三十一条第三款)	组织、资助非法聚集罪

(续表)

刑法条文	罪　名
第二百九十一条之一第二款 (《刑法修正案(九)》第三十二条)	编造、故意传播虚假信息罪
第三百条第二款 (《刑法修正案(九)》第三十三条第二款)	组织、利用会道门、邪教组织、利用迷信致人重伤、死亡罪 (取消组织、利用会道门、邪教组织、利用迷信致人死亡罪罪名)
第三百零二条 (《刑法修正案(九)》第三十四条)	盗窃、侮辱、故意毁坏尸体、尸骨、骨灰罪 (取消盗窃、侮辱尸体罪罪名)
第三百零七条之一 (《刑法修正案(九)》第三十五条)	虚假诉讼罪
第三百零八条之一第一款 (《刑法修正案(九)》第三十六条第一款)	泄露不应公开的案件信息罪
第三百零八条之一第三款 (《刑法修正案(九)》第三十六条第三款)	披露、报道不应公开的案件信息罪
第三百一十一条 (《刑法修正案(九)》第三十八条)	拒绝提供间谍犯罪、恐怖主义犯罪、极端主义犯罪证据罪 (取消拒绝提供间谍犯罪证据罪罪名)
第三百五十条 (《刑法修正案(九)》第四十一条)	非法生产、买卖、运输制毒物品、走私制毒物品罪 (取消走私制毒物品罪和非法买卖制毒物品罪罪名)
第三百六十条第二款 (《刑法修正案(九)》第四十三条)	取消嫖宿幼女罪罪名
第三百八十一条 (《全国人民代表大会常务委员会关于修改部分法律的决定》第二条)	战时拒绝军事征收、征用罪 (取消战时拒绝军事征用罪罪名)
第三百九十条之一 (《刑法修正案(九)》第四十六条)	对有影响力的人行贿罪
第四百一十条 (《全国人民代表大会常务委员会关于修改部分法律的决定》第二条)	非法批准征收、征用、占用土地罪 (取消非法批准征用、占用土地罪罪名)

本规定自 2015 年 11 月 1 日起施行。

最高人民法院《关于审理毒品犯罪案件适用法律若干问题的解释》

(2016年1月25日最高人民法院审判委员会第1676次会议通过 自2016年4月11日起施行)

为依法惩治毒品犯罪,根据《中华人民共和国刑法》的有关规定,现就审理此类刑事案件适用法律的若干问题解释如下:

第一条 走私、贩卖、运输、制造、非法持有下列毒品,应当认定为刑法第三百四十七条第二款第一项、第三百四十八条规定的"其他毒品数量大":

(一)可卡因五十克以上;

(二)3,4-亚甲二氧基甲基苯丙胺(MDMA)等苯丙胺类毒品(甲基苯丙胺除外)、吗啡一百克以上;

(三)芬太尼一百二十五克以上;

(四)甲卡西酮二百克以上;

(五)二氢埃托啡十毫克以上;

(六)哌替啶(度冷丁)二百五十克以上;

(七)氯胺酮五百克以上;

(八)美沙酮一千克以上;

(九)曲马多、γ-羟丁酸二千克以上;

(十)大麻油五千克、大麻脂十千克、大麻叶及大麻烟一百五十千克以上;

(十一)可待因、丁丙诺啡五千克以上;

(十二)三唑仑、安眠酮五十千克以上;

（十三）阿普唑仑、恰特草一百千克以上；

（十四）咖啡因、罂粟壳二百千克以上；

（十五）巴比妥、苯巴比妥、安钠咖、尼美西泮二百五十千克以上；

（十六）氯氮䓬、艾司唑仑、地西泮、溴西泮五百千克以上；

（十七）上述毒品以外的其他毒品数量大的。

国家定点生产企业按照标准规格生产的麻醉药品或者精神药品被用于毒品犯罪的，根据药品中毒品成分的含量认定涉案毒品数量。

第二条 走私、贩卖、运输、制造、非法持有下列毒品，应当认定为刑法第三百四十七条第三款、第三百四十八条规定的"其他毒品数量较大"：

（一）可卡因十克以上不满五十克；

（二）3,4-亚甲二氧基甲基苯丙胺（MDMA）等苯丙胺类毒品（甲基苯丙胺除外）、吗啡二十克以上不满一百克；

（三）芬太尼二十五克以上不满一百二十五克；

（四）甲卡西酮四十克以上不满二百克；

（五）二氢埃托啡二毫克以上不满十毫克；

（六）哌替啶（度冷丁）五十克以上不满二百五十克；

（七）氯胺酮一百克以上不满五百克；

（八）美沙酮二百克以上不满一千克；

（九）曲马多、γ-羟丁酸四百克以上不满二千克；

（十）大麻油一千克以上不满五千克、大麻脂二千克以上不满十千克、大麻叶及大麻烟三十千克以上不满一百五十千克；

（十一）可待因、丁丙诺啡一千克以上不满五千克；

（十二）三唑仑、安眠酮十千克以上不满五十千克；

（十三）阿普唑仑、恰特草二十千克以上不满一百千克；

（十四）咖啡因、罂粟壳四十千克以上不满二百千克；

（十五）巴比妥、苯巴比妥、安钠咖、尼美西泮五十千克以上不满二百五十千克；

（十六）氯氮䓬、艾司唑仑、地西泮、溴西泮一百千克以上不满五百千克；

（十七）上述毒品以外的其他毒品数量较大的。

第三条 在实施走私、贩卖、运输、制造毒品犯罪的过程中，携带枪支、弹药或者爆炸物用于掩护的，应当认定为刑法第三百四十七条第二款第三项规定的"武装掩护走私、贩卖、运输、制造毒品"。枪支、弹药、爆炸物种类的认定，依照相关司法解释的规定执行。

在实施走私、贩卖、运输、制造毒品犯罪的过程中，以暴力抗拒检查、拘留、逮捕，造成执法人员死亡、重伤、多人轻伤或者具有其他严重情节的，应当认定为刑法第三百四十七条第二款第四项规定的"以暴力抗拒检查、拘留、逮捕，情节严重"。

第四条 走私、贩卖、运输、制造毒品，具有下列情形之一的，应当认定为刑法第三百四十七条第四款规定的"情节严重"：

（一）向多人贩卖毒品或者多次走私、贩卖、运输、制造毒品的；

（二）在戒毒场所、监管场所贩卖毒品的；

（三）向在校学生贩卖毒品的；

（四）组织、利用残疾人、严重疾病患者、怀孕或者正在哺乳自己婴儿的妇女走私、贩卖、运输、制造毒品的；

（五）国家工作人员走私、贩卖、运输、制造毒品的；

（六）其他情节严重的情形。

第五条 非法持有毒品达到刑法第三百四十八条或者本解释第二条规定的"数量较大"标准，且具有下列情形之一的，应当认定为刑法第三百四十八条规定的"情节严重"：

（一）在戒毒场所、监管场所非法持有毒品的；

（二）利用、教唆未成年人非法持有毒品的；

（三）国家工作人员非法持有毒品的；

（四）其他情节严重的情形。

第六条 包庇走私、贩卖、运输、制造毒品的犯罪分子，具有下列情形之一的，应当认定为刑法第三百四十九条第一款规定的"情节严

重":

（一）被包庇的犯罪分子依法应当判处十五年有期徒刑以上刑罚的；

（二）包庇多名或者多次包庇走私、贩卖、运输、制造毒品的犯罪分子的；

（三）严重妨害司法机关对被包庇的犯罪分子实施的毒品犯罪进行追究的；

（四）其他情节严重的情形。

为走私、贩卖、运输、制造毒品的犯罪分子窝藏、转移、隐瞒毒品或者毒品犯罪所得的财物，具有下列情形之一的，应当认定为刑法第三百四十九条第一款规定的"情节严重"：

（一）为犯罪分子窝藏、转移、隐瞒毒品达到刑法第三百四十七条第二款第一项或者本解释第一条第一款规定的"数量大"标准的；

（二）为犯罪分子窝藏、转移、隐瞒毒品犯罪所得的财物价值达到五万元以上的；

（三）为多人或者多次为他人窝藏、转移、隐瞒毒品或者毒品犯罪所得的财物的；

（四）严重妨害司法机关对该犯罪分子实施的毒品犯罪进行追究的；

（五）其他情节严重的情形。

包庇走私、贩卖、运输、制造毒品的近亲属，或者为其窝藏、转移、隐瞒毒品或者毒品犯罪所得的财物，不具有本条前两款规定的"情节严重"情形，归案后认罪、悔罪、积极退赃，且系初犯、偶犯，犯罪情节轻微不需要判处刑罚的，可以免予刑事处罚。

第七条 违反国家规定，非法生产、买卖、运输制毒物品、走私制毒物品，达到下列数量标准的，应当认定为刑法第三百五十条第一款规定的"情节较重"：

（一）麻黄碱（麻黄素）、伪麻黄碱（伪麻黄素）、消旋麻黄碱（消旋麻黄素）一千克以上不满五千克；

（二）1-苯基-2-丙酮、1-苯基-2-溴-1-丙酮、3,4-亚甲基二氧苯基-2-丙酮、羟亚胺二千克以上不满十千克；

（三）3-氧-2-苯基丁腈、邻氯苯基环戊酮、去甲麻黄碱（去甲麻黄素）、甲基麻黄碱（甲基麻黄素）四千克以上不满二十千克；

（四）醋酸酐十千克以上不满五十千克；

（五）麻黄浸膏、麻黄浸膏粉、胡椒醛、黄樟素、黄樟油、异黄樟素、麦角酸、麦角胺、麦角新碱、苯乙酸二十千克以上不满一百千克；

（六）N-乙酰邻氨基苯酸、邻氨基苯甲酸、三氯甲烷、乙醚、哌啶五十千克以上不满二百五十千克；

（七）甲苯、丙酮、甲基乙基酮、高锰酸钾、硫酸、盐酸一百千克以上不满五百千克；

（八）其他制毒物品数量相当的。

违反国家规定，非法生产、买卖、运输制毒物品、走私制毒物品，达到前款规定的数量标准最低值的百分之五十，且具有下列情形之一的，应当认定为刑法第三百五十条第一款规定的"情节较重"：

（一）曾因非法生产、买卖、运输制毒物品、走私制毒物品受过刑事处罚的；

（二）二年内曾因非法生产、买卖、运输制毒物品、走私制毒物品受过行政处罚的；

（三）一次组织五人以上或者多次非法生产、买卖、运输制毒物品、走私制毒物品，或者在多个地点非法生产制毒物品的；

（四）利用、教唆未成年人非法生产、买卖、运输制毒物品、走私制毒物品的；

（五）国家工作人员非法生产、买卖、运输制毒物品、走私制毒物品的；

（六）严重影响群众正常生产、生活秩序的；

（七）其他情节较重的情形。

易制毒化学品生产、经营、购买、运输单位或者个人未办理许可证明或者备案证明，生产、销售、购买、运输易制毒化学品，确实用于合法生产、生活需要的,不以制毒物品犯罪论处。

第八条 违反国家规定,非法生产、买卖、运输制毒物品、走私制毒物品,具有下列情形之一的,应当认定为刑法第三百五十条第一款规定的"情节严重":

(一)制毒物品数量在本解释第七条第一款规定的最高数量标准以上,不满最高数量标准五倍的;

(二)达到本解释第七条第一款规定的数量标准,且具有本解释第七条第二款第三项至第六项规定的情形之一的;

(三)其他情节严重的情形。

违反国家规定,非法生产、买卖、运输制毒物品、走私制毒物品,具有下列情形之一的,应当认定为刑法第三百五十条第一款规定的"情节特别严重":

(一)制毒物品数量在本解释第七条第一款规定的最高数量标准五倍以上的;

(二)达到前款第一项规定的数量标准,且具有本解释第七条第二款第三项至第六项规定的情形之一的;

(三)其他情节特别严重的情形。

第九条 非法种植毒品原植物,具有下列情形之一的,应当认定为刑法第三百五十一条第一款第一项规定的"数量较大":

(一)非法种植大麻五千株以上不满三万株的;

(二)非法种植罂粟二百平方米以上不满一千二百平方米、大麻二千平方米以上不满一万二千平方米,尚未出苗的;

(三)非法种植其他毒品原植物数量较大的。

非法种植毒品原植物,达到前款规定的最高数量标准的,应当认定为刑法第三百五十一条第二款规定的"数量大"。

第十条 非法买卖、运输、携带、持有未经灭活的毒品原植物种子或者幼苗,具有下列情形之一的,应当认定为刑法第三百五十二条规定的"数量较大":

(一)罂粟种子五十克以上、罂粟幼苗五千株以上的;

（二）大麻种子五十千克以上、大麻幼苗五万株以上的；

（三）其他毒品原植物种子或者幼苗数量较大的。

第十一条 引诱、教唆、欺骗他人吸食、注射毒品，具有下列情形之一的，应当认定为刑法第三百五十三条第一款规定的"情节严重"：

（一）引诱、教唆、欺骗多人或者多次引诱、教唆、欺骗他人吸食、注射毒品的；

（二）对他人身体健康造成严重危害的；

（三）导致他人实施故意杀人、故意伤害、交通肇事等犯罪行为的；

（四）国家工作人员引诱、教唆、欺骗他人吸食、注射毒品的；

（五）其他情节严重的情形。

第十二条 容留他人吸食、注射毒品，具有下列情形之一的，应当依照刑法第三百五十四条的规定，以容留他人吸毒罪定罪处罚：

（一）一次容留多人吸食、注射毒品的；

（二）二年内多次容留他人吸食、注射毒品的；

（三）二年内曾因容留他人吸食、注射毒品受过行政处罚的；

（四）容留未成年人吸食、注射毒品的；

（五）以牟利为目的容留他人吸食、注射毒品的；

（六）容留他人吸食、注射毒品造成严重后果的；

（七）其他应当追究刑事责任的情形。

向他人贩卖毒品后又容留其吸食、注射毒品，或者容留他人吸食、注射毒品并向其贩卖毒品，符合前款规定的容留他人吸毒罪的定罪条件的，以贩卖毒品罪和容留他人吸毒罪数罪并罚。

容留近亲属吸食、注射毒品，情节显著轻微危害不大的，不作为犯罪处理；需要追究刑事责任的，可以酌情从宽处罚。

第十三条 依法从事生产、运输、管理、使用国家管制的麻醉药品、精神药品的人员，违反国家规定，向吸食、注射毒品的人提供国家规定管制的能够使人形成瘾癖的麻醉药品、精神药品，具有下列情形之一的，应当依照刑法第三百五十五条第一款的规定，以非法提供麻醉药品、精神药品罪定罪处罚：

（一）非法提供麻醉药品、精神药品达到刑法第三百四十七条第三款或者本解释第二条规定的"数量较大"标准最低值的百分之五十，不满"数量较大"标准的；

（二）二年内曾因非法提供麻醉药品、精神药品受过行政处罚的；

（三）向多人或者多次非法提供麻醉药品、精神药品的；

（四）向吸食、注射毒品的未成年人非法提供麻醉药品、精神药品的；

（五）非法提供麻醉药品、精神药品造成严重后果的；

（六）其他应当追究刑事责任的情形。

具有下列情形之一的，应当认定为刑法第三百五十五条第一款规定的"情节严重"：

（一）非法提供麻醉药品、精神药品达到刑法第三百四十七条第三款或者本解释第二条规定的"数量较大"标准的；

（二）非法提供麻醉药品、精神药品达到前款第一项规定的数量标准，且具有前款第三项至第五项规定的情形之一的；

（三）其他情节严重的情形。

第十四条 利用信息网络，设立用于实施传授制造毒品、非法生产制毒物品的方法，贩卖毒品，非法买卖制毒物品或者组织他人吸食、注射毒品等违法犯罪活动的网站、通讯群组，或者发布实施前述违法犯罪活动的信息，情节严重的，应当依照刑法第二百八十七条之一的规定，以非法利用信息网络罪定罪处罚。

实施刑法第二百八十七条之一、第二百八十七条之二规定的行为，同时构成贩卖毒品罪、非法买卖制毒物品罪、传授犯罪方法罪等犯罪的，依照处罚较重的规定定罪处罚。

第十五条 本解释自 2016 年 4 月 11 日起施行。《最高人民法院关于审理毒品案件定罪量刑标准有关问题的解释》（法释〔2000〕13 号）同时废止；之前发布的司法解释和规范性文件与本解释不一致的，以本解释为准。

最高人民法院、最高人民检察院《关于办理贪污贿赂刑事案件适用法律若干问题的解释》

(2016年3月28日由最高人民法院审判委员会第1680次会议、2016年3月25日由最高人民检察院第十二届检察委员会第50次会议通过 自2016年4月18日起施行)

为依法惩治贪污贿赂犯罪活动,根据刑法有关规定,现就办理贪污贿赂刑事案件适用法律的若干问题解释如下:

第一条 贪污或者受贿数额在三万元以上不满二十万元的,应当认定为刑法第三百八十三条第一款规定的"数额较大",依法判处三年以下有期徒刑或者拘役,并处罚金。

贪污数额在一万元以上不满三万元,具有下列情形之一的,应当认定为刑法第三百八十三条第一款规定的"其他较重情节",依法判处三年以下有期徒刑或者拘役,并处罚金:

(一)贪污救灾、抢险、防汛、优抚、扶贫、移民、救济、防疫、社会捐助等特定款物的;

(二)曾因贪污、受贿、挪用公款受过党纪、行政处分的;

(三)曾因故意犯罪受过刑事追究的;

(四)赃款赃物用于非法活动的;

(五)拒不交待赃款赃物去向或者拒不配合追缴工作,致使无法追缴的;

(六)造成恶劣影响或者其他严重后果的。

受贿数额在一万元以上不满三万元,具有前款第二项至第六项规定的情形之一,或者具有下列情形之一的,应当认定为刑法第三百八十三条第一款规定的"其他较重情节",依法判处三年以下有期徒刑或者拘役,并处罚金:

(一)多次索贿的;

(二)为他人谋取不正当利益,致使公共财产、国家和人民利益遭受损失的;

(三)为他人谋取职务提拔、调整的。

第二条 贪污或者受贿数额在二十万元以上不满三百万元的,应当认定为刑法第三百八十三条第一款规定的"数额巨大",依法判处三年以上十年以下有期徒刑,并处罚金或者没收财产。

贪污数额在十万元以上不满二十万元,具有本解释第一条第二款规定的情形之一的,应当认定为刑法第三百八十三条第一款规定的"其他严重情节",依法判处三年以上十年以下有期徒刑,并处罚金或者没收财产。

受贿数额在十万元以上不满二十万元,具有本解释第一条第三款规定的情形之一的,应当认定为刑法第三百八十三条第一款规定的"其他严重情节",依法判处三年以上十年以下有期徒刑,并处罚金或者没收财产。

第三条 贪污或者受贿数额在三百万元以上的,应当认定为刑法第三百八十三条第一款规定的"数额特别巨大",依法判处十年以上有期徒刑、无期徒刑或者死刑,并处罚金或者没收财产。

贪污数额在一百五十万元以上不满三百万元,具有本解释第一条第二款规定的情形之一的,应当认定为刑法第三百八十三条第一款规定的"其他特别严重情节",依法判处十年以上有期徒刑、无期徒刑或者死刑,并处罚金或者没收财产。

受贿数额在一百五十万元以上不满三百万元,具有本解释第一条第三款规定的情形之一的,应当认定为刑法第三百八十三条第一款规定的"其他特别严重情节",依法判处十年以上有期徒刑、无期徒刑或者死刑,并处罚金或者没收财产。

第四条 贪污、受贿数额特别巨大,犯罪情节特别严重、社会影响特别恶劣、给国家和人民利益造成特别重大损失的,可以判处死刑。

符合前款规定的情形,但具有自首、立功,如实供述自己罪行、真诚悔罪、积极退赃,或者避免、减少损害结果的发生等情节,不是必须立即执行的,可以判处死刑缓期二年执行。

符合第一款规定情形的,根据犯罪情节等情况可以判处死刑缓期二年执行,同时裁判决定在其死刑缓期执行二年期满依法减为无期徒刑后,终身监禁,不得减刑、假释。

第五条 挪用公款归个人使用,进行非法活动,数额在三万元以上的,应当依照刑法第三百八十四条的规定以挪用公款罪追究刑事责任;数额在三百万元以上的,应当认定为刑法第三百八十四条第一款规定的"数额巨大"。具有下列情形之一的,应当认定为刑法第三百八十四条第一款规定的"情节严重":

(一)挪用公款数额在一百万元以上的;

(二)挪用救灾、抢险、防汛、优抚、扶贫、移民、救济特定款物,数额在五十万元以上不满一百万元的;

(三)挪用公款不退还,数额在五十万元以上不满一百万元的;

(四)其他严重的情节。

第六条 挪用公款归个人使用,进行营利活动或者超过三个月未还,数额在五万元以上的,应当认定为刑法第三百八十四条第一款规定的"数额较大";数额在五百万元以上的,应当认定为刑法第三百八十四条第一款规定的"数额巨大"。具有下列情形之一的,应当认定为刑法第三百八十四条第一款规定的"情节严重":

(一)挪用公款数额在二百万元以上的;

(二)挪用救灾、抢险、防汛、优抚、扶贫、移民、救济特定款物,数额在一百万元以上不满二百万元的;

(三)挪用公款不退还,数额在一百万元以上不满二百万元的;

(四)其他严重的情节。

第七条 为谋取不正当利益,向国家工作人员行贿,数额在三万元以上的,应当依照刑法第三百九十条的规定以行贿罪追究刑事责任。

行贿数额在一万元以上不满三万元,具有下列情形之一的,应当依照刑法第三百九十条的规定以行贿罪追究刑事责任:

(一)向三人以上行贿的;

(二)将违法所得用于行贿的;

(三)通过行贿谋取职务提拔、调整的;

(四)向负有食品、药品、安全生产、环境保护等监督管理职责的国家工作人员行贿,实施非法活动的;

(五)向司法工作人员行贿,影响司法公正的;

(六)造成经济损失数额在五十万元以上不满一百万元的。

第八条 犯行贿罪,具有下列情形之一的,应当认定为刑法第三百九十条第一款规定的"情节严重":

(一)行贿数额在一百万元以上不满五百万元的;

(二)行贿数额在五十万元以上不满一百万元,并具有本解释第七条第二款第一项至第五项规定的情形之一的;

(三)其他严重的情节。

为谋取不正当利益,向国家工作人员行贿,造成经济损失数额在一百万元以上不满五百万元的,应当认定为刑法第三百九十条第一款规定的"使国家利益遭受重大损失"。

第九条 犯行贿罪,具有下列情形之一的,应当认定为刑法第三百九十条第一款规定的"情节特别严重":

(一)行贿数额在五百万元以上的;

(二)行贿数额在二百五十万元以上不满五百万元,并具有本解释第七条第二款第一项至第五项规定的情形之一的;

(三)其他特别严重的情节。

为谋取不正当利益,向国家工作人员行贿,造成经济损失数额在五百万元以上的,应当认定为刑法第三百九十条第一款规定的"使国家利益遭受特别重大损失"。

第十条 刑法第三百八十八条之一规定的利用影响力受贿罪的定罪量刑适用标准,参照本解释关于受贿罪的规定执行。

刑法第三百九十条之一规定的对有影响力的人行贿罪的定罪量刑适用标准,参照本解释关于行贿罪的规定执行。

单位对有影响力的人行贿数额在二十万元以上的,应当依照刑法第三百九十条之一的规定以对有影响力的人行贿罪追究刑事责任。

第十一条 刑法第一百六十三条规定的非国家工作人员受贿罪、第二百七十一条规定的职务侵占罪中的"数额较大""数额巨大"的数额起点,按照本解释关于受贿罪、贪污罪相对应的数额标准规定的二倍、五倍执行。

刑法第二百七十二条规定的挪用资金罪中的"数额较大""数额巨大"以及"进行非法活动"情形的数额起点,按照本解释关于挪用公款罪"数额较大""情节严重"以及"进行非法活动"的数额标准规定的二倍执行。

刑法第一百六十四条第一款规定的对非国家工作人员行贿罪中的"数额较大""数额巨大"的数额起点,按照本解释第七条、第八条第一款关于行贿罪的数额标准规定的二倍执行。

第十二条 贿赂犯罪中的"财物",包括货币、物品和财产性利益。财产性利益包括可以折算为货币的物质利益如房屋装修、债务免除等,以及需要支付货币的其他利益如会员服务、旅游等。后者的犯罪数额,以实际支付或者应当支付的数额计算。

第十三条 具有下列情形之一的,应当认定为"为他人谋取利益",构成犯罪的,应当依照刑法关于受贿犯罪的规定定罪处罚:

(一)实际或者承诺为他人谋取利益的;

(二)明知他人有具体请托事项的;

(三)履职时未被请托,但事后基于该履职事由收受他人财物的。

国家工作人员索取、收受具有上下级关系的下属或者具有行政管理关系的被管理人员的财物价值三万元以上,可能影响职权行使的,视为承诺为他人谋取利益。

第十四条 根据行贿犯罪的事实、情节,可能被判处三年有期徒刑以下刑罚的,可以认定为刑法第三百九十条第二款规定的"犯罪较轻"。

根据犯罪的事实、情节,已经或者可能被判处十年有期徒刑以上刑罚的,或者案件在本省、自治区、直辖市或者全国范围内有较大影响的,可以认定为刑法第三百九十条第二款规定的"重大案件"。

具有下列情形之一的,可以认定为刑法第三百九十条第二款规定的"对侦破重大案件起关键作用":

(一)主动交待办案机关未掌握的重大案件线索的;

(二)主动交待的犯罪线索不属于重大案件的线索,但该线索对于重大案件侦破有重要作用的;

(三)主动交待行贿事实,对于重大案件的证据收集有重要作用的;

(四)主动交待行贿事实,对于重大案件的追逃、追赃有重要作用的。

第十五条 对多次受贿未经处理的,累计计算受贿数额。

国家工作人员利用职务上的便利为请托人谋取利益前后多次收受请托人财物,受请托之前收受的财物数额在一万元以上的,应当一并计入受贿数额。

第十六条 国家工作人员出于贪污、受贿的故意,非法占有公共财物、收受他人财物之后,将赃款赃物用于单位公务支出或者社会捐赠的,不影响贪污罪、受贿罪的认定,但量刑时可以酌情考虑。

特定关系人索取、收受他人财物,国家工作人员知道后未退还或者上交的,应当认定国家工作人员具有受贿故意。

第十七条 国家工作人员利用职务上的便利,收受他人财物,为他人谋取利益,同时构成受贿罪和刑法分则第三章第三节、第九章规定的渎职犯罪的,除刑法另有规定外,以受贿罪和渎职犯罪数罪并罚。

第十八条 贪污贿赂犯罪分子违法所得的一切财物,应当依照刑法第六十四条的规定予以追缴或者责令退赔,对被害人的合法财产应当及时返还。对尚未追缴到案或者尚未足额退赔的违法所得,应当继续追缴或者责令退赔。

第十九条 对贪污罪、受贿罪判处三年以下有期徒刑或者拘役的,应当并处十万元以上五十万元以下的罚金;判处三年以上十年以下有期徒刑的,应当并处二十万元以上犯罪数额二倍以下的罚金或者没收财产;判处十年以上有期徒刑或者无期徒刑的,应当并处五十万元以上犯罪数额二倍以下的罚金或者没收财产。

对刑法规定并处罚金的其他贪污贿赂犯罪,应当在十万元以上犯罪数额二倍以下判处罚金。

第二十条 本解释自 2016 年 4 月 18 日起施行。最高人民法院、最高人民检察院此前发布的司法解释与本解释不一致的,以本解释为准。

关于《中华人民共和国刑法修正案(九)(草案)》的说明

——2014年10月27日在第十二届全国人民代表大会常务委员会第十一次会议上

全国人大常委会法制工作委员会主任　李适时

委员长、各位副委员长、秘书长、各位委员：

我受委员长会议的委托，作关于《中华人民共和国刑法修正案(九)(草案)》的说明。

刑法是我国的基本法律，全国人大常委会历来十分重视刑法的修改和完善工作。1997年全面修订刑法以来，全国人大常委会根据惩罚犯罪、保护人民和维护正常社会秩序的需要，先后通过一个决定和八个刑法修正案，对刑法作出修改、完善。本届以来，法制工作委员会按照经党中央批准的立法规划安排和全国人大常委会的要求，根据中央精神和宽严相济的刑事政策，针对近年来实践中出现的新情况、新问题，会同中央纪委、中央政法委、最高人民法院、最高人民检察院、公安部以及国务院有关部门和军队有关方面反复研究沟通，广泛听取各方面意见，对主要问题取得共识，形成了《中华人民共和国刑法修正案(九)(草案)》。现就这次修改刑法的主要问题汇报如下：

一、关于修改刑法的必要性和指导思想

一段时间以来，全国人大代表、政法机关和有关部门都提出了一些修改刑法的意见，其中，十二届全国人大第一次会议以来，全国人大代表共提出修改刑法的议案81件。这次需要通过修改刑法解决的主要问题：一是一些地方近年来多次发生严重暴力恐怖案件，网络犯罪也呈现新的特点，有必要从总体国家安全观出发，统筹考虑刑法与拟制定的反恐怖主义法、反间谍法等维护国家安全方面法律的衔接配套，修改、补充刑法的有关规定。二是随着反腐败斗争的深入，需要进一步完善刑法的相关规定，为惩腐肃贪提供法律支持。三是落实党中央关于逐步减少适用死刑罪名的要求，并做好劳动教养制度废除后法律上的衔接。因此，根据新的情况，针对上述问题对刑法有关规定作出调整、完善，是必要的。

这次修改刑法的指导思想：一是坚持正确的政治方向，贯彻落实党的十八届三中全会、中央司法体制改革任务有关要求，发挥好刑法在惩罚犯罪、保护人民方面的功能。二是坚持问题导向，从我国国情出发，针对实践中出现的新情况、新问题，及时对刑法作出调整，以适应维护国家安全和社会稳定的需要。三是坚持宽严相济的刑事政策，维护社会公平正义，对社会危害严重的犯罪惩处力度不减，保持高压态势；同时，对一些社会危害较轻，或者有从轻情节的犯罪，留下从宽处置的余地和空间。四是坚持创新刑事立法理念，进一步发挥刑法在维护社会主义核心价值观、规范社会生活方面的引领和推动作用。

二、关于修改刑法的主要问题

（一）逐步减少适用死刑罪名

党的十八届三中全会提出，"逐步减少适用死刑罪名"。中央关于深化司法体制和社会体制改革的任务也要求，完善死刑法律规定，逐步减少适用死刑的罪名。据此，总结我国一贯坚持的既保留死刑，又严格控制和慎重适用死刑的做法，经与中央政法委一道同各有关方面反复研究，拟从以下两个方面体现减少适用死刑罪名：

一是进一步减少适用死刑的罪名。经与各有关方面研究，拟对走私武器、弹药罪、走私核材料罪、走私假币罪、伪造货币罪、集资诈骗罪、组织卖淫罪、强迫卖淫罪、阻碍执行军事职务罪、战时造谣惑众罪等 9 个罪的刑罚规定作出调整,取消死刑(我国现有适用死刑的罪名 55 个,取消这 9 个后尚有 46 个)。

2011 年出台的《刑法修正案(八)》取消 13 个经济性非暴力犯罪的死刑以来,我国社会治安形势总体稳定可控,一些严重犯罪稳中有降。实践表明,取消 13 个罪名的死刑,没有对社会治安形势形成负面影响,社会各方面对减少死刑罪名反应正面。这次准备取消死刑的 9 个罪名,在实践中较少适用死刑,取消后最高还可以判处无期徒刑。对相关犯罪在取消死刑后通过加强执法,该严厉惩处的依法严厉惩处,可以做到整体惩处力度不减,以确保社会治安整体形势稳定。此外,上述犯罪取消死刑后,如出现情节特别恶劣,符合数罪并罚或者其他有关犯罪规定的,还可依法判处更重的刑罚。

二是进一步提高对死缓罪犯执行死刑的门槛。《刑法》第五十条规定,被判处死刑缓期执行的,在死刑缓期执行期间,如果故意犯罪,查证属实的,由最高人民法院核准,执行死刑。拟将上述规定修改为:对于死缓期间故意犯罪,情节恶劣的,报请最高人民法院核准后执行死刑;对于故意犯罪未执行死刑的,死刑缓期执行的期间重新计算,并报最高人民法院备案。

(二)维护公共安全,加大对恐怖主义、极端主义犯罪的惩治力度

针对近年来暴力恐怖犯罪出现的新情况、新特点,总结同这类犯罪作斗争的经验,拟在刑法现有规定的基础上,作出以下修改补充:

一是对组织、领导、参加恐怖组织罪增加规定财产刑。

二是增加规定以制作资料、散发资料、发布信息、当面讲授等方式或者通过音频视频、信息网络等宣扬恐怖主义、极端主义,或者煽动实施暴力恐怖活动的犯罪;增加规定利用极端主义煽动、胁迫群众破坏国家法律确立的婚姻、司法、教育、社会管理等制度实施的犯罪;增加规定持有宣扬恐怖主义、极端主义的物品、图书、音频视频资料的犯罪;增加规定拒不提供恐怖、极端主义犯罪证据的犯罪。

三是增加规定以暴力、胁迫等方式强制他人在公共场所穿着、佩

戴宣扬恐怖主义、极端主义服饰、标志的犯罪。

（三）维护信息网络安全,完善惩处网络犯罪的法律规定

针对网络违法犯罪行为的新情况,拟进一步完善刑法有关网络犯罪的规定：

一是为进一步加强对公民个人信息的保护,修改出售、非法提供因履行职责或者提供服务而获得的公民个人信息犯罪的规定,扩大犯罪主体的范围,同时,增加规定出售或者非法提供公民个人信息的犯罪。

二是针对一些网络服务提供者不履行网络安全管理义务,造成严重后果的情况,增加规定：网络服务提供者不履行网络安全管理义务,经监管部门通知采取改正措施而拒绝执行,致使违法信息大量传播的,致使用户信息泄露,造成严重后果的,或者致使刑事犯罪证据灭失,严重妨害司法机关追究犯罪的,追究刑事责任。

三是对为实施诈骗、销售违禁品、管制物品等违法犯罪活动而设立网站、通讯群组、发布信息的行为,进一步明确规定如何追究刑事责任；针对在网络空间传授犯罪方法、帮助他人犯罪的行为多发的情况,增加规定：明知他人利用信息网络实施犯罪,为其犯罪提供互联网接入、服务器托管、网络存储、通讯传输等技术支持,或者提供广告推广、支付结算等帮助,情节严重的,追究刑事责任。

四是针对开设"伪基站"等严重扰乱无线电秩序,侵犯公民权益的情况,修改扰乱无线电通讯管理秩序罪,降低构成犯罪门槛,增强可操作性。

五是针对在信息网络或者其他媒体上恶意编造、传播虚假信息,严重扰乱社会秩序的情况,增加规定编造、传播虚假信息的犯罪。

此外,还对单位实施侵入、破坏计算机信息系统犯罪规定了刑事责任。

（四）进一步强化人权保障,加强对公民人身权利的保护

针对猥亵儿童、虐待儿童、老年人的案件时有发生,社会影响恶劣的情况,拟对刑法相关规定进一步作出完善：

一是修改强制猥亵、侮辱妇女罪、猥亵儿童罪,扩大适用范围,同时加大对情节恶劣情形的惩处力度。

二是修改收买被拐卖的妇女、儿童罪,对于收买妇女、儿童的行为一律作出犯罪评价。对收买被拐卖的妇女、儿童,按照被买妇女的意愿,不阻碍其返回原居住地的,对被买儿童没有虐待行为,不阻碍对其进行解救的,将"可以不追究刑事责任"的规定,修改为"可以从轻、减轻或者免除处罚"。

三是增加规定对未成年人、老年人、患病的人、残疾人等负有监护、看护职责的人虐待被监护、看护的人,情节恶劣的,追究刑事责任。

(五)进一步完善反腐败的制度规定,加大对腐败犯罪的惩处力度

按照党的十八届三中全会对加强反腐败工作,完善惩治腐败法律规定的要求,加大惩处腐败犯罪力度,拟对刑法作出以下修改:

一是修改贪污受贿犯罪的定罪量刑标准。现行刑法对贪污受贿犯罪的定罪量刑标准规定了具体数额。这样规定是1988年全国人大常委会根据当时惩治贪污贿赂犯罪的实际需要和司法机关的要求作出的。从实践的情况看,规定数额虽然明确具体,但此类犯罪情节差别很大,情况复杂,单纯考虑数额,难以全面反映具体个罪的社会危害性。同时,数额规定过死,有时难以根据案件的不同情况做到罪刑相适应,量刑不统一。根据各方面意见,拟删去对贪污受贿犯罪规定的具体数额,原则规定数额较大或者情节较重、数额巨大或者情节严重、数额特别巨大或者情节特别严重三种情况,相应规定三档刑罚,并对数额特别巨大,并使国家和人民利益遭受特别重大损失的,保留适用死刑。具体定罪量刑标准可由司法机关根据案件的具体情况掌握,或者由最高人民法院、最高人民检察院通过制定司法解释予以确定。同时,考虑到反腐斗争的实际需要,对犯贪污受贿罪,如实供述自己罪行、真诚悔罪、积极退赃、避免、减少损害结果发生的,规定可以从宽处理。

二是加大对行贿犯罪的处罚力度。主要是：第一，完善行贿犯罪财产刑规定，使犯罪分子在受到人身处罚的同时，在经济上也得不到好处。第二，进一步严格对行贿罪从宽处罚的条件。拟将"行贿人在被追诉前主动交待行贿行为的，可以减轻处罚或者免除处罚"的规定，修改为"行贿人在被追诉前主动交待行贿行为的，可以从轻或者减轻处罚。其中，犯罪较轻的，检举揭发行为对侦破重大案件起关键作用，或者有其他重大立功表现的，可以免除处罚"。

三是严密惩治行贿犯罪的法网，增加规定为利用国家工作人员的影响力谋取不正当利益，向其近亲属等关系密切人员行贿的犯罪。

此外，还根据有关方面的意见，完善了预防性措施的规定，对因利用职业便利实施犯罪，或者实施违背职业要求的特定义务的犯罪被判处刑罚的，人民法院可以根据犯罪情况和预防再犯罪的需要，禁止其自刑罚执行完毕之日或者假释之日起五年内从事相关职业。

（六）维护社会诚信，惩治失信、背信行为

针对当前社会诚信缺失，欺诈等背信行为多发，社会危害严重的实际情况，为发挥刑法对公民行为价值取向的引领作用，拟对刑法作出如下补充：

一是修改伪造、变造居民身份证的犯罪规定，将证件的范围扩大到护照、社会保障卡、驾驶证等证件；同时将买卖居民身份证、护照等证件的行为以及使用伪造、变造的居民身份证、护照等证件的行为规定为犯罪。

二是增加规定组织考试作弊等犯罪。将在国家规定的考试中，组织考生作弊的，为他人提供作弊器材的，向他人非法出售或者提供试题、答案的，以及代替他人或者让他人代替自己参加考试等破坏考试秩序的行为规定为犯罪。

三是增加规定虚假诉讼犯罪。将为谋取不正当利益，以捏造的事实提起民事诉讼，严重妨害司法秩序的行为规定为犯罪。

（七）加强社会治理，维护社会秩序

考虑到劳动教养制度废除后与刑法相关规定的衔接，针对当前

社会治安方面出现的一些新情况,拟对刑法作以下修改:

一是进一步完善惩治扰乱社会秩序犯罪的规定,主要是:第一,修改危险驾驶罪,增加危险驾驶应当追究刑事责任的情形。第二,修改抢夺罪,将多次抢夺的行为规定为犯罪。第三,将生产、销售窃听、窃照专用器材的行为规定为犯罪。第四,将多次扰乱国家机关工作秩序,经处罚后仍不改正,造成严重后果的行为和多次组织、资助他人非法聚集,扰乱社会秩序,情节严重的行为规定为犯罪。第五,修改完善组织、利用会道门、邪教组织破坏法律实施罪,加大对情节特别严重行为的惩治力度,同时对情节较轻的规定相应的刑罚。

二是为保障人民法院依法独立公正行使审判权,完善刑法有关规定。主要是:第一,将司法工作人员、辩护人、诉讼代理人或者其他诉讼参与人,泄露依法不公开审理的案件中不应当公开的信息,造成信息公开传播或者其他严重后果的行为规定为犯罪。第二,修改扰乱法庭秩序罪,在原规定的聚众哄闹、冲击法庭,殴打司法工作人员等行为的基础上,将殴打诉讼参与人以及侮辱、诽谤、威胁司法工作人员或者诉讼参与人,不听法庭制止等严重扰乱法庭秩序的行为增加规定为犯罪。第三,进一步完善拒不执行判决、裁定罪的规定,增加一档刑罚,并增加单位犯罪的规定。

三是针对当前毒品犯罪形势严峻的实际情况和惩治犯罪的需要,拟对生产、运输易制毒化学品的行为作出专门规定。

在调研和征求意见过程中,司法机关和有关方面还提出了其他一些修改刑法的建议。考虑到这些问题各方面认识还不一致,需要进一步研究论证,未列入本草案。

《刑法修正案(九)(草案)》和以上说明是否妥当,请审议。

全国人民代表大会法律委员会关于《中华人民共和国刑法修正案（九）（草案）》修改情况的汇报

全国人民代表大会常务委员会：

　　常委会第十一次会议对《刑法修正案（九）（草案）》进行了初次审议。会后，法制工作委员会将草案印发各省（区、市）和中央有关部门、部分高等院校、法学研究机构等单位征求意见。中国人大网站全文公布草案征求社会公众意见。法律委员会、法制工作委员会召开座谈会，听取全国人大代表、有关部门和专家学者的意见，同时，还到四川、新疆、山东、安徽等地进行调研。法律委员会于6月2日召开会议，根据常委会组成人员的审议意见和各方面意见，对草案进行了逐条审议。中央政法委、全国人大内务司法委员会、国务院法制办公室的有关负责同志列席了会议。6月17日，法律委员会召开会议，再次进行了审议。现将草案主要问题修改情况汇报如下：

　　一、一些常委委员和中央政法委、新疆等部门、地方提出，当前恐怖活动犯罪出现了一些新情况，刑法应有针对性地作出规定。法律委员会经同中央政法委等有关部门研究，建议对草案作如下补充：一是将资助恐怖活动培训的行为增加规定为犯罪，并明确对为恐怖活动组织、实施恐怖活动或者恐怖活动培训招募、运送人员的，追究刑事责任；二是将为实施恐怖活动而准备凶器或者危险物品，组织或者积极参加恐怖活动培训，与境外恐怖活动组织、人员联系，以及为实施恐怖活动进行策划或者其他准备等行为明确规定为犯罪；三是完善偷越国(边)境的有关规定,对为参加恐怖活动组织、接受恐怖活动培训或者实施恐怖活动,偷越国(边)境的,提高了法定刑。

二、草案第七条对《刑法》第一百三十三条之一规定的危险驾驶罪作了修改。有的常委委员、部门和地方提出,实践中有的接送学生的校车管理不规范,严重超员、超速从而发生恶性事故,严重危及学生的人身安全,社会影响恶劣,应当增加规定为犯罪;公路客运、旅游客运等从事旅客运输业务的机动车超员、超速的,极易造成重大人员伤亡,应明确规定为犯罪;对客运车辆、危险化学品运输车辆危险驾驶犯罪负有直接责任的机动车所有人、管理人也应增加规定追究刑事责任。法律委员会经同有关部门研究,建议将草案第七条第一款第三项、第四项修改为:"(三)从事校车业务或者旅客运输,严重超过额定乘员载客,或者严重超过规定时速行驶的;(四)违反危险化学品安全管理规定运输危险化学品,危及公共安全的。"同时,增加一款规定,作为第二款:"机动车所有人、管理人对前款第三项、第四项行为负有直接责任的,依照前款的规定处罚。"

三、《刑法》第二百三十九条规定,犯绑架罪,"致使被绑架人死亡或者杀害被绑架人的,处死刑"。有的部门、地方和专家提出,刑法上述规定对这种情形规定绝对死刑的刑罚,司法机关在量刑时没有余地,不能适应各类案件的复杂情况,有的案件难以体现罪责刑相适应的原则。同时,除致人死亡或者杀害被绑架人的以外,对于故意伤害被绑架人、致人重伤的,也应当根据其犯罪情节,规定相应的刑罚。法律委员会经同公、检、法等有关部门研究,建议将犯绑架罪,"致使被绑架人死亡或者杀害被绑架人的,处死刑"的规定修改为:"故意伤害、杀害被绑架人,致人重伤、死亡的,处无期徒刑或者死刑"。

四、草案第十三条规定,收买被拐卖的妇女、儿童,按照被买妇女的意愿,不阻碍其返回原居住地的,对被买儿童没有虐待行为,不阻碍对其进行解救的,可以从轻、减轻或者免除处罚。有的常委会组成人员、部门和地方提出,收买被拐卖的妇女和收买被拐卖的儿童情况有所不同,在刑事政策的掌握和处罚上应当有所区别,对后一种情况减轻或者免除处罚应当慎重。法律委员会经同有关部门研究,建议将收买被拐卖的儿童,对被买儿童没有虐待行为,不阻碍对其进行解救的,"可以从轻、减轻或者免除处罚"修改为"可以从轻处罚"。

五、草案第二十条、第二十一条对伪造、变造以及使用伪造、变造的居民身份证、护照、社会保障卡、驾驶证的犯罪作了规定。有的常委会组成人员、部门和地方提出,这两条中身份证件的范围在表述上应当一致,并包括所有可以用于证明身份的证件。法律委员会经研究,建议将以上两条中的证件统一规定为"居民身份证、护照、社会保障卡、驾驶证等依法可以用于证明身份的证件"。

六、草案第二十八条对《刑法》第二百九十条作了修改。有的常委会组成人员和人大代表提出,实践中个别人以医患矛盾为由,故意扰乱医疗单位秩序,严重侵害医护人员的身心健康,损害社会公共利益,社会危害严重,应当明确规定追究刑事责任。法律委员会经研究,建议将刑法第二百九十条第一款修改为:聚众扰乱社会秩序,情节严重,致使工作、生产、营业和教学、科研、医疗无法进行,造成严重损失的,对首要分子和其他积极参加的,追究刑事责任。

七、草案第三十条对《刑法》第三百条作了修改。有的部门提出,邪教犯罪社会危害性大,建议提高该罪的刑罚,并建议明确利用邪教蒙骗他人致人重伤的刑事责任。法律委员会经研究,建议对草案有关会道门、邪教组织犯罪的规定进一步予以修改、完善:一是将法定最高刑由十五年有期徒刑提高到无期徒刑,增加没收财产和剥夺政治权利的刑罚,对利用邪教等奸淫妇女、诈骗财物的,予以数罪并罚;二是增加规定对组织、利用邪教等蒙骗他人致人重伤的,依法追究刑事责任。

还有一个问题需要汇报。草案取消了9个犯罪的死刑。有的常委会组成人员、部门提出,对取消走私武器、弹药罪、走私核材料罪以及阻碍执行军事职务罪和战时造谣惑众罪两个军职罪的死刑需要慎重;有的常委委员、部门、地方和专家建议还可以再取消一些犯罪的死刑,如运输毒品罪等。法律委员会经研究认为,"逐步减少适用死刑罪名"是党的十八届三中全会提出的改革任务，取消9个罪名的死刑，是与中央各政法机关反复研究、论证，并广泛听取了人大代表、专家和各有关方面意见的基础上提出的，同时，为防止可能产生的负面影响，事先作了慎重评估，对其中一些严重犯罪，取消死刑后，在法律上还留有从严处罚的余地，如取消了走私武器、弹药罪、走私核材料罪的死刑，仍保留了制造、买卖、运输、储存枪支、弹药、爆炸物犯罪和非法制造、买卖、运输、储存放射性物质犯罪的死刑；取消了以暴力方法阻碍执行军事职务并造成人身伤亡犯罪的死刑，仍保留了故意杀人罪、故意伤害罪的死刑。司法实践中如有走私武器、弹药、核材料、暴力阻碍执行军事职务的犯罪，情节特别恶劣，确需判处极刑的，还可以根据案件情况，依照刑法现有规定判处。其他取消死刑的罪名也都有相应的法律安排，不会出现轻纵犯罪的情形。在常委会初次审议后，经同中央政法委、解放军总政治部等反复研究，认为草案的规定是适宜的。今后可进一步总结实践经验，根据经济社会发展的情况和惩治犯罪的需要，适时对刑罚作出调整。据此，建议维持草案的规定。

此外，在草案审议和征求意见过程中，有的常委委员和部门还建议在草案中增加规定一些新的犯罪或者对现行刑法规定的一些犯罪作出修改，对这些意见法制工作委员会正在会同有关部门逐一研究论证，考虑到有些问题各方面认识还不一致，暂未列入本草案。

草案二次审议稿已按上述意见作了修改，法律委员会建议提请常委会第十五次会议继续审议。

草案二次审议稿和以上汇报是否妥当，请审议。

全国人民代表大会法律委员会
2015年6月24日

全国人民代表大会法律委员会关于《中华人民共和国刑法修正案(九)(草案)》审议结果的报告

全国人民代表大会常务委员会：

常委会第十五次会议对《刑法修正案(九)(草案)》进行了再次审议。会后，中国人大网站全文公布草案二次审议稿征求社会公众意见。法律委员会、法制工作委员会就草案的主要问题进行深入研究，到上海等地方调研，与有关方面反复沟通，召开座谈会，听取有关部门和专家学者的意见。法律委员会于7月27日召开会议，根据常委会组成人员的审议意见和各方面的意见，对草案进行了审议。中央政法委员会、全国人大内务司法委员会、国务院法制办公室的有关负责同志列席了会议。8月18日，法律委员会召开会议，再次进行审议。法律委员会认为，草案经过两次审议修改，已经比较成熟。同时，提出以下主要修改意见：

一、草案二次审议稿第七条规定，以暴力、胁迫等方式强制他人在公共场所穿着、佩戴宣扬恐怖主义、极端主义服饰、标志的，处三年以下有期徒刑、拘役或者管制。有的常委委员建议增加财产刑的规定，加大处罚力度，以与对其他恐怖主义、极端主义犯罪的处刑规定相一致。法律委员会经研究，建议采纳这一意见，增加规定"并处罚金"。

二、草案二次审议稿第十四条对绑架罪作了修改，规定，犯绑架罪，"故意伤害、杀害被绑架人，致人重伤、死亡的，处无期徒刑或者死刑,并处没收财产"。有的常委会组成人员、有关部门提出,对于犯绑架罪,故意杀害被绑架人的,无论是否得逞、是否造成重伤、死亡的后果,都应当严厉惩处,以切实保护公民生命安全。法律委员会经同最高人民法院、最高人民检察院、公安部等有关部门研究,建议采纳这一意见,将该条修改为:犯绑架罪,"杀害被绑架人的,或者故意伤害被绑架人,致人重伤、死亡的,处无期徒刑或者死刑,并处没收财产"。

三、草案二次审议稿第十九条对虐待被监护、看护人的犯罪作了规定,第三十四条对虚假诉讼犯罪作了规定。有的全国人大代表和有关方面提出,实践中也存在单位进行上述犯罪活动的情况,建议增加单位犯罪的规定。法律委员会经研究,建议采纳这一意见,增加相关规定。

四、一些全国人大代表、中央政法委、公安部等有关部门多次提出在刑法中增加规定袭警罪。法律委员会经同有关方面研究认为,在实践中,我国对袭警行为一直是按照《刑法》第二百七十七条妨害公务罪的规定处理的。针对当前社会矛盾多发,暴力袭警案件时有发生的实际情况,在妨害公务罪中将袭警行为明确列举出来,可以更好地起到震慑和预防犯罪的作用。据此,建议在《刑法》第二百七十七条中增加一款规定:暴力袭击正在依法执行职务的人民警察的,依照妨害公务罪的规定从重处罚。

五、草案二次审议稿第三十四条第一款规定,以捏造的事实提起民事诉讼,严重妨害司法秩序的,处三年以下有期徒刑、拘役或者管制,并处或者单处罚金。有的常委委员提出,虚假诉讼情况复杂,不仅严重妨害司法秩序,有些还会造成他人合法权益重大损失,社会危害严重,建议增加一档刑罚,据此,法律委员会建议将本款修改为:"以捏造的事实提起民事诉讼,妨害司法秩序或者严重侵害他人合法权益的,处三年以下有期徒刑、拘役或者管制,并处或者单处罚金;情节严重的,处三年以上七年以下有期徒刑,并处罚金。"

六、草案二次审议稿第三十六条对《刑法》第三百零九条扰乱法庭秩序罪作了修改。一些常委委员、有的部门、地方以及律师协会提出，本条第三项关于"侮辱、诽谤、威胁司法工作人员或者诉讼参与人"的规定、第四项关于"有其他严重扰乱法庭秩序行为"的规定，在实践中可能被滥用，建议取消。法律委员会经研究，草案第三项规定与《刑事诉讼法》第一百九十四条、《民事诉讼法》第一百一十条的规定(《刑事诉讼法》第一百九十四条第二款规定："对聚众哄闹、冲击法庭或者侮辱、诽谤、威胁、殴打司法工作人员或者诉讼参与人，严重扰乱法庭秩序，构成犯罪的，依法追究刑事责任。"《民事诉讼法》第一百一十条第三款规定："人民法院对哄闹、冲击法庭，侮辱、诽谤、威胁、殴打审判人员，严重扰乱法庭秩序的人，依法追究刑事责任；情节较轻的，予以罚款、拘留。")是一致的，属于衔接性规定，不宜取消；第四项规定的"其他严重扰乱法庭秩序的行为"，也是维护法庭秩序和司法权威的必要规范，同时，为进一步明确罪与非罪的界限，防止适用扩大化，建议将该项修改为："有毁坏法庭设施，抢夺、损毁诉讼文书、证据等扰乱法庭秩序行为，情节严重的。"

七、一些常委会组成人员提出取消嫖宿幼女罪。对这一问题，法律委员会、法制工作委员会一直在进行深入调查研究，召开座谈会，广泛听取有关部门、专家学者和社会各方面的意见。这一罪名是1997年修订刑法时增加的有针对性保护幼女的规定。考虑到近年来这方面的违法犯罪出现了一些新的情况，执法环节也存在一些问题，法律委员会经研究，建议取消《刑法》第三百六十条第二款规定的嫖宿幼女罪，对这类行为可以适用《刑法》第二百三十六条关于奸淫幼女的以强奸论、从重处罚的规定，不再作出专门规定。

八、有的常委委员和有关部门建议对重特大贪污受贿犯罪规定终身监禁。法律委员会经同中央政法委等有关部门研究认为，对贪污受贿数额特别巨大、情节特别严重的犯罪分子，特别是其中本应当判处死刑的，根据慎用死刑的刑事政策，结合案件的具体情况，对其判处死刑缓期二年执行依法减为无期徒刑后，采取终身监禁的措施，有利于体现罪刑相适应的刑法原则,维护司法公正,防止在司法实践中出现这类罪犯通过减刑等途径服刑期过短的情形,符合宽严相济的刑事政策。据此,建议在《刑法》第三百八十三条中增加一款规定,对犯贪污、受贿罪,被判处死刑缓期执行的,人民法院根据犯罪情节等情况可以同时决定在其死刑缓期执行二年期满依法减为无期徒刑后,终身监禁,不得减刑、假释。

还有个问题需要汇报。一些常委会组成人员和社会有关方面建议"毒驾"入刑。对此问题,法律委员会、法制工作委员会多次与有关方面研究论证,各方面一致认为,从严格禁毒、维护公共安全角度考虑,对吸食、注射毒品后驾驶机动车,危害公共安全的行为依法惩治是必要的。有的部门、专家提出,目前列入国家管制的精神药品和麻醉药品有200余种,吸食、注射哪些毒品应该入刑,尚需研究;同时目前只能对几种常见毒品做到快速检测,还有一些执法环节的技术问题需要解决,需要进一步完善执法手段,提高可执行性,以保证严格执法、公正执法。法律委员会经研究认为,考虑到目前有关方面对"毒驾"入刑的认识尚不一致,对于"毒驾"入刑罪与非罪的界限、可执行性等问题还需深入研究,目前可依法采取注销机动车驾驶证、强制隔离戒毒等措施,对"毒驾"造成严重后果的还可以根据案件的具体情况追究其交通肇事、以危险方法危害公共安全的刑事责任。因此,未将"毒驾"列入《刑法修正案(九)(草案)》,继续深入研究。

此外,还对草案二次审议稿作了一些文字修改。

8月10日,法制工作委员会召开会议,邀请全国人大代表、专家学者、律师和基层司法机关的代表,就草案的可行性、出台时机、实施的社会效果和可能出现的问题等进行评估。总的评价是:草案总结了一段时间以来与违法犯罪作斗争的实践经验,较好地回应了社会关切,进一步完善了刑法的规定,可以适应现阶段预防和惩治犯罪的需要,有利于发挥刑法在维护社会主义核心价值观、规范社会生活方面的引领和推动作用。草案经过两次审议已比较成熟,具有较强的针对性和可操作性,现在出台是必要的、适时的。同时,还对草案提出了一些具体修改意见,法律委员会进行了认真研究,对有的意见予以采纳。

草案三次审议稿已按上述意见作了修改,法律委员会建议提请本次常委会会议审议通过。

草案三次审议稿和以上报告是否妥当,请审议。

全国人民代表大会法律委员会
2015 年 8 月 24 日

全国人民代表大会法律委员会关于《中华人民共和国刑法修正案(九)(草案三次审议稿)》修改意见的报告

全国人民代表大会常务委员会：

本次常委会会议于8月25日上午对《刑法修正案(九)(草案三次审议稿)》进行了分组审议,普遍认为,草案较好地吸收了常委会组成人员和各方面意见,回应了社会关切,适应当前预防和惩治犯罪的需要,具有较强的可执行性,已经比较成熟,建议进一步修改后,提请本次会议通过。同时,有些常委会组成人员还提出了一些修改意见。法律委员会于8月26日下午召开会议,逐条研究了常委会组成人员的审议意见,对草案进行了审议。中央政法委员会、全国人大内务司法委员会、国务院法制办公室的有关负责同志列席了会议。法律委员会认为,草案是可行的,同时,提出以下修改意见：

一、草案三次审议稿第七条在《刑法》第一百二十条之六规定了非法持有宣扬恐怖主义、极端主义的图书、音频视频资料或者其他物品的犯罪。有的常委会组成人员、人大代表提出,对于非法持有宣扬恐怖主义、极端主义的物品的,应当进一步明确犯罪界限。法律委员会经研究,建议修改为："明知是宣扬恐怖主义、极端主义的图书、音频视频资料或者其他物品而非法持有",情节严重的,追究刑事责任。

二、草案三次审议稿第十五条规定,收买被拐卖的妇女、儿童,对被买儿童没有虐待行为,不阻碍对其进行解救的,可以从轻处罚;按照被买妇女的意愿,不阻碍其返回原居住地的,可以从轻、减轻或者免除处罚。有的常委会组成人员、人大代表提出,对收买被拐卖妇女的,应当一律定罪处罚,建议删去可以免除处罚的规定。法律委员会经研究,建议采纳这一意见,并作相应修改。

三、草案三次审议稿第二十三条第一款规定了在依照国家规定应当提供身份证明的活动中,使用伪造、变造的居民身份证、护照、社会保障卡、驾驶证等依法可以用于证明身份的证件的犯罪。有的常委会组成人员提出,对于实践中盗用他人证件,破坏社会管理秩序的行为,也应追究刑事责任。法律委员会经研究,建议将本款修改为:"在依照国家规定应当提供身份证明的活动中,使用伪造、变造的或者盗用他人的居民身份证、护照、社会保障卡、驾驶证等依法可以用于证明身份的证件",情节严重的,追究刑事责任。

四、草案三次审议稿第二十八条规定,网络服务提供者不履行法律、行政法规规定的信息网络安全管理义务,经监管部门责令采取改正措施而仍不改正,有致使违法信息大量传播等情形之一的,追究刑事责任。有的常委委员和有关方面提出,本条规定的"仍不改正"在实践中不好掌握,建议修改为"拒不改正"。法律委员会经研究,建议采纳这一意见,并作相应修改。

还有一个问题需要汇报。有的常委会组成人员建议提高《刑法》第一百三十六条危险物品肇事罪的刑罚。法律委员会对此问题进行了认真研究,危险物品肇事罪是刑法危害公共安全罪一章规定的责任事故类犯罪之一,这类犯罪还涉及很多同类条款,其量刑幅度基本都是相同的,提高这一犯罪的刑罚需同时考虑其他条款,在具体刑罚的设置上也需要根据司法实践情况,在充分听取相关部门意见的基础上作出评估。对这一问题,需要进一步深入调查研究,可在今后修改刑法时统筹考虑。

此外,根据常委会组成人员的审议意见,还对草案三次审议稿作了若干文字修改。

草案建议表决稿已按上述意见作了修改,法律委员会建议本次常委会会议通过。

草案建议表决稿和以上报告是否妥当,请审议。

全国人民代表大会法律委员会
2015 年 8 月 28 日